図説 江戸町奉行所事典

笹間良彦 著

柏書房

分間懐宝御江戸絵図

慶応三年江戸幕府最後の年（一八六七）に発行された図。版元の須原屋は元禄から明治にかけ地図と武鑑を発行し続け、地図の版元としては三都最大の店であった。幕末らしく歩兵屯所、講武所など新しい施設が記載されているが、完成していた品川台場はぬけている。

（岩田豊樹）

鍬形蕙斎筆・江戸一目図屛風による自身番と木戸番　日本橋付近（津山市立津山郷土館蔵）

東京・日本橋高札場の図

正徳元年の幕府高札

評定所

評定所は武家の裁判所で、現在の大手町にあった。下図には享和元年呼出しの書入文があり、公事(訴訟)の節に関係者が評定所着席の順路図手控書である。階級制が厳しかった江戸時代の武士の必携品で、将軍御成り、城内御殿年中行事用など多く残っている。（岩田豊樹）

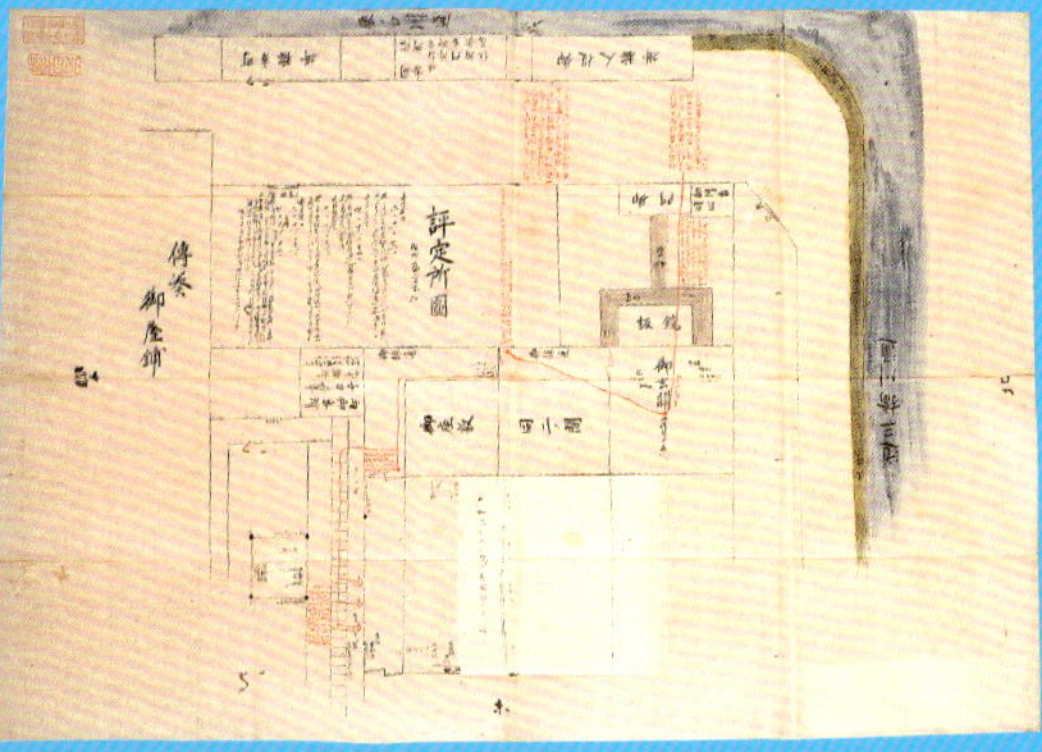

高札

領主の定めを多くの人に知らせるために作られた。高札を立てる場所を高札場という。高札の形は、はじめ縦長であったが、江戸時代から横長のものが普通となった。

自身番・木戸番

各町内の警備のために町役人が詰める番屋が自身番である。町と町の境にあり、火の見を設けている。その反対側には木戸番があり、町木戸を管理し夜警を務めた。また日本橋南詰には大高札所が見える。

捕具

江戸時代の犯罪人の追捕は、主として町同心およびその手先である目明しや岡ッ引が任に当った。戦国時代の武士の間では敵を生捕りにすることも必要であったので、組打ちの術、柔の術となるのであるが、これらの技術が江戸時代に入って犯人捕縛の術として大成された。捕物は本来、犯人を傷つけず、しかも生捕りにするのが目的で、同時に捕縛に用いる補助武器も捕具として発達している。

十手■十手は捕具でもあるが司法・警察を掌る役職者の表徴であった。刀刃を受けるのは棒の方で、棒上をすべった刃が鈎で留って、その折に十手をねじて刃をねじ押えるのであろう。主に鍛鉄製または真鍮製であったが、時には木製のものもあり、その種類は三百種にも及ぶという。

同心真鍮製銀流し十手

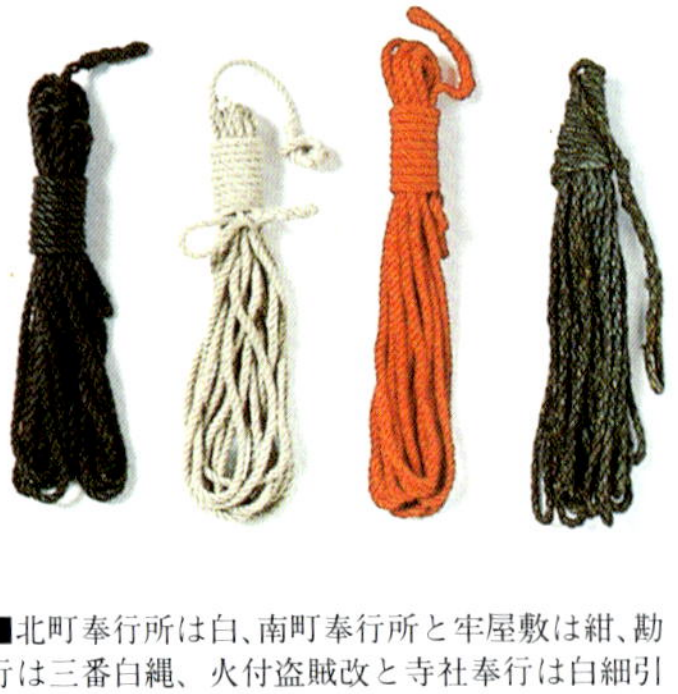

捕縄■北町奉行所は白、南町奉行所と牢屋敷は紺、勘定奉行は三番白縄、火付盗賊改と寺社奉行は白細引きとなっていた。町奉行所の平の者の用いる縄は赤・青・白・黒のものを四季によって用いたといわれる。

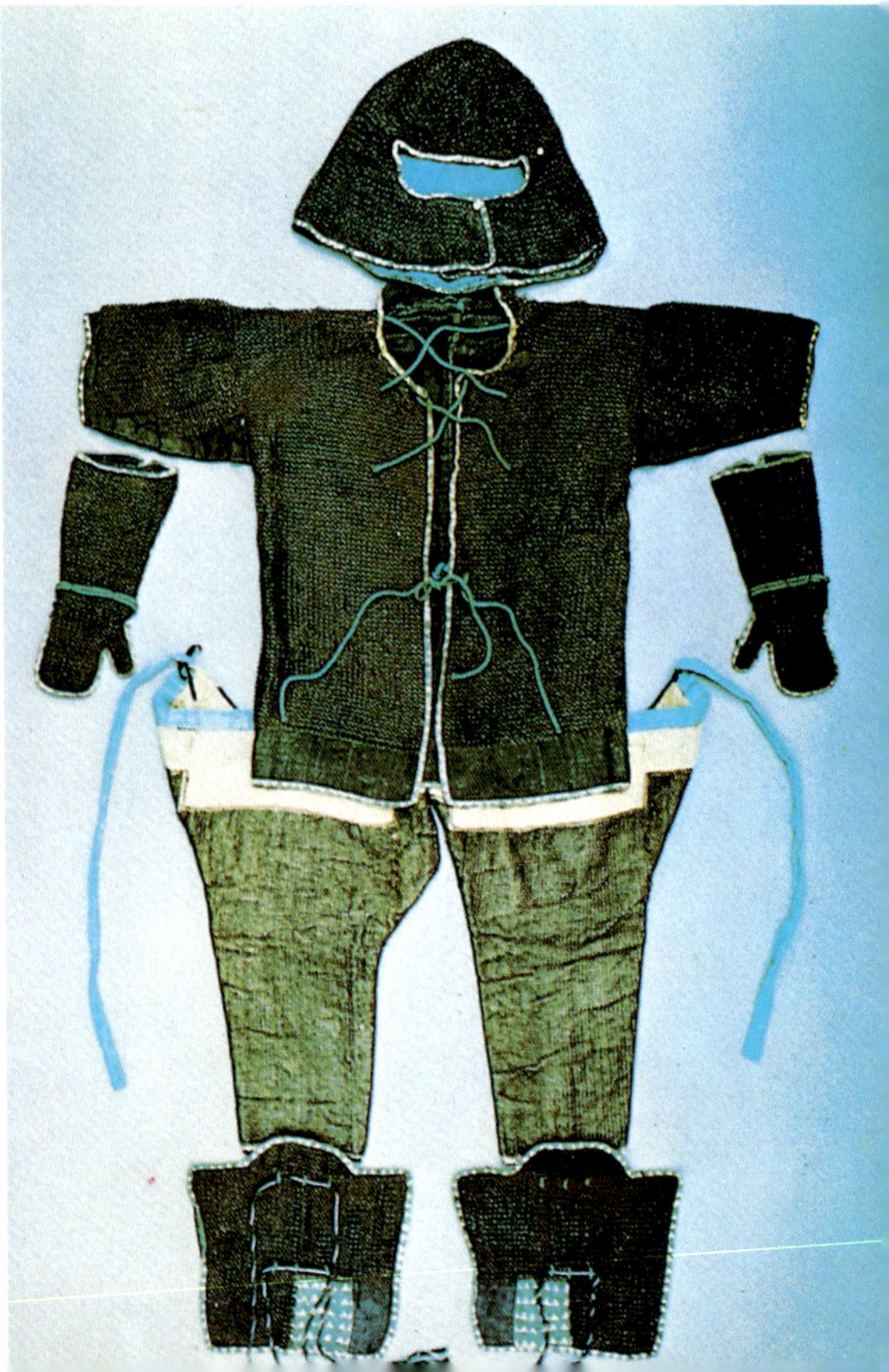

鎖かたびら■同心の場合は頭巾をはずす

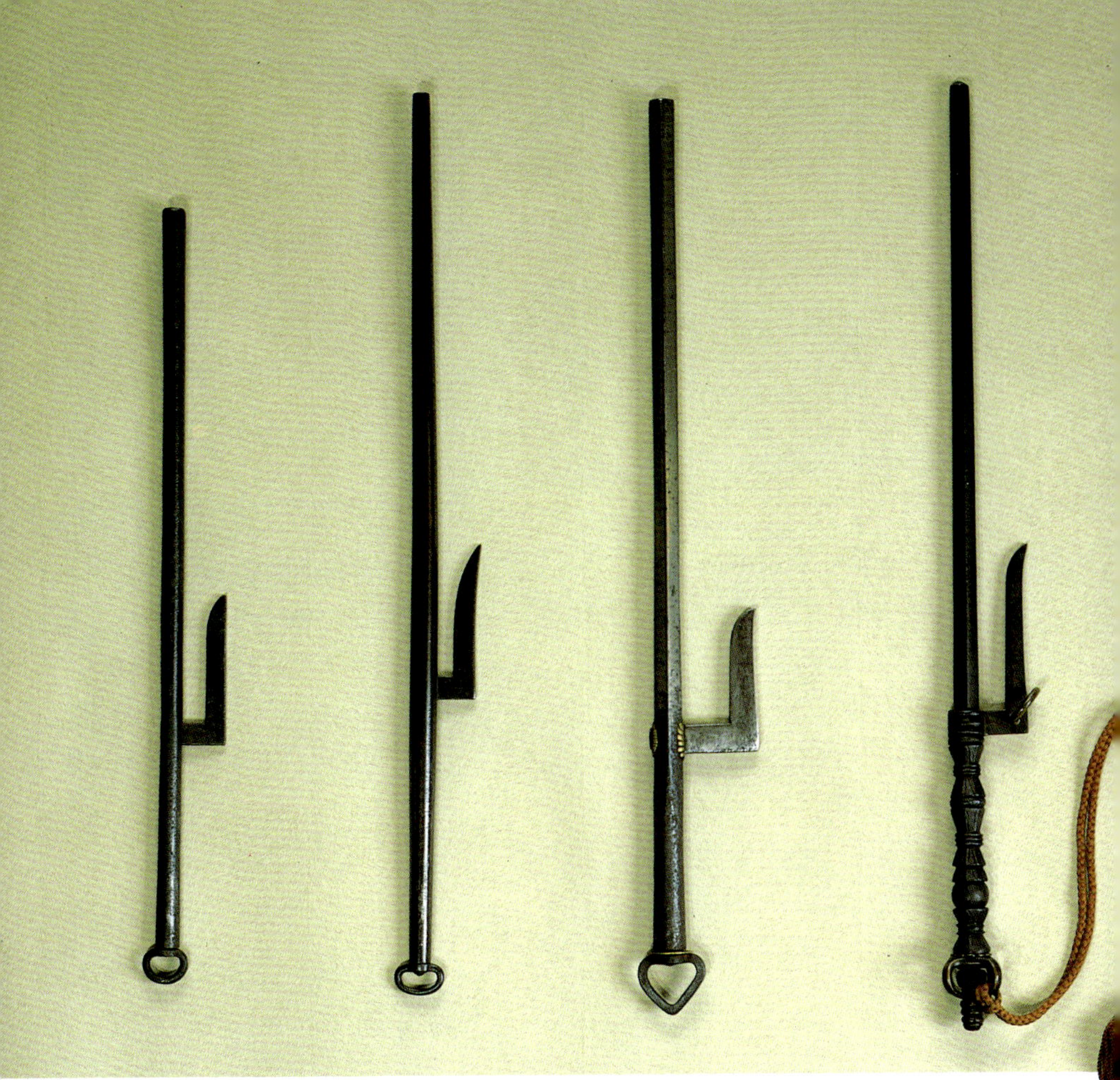

官給目明し十手　官給目明し十手　目明し私物十手　同心捕物出役の十手

マロホシ

呼子

目つぶし

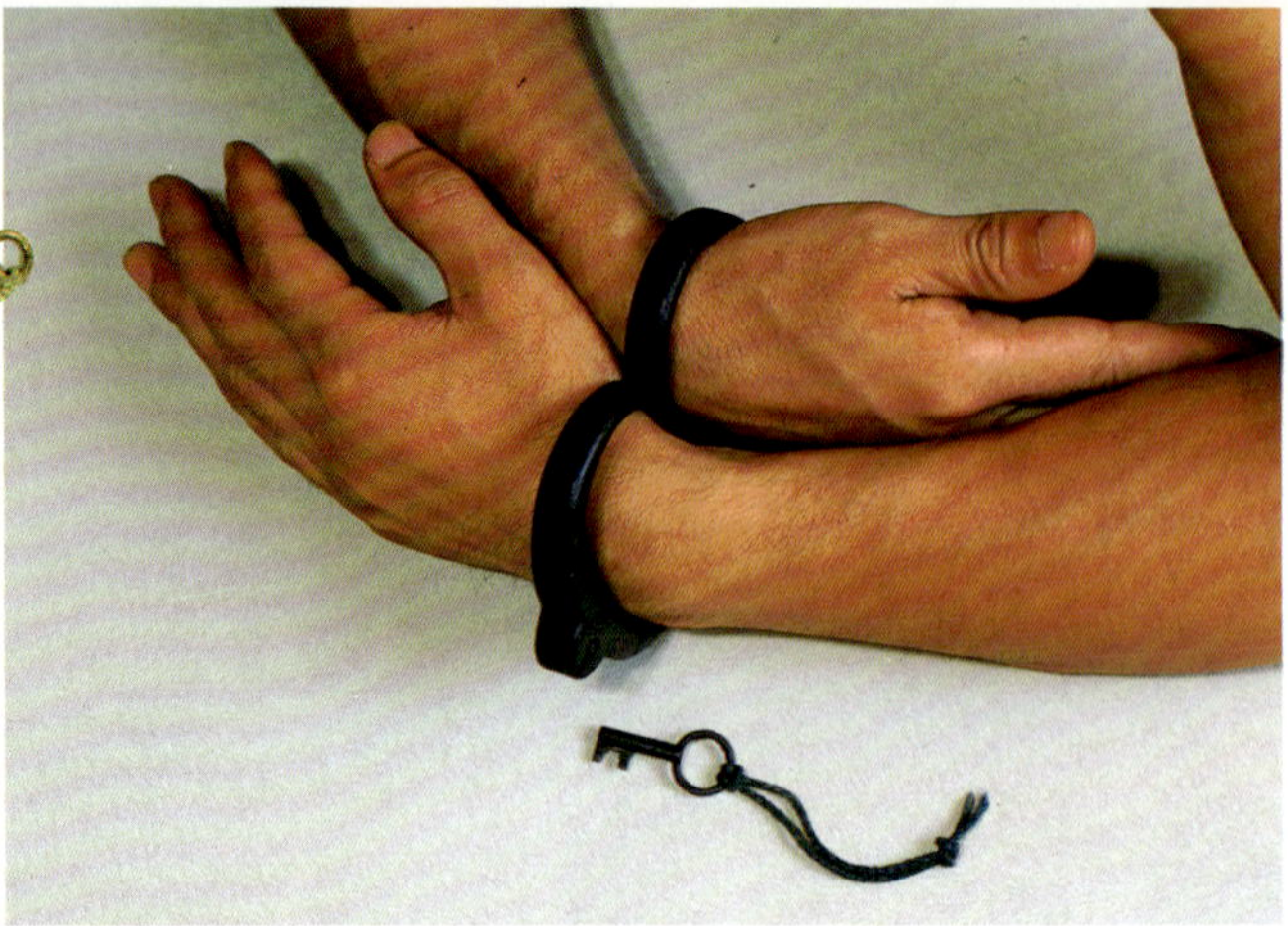

手鎖

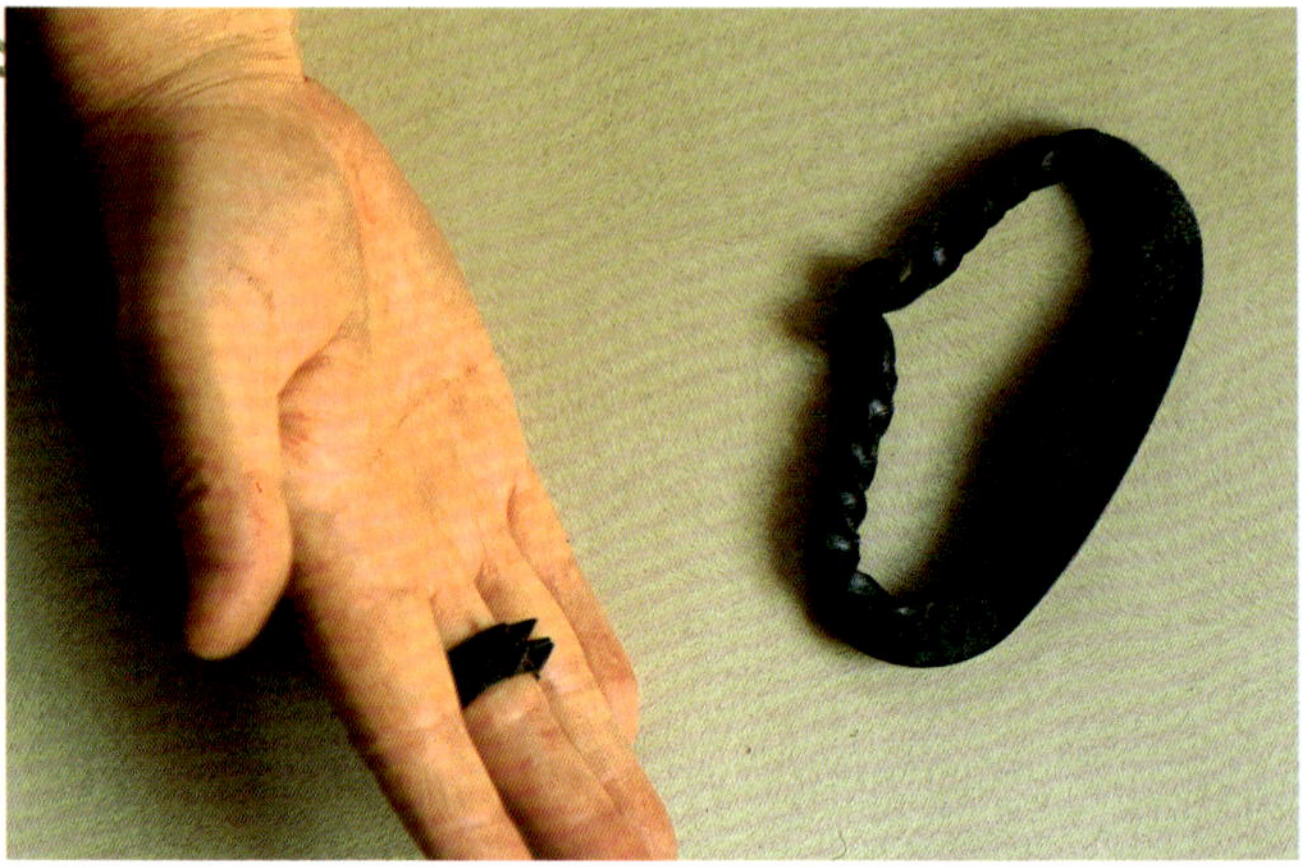

角手　　鉄拳

万力鎖■鉄鎖の両端に分銅をつけたもので、これで打ち、また鎖でうけからみとったりした。

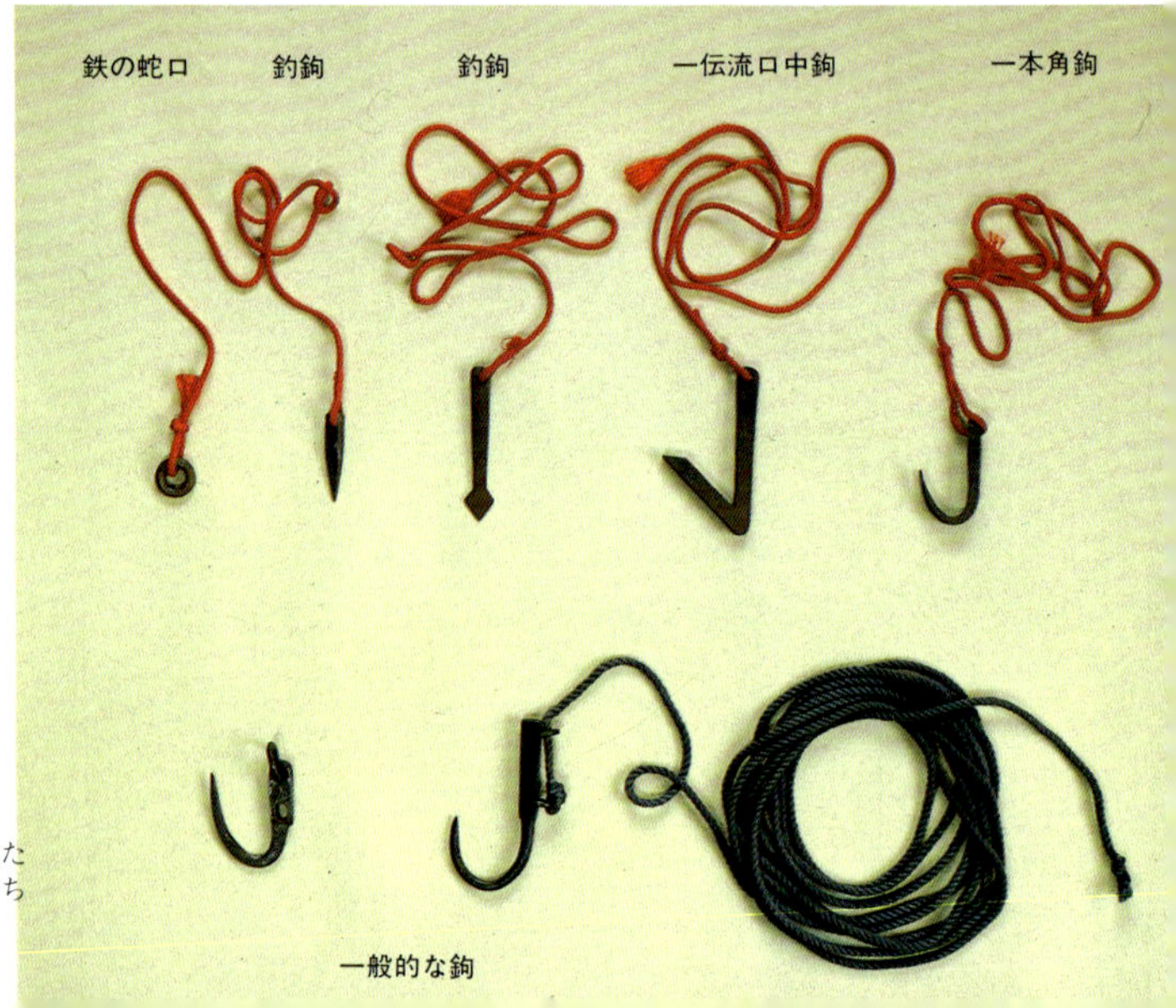

鈎縄■細い麻縄の一瑞に鋼鉄製の鈎をつけた捕縄で、犯人の襟、または帯などに鈎を打ち込み、引き寄せて縄をかける。

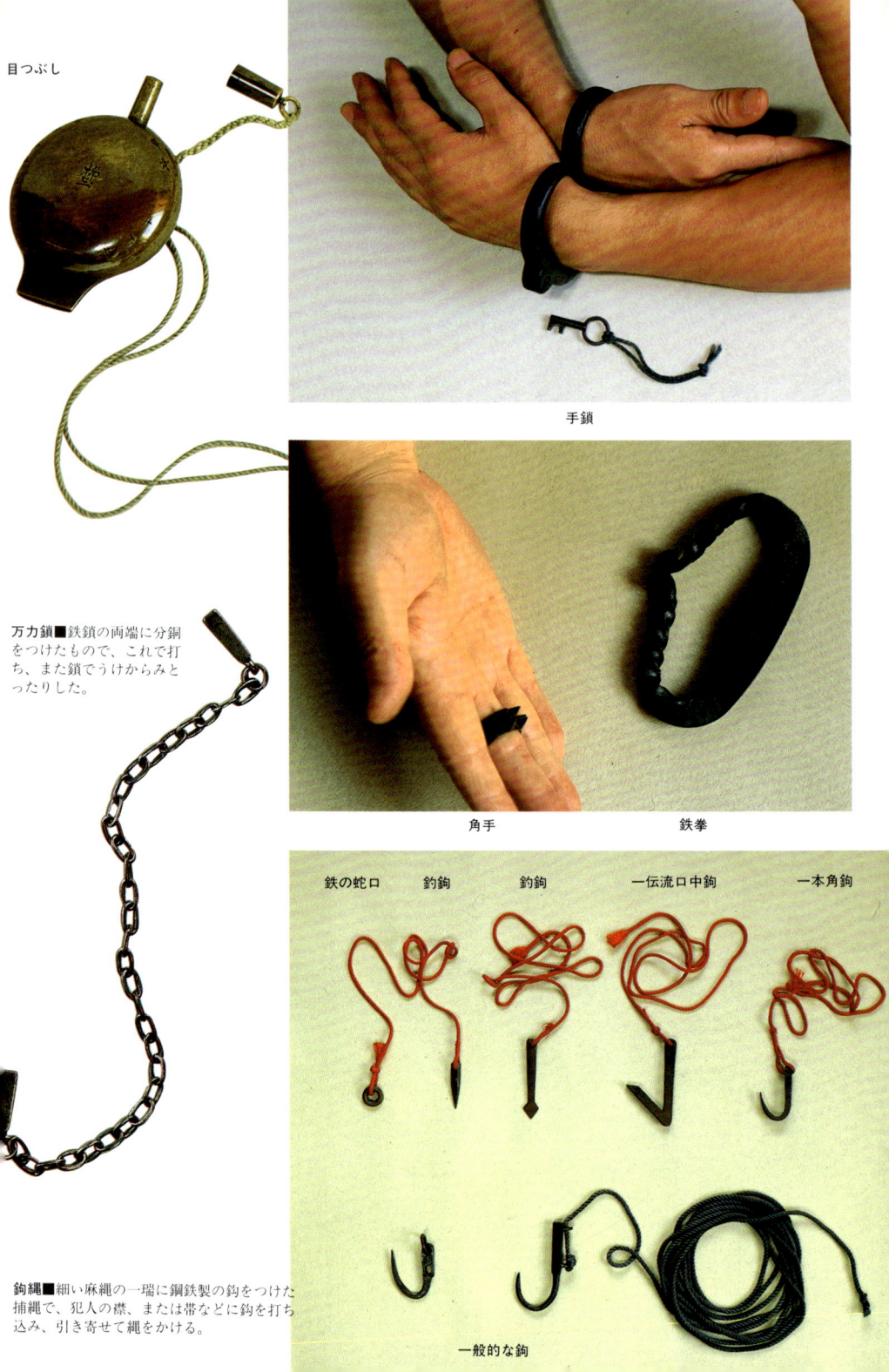

三ツ道具■突棒、さす股、袖がらみの三種類の長柄捕具を捕物三道具といい、江戸時代にその形式が定まったが、その始めは室町時代末期ごろからであろうと思われる。いずれも樫棒の先に二尺から三尺（0.6～1m位）に鉄板を三条ふせ、これに鋭い鉄針を植え、摑まれないように工夫してある。

突棒　さす股　袖がらみ

鉄棒　寄棒

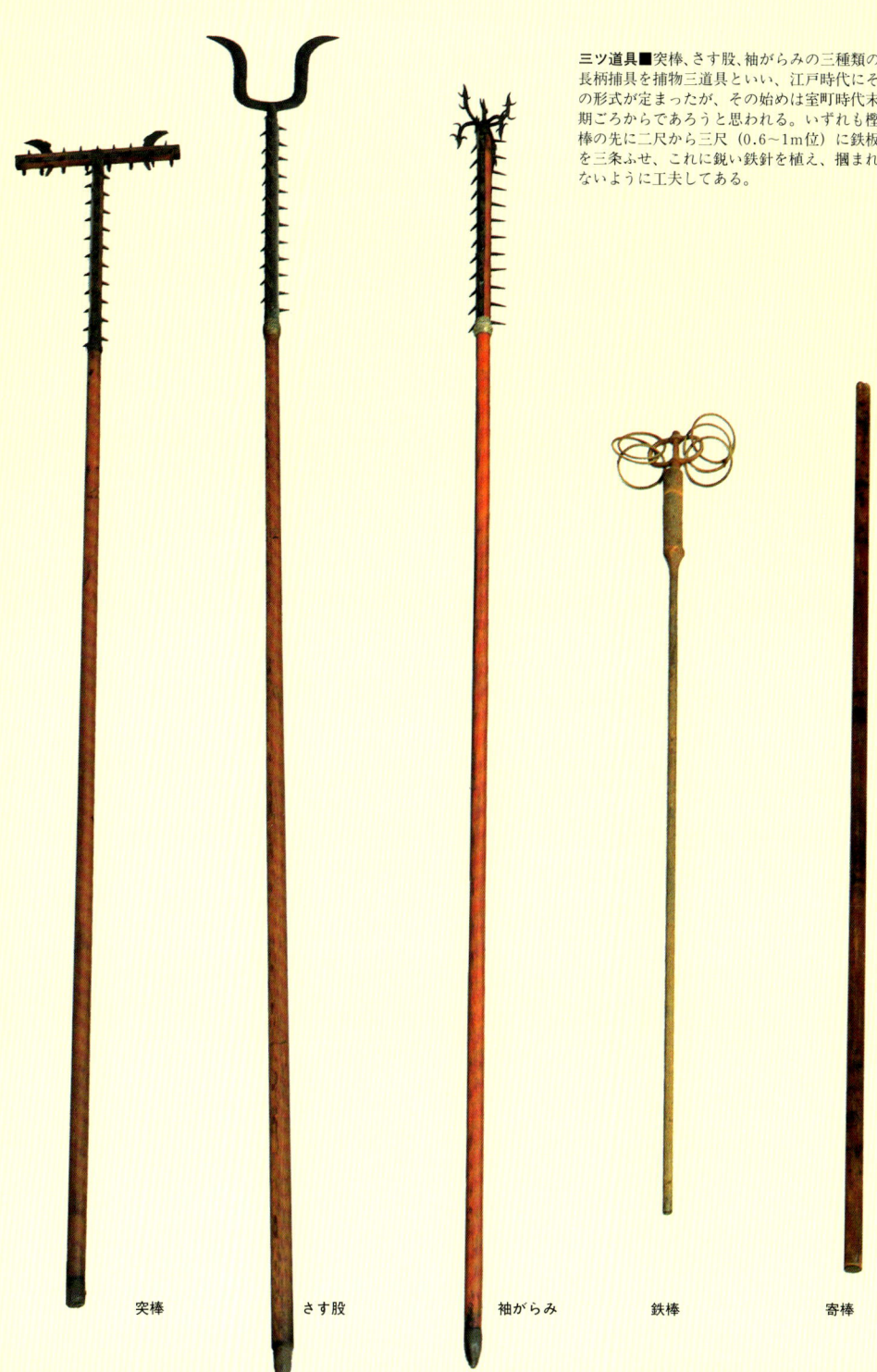

鍋暁斎が明治三年に風刺画を描いて東京府の獄舎に繋がれたときのとを晩年に想い出して描いたもの　上／伝馬町牢屋敷の穿鑿所また奉行所ではなく、どこかの大番屋であろうか　右／伝馬町の牢屋敷はなくどこかの大番屋であろうか（いずれも「暁斎畫談」所蔵）

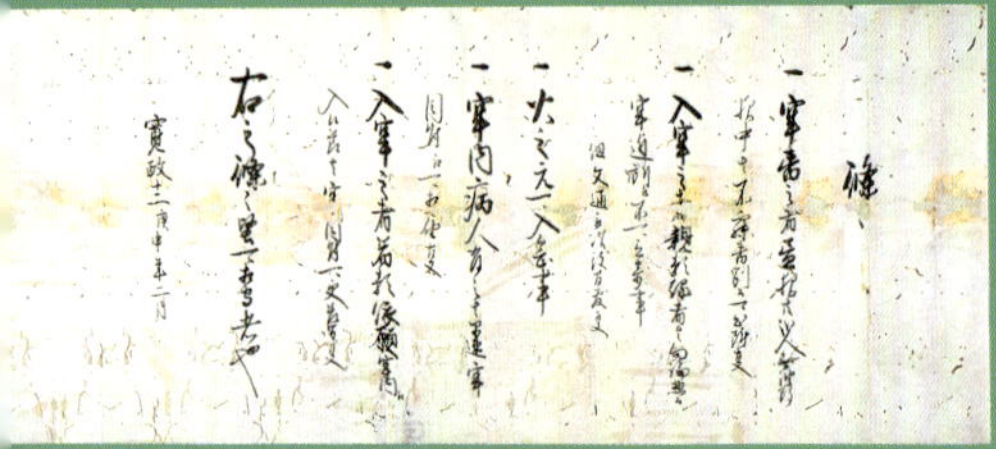

寛政十二年入牢・牢番条目（明治大学刑事博物館所蔵）

小さくたたまれた牢内からの書状

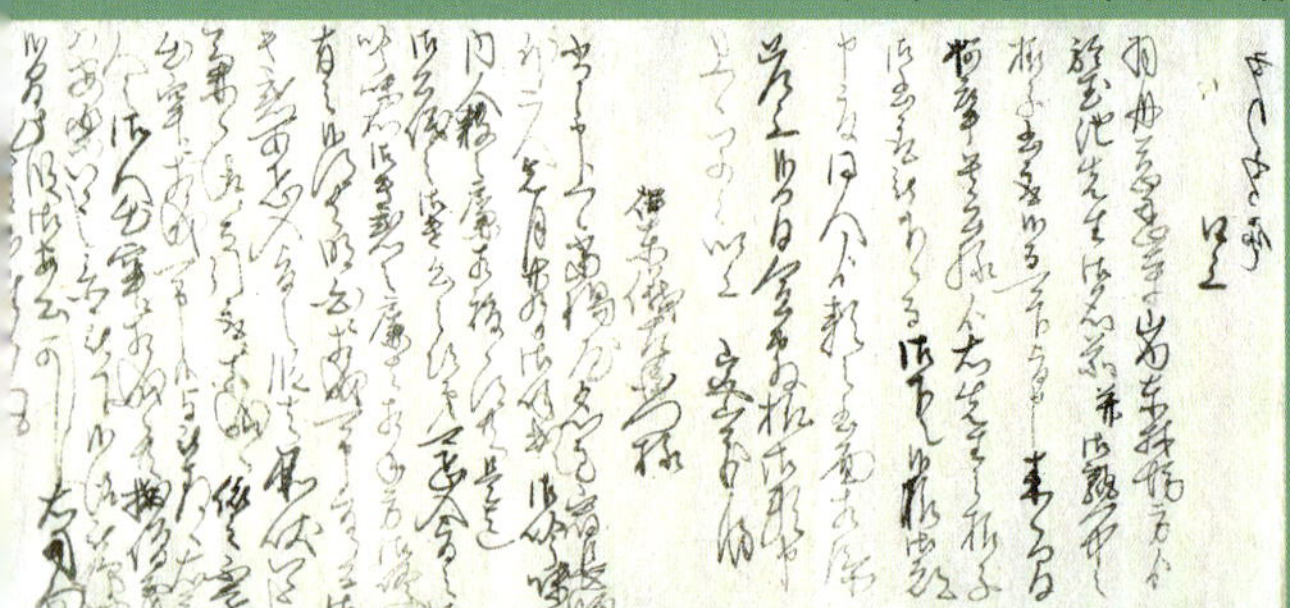

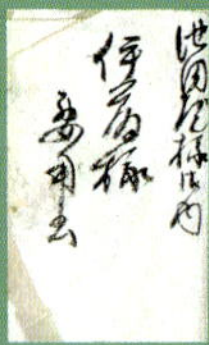

牢屋

江戸時代の牢屋は小伝馬町のほか本所にもあり、また無宿や病囚を収容した溜や町奉行所には仮牢があった。牢の字は古くは牢人（浪人）の意味で牢獄、監獄、獄舎、囹圄など同じである。

影協力／岩田豊樹氏、明治大学刑事博物館、名和弓雄氏

はじめに

甲冑武具を中心に研究を始めてから長年月を経たが、私の研究上の資料・文献の蒐集法は、甲冑武具に関した広い分野にわたって必ずメモ・書抜きを怠らないことである。それらのなかには甲冑武具には直接関係のないものでも、将来研究上の知識として必要になってくることがしばしばあるので、かなりの広範囲にわたり、その量もぼう大になっている。

こうした書抜き・メモの類は、隙を見つけては整理し、私蔵書の体裁にしておくが、これらのなかから江戸幕府の勤番武士を扱った『江戸幕府役職集成』や、『武家戦陣作法集成』『足軽の生活』（いずれも雄山閣刊）、また『龍』（刀剣春秋社刊）という特殊なテーマの本も世に出た。そして甲冑師の鐫銘および書銘の採集と検討の結果『甲冑師銘鑑』（刀剣春秋社刊）となった。

本書もこうした資料の整理から生れたもので、与方・同心の甲冑武具資料漁りをしているうちに町奉行という特殊な機構に所属する与力・同心と町奉行所を軸とする民政・司法に関する分野にまで及んだのである。

甲冑武具研究にこれらがどのように関係してくるかといえば、町奉行の与力・同心も古くはお鉄砲組の番方の与力・同心であったことからもわかる。戦時にあっては同心はお貸具足に身を固め、お貸の弓・槍・鉄砲を持つ諸組の同心と全く同じであり、与力はその分隊長にも相当する自弁馬上槍一筋ながら雇兵であった。

ゆえに町奉行所玄関の突当りには、鉄砲と胴乱、玉薬箱が並べてある。江戸時代においては、十手捕縄が表道具となったので、町奉行所同心が鉄砲組同心であることを知る人は少ないが、慶応四年（一八六八）には与力・同心捕物出役の服装が、他組の鉄組と同じく洋式になって剣付鉄砲を持ったことなど、甲冑武具研究に大いに関係してくる。

本書の草稿は、十数年以前に「私蔵版」としてまとめておいたもので、その折に挿図も描いておいたが、今回の出版に当り、その後の新しい資料や今まで見られなかった項目などの追加、訂正、逆に草稿の一部を削除したところもあるが、読者の立場に立って必要事項は網羅したつもりである。挿図が多い点をもってしても図説の体裁となり、歴史小説・テレビ時代劇の誤った常識をただし、風俗史、服飾史、武具史の貴重な手引きになるとともに、江戸の行政・司法・警察のいっさいを職掌とした町奉行所関係の書としては、すこぶる特色のあるものとして、江湖の御参考に供せると思う次第である。

カラーページについては、日本甲冑武具研究会創立以来の同志で、捕具研究家である名和弓雄先生ならびに日本地図資料協会名誉会長の岩田豊樹先生の好意によってでき上った。

著　者

図説　江戸町奉行所事典

目　次

目　次

Ⅰ　江戸時代の裁判の機構

1　寺社奉行

まず江戸時代の幕府の職制では老中・若年寄が庶政を統べ、その一部門の監察・糺弾の役には大目付・目付（徒目付・小人目付・中間目付）などがあって士を扱い、寺社奉行・勘定奉行・火付盗賊改が以下を扱った。

大目付は将軍・老中の命を受けて、大名・交代寄合および高家を監察し、目付は若年寄の耳目となって旗本以下の諸士を監察した。徒目付、小人目付、中間目付は目付に従って、とくに御目見以下を糺察し探偵をした。

(1)　寺社奉行の組織と支配系統

寺社奉行は全国の寺社および寺社領の人民・神官・僧尼・楽人・盲人・連歌師・陰陽師・古筆見・碁将棋を支配して、その訴訟を取扱った。その支配系統を表にすると下のようになる。

寺社奉行設置の起源　寺社奉行設置の起源は慶長十八年（一六一三）八月に板倉勝重・金地院崇伝が寺社管理を議し、寛永十二年（一六三五）十一月に安藤重長など三人を奉行としたのが始まりである。

寺社奉行の系統

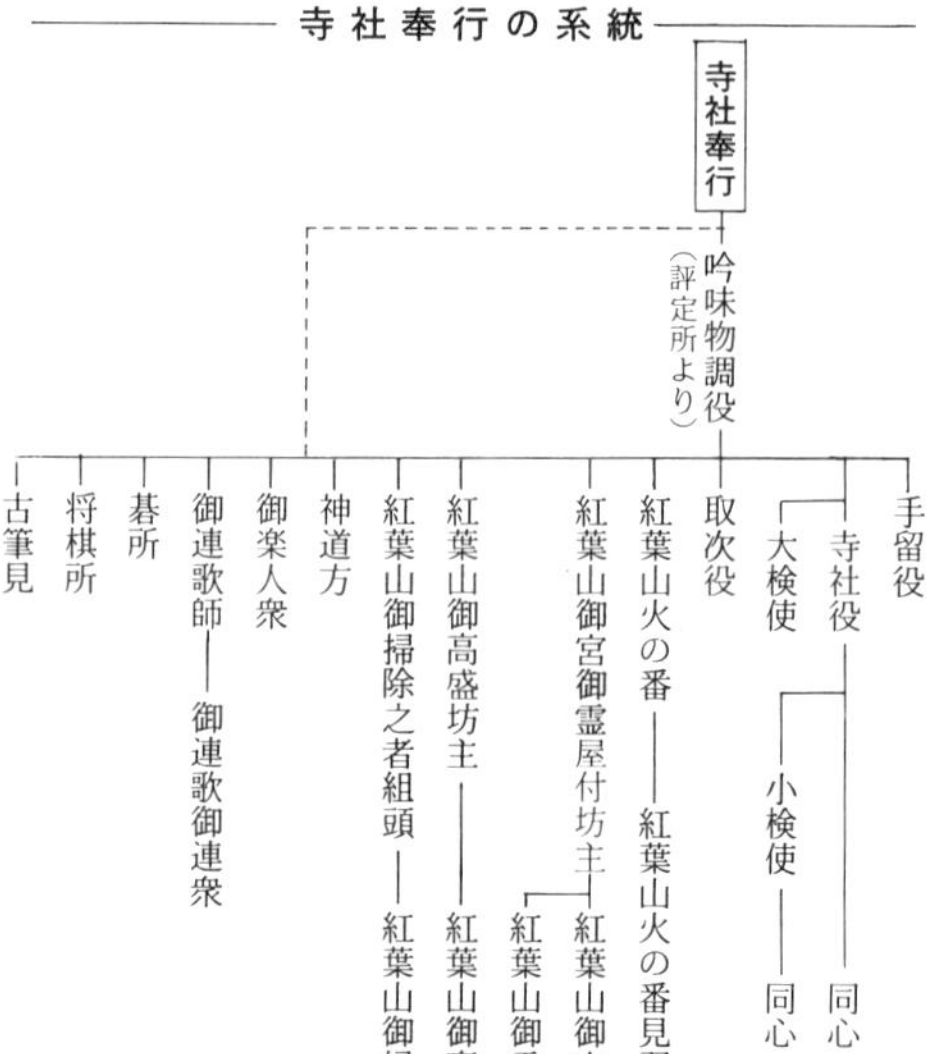

(2)　寺社奉行の職務

町奉行・勘定奉行は旗本から任命されたが、寺社奉行は大名から選ばれ、御奏者番を兼任し、定員は四人とし月番を定めて勤務した。ゆえに幕府直属の与力・同心の配属がないので自分の家臣から寺社取次・大検使・小検使・吟味物調役・同心を設けてその職能を果たした。寺社奉行はなかなかの働き場所で、これを勤めると大坂城代・京都御所司代を経て老中に昇る者もあった。

月のうち六日・十八日・二十七日の三回は月番の寺社奉行宅に集まって、重大な要件および重要な訴訟を協議して決する。これを内寄合公事といい、月番奉行が判を捺し裏判はほかの奉行が捺した。

また二日・十二日・二十二日は老中・大目付・町奉行・勘定奉行と共に会合して諸件の打合せ連絡を行なった。これを式日といっている。

右の表のものを管轄し、全国の寺社領および、その領内の農民・庶民の訴訟を裁判したが、また御朱印を戴いている寺社領は将軍の御代替りごとに新しい御朱印状が下付されるが、これは老中の命によって寺社奉行が扱った。このほか寺社に関する法令は奉行より各宗の肝煎である触頭に達した。

訴訟は寺社奉行だけで裁くものを手限りものといい、町奉行・勘定奉行と共に三奉行で立合裁判するのを三手掛といい、さらに大目付・目付が加わるのを五手掛といい、このほかに最高裁判に当る評定所の裁きもある。

寺社領の門前地は当然寺社奉行の支配であるが、延享二年（一七四五）に門前地に限り町奉行所の支配に改められた。寺社奉行所の職員の構成は手留役四、五名、寺社役四、五名、取次十数名、大検使二、三名、小検使二、三名、下に同心十数名であるから町奉行所に比べると案外少ない。これらの職員は主人が寺社奉行を辞任すると一緒に役職を辞すので、この御役が替るたびに新任の寺社奉行はじめ、家臣から任命された職員は執務に馴れないので、事務処理・裁判執行に支障が多かった。そこで天明八年（一七八八）に評定所留役を寺社奉行所手付として勤めさせ、運営の中断されるのを防いだ。

手留役

寺社奉行を勤める大名の家臣の中で側役・物頭・中小姓のうちから筆才のある者を四、五名選んで用いた。寺社に関する御用留・賜暇・譴責などの文書作成を行ない、一年交替で勤め、二カ月の賜暇を与えられた。

寺社役

用人・物頭・番頭などから選ばれ、神官・僧侶の犯罪を捜査逮捕し、身分・素行の調査を行ない、寺社領に対する幕府よりの貸付金の調べなどを行なう。また将軍が上野や芝の霊廟参詣の折は、その時刻を通達し寺社内の興行に臨監し、寺社内の事件に出役し、罪人の審理を行なう。一年交替で勤務し二カ月の賜暇がある。

寺社役付同心

寺社奉行を勤める藩によって人員は不同であるが、町奉行所の廻方同心と捕物出役同心の職種と同じ任務で、社寺領の犯罪の捜査逮捕を行なった。だいたい足軽級のものが勤め、罪人の吟味の手伝い、処刑を行なったが、牢および処刑場は町奉行所支配の小伝馬町牢屋敷・鈴ガ森・小塚原・日本橋（晒）を用いた。

取次役

藩中の用人などが勤め、訴訟を受付け、事務を行ない、吟味物調役（元評定所留役）の下調べに陪席して、それを奉行に上申する役である。町奉行所の年番方与力に該当する。

大検使

寺社役が兼任するもので、寺社内の事件を扱い、殺傷ある場合には出役臨検し、寺社内の興行を監督する。検使の時には野袴に割羽織、陣笠に騎馬である。槍一筋、挟箱、草履取、侍二人、合羽籠、沓箱、中間、手代を連れて旗本の四、五百石級の押出しである。しかしよほどの重大事件でないと出役しない。

小検使

家臣中の徒目付・徒頭などから選ばれ、寺社役に従っている。町奉行所の廻方同心と捕物出役同心の役に当り、格は町奉行所の与力に当る。服装は羽織袴で、槍一筋、草履取、挟箱持、同心を連れる。

同　心

寺社領の取締り、および犯罪捜査逮捕に当る。

吟味物調役

この役は天明八年に評定所の留役から選ばれて寺社奉行手附となり、寛政三年（一七九一）には支配留役という名称になったが、八年（一七九六）には更に吟味物調役と改称された。毎日寺社奉行所に出勤して、判例・公文の調査を行なった。寺社奉行の家臣ではないので焼火の間席、百五十俵二十人扶持で、定員は四人である。

2　勘定奉行

江戸幕府では慶長八年（一六〇三）に大久保石見守長安を財政会計の職につけたのが始まりであるが、勘定奉行という名称は用いなかった。その職は諸国の代官を管掌し、収税・徭役・金穀の出納と幕府領内の人民に関する訴訟を扱ったものであった。寛永十九年（一六四二）に勘定頭の名称がつけられ、伊丹喜之助康勝を任命しこの職に当らせ、元禄年間になって初めて御勘定奉行の名称がつけられた。そして八代将軍吉宗の享保七年（一七二二）に初めて勝手方と公事方とに分け、勝手方は収税・徭役・金穀の出納、禄米の支給、旗本采地の分割、貨幣の鋳造、河川橋梁の普請、幕府の一切の出入費について取扱い、公事方は天領の訴訟を取扱った。

(1)　勘定奉行の組織と支配系統

御勘定奉行の支配下にあるものは左表の通りである。席次は町奉行の次

勘定奉行の組織と支配系統

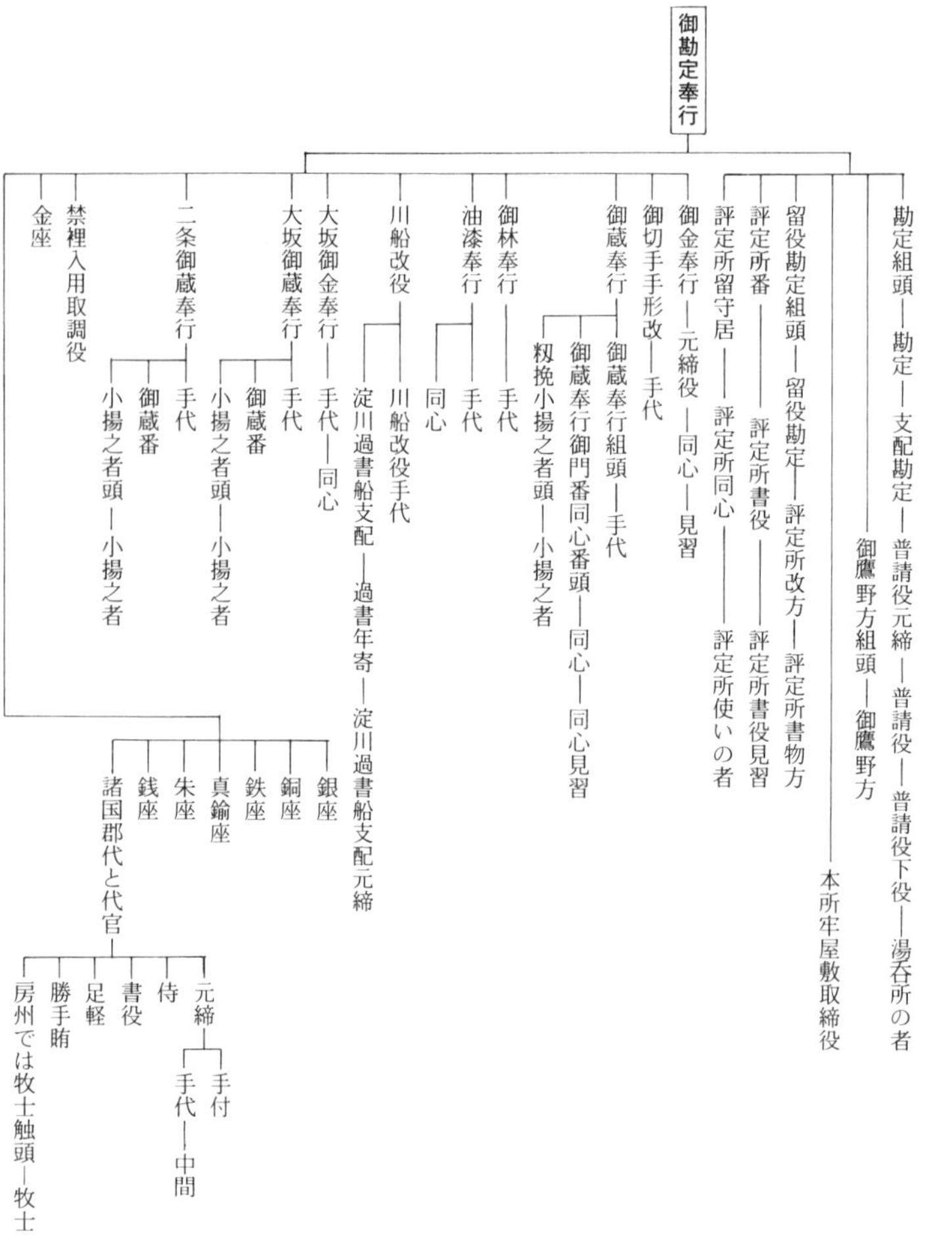

勘定奉行所職務内容

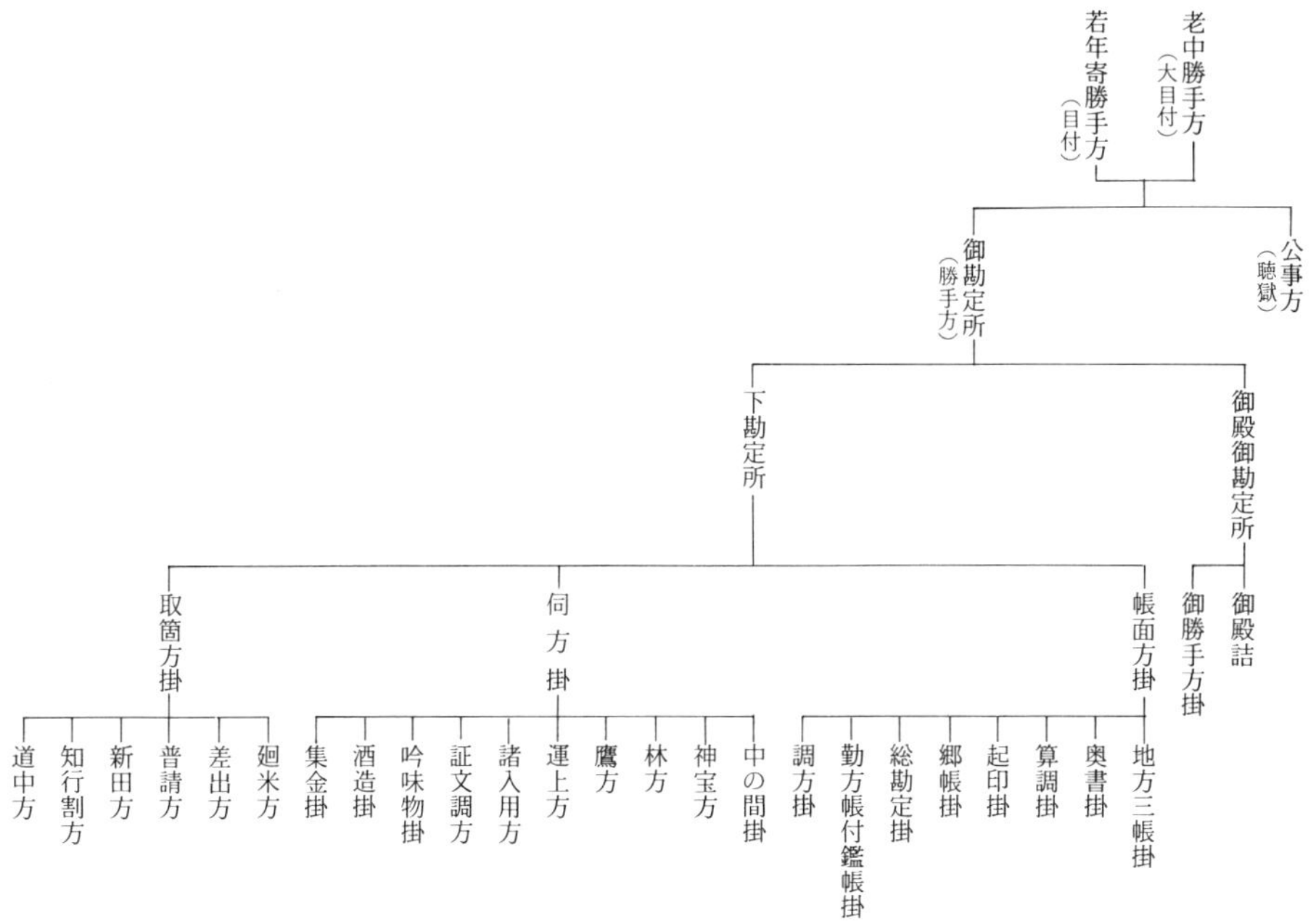

で、芙蓉の間である。

(2) 勘定奉行の職務

勘定所　幕府の財政を掌る所は老中の所管である勘定所というのがあり、老中勝手方と、その下にある若年寄勝手方がある。

この勘定所を直接支配するのが、御勘定奉行勝手方である。

勝手方　御勘定奉行は定員四名で二名が勝手方、二名が公事方を勤め、一年交替で勤めた。

勝手方は朝七ツ半（午前五時）に大手御門内の下御勘定所に出勤して書類に目を通し、五ツ半（午前九時頃）に御殿御勘定所に詰めるという忙しさで、二名が月番交替で行なった。

公事方　公事方の二名は役宅で訴訟を扱い、折には評定所にも出勤したのでなかなか忙しかった。ゆえに慶応二年（一八六六）からは執務場所を評定所に移した。六日・十八日・二十七日には寺社奉行・町奉行と共に三奉行が合して互に管轄違いの事件を打合せたり交渉したりした。これを内寄合といった。

三奉行

以上の寺社奉行に勘定奉行と、江戸の町奉行を加えて、俗に三奉行といい、江戸幕府の庶政の中で最も重要な役職とされている。三奉行は共に芙蓉の間席であるが席順は寺社奉行・町奉行・勘定奉行の順である。これは寺社奉行が将軍直属の奏者番から選ばれた大名の加役であり、また幕府の最高裁判所である評定所の最高責任者ともなるので三奉行の首位におかれるのである。町奉行・勘定奉行は旗本から任命され、評定所においては評定官であるので、その次であるが江戸府内の市政を掌る重要さから町奉行が次に位している。これら奉行職としての定員は時代によって不定であるが、だいたい寺社奉行が四名、町奉行が二名、勘定奉行が四名か五名である。

3 裁判の種類

裁判を行なう所は評定所と各奉役の行なうものとに分れている。

評定所 評定所は江戸幕府最高の裁判所で、この名称は慶長以来用いられている。ここは御用部屋の諮問に答え、老中および三奉行が合議裁判を行なう所である。

初めは老中・三奉行が公事・訴訟・吟味などを評定するときには特定の庁舎を使用せずに役宅で会合して裁断したが、寛永十五年頃（一六三八）は大老酒井雅楽頭の役宅で裁決していた。明暦三年（一六五四）の大火以来は和田倉御門外の辰の口の伝奏屋敷の一部を役所としていた。

寛文六年（一六六六）八月には伝奏屋敷の隣接の地に役所を新築し、これを評定所としたのである。

評定所で扱うのは国家の大事件、寺社・町・勘定の各奉行の管轄が互に関係した事件であった。

評定所の役人には留役・勘定組頭一名、同留役二十二名、評定所改方六名、同書物方八名、評定所番三名、同書役十八名、見習三名、同心五名、留守居四名であった。

このほか式日には町奉行所から評定所式日出役があり、評定所立合出役として町奉行所から与力・同心が出役した。

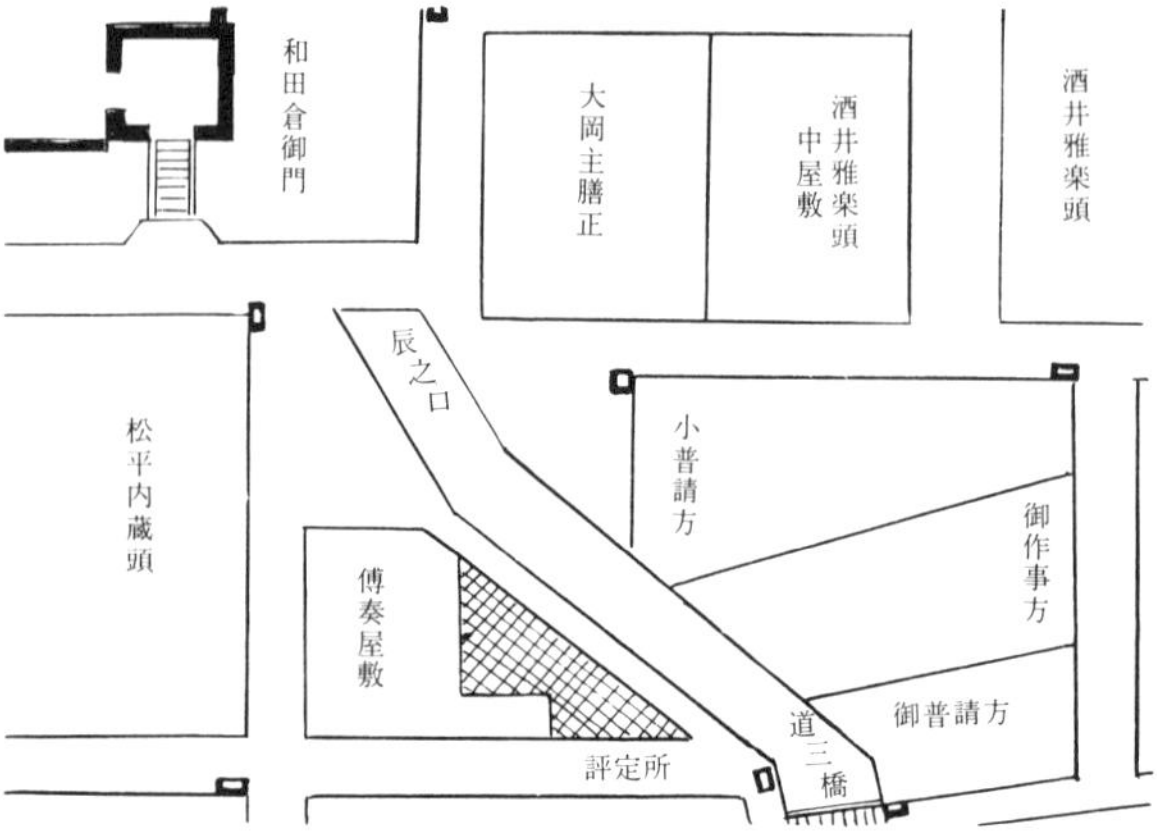

評定所位置図

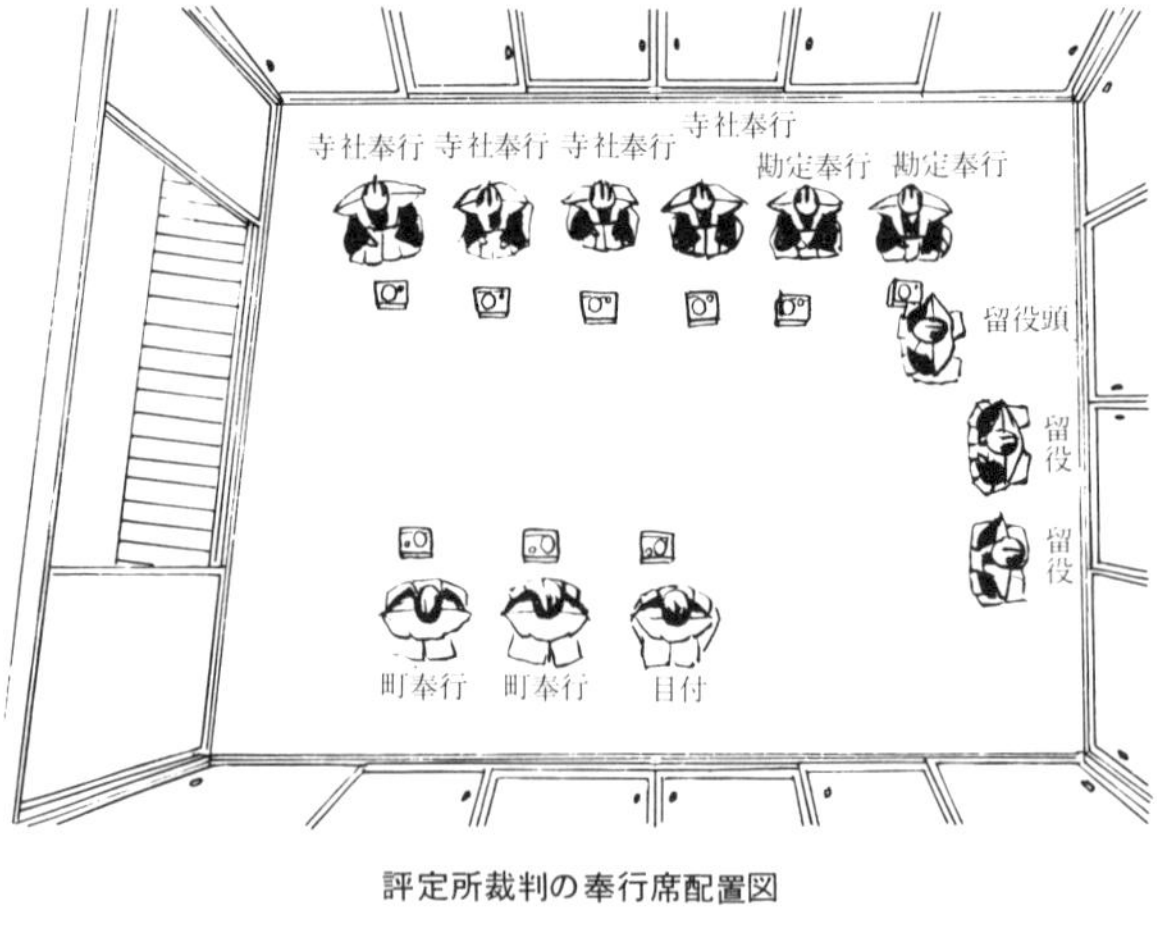

評定所裁判の奉行席配置図

評定所で行なわれる裁判の種類

評定所で行なわれる裁判には次の七種類があった。

閣老直裁判 これは老中が裁決するもので寺社奉行・町奉行・勘定奉行・大目付・目付が陪席して大名家のお家騒動などを裁判した。

三奉行立合裁判（一座掛り） 寺社奉行・町奉行・勘定奉行・目付が陪席し、一座掛りといって刑事・民事ともに行なった。

五手掛裁判 寺社奉行・町奉行・勘定奉行・大目付・目付の五合裁判で刑

事事件を扱った。

四手掛裁判　寺社奉行・町奉行・大目付・目付の立合裁判で刑事事件を扱った。

三手掛裁判　町奉行・大目付・目付の立合裁判である。

式日寄合裁判　月に三度日をきめて開廷する三奉行立合の裁判で、互いに管轄違いの交渉をして、重大な民事・刑事の訴訟を扱った。

三度のうち一回は老中が出席し、大目付・目付が陪席することもあった。

月並立合裁判　これも月に三度の定式で三奉行立合、目付陪席で民事・刑事ともに扱い、管轄違いの交渉、金銀出入などの軽い裁判を行なった。

評定所で結審すれば、御目見以下の士は大目付から、一般人は奉行から判決をいい渡されることになる。慶応二年（一八六六）には勘定奉行公事方が評定所に移っている。これは勘定奉行は勘定所と下勘定所を回ってから奉行役宅内の公事方へ回らねばならぬので煩を避けるためであった。

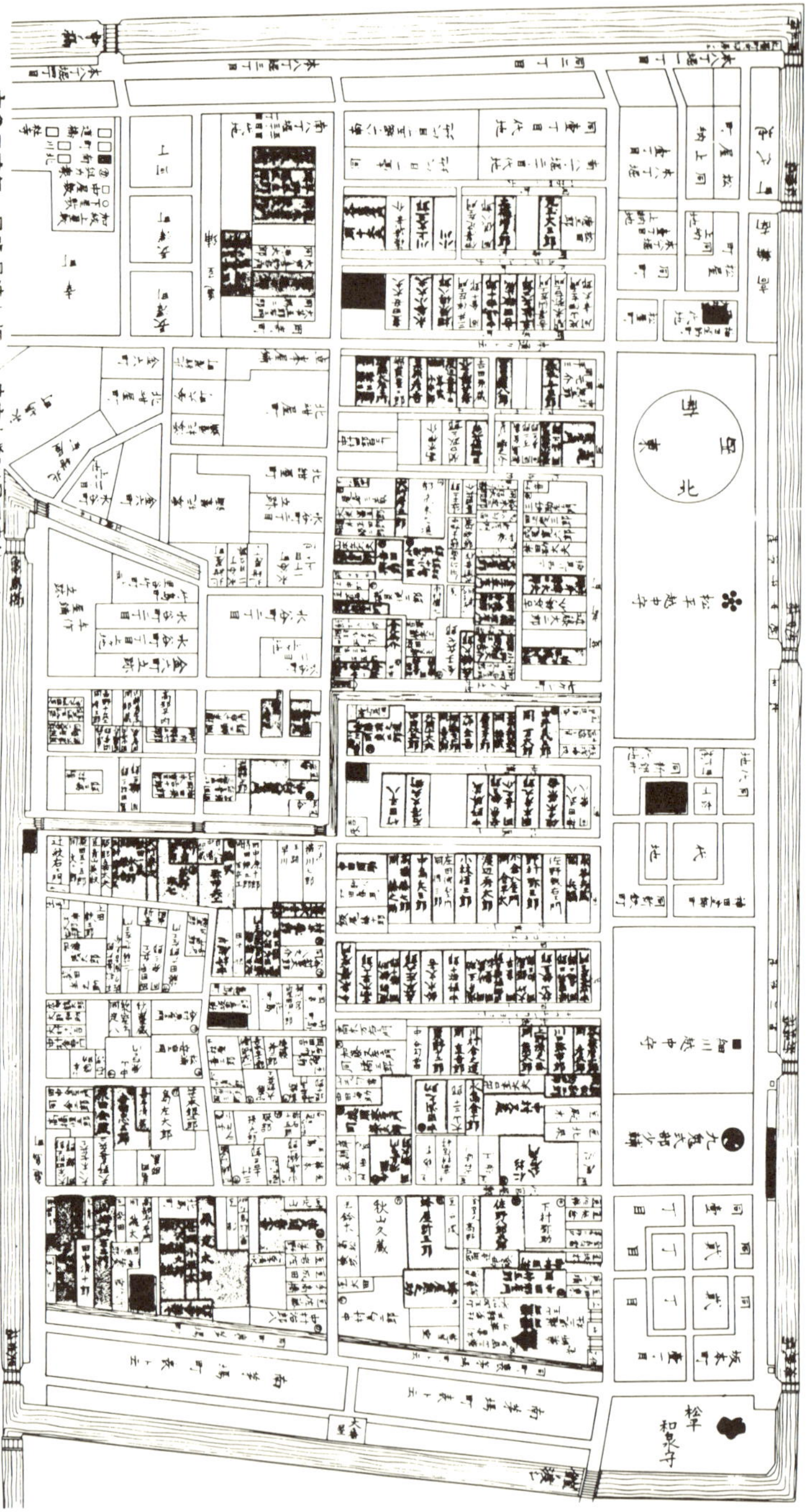

文久二戌年 尾張屋清七板
東京大学附属図書館所蔵

八丁堀細見絵図

II

江戸町奉行所

1　町奉行

町奉行の歴史

町奉行とは江戸幕府の職名の一つであるが、奉行という名称で検断を掌る職は鎌倉時代からあった。

鎌倉幕府の保々検断奉行、室町幕府の検断職がこれである。検断とは非違を検察し罪を断ずることであり、その職を行なう者を検断職といった。くだって十六世紀の後半の天正時代になって初めて町奉行という名が現われてくる。

役職名として町奉行職が重要なものとなったのは江戸幕府からであるが、徳川家には松平氏を称した参河時代にすでにこの職があった。しかし江戸時代のようにその所在も一定しなかったし、庁舎もなかったので、町奉行に任命されたものが自宅に白洲を作って奉行所としていたのであった。

三代将軍家光の寛永八年（一六三一）十月に加賀爪民部少輔忠澄を北町奉行に、堀民部少輔直之を南町奉行に任じた。この時から役宅を作って月番（隔月交替）で執務させたのが江戸町奉行の始まりである。

一説には慶長年間にすでに行なわれていたともいわれている。

町奉行の所在地　町奉行というのは地方官の一種であるから、大坂・京都・奈良・駿府・日光・浦賀・新潟・佐渡・山田・伏見・堺・長崎・箱館に置かれ、このうち町奉行の名を冠したのは江戸・駿府・京都・大坂であり、江戸は特に重要であるので地方官として扱われず役職中の要職に目されていた。ゆえに地方の町奉行はそれぞれの地名をつけて呼んだが、江戸の場合に限って単に町奉行と呼んだ。また単に町奉行所という場合も江戸に限った称呼である。

町奉行所の別称　町奉行の政務を執る所を町奉行所というが、これらは役職上からいう言葉で、江戸時代の人々は多くは御番所、または御役所といった。町人達が町奉行所と呼ぶのはおかしいことで、御番所・御役所と通称しており、町奉行などとはいわずに御奉行・御奉行様などといった。そして御奉行・御奉行様ということは町奉行に限ったことで寺社奉行・勘定奉行の意は含まない。

町奉行を命ぜられる者　町奉行を命ぜられる者は初めの頃は一万石以上の禄高の者であったが、後には世禄（世襲で受け継いでいる禄）には関係なく適任者を任命するようになった。しかしごく世禄の低い者は採用されず、だいたいは役高三千石級の世禄のものから選ばれている。

町奉行の職責

その職責は江戸府内の武家・寺社を除いた市民の行政・司法・警察の事務を行なったもので、民政一般から人民の訴訟・犯罪者の裁決をするのが主であった。

「古事類苑」に町奉行の職掌として、

江戸府内の町民及び囚獄（伝馬町の牢屋奉行）・養生所の役人・江戸町役人・並びに江戸寺神領の町民等を支配し、兼て大火災の消防を指揮し、火付盗賊を吟味し、道路・橋梁・上水の事を掌る

とあり、牢屋奉行である囚獄・貧民施療院である養生所・土木上水道のことまで支配し、加えて警察・司法を主としたからその範囲はかなり広かった。

定員は寛永十二年（一六三五）には二人であったが元禄十四年（一七〇一）には三人となり、享保四年（一七一九）には、また二人制となった。

町奉行所の管轄地域

その管轄地域は慶長時代には三百町であったが、明暦年間には五百余町となり、寛文二年（一六六二）にはさらに南は高縄（現在の高輪）、北は坂本（台東区坂本）、東は今戸（墨田区）まで広がり、正徳三年（一七一三）

には深川・本所・浅草・小石川・牛込・市ケ谷・四谷・赤坂・麻布の二百五十九町がその支配下に置かれ、天保年間には千六百七十九町となっている。

俗に江戸八百八町と称するが、その倍に及ぶ町数が江戸御府内として町奉行所の管轄になったのである。

この合併前の旧江戸町内を古町といって租税をかけられなかったが、合併された町は元が代官の支配地であったので年貢は代官が取立てた。しかし町奉行所の支配地であるので、人別や賞罰は町奉行の手によって行なわれた。この新合併の町を両支配と呼んでいる。

このように江戸府内はなかなか複雑で、さらに寺社領は寺社奉行の管轄で、武家地も町奉行所の管轄外であったから、犯罪捜査・捕物には大変不便をきたしていた。

江戸時代奉行所所在地地図

そこで後には寺社領でも門前地に限って町奉行の管轄とし、また火付盗賊改役という特別高等警察的のものを作って、士庶僧神官の別なく取締るようになった。

ただし寺社の境内には手続きを行なうか、寺社奉行の手の者に頼むかせねば踏込めなかったのであるから、映画・小説のようにやたら町奉行所の者が踏込んで捕物をすることは決してありえないことであった。

南町奉行・北町奉行 また南町奉行・北町奉行という名称から江戸を南北に二分して両奉行所が分担して民政をとったように思われがちであるが、間違いである。南・北というのは町奉行所の所在の名称であって、地域分担の名称ではない。呉

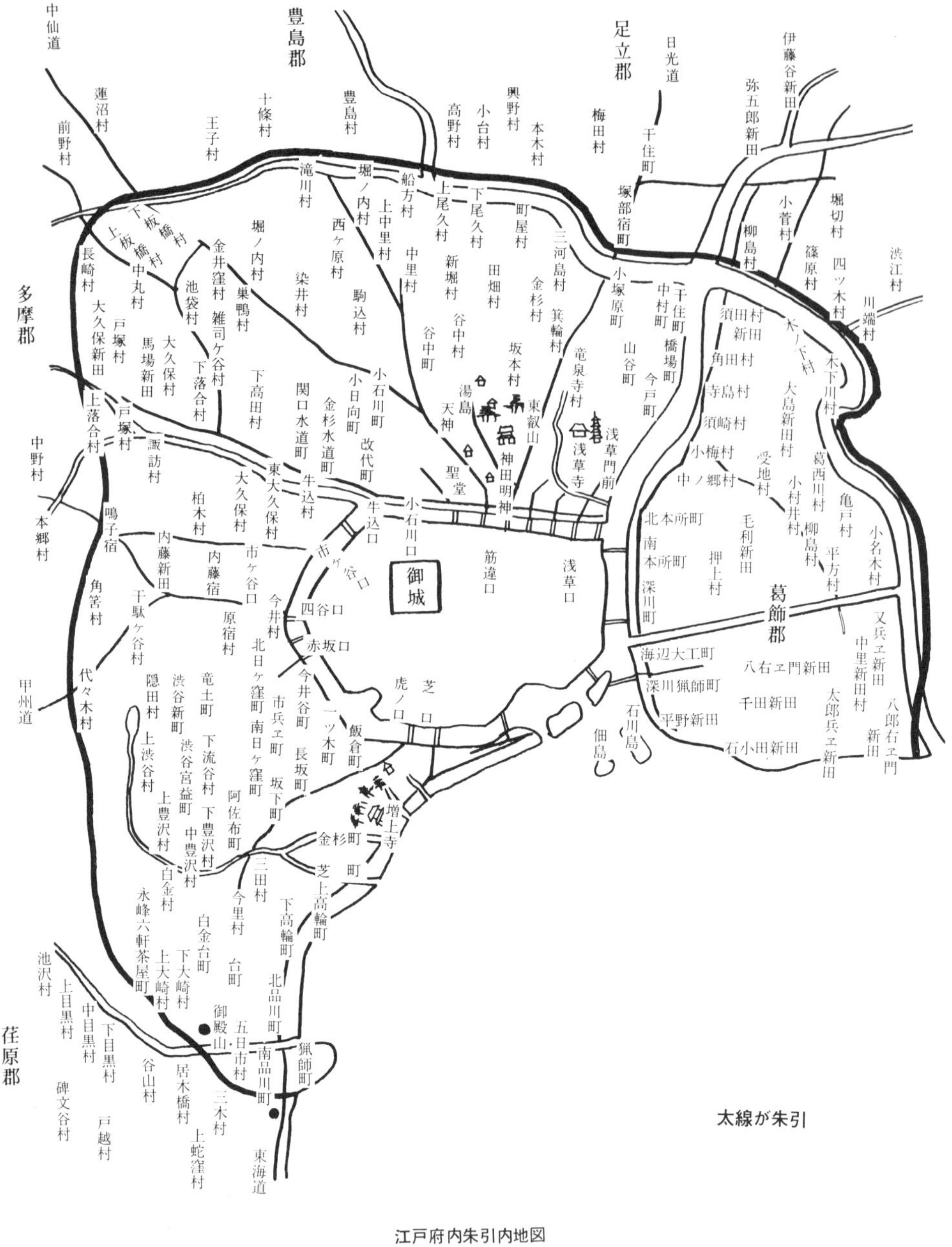
中仙道
豊島郡
足立郡
日光道
伊藤谷新田
弥五郎新田
蓮沼村
前野村
王子村
十條村
豊島村
高野村
小台村
興野村
本木村
梅田村
千住町
塚部宿町
滝川村
堀ノ内村
船方村
上尾久村
下尾久村
町屋村
三河島村
上中里村
西ヶ原村
中里村
新堀村
田畑村
金杉村
下板橋村
上板橋村
中丸村
長崎村
金井窪村
巣鴨村
堀ノ内村
池袋村
雑司ケ谷村
染井村
駒込村
谷中町
谷中村
坂本村
箕輪村
小塚原町
中村町
千住町
橋場町
山谷町
今戸町
竜泉寺村
多摩郡
大久保新田
戸塚村
馬場新田
大久保村
下落合村
下高田村
関口水道町
金杉水道町
小日向町
小石川町
湯島
天神
東叡山
浅草寺
浅草門前
聖堂
神田明神
上落合村
戸塚村
諏訪村
中野村
本郷村
東大久保村
大久保村
柏木村
牛込村
牛込口
小石川口
筋違口
浅草口
御城
鳴子宿
内藤新田
内藤宿
市ケ谷口
市ケ谷口
角筈村
千駄ケ谷村
原宿村
今井村
四谷口
赤坂口
甲州道
代々木村
隠田村
渋谷新町
竜土町
北日ケ窪町
南日ケ窪町
今井谷町
市兵ヱ町
一ツ木町
飯倉町
虎ノ口
芝口
上渋谷村
渋谷宮益町
下渋谷村
下豊沢村
阿佐布町
坂下町
長坂町
増上寺
金杉町
芝町
上豊沢村
中豊沢村
白金村
三田村
今里村
上高輪町
下高輪町
永峰六軒茶屋町
白金台町
台町
上大崎村
下大崎村
北品川町
御殿山
五日市村
南品川町
猟師町
三木村
居木橋村
上蛇窪村
東海道
池沢村
上目黒村
中目黒村
下目黒村
谷山村
碑文谷村
戸越村
荏原郡
小菅村
堀切村
篠原村
四ツ木村
渋江村
川端村
柳島村
須田村
新田
木ノ下村
木下川村
角田村
寺島村
大島新田村
須崎村
小梅村
受地村
葛西川村
中ノ郷村
小村井村
亀戸村
柳島村
北本所町
毛利新田
平方村
小名木村
南本所町
押上村
深川町
葛飾郡
海辺大工町
深川猟師町
八右ヱ門新田
又兵ヱ新田
中里新田村
千田新田
太郎兵ヱ新田
八郎右ヱ門新田
平野新田
石小田新田
石川島
佃島
太線が朱引

江戸府内朱引内地図

服橋内を南町奉行所、常盤橋内を北町奉行所といった。

月番・非番　二人の町奉行が月番と非番で一カ月ずつ交替で開庁し、月番の町奉行所は門を八文字に開いてその月の訴訟を受けた。非番の町奉行所は門を閉じて潜り戸を開け、その月の訴訟は受けつけないで、前月に月番であった時の訴えの未整理を処理しているのである。非番の町奉行は月番の町奉行所へ寄って連絡事務をとったり、午前中に江戸城に登城して老中と打合せ報告をした。非番の与力・同心も同じく勤務して、処刑に立合ったり、市中の三廻り（隠密廻り・臨時廻り・定町廻り）はその任務をつづけた。

身体を休める本当の非番というのは二日勤務の一日休みで、月番・非番というのは町奉行所自体の訴訟受付を指していうのであった。

揚り屋入りの宣告を受ける図

町奉行の職務

月番の町奉行は朝四ツ（午前十時）の御太鼓（江戸城中で時刻を知らせる太鼓の音）前に登城して八ツ（午後二時）ごろ奉行所に戻り、それから民事・刑事・訴訟の処理にかかるのであるからなかなか忙しい立場であった。ゆえに山積している訴訟を一つ一つ奉行が自身で克明に調べることはできないので、刑事事件は吟味与力があらかじめ調べて置き、例繰方という掛りが擬律までしてから後に奉行が調べる。奉行は罪案に対して罪人に念を押し、確かめ、刑を宣告するだけである。ゆえに映画・演劇のように容疑者がいきなり町奉行所に拘引されて白洲にすわると、奉行が襖を開けて現われて度量と智略をもってなだめすかして調べたり、または「それ強情な奴じゃ。拷問にかけい」といって拷責することは全く行なわれないのである。取調べの順序は後（127ページ）に詳しく述べるが、取調べにも順序があり、拷問も町奉行が勝手にやることはできないのである。

非番の与力・同心に町奉行は先月受付けた事件を審議させ、断案を作らせて、重追放以上に当るものは御伺書を持って老中・将軍の決裁を受け、町奉行所に戻って、それぞれの事務手続と掛りを通して処罪方法を執らせるのである。

中追放以下（228ページ参照）は手限吟味といって町奉行の吟味から生じた判断で処理（これを手限仕置といった）できたのである。遠国奉行にはこの手限吟味の範囲に多少の差があり、重罪はすべて江戸に伺いを立てた。

このほかに町奉行は和田倉御門内にある辰の口の評定所の式日に出席し、六日・十八日・二十七日の内寄合には月番の奉行所へ出なければならず、三手掛（月番奉行と大目付・目付立合の裁判）・四手掛（寺社奉行・町奉行・大目付・目付の立合裁判）・五手掛（寺社奉行・町奉行・勘定奉行・大目付・目付の立合裁判）にも出席するので暇の無い役職であった。ゆえに非番だからといって下屋敷へ行って妾とたわむれたり、奥方と水入らずの睦言をいっているひまなどはなかったのが、町奉行在職中の在り方であったのである。

2 町奉行の地位

町奉行に任命されるものは、古くは万石以上の大名であったが、後には旗本であればその世禄を問わずに適任者が選ばれたが武鑑より見ると、だいたい二、三千石の旗本が多かったようである。町奉行の御役高が三千石高であるから、それ相当の相応しい役職と推定されたのであろう。だいたい江戸幕府の役職の役高は一般に低く、高禄のものが勤められるように仕組まれていたのであるが、次第に物価高となり、役高では勤めかねるので、御役料などで補充するようになったのである。つまり万石級のものが三千石高の役職につけば、世禄より低いから勤めも楽であったのであるが、物価も上り、また役を勤めるために不必要の経費を用いるので、出費も多くなっていったのである。ゆえに江戸時代中期頃の旗本、御家人は勤めをすれば出世の道がひらけるが、出費が多くなって借金に苦しんだのである。ゆえに世禄の低いものが、高い役高の職につくのを望んだ。

たとえば二千石の池田播磨守が町奉行の職につくと、任期中は世禄の二千石に千石が足されて三千石の収入の立場となる。そして解任されれば元の二千石の世禄に戻るが、次の別の良い役職に栄転すればさらに収入高は増えるし、役職につかなくても在職中の功労によって世禄が幾分増えることもある。

町奉行の体裁

町奉行の役職は重要な職でありながら役高は案外低いが待遇は良い方で、従五位下朝散太夫（従五位下の唐名）で、格式は譜代大名の五万石以下級に扱われた。ゆえに万石級の譜代大名級の格式の行装を行なわねばならぬが、自体が二、三千石級の世禄の家柄であるから、万石級並に家臣を抱えていない。

慶安二年（一六四九）十月の軍役表に二千石の出陣用意は、侍八人、立弓一人、鉄砲二人、槍持五人、甲冑持二人、手替一人、長刀一人、草履取一人、挟箱持二人、手替一人、馬の口付四人、沓箱持二人、雨具持一人、押足軽二人、小荷駄四人の計三十八人であり、三千石で五十六人である。

一万石の小大名で百九十二人の規定であり、このほかに留守の者、侍女達を入れるとこれらに約三分の一を加えた人数が平常の召抱えの人員になる。しかし徳川三百年の泰平には物価が上って、抱えの家臣の数は減らそうとも増やすことはないから、一万石級で、旗本の五、六千石級の軍役標準の人数の家臣であるから、平時の行装も随分と異なる。ゆえに世禄に対して役職の御役高は低くして家臣団が少なくて済むようにしたのである。だから世禄の低いものが御役高の高い役職につくと逆に家臣を増さねばならなかった。こうしていろいろと矛盾があるので平時の供ぞろえは次第に簡略化されることが認められ、宝暦八年（一七五七）四月の触によると、千石から二千石までが侍四人から五人、三千石から四千石までが侍六人から七人となっており、少人数で良いことになった。ただし芙蓉の間席の者には押足軽を一人つけることになっている。

乗物は打揚か腰網代の引戸、長棒の駕籠で駕夫六尺（陸尺）四人、木綿の法被に主家の紋をつけ、槍・薙刀は道具といってその家柄によって数が許されているから一定しないが、だいたい二千石以上は一本以上は立てることになっている。

供侍は羽織袴、押足軽は長羽織である。

町奉行登城の折の駕籠は下乗橋の内の百人番所外の見張まで行き、そこで降りてそれよりうちは侍二人、草履取一人、挟箱持一人、雨天の時は傘持一人を連れて中の御門まで行く。中雀御門を入ると御玄関があり、御老中・若年寄と廊下を隔てた所に町奉行の控えの部屋がある。

町奉行の服装　官位は従五位下朝散太夫であるから公式の公家服は赤色の束帯を用い、江戸幕府の礼服には大紋を用いた。

町奉行に就任すると幕府より朝廷に奏請して六十両献金すると、位記口

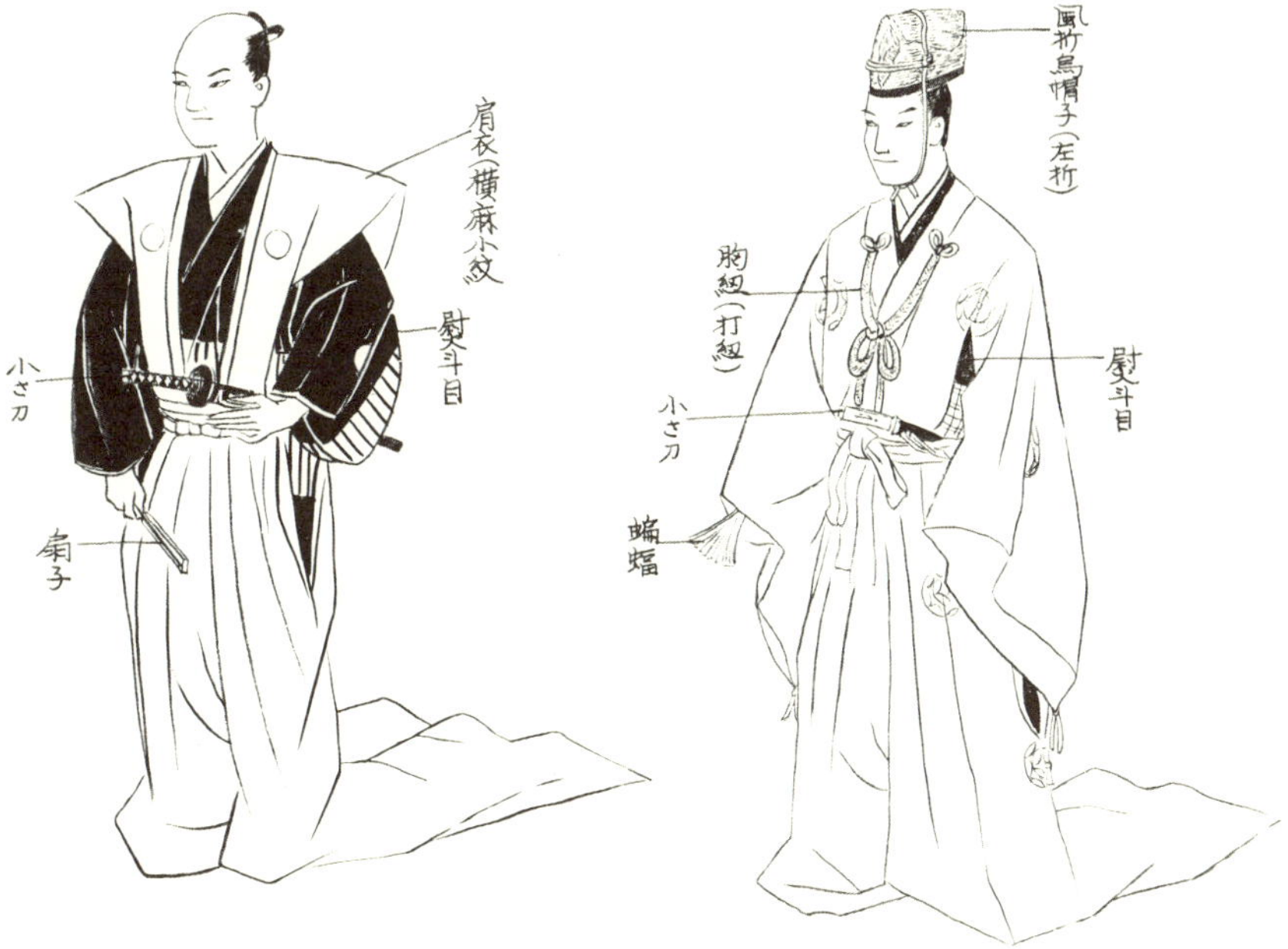

長裃　町奉行の服装　大紋

宣が下りて従五位下朝散太夫になる（大奥秘記）。

そこで赤蜻蛉と俗称されている五位の束帯と衣冠と衛府の太刀を作り、また武家用の大紋を作る。大紋は直垂に似て長袴、風折烏帽子で年頭に着用し、束帯は朝廷の行事に着用する。

五節句には皺のない板熨斗目（経は生糸、緯は練糸で織り、全体は無地で、袖下方と腰のあたりだけ縞または格子を織り出した小袖）に長裃姿で登城し、普段は麻裃という肩衣姿である。

式日には芙蓉の間詰（江戸城本丸には格式によって詰める部屋があり、芙蓉の絵を描いた襖の部屋に列席するものをいう）で三奉行のうちでは寺社奉行の下、勘定奉行の上席に在った。正月朔日には町奉行は六時に登城して新年の賀儀の挨拶をせねばならぬので、その前に奉行所内での挨拶を受けるために四時頃すでに板熨斗目長裃に身を正して一の間上座について二の間まで居流れる与力・同心より祝儀の辞を受け「登城の上披露すべし」と答えて盃事を行なうのがしきたりであった。

「江戸町奉行事蹟問答」によると、「奉行手元には侍分十人以上を召仕、乗馬三疋以上つなぎ、徒士足軽、中間小者に至るまで非常出馬の節差支なき程に備ありしなり」とあるように町奉行所としての武家奉公人と乗物設備があったので、町奉行の平時の外出には「長棒駕籠にて先徒士鑓同心四人・駕籠脇侍四人・陸尺四人・みの箱一つ・挟箱二ツ・乗馬一疋・御附二人・合羽籠二ツ・足軽中間に至るまで凡そ二十五、六人は引連候」と記されるような体裁であった。別項に「二本鑓・騎馬供一人、都て十万石の格式供連なり」とあるが、二本槍のうち、一本は三間柄の奉行の持槍と内与力の槍一本で、乗馬一疋とは内与力の騎馬供であり、十万石の供連でなく一万石程度の略供の体裁であった。また市中巡察の時は裏金陣笠に羽織袴に乗馬であり、火事場出馬には一閑張か煉革の漆塗りの兜形の鉢に前立定紋をつけ、䩻は刺繡模様または紋の肩から背を覆う羅紗地、羽織も定紋付羅紗地、胸当も同様で袴は二重純子類に裾を黒繻子縁りの馬乗りである。従う内与力もこれに準じ、火事装束に陣笠は侍・中間でこの服装は奉行に新任されるとあらかじめ町々に通達しておいた。

3 町奉行の御役料

町奉行には御役料（お役を勤めている間の御手当料）がつき、寛文六年（一六六六）七月に御役高（この場合の御役高は世禄以外に手当として支給された）千俵とされたが、天和二年（一六八二）四月には廃止され、享保八年（一七二三）六月に御役高を三千石と定められ、宝暦五年（一七五五）には二千両に改められ、慶応三年（一八六七）九月には御役金二千五百両となった。

しかし町奉行職はなかなか出費の多い立場であるから、このような支給では賄いきれない場合があるので、規定外の支給もあり、天保十三年（一八四二）には七千八百両余が支給されており、規定外の差額は臨時入用として認められていた。

ここで触れておく必要があることは、御役高・御役料・御役金がすべて本人の収入になるものではないことに注意してもらいたい。これらはその御役を勤めるための費用で、いいかえれば経費である。それによってその職場を運営して行くのである。これがほかの役職であれば年々の経費がきまっているが、町奉行は行政・司法を扱い、執行に意外な費用がかかるので、一定した予算内で取りしきるのは難しい。

一例として明和七年の経費を見ると、監獄費は一千三百三十八両三分と永銭二百二十九文六分五厘かかり、両溜費用が八百四両と永銭二十一文一分余の合計二千百四十三両余となって、御役会二千両より約百四十二両の欠損となっている。もちろんこの欠損は幕府から支出されるが、これは町奉行個人には一文の収入にもなっていない。このように町奉行は御役料からは個人収入が得られない。ほかの役職であると経費を節減していくらかの個人収入とすることができた。当時の役職は御役料・御役高が少ない場合には相当の身銭を切って交際費・役職維持費を出費し、謂う所の持出勤めで、昇進への途を目当とし、下々からの付届が役徳であったのである。

町奉行は二十年以上勤務すると五百石の加増となり、それが世禄に加算されるのである。江戸の町奉行に昇進するのは長崎奉行・京都町奉行・大坂町奉行・小普請奉行を経た者が多く、江戸の町奉行を勤めたものは寺社奉行・大目付に昇進する例であった。

大岡越前守

名判官大岡越前守はどのようなコースで昇進した人であろうか。

徳川家康の頃の大岡忠政の四男忠吉が分家して、その三代目忠高の時に二千七百石で奈良奉行を勤めていたが、忠高の四男である忠相が十歳で本家の忠真の婿養子となった。忠相は元禄十三年（一七〇〇）に千九百二十石の家督を継ぎ、寄合になったが、十五年に御書院番に入った。宝永元年（一七〇四）に御徒頭になり、四年には御使番に昇進している。翌五年には目付となり、正徳二年（一七一二）には抜擢されて山田奉行、享保元年（一七一六）には普請奉行、二

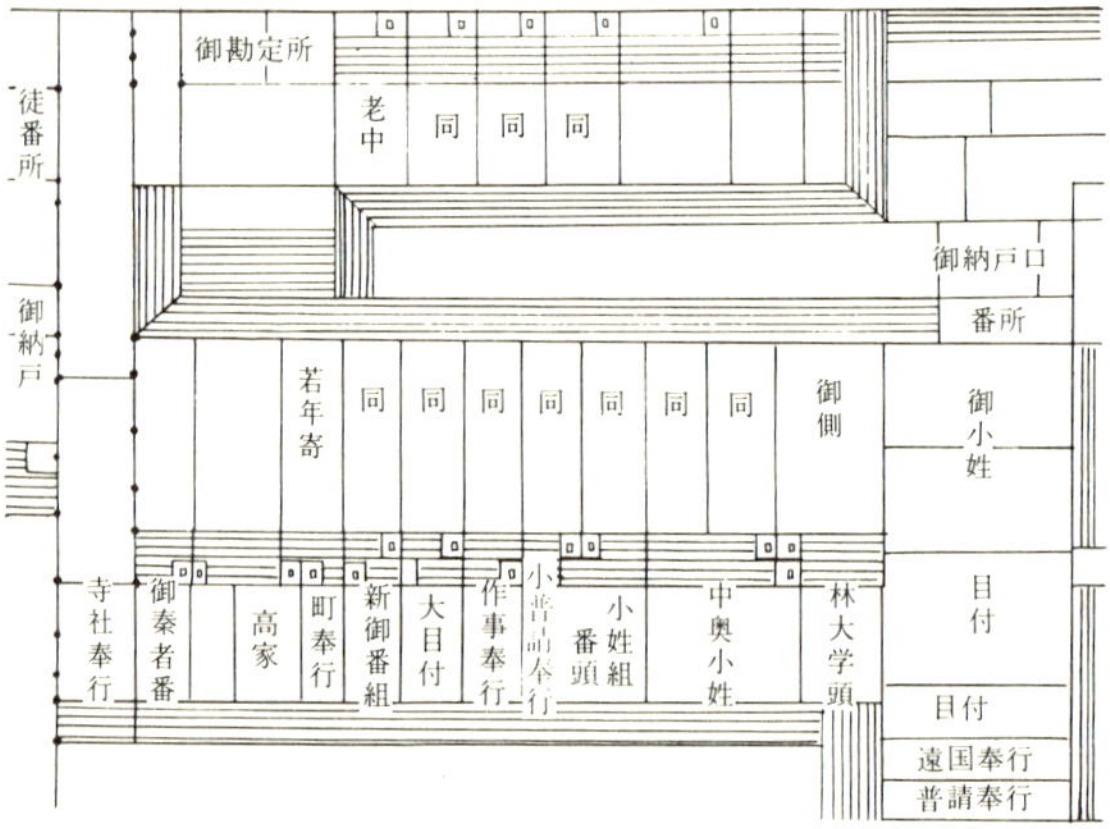

江戸城中の町奉行の詰める部屋の位置

年には江戸の町奉行となった。

そして手腕を発揮したので享保十年（一七二五）には二千石の加増を受け、三千九百五十石の知行となった。そして関東筋の代官の指揮まで仰せつけられている。

元文元年（一七三六）には寺社奉行となりさらに二千石の加増をされて五千九百石となった。寛延元年（一七四八）には奏者番を兼ねて四千八十石の加増を受けて一万石の大名となった。

このように大岡忠相は出世コースを順調に進んだから、講談・演劇で名裁判官に脚色されたが、大岡忠相が手腕を発揮したのはその裁判振りではなく、行政・司法についてである。徳川幕府始まって以来の判例を蒐集し、分類して科条類典（御定書百カ条）を編集し、目安箱の制を発案し、江戸の消防制度を確立させ、さとうきびの栽培を普及させたりした政治家であった。

大岡政談・大岡仁政録などという実録本が流布し、当意即妙の名裁判を行なった話は、ほかの名奉行曲淵甲斐守・根岸肥前守などの裁判振りを大岡越前守に付会したり、中国の名判官小説の翻案によるものである。村井長庵・嘉川主税之助・直助権兵衛・後藤半四郎・松葉屋瀬川・小間物屋彦兵衛・煙草屋喜八・畔倉重四郎・越後伝吉・白子屋お熊・雲切仁左衛門・津の国屋お菊・小西屋嫁入裁判・三方一両損・天一坊事件などであるが、いずれも大岡忠相の直接の名裁判ではなく、このうち天一坊事件にはわずかに列席しているにすぎない。

天一坊事件は八ッ山さきの南品川で起きた事件であるから、勘定奉行配下の代官伊奈半左衛門係りである。そして寺社関係と問題が将軍の御落胤ということから評定所の五手掛の裁判となったのである。この折の主任裁判官に当る者は大目付の鈴木飛騨守利栖・公事方勘定奉行の稲生下野守正武で、寺社奉行・町奉行は陪席であるから、大岡越前守も臨席はしたが、越前守が裁いたのではない。

大岡越前守が裁いて有名になった事件　大岡越前守が裁いて有名になった

歌俳百人選に描かれた大岡越前守の肖像

町奉行
大岡越前守
坪内能登守
中山出雲守
御勘定頭

享保武鑑に記載された大岡忠相

事件は、日本橋小網町の珠数屋の奉公人の伝兵衛が享保十年二月と三月に、青山と小網町に放火したという疑いで火付盗賊改の手によって逮捕され、火焙り（火罪）になろうとしたところを、南町奉行所の同心が無実の罪として大岡越前守に上申し、越前守は月番の北町奉行諏訪肥後守に連絡して再審した。その結果伝兵衛の無実がわかり、火付盗賊改の飯田惣右衛門は罷免されて閉門、伝兵衛を捕えた目明しと手下は死罪、伝兵衛は所払いとなった。そして科なき者が処罰される時には親類縁者の者は再吟味を願いでるように町触れをだしたので越前守は一躍有名になったのである。

町奉行としての心構え

「明良洪範」巻九に町奉行としての心構えの話が載っている。

大猷公（三代将軍家光）御夜詰の節評定所公事の儀を永井日向守に御咄有りしが、惣て公事を裁くに奉行の裁きと天下の裁きとは心得大いに違う事ぞ。夫れ奉行たるものは裁許の理非明白に分るを第一とす。又天下より捌くには禄を捌くなり。此訳呑込たるやと御尋ね有りしに日向守存当り御座無く由申上ぐるに上意にはたとへば百姓の野を論ずるに奉行は、これを詮議し其証正しきを勝とし証拠なきを負けとす。之れ理非を裁く也。又天下より禄を捌くとは理非に不構一方に馬草なくば勝たる方の野なりとも分けて負けの方へ遣すが、左なくば野銭を出させて刈るか何れ其所の難儀にならず用事の弁ずるように云付るを禄と言う也と仰せ付けられしとなり。

とあり、町奉行は理非曲直を第一として裁判にのぞむのが必要とされていた。

また町奉行は威儀を以て臨んだことは「江戸町奉行事蹟問答」に「裁判席にて奉行の行儀は威権を重じ、職掌柄謹慎を専らとし行儀正しく座席敷物は勿論寒中と雖、火鉢多葉粉盆なし。湯茶も喫せず暑中扇遣ひもせず、初より仕舞まで座を立るなし」とあり出火急御用以外は座も立たず膝も崩さず、ましてテレビ・映画の遠山の金さんのように肌脱ぎになって啖呵を切ることなどあり得ようがなかった。

4 町奉行の職掌

幕末の与力佐久間長敬の「江戸町奉行事蹟問答」の中に、

町奉行は幕府の爪牙となり格老を補佐する重職にて、寺社奉行・町奉行・勘定奉行の連署して内外の政事法律の制定悉く評議し上裁を仰ぎ、評定所一座役人と唱て御老中若年寄に次ぐ重き役人なり。

各支配を分ちて公事裁断探索捕縛民政の庶務を担任し、刑事は遠島以上は上裁を仰ぎ追放以下は即決処分し人民の公事裁許し組下与力同心の身分進退より役儀の任免黜陟し与力に吟味と諸務を掌らせ、同心に探索捕縛を命じ、囚獄に石出帯刀を以代々これを司らせ、町年寄館市右衛門、喜多村彦右衛門、樽藤左衛門同じく分限を定めて市政を司とらせ、地割役樽屋三右衛門も同じく町々この地籍測量の事を取扱せ、富豪五人を選で奉行所の金銀出納を司とらせ、地主の内より公選して名主役を命じ、地主の代人家主を以五人組月行事の町役人と称し、町用を弁じ市内の取締より内々の訴訟を取扱せ、名主の内より年番を定めて奉行所より達する緩急の公用配紙を司どらせ、或は名主内より官撰して市中取締諸色調の役儀を命じ民情を斟酌して市政の得失を云はしめ、御伝馬其外の地方公役は大伝馬町小伝馬町四谷伝馬町其外これを助成する町々へ命じ、弓師は弓町、具足師は具足町、鍛冶は鍛冶町、桶職は桶町、畳刺しは畳町、肴は魚河岸と、由緒ある町々へ申付、日々御賄の御肴、青物は納入受負人を撰で司とらせ、御腰の物御様《おためし》御用は浪人山田浅右衛門に命じ、金銀銭銅の座方より朱・桝・はかりの三座、川舟船改上水村木升石米穀の儲蓄場に干渉し、市内に住する盲人は本所一ツ目の社内ニ住する惣録検校に分限を定めて取締に任じ、売卜易者陰陽師は土御門家の役場、神職神子神事舞太夫の類は白河家の役場を市中に許して取締に充て、願ン人坊主は願ン人頭に命じて取締らせ、諸国より入込香具売薬行商物まね見せもの稼人の類は乞胸仁太夫に取締を命じ、無宿物貰い穢多非人の取締は関八州の穢多頭弾左衛門へ命じ、無宿は佃島の人足寄場へ入て職業を与へ、又非人小頭を市中各所に住居を許し府内の不浄不潔もの取片付をなさしめ、其内重立たる浅草の非人頭善七、品川の同松右衛門と云に無宿溜を掌らせ、病人無宿と囚人軽罪の無宿ものは預けて養生せしめ、夫らの非人頭をして日々町奉行所並び囚獄へ詰番せしめ、囚人の縄取刑罪の取扱をなさしめ、奉行所近火の節には町中の髪結職のもの駈付を許し御用物を為持退、市民に病者あれば医学館にて治療せしめ、貧民の病者寒寡孤独は小石川の養生所にて養い備荒儲蓄は市中の富豪を選でこれを司とらせ、金穀を多く積蓄し不時の救済に充て火災水災あれば町火消或は水防夫を集め奉行自ら出馬して指揮をとり、狼藉乱妨人あれば与力同心を派出してこれを鎮め、重大の事件は自ら出馬して其の責任に充るなり。

1　町奉行の外出時の体裁

「江戸町奉行事蹟問答」によると、

　平日外出は多く長棒駕籠で先徒士、鑓同心四人、駕籠脇侍四人、陸尺四人、みの箱一ツ、挾箱二ツ、乗馬一疋、御附二人、合羽籠二ツ、足軽中間に至るまで凡そ二十五六人

とあり、火事場そのほか非常の際の出馬には二本の鑓、騎馬の供一人で十万石大名の格式であった。

2　町奉行が出馬して狼藉者取押の例

「江戸町奉行事蹟問答」に、

　これは天保十三年（誤記で天保十四年閏九月）九月十三日、御老中水野越前守（忠邦）御役御免に相成、西丸下屋敷引払の節誰発意なるや、夕刻より追々門前へ見物集り来り、門番これを制したるより事起り、石を投げ始め、追々乱妨甚しく、御目付より月番町奉行鳥井甲斐守（耀蔵）へ達しありしに寄、奉行は詰合与力同心を引具して速に出張せしなり。（町奉行のほかに老中土井利位、会津松平家が人数を出している）

　其時余が父（佐久間長敬の父・与力）なども出役せしと聞く。多くは近辺の仲間・小ものなど姿をかへて来りしもあり。或は先に免職になりし役々の仲間など所々に離散しありしが、此時に至りて兼て遺恨を晴らさんと、誰申合たるになく集り来り、仲間同士の口論を仕かけんと巧しなり。四、五人召捕のありしが、其実を得ずして事済みたり。

と記している。町奉行出馬の例は、このほかに赤穂浪士討入り後の引き上げの折、幕末の薩摩屋敷焼打の折などが有名で、大坂では大塩平八郎の乱の折に大坂町奉行が出馬している。

3　町奉行が火事場に出役の折の体裁

「江戸町奉行事蹟問答」に、

　出火ある時官宅に火の見屋櫓《やぐら》ある故、当番同心方角を注進して直に火元見して駆出し候。奉行は出馬用意を命ず。供方は方角に寄り、弁（便）理（利）よきに依て表裏玄関前に駆集る。見同心立帰り方角を告げ、弥出馬の時は行列左の如し。夜中は奉行脇差挑灯△印の処如図火元袖すり挑灯△印処は奉行の紋付合印付し、高張挑灯を加、同心始終侍分は奉行紋付の手丸挑灯を銘々携

同心一人　同同　同同　馬脇侍　同同同同　飛口持足軽　同同同同
口付　槍　挾箱　茶瓶
裏箱　弁当
先徒　馬印　奉行騎馬
別当三人　草履取　同槍
同心一人　同同　同　馬脇侍　同同同同　飛口持足軽　同同同同
侍
槍持
口付　内与力　合羽籠　供押徒士
草履取
侍

奉行の服装は火事頭巾、前立物定紋、シコロ紋付模様刺縫、羽織は紋付、いづれも羅紗、袴二重純子の類、黒繻子縁りとり、火事具の色合シコロの刺縫等銘々思い思いの仕立なり。火事場添道具槍の柄も随分見立候。三間柄持槍、平日の道具なり。公用人は自分紋付火事具頭巾、其他の侍分は主人の紋付合印揃の火事具陣笠なり。中間にても合印付揃の法被・陣笠・袖印にて、馬具其外諸道具まで随分華美の拵。右の甲乙はあれども其家一定の規則を示す。町奉行拝命の節、火事場町々へ触示し置、火事場関係の役々へも通達いたし置候間、必ず出馬の節は区々なる事なし。供方同心は自分持の火事具頭巾にて赤ふさ十手を携候

4 町奉行火事場の勤め方

「江戸町奉行事蹟問答」に、

奉行出馬の節、月番は火先へ駈付候。非番は後口（風上の方面）へ駈。火事場掛の与力同心をして火元を糺し、消防方指揮し御場所柄大切の場所危し駈見るか何か異状ある出火と認る時は即刻騎馬供公用人（内与力）を以て大城（江戸城）当直の御目付並老中（在宅の刻限であれば役宅）注意し、臨機の職掌を施すこと兼ての心掛なり。通常なる時は供方同心を駈けて注意し、消防の手配、火勢の模様等時々供方公用人、火事場掛与力と協議し、右筆に命じ注進状を筆記せしめ前の如す。火事見廻（旗本）、御使番（旗本）、御目付（旗本）いづれも火事場へ出馬し来るなり。幕府の定火消役人数其他藩より出る消防人数等駈集り（侍火消という）江戸町中より町火消駈付候故、消防混雑を生ぜざる様に主務の持場を分ち町火消には与力同心を以指揮し、或は公用人（内与力）馬上にて奉行の意を与力同心へ通し候。伝令使に遣い駈引いたし侍火消の進退駈引は前の役々と協議して取扱、火事場先重立候役人は町奉行に付、消防の指揮号令駈引は其責任重く、前の役々も町奉行の指揮に随い、これを助けて取扱候は勿論なれども、非常混雑の場合なれば様々の紛擾を生ずることあり。然るときは出馬の御目付へ奉行の意を陳て侍火消の者役々へ指揮せしむるなり。御目付は監察の職権を以、能くこれを料理するなり。幕府時代の火事場は泰平の戦争所と同じく、侍火消も町火消も共に必死の覚悟にて死を恐れずして働き、己の職掌と消し口聯の争より怪我人、死人を生じ、忽ち大紛擾と相成、敲き合、抜剣の大争動を起して、町火消仲間にても夫々組に分れ励合候故、聊指揮の行違より忽ち命ち掛けの紛擾を起し見る見る怪我人死人を生じ、死を以争候。死事出来候。

町奉行と雖、自分勝手の駈引は出来難く火事場掛りの与力同心練熟の者と謀り、規矩を正し、指揮よろしきを得て、鎮火後、町火消の働き、組下与力同心の働きも公平に取調、賞誉を与え、已後を奨励するものなり。

5 町奉行平常の吟味

「江戸町奉行事蹟問答」に、

平常、刑事裁判席は民事裁判席と同所にて白洲なり。民事裁判も同じことなり。下調吟味方主任の与力出る時は、呼出の公用人と代り畳縁へ出て、其他は白洲中仕切際に侍座す。呼出本人は身柄に寄、畳縁・板縁・砂利と区別して出席し、同心警衛、別に挾み警固の役人なし。万一本人乱心体とか殺害の含みありと見認者は、特別に命じて、同心をして挾み警衛を付することあり。臨時の取計いなり。

とあり、奉行の吟味には特別に警戒することもない。また、容疑者の身分によっては畳椽・板椽に上げて訊問するのであって、映画で見られるようにすべて白洲の砂利の上にすわらせるのではない。また乱妨者や殺意のある者には腰縄を打って両脇には同心が羽織袴で股立ちをとり、脇差をさし、赤総の十手をさし、素足で警固した。蹲い同心というのがこれである。

6 町奉行日々登城勤務の方法

「江戸町奉行事蹟問答」に、

町奉行は、式日、立合、内寄合日の一月に九日間を除くほかは、毎日午

前十時に登城して、御老中の御上りを待って御用を伺い、進達のものを届け、諸向の役々の者と御用文書の往復を行ない、ほかの役職の者は老中が退席しないうちは退営できないが、町奉行だけは御断りといって、御用の済み次第に下城し、奉行所に出動するならいであった。御用の中途でも火事が起きた場合には、御老中に届けの挨拶をして下城し、火事場に出馬する事になっていた。

7 町奉行の内寄合

「江戸町奉行事蹟問答」に、

内寄合は月に三度で、六日・十八日・二十七日が定められ、月番の奉行所に寄合った。その時は帯刀・町年寄・地割役まで出勤し、与力は御用の筋によって出座するから、その数は未定である。奉行家臣の公用人、目安方、右筆が一人ずつ供として従った。午前九時頃が集合時刻となっており、皆表門から入り、当番の与力が道際に並んで出迎える。

月番奉行の公用人は、式台まで出迎える。帰りは月番奉行が式台まで見送りに出る。

この日に取扱った御用は、囚獄石出帯刀が、囚人人数の増減による経費を申立て、町年寄は諸問屋、諸色の相場のことを報告し、または町々で新規普請板囲道路修繕また地方に属したことなどを評議した。

与力の申立てる御用筋としては、町々の川浚・橋の修繕などで両町奉行がこれを評決する。公用人は評議書・願書・伺書の類を読み、両奉行が評決する。

このほかに時には奉行が立合って白洲の願筋を聞きとどけ、申渡しをすることもあった。難しい問題や先例のないことは、与力に評議させ、その結論をまとめて老中に伺を立てて決したり、両奉行評議して決したりした。

8 町奉行の市中巡察

「江戸町奉行事蹟問答」に、

市中巡察は御役拝命後一度、其他臨時巡行なり。前以道筋を定め触渡し、名主始め町役人出迎、鳶人足鉄棒を置き、先立にて通行の町人を制し、下座触をなさしめ通行するなり。其日は紋付、表白裏金陣笠、羽織、馬乗袴にて乗馬にて巡るなり。与力・同心は羽織・白衣にて多人数付添前後を固めて通行し、昼飯は弁当にて金銀座、其外支配内役所にて弁じ、町人宅などへ立寄ること一切なし。若し模様に寄弁当所差支る時は寺院を借受立寄るなり。

とある。

町奉行の市中巡察はだいたい新任の時に行なうのが普通で、大坂町奉行所においては、先任の奉行が新任の奉行を連れて市中巡察を行なったもので、一種の市民に対する顔見世の挨拶である。このほかに必要に応じて巡察を行なうが、巡察コースが前もって定められており、火付盗賊改の巡察と違って隠密裡や抜打ち的には行なえなかった。

9 町奉行出馬の召捕

町奉行が直々に出馬して召捕を指揮した例は江戸時代には一つもなかったが、「江戸町奉行事蹟問答」に記してあるから一応述べて置く。

奉行出馬せんと欲する大事件ある時は、与力・同心を急呼上にて集る所は奉行一人に付、与力二十五人、同心百五十人、捕方同心手人より縄とり非人までを狩り集める時は、忽ち五十人の集ること安し。南北奉行の家来侍分も五十人あるべし。総人員上下五百人を呼集すべし。これを二手に分れて立向う時は、相応の働きをすべし。これ兼ての手配。

と記しているが、与力二十五騎、同心百五十人は、一つの町奉行所の総員で、これが全部出動したら町奉行所内は空になってしまう。こういうことは有得ないことで、また町奉行出動は火事以外はなかった。

10 町奉行の与力・同心の練武検分

「江戸町奉行事蹟問答」に、

年々二度づゝ、奉行は与力・同心組屋敷に来り武術を見分するなり。其節は与力筆頭の宅へ来り休足して稽古場へ至るなり。其節休足(息)

所に当る与力は敬礼を尽してこれを迎え、茶菓を餐して其労を謝す。同心支配役五人集まり、これを取持。格分の時も其の五人立合にて優劣を糺し、褒美を与ふなり。安政以来は銃隊の組織となり、町奉行池田播磨守（頼方）三の輪の屋敷に両町奉行其外目付など集り、与力・同心の調練或は乗馬を検分せしことありしなり。

11　町奉行の新年の挨拶

「江戸町奉行事蹟問答」に、

　これは古例にて正月朔日の暁七ッ（午前四時）に与力熨斗目麻上下、供廻り侍二人麻上下股立にて槍・挟箱・草履取を連、同心は麻上下にて番所へ相揃、奉行登城前に礼受する定めにて、一の間より三の間までの座敷を式場として与力を両側に列し、奉行も熨斗目麻上下にて一の間中央に出て着座す。与力筆頭の者口上にて御組与力一統年頭の御祝儀を申上ると云、奉行受之。登城の上披露すべしと答。切り熨斗三方に積み二台、公用人礼服着用にて持出し、奉行受之。与力へ廻す。与力順々受之。末座に至る時惣礼をして奉行退去、与力も退去す。

　引続き与力の内同心支配役五人跡に残り同心は一同詰込奉行の出席を待つ。与力の案内を待て奉行出席。与力筆頭の者前の如く口上述ぶ。熨斗出す。同心筆頭の前に置。二三人受之を見て奉行は退去す。同心一同退散。夫より支配囚獄預り石出帯刀。町年寄地割役出て年礼を述ぶ。（月番奉行先に出、次に非番奉行の所に来る）相式礼相済、与力同心は奉行家来の公用人・目安方の宅へ廻勤して一統打揃て向組の番所へ至る。多人数番所へ登らず。当番所前にて一番組より五番組まで組合限りの連名名札を出し、奉行へ取次を乞う。当番与力受之、夫より、奉行家中長屋へ廻り、公用人・目安方を廻勤して帰宅す。与力は又南北の仲間を廻勤し、同心は組合与力の宅並びに上役其他縁故ある宅へ廻勤す。与力は同心宅へ返礼勤なし。当日より十六日までは御役所向は休にて年礼のため日を送りしなり。（町奉行所の御用始めは正月十七日である）

　朔日より五日までは両番所とも与力同心組合限り惣出初番と唱、礼服着用にて順に当番を勤るなり。則一日与力五人。同心三十人惣出勤す。役儀の甲乙を問わず。当日は席順にて勤め、与力・同心の本分を示すなり。当日与力より同心一人に付金百疋づゝの酒肴料を送り、小使・小者に至るまで同様に遣すなり。宿直は与力二人にて勤番方与力は別に宿直の同心に酒肴料として銘々より幾分の金を送るを例とす。故に与力・同心相会し、宴会を催すことなし。

　五日は昼九時（正午）揃、与力一同礼服着用、南北一組限り番所に相揃、奉行より椀飯振舞にて前の一の間より三の間を式場として、与力は左右に列座し、一汁十二菜の膳部を奉行家来礼服にて指出、前に置終て奉行礼服にて一の間中央に出て会釈あり。今日は新年の嘉儀を祝、各年中の勤労を慰むるために揃う。依之粗末乍ら一盞を献ず各無心置《こころおきなく》呑れんことを乞うと云。公用人三ツ組盃を三方に載せて持出す。酌人長柄を持出し奉行これを一盞で与力筆頭へ指す。

　与力は奉行の前に出て受之。呑終て返盃す。順に与力進み受の礼式相済。席に服するを見て奉行より指図にて酌人座に入り引盃へ酒をつぎ廻る。奉行は公用人に取持を命じたる間、打くつろぎてすごされたしと云て中座す。夫より公用人目安方礼服にて出で来り、亭主代りにて取合せ酒を勧め、酒宴央に至り、再び奉行出で来り、此度は一升入りの大盃にて銘々へ酒を勧む。これを引受呑ものもあり。一順巡り奉行退座す。夫より湯づけ終りて引菓子出て、奉行出席挨拶あり。与力一同答礼して退散なり。前後式礼ありて席を乱すことなしと雖も、上戸は元気良く、六日・七日の両日は同様同心の振舞あり。同心を割合支配、与力取合のため出席して式場は前の如く、奉行出席の節、支配与力出て、取合せ多人数に付盃の式を略し、与力は別席にて相伴するなり。

　七日は町人年礼に付、家持惣代として町々名主・御用達町人・浪人山田浅右衛門出頭、玄関へ参り、取次へ名札さし置、当番所其外へ来り年礼申述、当日は穢多頭弾左衛門並三座の座頭も揃ふ。依て年礼に来り、当番所へ名札出し、年礼申述候。いづれも礼服なり。

十七日は御用始にて内役の与力は裏付上下（麻上下の裏に黒の布を貼る）着用にて掛の出勤事務を始む。当日与力各より下役同心一人に付金百疋づゝ、小使・小者に至るまで同様酒肴料を遣すを例とす。奉行より昼飯の節掛々へ酒肴出る。休足（息）所にて振舞を受、奉行は昼後に至り、掛々を表内座に呼出し、面会して当年御用向取扱の方向を申達する事例として各退散するなり。当日は御用始のしるしに、去年中より調置たる町人忠孝奇特ものの褒美などを遣す。申渡あるを白洲始の吉例とするなり。

と記され、多忙を極めた町奉行所も正月は朔日から十六日までは、執務を休んで年頭の祝賀行事を重ねるが、階級制度の厳しかった江戸時代のことであるから乱痴気騒ぎもない。奉行は与力・同心をねぎらい、与力は同心以下小者までねぎらうのであるから、ほかの与力・同心のある役職に見られぬほど、気を使い出費の多いものであった。江戸時代中期以降の与力・同心は生活が苦しくて勤めの間には内職せねばならぬ状態であったが、町奉行所の与力・同心のみは、付届が多かったので生活も楽で金回りも良く、それだけに下役をもてなすこともできたのである。

12　町奉行の下役へ物を贈る

町奉行が良い成績を上げるには、良い与力を適材適所に配置し、与力・同心に精励してもらわねばならぬ。そこで部下に喜んで働いてもらうためには、正月に馳走したりするほかに、部下に物を与えたりする。

「江戸町奉行事蹟問答」に、

奉行、与力・同心に平日物を与ることは、私恩を施さんとする私事にて、奉行により定め難しと雖、定式送るべき習慣となりしは夏冬両度なり。夏は年番方・吟味方与力へ越後縮或はすきや縮、明石縮の類一反づゝ、筆頭重立つもの仙台平袴地を添、赦帳方・例繰方与力へ川越平の類袴地一反づゝ送る。冬は年番方。吟味方与力へ京織或ハ絹染地の類へ前同じく袴地を添、赦帳方・例繰方与力へは唐機袴地の類なり。町廻同心　（以下空白）

内寄合日出勤の役々、朝飯並平日御用多にて掛り役々夜に入り候節、又は御目付立合等出勤する役々は、いづれも奉行より湯漬け賄を出す。白洲も夜に入候節、蝋燭・火事場出馬先の組与力並同心弁当まで、皆奉行賄にて取斗ふものなり。

とあり、奉行が支配下に心を遣うことは大変であった。審理処理の御膳立は、ほとんど与力・同心が行ない、あとは奉行の決断と、手限りで処理できぬことは老中・将軍に伺書をだして決するのであるから、奉行としての行政・司法の骨折はさほどでないが、上役への応接・同役との応対・支配下の役々への心遣いが大変で、これをうまく行なうのが評判の良い奉行なのであった。

13　町奉行入費を補う方法

町奉行は右の如く諸々の出費があり、これをことごとく自弁で支払っていたら大変である。そこで、こうした雑支出の出費法は次のような所から賄われていた。

「江戸町奉行事蹟問答」の中に、

奉行付の町屋敷と唱候もの有之。欠所地面の内より奉行の手許入費を補ふために、享保度改革の節、これを定奉行持とせしなり。此の場の高、町年寄にて取集、折半して両奉行へ納る。これを白洲金と唱、白洲の入費蝋燭、其外前に述たる与力・同心の賄弁当料、与力・同心へ送り物等、悉くこれにて賄ふべき定めにして、両町奉行所の入費定額を取調たる時、右賄料の如きは日々御用向の都合次第にて、予定しがたきもの故、定式の入費に省き、奉行賄と定る時は互に無益の入費を掛ることなく、経済上便利なるを以、如此定めたるものなれども、後年に至りては此地面の揚り上にては引足りずして、奉行手許より足し合せし由なり。則其地所揚り高、戊辰の際（慶応四年）取調左の如くにして、町奉行廃止の砌、市政裁判所へ引送り、其後は如何なりし哉。

神田花房町代地一ケ所　一ケ月上り高　金六両二分と銀十匁

下柳原同朋町続新地　一ケ月上り高　金四両三分銀十匁二分五厘
神田松枝町代地一ケ所　一ケ月上り高　金二両銀一貫二分五厘
霊岸島橋際請負地　一ケ月上り高　金四両三分銀十四匁七分五厘
浅草福井町三丁目　一ケ月上り高　金五十両
神田仲町代地一ケ所　一ケ月上り高　金三十二両銀七分六厘六毛
永久橋際請負地　一ケ月上り高　金三両と銀十匁
汐留三角屋敷　一ケ月上り高　金四両と銀五匁

以上のように月々百両以上の収入があり、これの積立の中から奉行が支配下のものに賄をした費用が弁じられていたのであった。

ところが長年の奉行の中には、御役料をごま化して私腹をこやすものもあった。

14　町奉行の不正といわれる内与力

「江戸町奉行事蹟問答」に、

これは表向与力の人名書出し置候内、四人を減じ自分等の公用人四名を与力の列に出座し置、其給知高八百石（与力の給知は平均して一騎二百石とする）組屋敷とも奉行二人にて割合受取り、公用人・目安方の給料（目安方の給料は四人いて一人宛五十石ずつ）に割当、内与力と唱、奉行手許の公用を為取扱、秘書官の如きものにて、出火等の奉行出馬の節は騎馬供に召連、其外急用ある時は与力の代勤をなさしめ、朝夕奉行の手許にありて、信用あるものを召仕候故、奉行のためには便利なるものなり。享保四亥年町奉行二人（この時まで町奉行三人制の時があった）になりし時、与力・同心人数割合、町奉行大岡越前守・中山出雲守より御老中へ書上の節、免職になりし坪内能登守内与力二人引取候旨書上有之候故、決て奉行内分の取斗と云には有之間敷其原因起源を組の者に知らせず、奉行手限にて年古く御老中へ申立取斗しものならん（大岡越前守等も此内与力をして専ら公用を取扱わせたるものなり）。然候に寛政の南奉行坂部能登守（広吉・後の広高）は此事を不可として、左の如く書付を出して与力の禄高を平均に割与へたり。

寛政八辰年九月廿一日、桜井園左衛門を以て談合。下村弥助、安藤小左衛門へ御渡。

給地世話番
高不足

右の如く坂部能登守勤役中は公平に取斗しに、同人退職後、与力黜陟ありて再び内与力元に復したり。天保度町奉行鳥井甲斐守・鍋島内匠守不可を唱して、御老中（土井大炊頭利位）へ進達して断然これを廃止したり。其節の書付左の如しと雖も、同人等退職之後は再び与力黜陟ありて又元に復し、此事の身分に取りては幸不幸を蒙るものありて迷惑ものなりしとか。終に維新まで行き、町奉行の終り石川河内守、佐久間鐇五郎内与力を連て退職したり。

とあり、内与力の存在はなかなかうるさいものであった。だいたい、与力の給地一万石は、江戸幕府開府以来、与力・同心の全員を賄う料であったものが、奉行の家臣の分まで賄おうとする所に問題があったのである。

15　江戸町奉行を勤めた人の記録

―江戸町奉行の執務の様子―

明治二十四年に史学会会員有志が幕府生き残りの人を集めて当時の状況を筆記した「旧事諮問録」（昭和四十年青蛙房刊三好一光氏校注）に、町奉行を勤めた山口泉処の談話が載っている。山口氏は御目付から大目付、江戸町奉行、神奈川奉行、外国奉行を勤め、駿河守直毅といった。

町奉行勤務中の談話を記してみると、

御承知の通り法律と言うものが今日の如く密でありませぬ。法が疎だから奉行の手腕が必要でした。

問　江戸の町の政事は、町年寄や名主が世話を焼いたようですが、奉行が町年寄や名主に任しておいたのはどの辺まで丶ありましたか。つまり町奉行はどこまでやったのですか。

答　ごく下の事を名主がやって、その上に町年寄が居ました。

問　町年寄は評議役ではなかったのですか。
答　イヤ、名主を支配していたので樽（樽屋）、館（奈良屋）、喜多村の三家でいづれもみな旧家です。
問　喧嘩とか小さな訴訟などは名主が裁判するのですか。
答　そうです。マアちょっとした事、ホンの内輪の揉め事などです。とにかく悪い者を町内から出したりして御奉行の耳に入れないようにするのが名主の働きとなっていたのですから。
問　金の出入りとか斬ったりハッタリしたこともですか。
答　イヤ、斬ったりハッタリしたのは大切で、目付が知ってしまいますから、そういうのは奉行所へ行きます。ちょっとした貸借くらいのことです。まず此の頃の勧解へ持出すようなことは名主です。真の公事を起すとなると奉行の方へ出さなければならぬのです。
問　町奉行は与力同心に対するのと、町名主に対するのとどちらが多く面会、又は話をしたのですか。
答　それは勿論与力です。名主に面会する事はありませぬ（これは「江戸町奉行事蹟問答」でも明記してある）。与力が下調べを致しませぬと手が出ませぬ。貸金出入のことでも何でもそうです。また訴状を奉行の前に持って来て、そうして御席を願うと言います。御席は何日になりますから何日に出ろと言います。至急を要することになると、すぐ調べなければならぬこともあります。奉行の家来に目安方というのがありまして、それが扱いました。奉行の用人と目安方は与力の次、同心よりも上席であります。余程むつかしいのは書面を奉行が見ておかねばならぬ。その日に双方を呼び出して、被告と原告の言う事を聴いて見て、容易に決着の付かぬものは、追い追い吟味すると言ってさて与力の中にて人選して、その与力にまかせますから、任された与力が其の後を調べます。終決の時は奉行が言渡しをします。むつかしいのになりますと与力がまた奉行の所へ持って来ます。私にはとても手に合いませぬ。今一回お直にお調べ下さいと言うこともあります。その中には妙なところに縁故があって私共には行かぬと言って奉行の裁判に任せて逃げるのであります。通例は最初奉行が調べて、中は与力が吟味して、終決はまた奉行になります。歳晩になると一日にこの位の広蓋の上へ訴状がたくさん載って来ます。一々見ていると一日位は掛ります。ですから大概は見ないのです。最初調べる時に初めて訴状を見るのです。彼の言う事を耳で聴いて眼で手の訴状の文言を見、口の中で読むのです。そうして是はチットむづかしいなと思うのは別にしておいて、先の方をドンドンやってしまうのです。そうしておいて此奴はむつかしい訴えだから、願から言えば誰なれども、誰某では出来まいから、何某にやらして見ようと、与力を選んで言付るのです。ここらが奉行の鑑定です。
問　一度町奉行所で裁決したものを承知せずに、それを評定所へ持出すことが出来ましたか。
答　それは出来る筈です。上告してもよろしいのです。しかし評定所のことは全く種類が違います。評定所の方は、原告が江戸の人別で、被告が大坂、或いは九州、北国の者とかであると、町奉行所では行けませぬから評定所であります。江戸の町だけのことならば両町奉行所にてどこまでもいたします。しかしかの目安箱というのがありますから評定所に持ち出してもよろしいのです。
問　町奉行所の同心は裁判の時はどういうことをしておりますか。
答　あれは警固の役であります。当時の警察の仕事ですが、賊を召捕ったり、牢へ送ったりするのは同心です。其他、若年の者は町奉行の供をするもあり、定廻り、隠密廻り、或いは書記の同心もあります。同心の中には種々の掛りがありますから…。
問　南の町奉行所で裁決した事が不服で北の町奉行へ持ち出すことはありませぬか。
答　それはありませぬ。町奉行所から評定所へ行くなら格別、南の裁決は不服だからと北の方へ持って来ても取り上げませぬ。
問　南と北とどう違っておりましたか。
答　場所が違っておりますだけで、する事は同じです。たゞその持場に種々の数が分けてありました。私は書いて置きましたが何百口と言うのでした。

問　その掛りの口と言うのは何でありますか。

答　商売による取扱いです。訴訟の方の掛りではありませぬ。諸商の問屋を分け三人の町年寄にて掛りを極めさせ、たとへば呉服、木綿、薬種問屋は館の掛りにて南町奉行所の持ち、書物、酒、廻船、材木問屋は樽の掛りにて北町奉行所の持ちと申す如く、各々受持のあることでした。

問　商売で差別があったのですか。

答　左様。酒屋はどことか、米穀はどことか、畳問屋はどちらで持つとか、各〻異って居りました。

問　月番で代るのではありませぬか。

答　月番ではありませぬ。月番は訴訟を受付る方です。

問　畳屋に関係した訴訟は南の町奉行の月番に出すというのですか。

答　そうではないのです。訴訟は別です。畳屋が畳の掛けでも取れなくなる訴えは畳問屋の掛りの方の役所へ持って出るのです。米穀高値なれば値下げを諭すなどはその掛りの役所でするというのです。

問　公事訴訟ならば月番へ持って行くのですか。

答　左様です。

問　町奉行から与力の手へ渡して調べさせるのは、やはり町奉行所の白洲ですか。

答　左様。町奉行所の白洲でしたが、白州が違っていました。与力の詰所のある狭い方の白洲でした。（吟味与力の項62ページ参照）奉行の方は広いのです。溜りへ町名主が出て、訴人を呼び出すのでした。身分の重い人のは別に座敷がありました。目見以上とか身分のある人は溜りが違うのです。それから与力の吟味する所の後に内聴所《ないききしょ》というものがありました。与力の吟味を陰で奉行が聴く事があります。幕末になっては、そんな事をしている暇がなかったのですが、全体は聴いたのだそうです。

問　与力の曲直を監察する人はなかったのですか。

答　ないですが、御徒目付などが折ふし出張っておりました。つまり彼が曲直を見るのです。奉行所へ御徒目付が来ると、またはいって来たと言うので嫌はれていたようです。

問　与力は悪いことをいたしましたか。

答　随分それはありましたナ。奉行の方は折りおり替わりますが、彼等は親代々従事している熟練家ですから、弊害もあったようです。

問　唯今の予審のような事をしたのが与力ですな。

答　左様です。先程も申す通り最初が奉行、それから与力、それが予審に当たりましょう。盗賊ならば盗賊が最初捕まって来ると、すぐ奉行が一と通り尋ねるのです。事によると夜の十時頃に急に白州を開くことがあります。捕物が来ますと開廷せねばならぬ。自身番で一と通りは言はせてありますから、罪状を書いて同心から出してあります。どこで着物を盗んだとか、金を盗ったとか書いてあるから、それをもう一度言はせて、これに相違ないかと言うと、それに相違ございませぬと言う。ほかにはないかと言うと大概はないと言う。そこで吟味中入牢申付ると言うのです。奉行が入牢申付けると言渡さぬと牢へ入れる事が出来ぬのです。湯屋で半纏一枚盗んだと言うのも奉行が言渡さねばならぬ。冬の夜は困るです。白洲までは間数も隔って居り、火鉢も隔っており何もない寒い所で聴くのですから。

問　翌日に廻すことは出来ませんのですか。

答　廻すことは出来ませぬ。どこへも置き所が無い。仮牢に入れなければなりませんから、それに三度の飯も食はせなければならぬから、ぜひ奉行が入牢申付けるという言渡しがなければいけませぬ。

問　本所と深川には別に裁判所があったのですか。

答　与力・同心の中に本所掛り、深川掛りと言うのがありましたが、別に裁判所はありませぬ。

問　あすこに何か建っていたようですが、やはり土地の区別ですか。

答　本所深川はまず別物だからでしょう。事を取扱うには同じですが。

問　鞘番所と言うのは何を言うのですか。
答　番所の横に細くなっている所でしょう。牢屋などの中の細い道があるのを鞘と言いますから。
問　あれは本所深川ばかりにあったようですが。
答　左様かも知れませぬ。鞘と申すことは刀の鞘という所から来たようです。
問　平日の江戸市中の行政の事を扱うのは誰ですか。
答　町奉行がやりました。裁判もしたり、火事場へ出たり、ずいぶん繁劇な役です。
問　それには政所がありましたか。白洲だけではありますまい。
答　座敷が多くありましたから座敷でした。
問　記録を司る者は誰でしたか。
答　同心でした。白洲の方へ出る吟味方の与力は上役です。記録の方をするのはちょうど上の右筆です。奉行の家来にも右筆がいて記録します。それから当番与力というのがあります。与力は吟味方と当番方と二つに分れて居りました。
問　物価の高低などには関係ありましたか。
答　関係したのです。あれは町奉行が説諭をいたしました。探捜掛りの方から探索して来ます。一同呼び出して説諭でした。度々ありました。
問　町奉行には捕方は幾人くらいおりましたか。
答　捕方は同心です。十手を持っているのです。あれは定廻り、臨時廻りなどありまして、袴は着けず、羽織だけで歩いておりました。彼の手先に岡ッ引というのがありました。
問　岡ッ引と目明しとはどこが違っていたのですか。
答　同じです。岡ッ引は同心が給金をくれて置くので同心の抱えでした。
問　それで探偵掛り兼捕方をしたのですか。
答　左様です。
問　町奉行の部下に何人位おりましたか。
答　奉行の部下は南北各〻与力が二十五名ずつ、同心百名ずつ（増員四十名ずつ）そのほか石出帯刀支配の牢屋の役々にて何人いるか能くも覚えませぬ。
問　御維新のおりに四百五十三人あったということがあります。それは町奉行を廃せられた時に槍が四百五十三本あったそうです。
答　牢屋掛りなどを残らず入れたらそうなるでしょう。沢山おりましたから。
（この項は一寸疑問を要する。与力は持槍一本立てることになっているが、同心は槍組同心以外は槍を用いない。官給品の槍が四百五十三本もあったということは町奉行所同心、および牢屋同心全員に槍が渡されたと見るべきではない。慶応に入って町奉行所内に町兵掛りの分課が設けられ、与力・同心が隊長となって庶民から兵員を集めたことがある。その折の兵隊に持たせた槍が幕府瓦壊の折に返還されたものと推定される。ゆえに槍の数で両町奉行支配の人員を押しはかることはできない。山口氏は奉行職であるので、同心以下のことは詳しくないのは当然である）
問　方々に辻番がありましたがあれは大名の掛りで、町奉行や幕府の方には少しも関係はありませぬか。
答　関係はあります。見廻りには番士徒士目付・小人目付が出かけて行ったのであればまったく旗本の屋敷屋敷にて旗本同志が組合って自費で建てたのであります。
問　辻番にはどの位の権利がありましたか。
答　乱妨人を制し、時には途中で縛ってもよろしいのであります。
問　武士でも何でも縛りましたか。
答　武士は留めて置いて、住所姓名を聞いておくだけで、容易に縛るわけにはならぬのです。
問　大名の辻番でも帯刀している者は縛れぬのでありましたか。
答　左様。定書が十カ条程ありましたから。
問　辻番には幕府の御目付あたりからどこどこまでの権利を与えるというような極めがありましたか。

答 あれは御目付に掛りがあって、また令条がありましたが忘れました。大名には家風がございましょう。習慣もありましたろう。

問 私などは下谷の堀家の辻番というのが、ひどくやかましく、小便などすると大変やかましかったと聞いて居りますが。

（堀家の辻番が厳しかったのは有名で篠田鑛造著の「幕末百話」にもでており、堀家では辻番士は若手のものが勤め、三年勤めると士分になれるといわれていた。一般大名旗本の辻番は老人である）

重野安繹 あれはやかましかったのはあすこが御成街道という所からでありましょう。私の知っている人が、わざわざからかいに行ったことなどがありました。

答 あすこに縄を巻いてありましたナ。あれは放れ馬を止めるのだそうです。

問 町奉行の方で人を捕る時は、武士などを捕る時は、どう言う規則がありましたか。

答 それはみだりに捕ることは出来ませぬ。一応糺してから縄をかけるのであります。しかし奉行の命令で名指して来るのは仕方が無い。御用に付いて縄を掛けるというので、町奉行の何の誰から達したというのであります。

問 暴れ者の時は。

答 暴れ者の時は手に余ったというので、すぐ縄を掛るのであります。

問 旗本などの直参に縄を掛るときは余程やかましかったのでありましたか。

答 これはなかなかやかましい。

問 そういうときはどういう手続きがありましたか。

答 留めておくか、奉行所へ連れて行くかするのですが、その場合、神妙にせぬ時に縄を掛るので、無暗に縄を掛ければ、縄を掛けた方が悪いのです。

問 見付見付には別に役がありましたか。

答 見付には見付の番の職掌があります。規則も書いたものがあります。御門御門の規則は幾ケ条かあるので通行の規則もあります。場所によって恐ろしく厳しい所があります。あれは見付などの所にチャンと書いてあります。見付の書物には色々ございますが、筐の中に種々の法則書がいっぱい入っております。

問 往来へ持って行って色々の物を出して商うのがありましょう。露店、あれはどういう筋の取締りがありましたか。誰でも出してよろしいのでしたか。

答 あれは道幅いくら出るなとかいう制限があったようです。それはかねて聞いておりますが、場所に因ります。地主と相談がなければならぬので、往来に差障りないことを見るのは、道を歩いている同心が見るので、同心はやかましく言って廻るのであります。道幅から出れば小言を言います。往来の障りにさえならなければ宜しいのであります。

問 そのことには何かチャンとした規則がありましたか。

答 左様。ありましょうヨ。たゞよく存じませぬので、こゝで直ぐ申しのべられませぬ。

問 町奉行は江戸の町の事については、自由に令を出すことが出来ましたか。

答 同役二人と相談して出すものもあります。

問 湯屋の風儀が悪るいとか、矢場の風儀が悪いとかいう時は、今なら警視庁でやりますが、旧はその取締りなどのことも内閣というような政府から出たものでありますか。

答 町だけの小さなことで、他に関係のないことは奉行にて行ないますが、他に関係していれば、御目付へ談合し、老中へ申さねばなりませぬ。

問 裸体で往来を歩いてはならぬとか風儀などのことについて取締りましたか。

答 それは必ずあります。

問 頭巾を冠って歩いてはならぬというようなことがありましたか。その令は老中から出たように考えましたが、いかがですか。

答　左様です。やはり一般に関わりますからナ。家来も冠る。浪人も冠るというのでありますから、やはり町奉行から上へ言うので、風儀に関ったことは目付から出ますから。

問　それから祭礼とか花見時の向島などの人込みには、町奉行の方から人でも出して取締りをしますか。

答　それは持場持場があります。飛鳥山などは郡になるから代官の方であります。代官の方は勘定奉行の持ちになりますから。

問　町奉行の持ちだと町奉行から取締りの人が出張するのですか。

答　左様。同心が出ます。定廻りというので出ております。それから御鳥見というのがあって、これが場末の方の取締りみたような者です。

問　あれは威張った者でしたナ。

答　左様。あれは鷹の為に威張ったのであります。御鷹匠に聞くと、御鳥見をたいへん憚り忌みました。御鳥見はつまり巡羅でございます。御鳥見と申して鳥ばっかりを見るというわけではなく、つまり在の目付でございます。御鳥見という名のわけは、鶴などに石を打ちつけてはならぬなどというために取締りをしておったので実は郊外の取締りであります。また郊外に屋敷などを建てるにしても、自分が銭を出して地面を買って建てるにも、ぜひ御鳥見というものにチャンと届けをして、御鳥見に承知されてなければ持てませぬ。鳥を見るばかりなら、そんなことはいらぬ筈でありますが。

問　御鳥見は御鷹匠とは関係いたしませぬか。

答　御鳥見は御鷹匠の目付であります。それは鷹匠が鷹を権に籍って暴れて困るからであります。

問　民間の風俗上の取締りは。

答　目付で申立てますが、市中は町奉行の下役、郡村は勘定奉行の下役であります。

問　売淫などは。

答　これは町奉行でもっぱら制します。

問　吉原などにも制限がありましたか。

答　ありました。あれはやかましいもので、目付の方から突っ込んで来ます。「此頃は隠し売女が出た。奉行様はポンとしていてはいかぬ。目がないか」とか「隠し売女が出た。奉行様はポンとしていてはいかぬ。すると町奉行も「今日御目付から小言を言はれたが、あんなことを言はれては困るではないか」と下役へ叱言を言う。それからトッ捕まえて来るのですが、あれは変なもので、目付からは突っ込むけれども、町奉行の方では我が子を庇うようなところがあって、こいつもマア仕方がないというようなこともありますよ。

（目付は四角四面の立場から社会を見るが、町奉行は市政の牧民官であるので、庶民が息をできぬ位圧迫しては宜しくないので、風紀上もある程度承知の上で見て見ない振りをする。そこで目付から突込まれた時は止むを得ないから売女の検挙をするのである。定回りなどは目付よりも隠し売女のいる所に明るいが、ある程度見て見ない振りをするのは犯罪捜査の折の聞き込みに便であったからである）

問　絵草紙などの取締りもありましたか。

答　絵草紙は町奉行が一々あらためをするのであります。町奉行の許可がなければ版にすることは出来ませぬ。

問　あの中に風俗に関する絵とか、または上を諷する絵があったそうでありますナ。

答　左様。そういうものを出すと、また目付から突っ込まれるのであります。

問　随分ありましたか。

答　春画などが往来の露店に出ておりました。あれらは度々触れを出して禁じたことがありましたナ。

問　そうではなく、役人の悪口などを版にしたものがありましたか。あれはひそかにやるのでありましたか。

答　あれは版をつぶすことを承知でやっているのであります。刷り出して早く売ってしまうと、それだけが得になるというのでやっているのであります。

問 その罰則は。

答 あれは版をとり上げて〝叱り〟であります。甚しいのは過料を取りましたが、大体は叱りであります。しかし飯の上の蝿を追うようなもので、なかなか制当が出来ませぬ。〝屹度叱り〟というと畏れ入りましたと申します。この時分は恥を知った人が多かったから過料とか叱りというと面目を失いましたもので咎を受けたものは痛くもかゆくも無いが、たいへん恥辱に思ったものであります。

問 錦絵などの願いの時は金をとるというような事はありませぬか。

答 左様なことはありませぬ。

問 出版書籍などは町奉行の検閲でありますか。

答 あれは学校でやります。錦画のような町から出るものは町奉行の掛りであります。書籍出版の時は市民なれば町奉行に願い出るので、それから昌平坂学問所へ出して出版改めを受けるのであります。

問 ぜひ一度は役人の目を通すことになって居りましたか。

答 左様です。

問 諸藩での出版は。

答 学問所の方へ出すのであります。

問 版権はありませぬか。

答 左様。版権というものはありませぬナ。

問 蔵版というものは滅多に出来ぬもので、薩摩藩のものなら薩摩藩だけで、他の者が蔵版は出来ぬようになっておりましたが。

答 左様。蔵版であれば、他の者が出せば不承知でありますから、マア版権があったようなものですかナ。

問 そうすると版権のごときものがあったわけですナ。

答 けれどもそれは、たとえば薩摩藩の如き大藩での蔵版なので、一般は遠慮したというに過ぎんのではありませんか。しかし後藤点などは大坂の須美屋と極っていて決して他の者ではいかんのでありました。

問 そうすると許可はみな受けねばならぬとすれば、自然版権も生じるわけではないですか。

答 左様。許可を得ればそれが版権のようなものですな。

問 しかし馬琴の「八犬伝」の序文に偽版をされると言って憤慨しておりましたが、続々偽版があっても一向に保護したことはないのですネ。

重野安繹 そうするとやはり版権はないようですナ。勢力のある藩から出版されたものにはおのずから偽版もできぬでしょうが、馬琴くらいのならば黙許というようなことでもありましょう。

問 戯作物などは願はないだろうと思いますが。

重野安繹 売買をするには願いをするでしょうが、上で同じ名を他に許さぬかどうか。

答 一方で黙っておればよろしいのです。

問 黙っておらぬ時は。

答 訴えましょう。

問 訴えを起して先方をとめるわけですか。

答 訴えれば先方のものを没収するというのです。

重野安繹 人情本などは決して保護してなかったろうと思います。出版をして損をした所が、始めからそう益のあるものとは思っていないから大抵は保護も受けなかったろうと思います。保護をしたということは一向に見えませぬ。

問 人の権利を犯したといって、没収されたのかどうかというのであります。

答 それは無いようであります。

重野安繹 戯作物の出版は、許可するというより、むしろ知らぬ顔をしていたかったらしいが、水野越前守が出てたいそう厳しくなったようです。

問 経書もしくは歴史の如きものは、世教の益になるとかいうので、或いは版権みたような保護的のものがあったかも知れませぬナ。
重野安繹 先刻の後藤点は、大坂の須美屋の版がたいそう売れたので、他でそれと同じ物を出されては迷惑するというので、其筋へ願って一手に限っておったのです。
問 他で版権を犯さないというのは法律であったのですか。それとも本屋同志で仲間外れにするとかいう風があって、つまり習慣でしなかったのですか。
重野安繹 これは妙な極りのもので、たとえば何々の物というと、それが身代になってチャンと極まっている。それをほかの商人が重版をするなどのことは始めからないのであります。
問 そうすると法律ではなかったのですか。
答 左様。そうでありましょう。
問 敵討だの、火事だのがあると、すぐ瓦版か何かで刷って「敵討の次第を御覧じろ」とか何とか、つまり読売で売って来ていたが、あれは刷って売る前に町奉行所であらためてやる極めがありましたか。
答 イヤ。あれはありますまい。あれは勝手でしょう。
重野安繹 あの瓦版は元禄の敵討などは翌日すぐ売って居りましたネ。
答 左様。あれが一番早いもので、火事の中で売っていたものもあります。
重野安繹 そこらはまことに粗略でありましたな。
問 評定所での対決など滅多にないものですか。
答 ふるい所ではあったそうですが、私などはトントたずさわったこともありませぬ。
問 対決はそんなに珍らしい事でしたか。
答 左様。普通はないようでありますナ。越後騒動とか黒田騒動とか、これらは対決であります。まず仙石騒動が一番新らしいものでしょう。
問 吹上御裁判というのがありました。

答 左様。あれは私は遇いませぬ。あれはつまり将軍家が裁判を傍聴されるのであります。吹上のお庭の物見みたような所でその前に仮屋を建て、そして将軍家が奥にいらしって、その前に三奉行が出て、銘々自分持ちの公事を裁いて御聴かせするのであります。一体に昔はむつかしいのを出して裁かせたのでありますが、だんだん面白いのを出して裁かせるようになったそうであります。
問 始終ありましたか。
答 イエ、始終はないのです。
問 儀式にはあったようですナ。御代替りの時に儀式でやったということですが。
答 あれは慎徳公（十二代将軍家慶）の時に二、三度ありました。あれは水野越前守が骨を折ったのであります。何しろ天保の改革をやった位ですから色々やっております。
問 これはチト脇道へ入りますが、今の水野越前守の事でありますが、あの時分にあれだけの事をやるにはよほど勇断のある人でありますナ。
答 私の聞き及びましたには、一体英断聡明の人にて、とかく奢侈に流れて疲弊したのを救うというに熱心であったそうです。それを世間ではひどく悪く言ったそうですが、たゞ使う人に悪い人があったのでありましょう。しかし並の大名ではありませぬ。
問 誰か使はれる者にシッカリした者があったのではありませぬか。
答 使はれる者には羽倉外記と言うような側近の者にも良いものがあったそうです。
越前守の人格は、あの息子の和泉守、この人と私は極く懇意にいたして居りましたが、その和泉守の話にも、よほど厳格な人であったようです。ちょっとした話が「私の子供の時に親の前へ出ると顫えた位であった」というので、大体和泉守は一人息子ですが本を教えるにもじかに自分で教えて、四書五経の素読にもテンデ白文で読ませられたそうです。或る時はトッ捕まえて、親父がじかに灸を据えたそうであります。因みに申しますがその頃の大目付の伊沢美作守は、その以前長崎奉行を勤めまして、越前守の時分、同港の改革をしましたが、それについて越州より一々直筆にて指揮をしました。その書簡が筐にいっぱいありましたのを伊沢が持って来て見せましたが、政道には丹誠をつくされた人であります。

問 私には分かりませぬのは、徳川時代に倹約の令を出すと悪いというのはどういうわけでありましょうか。

答 左様サ。わけのわかった人は良いと思いましょうが、通常の人は窮屈ですからナ。ちょっと口当りが悪いのであります。

問 楽翁公（松平定信）の時にも倹約の令（寛政元年）が出ましたナ。

答 左様。常人にはあれが悪いのであります。きびしい倹約はどうもうまく行きませぬナ。これは何故かというと、いつも大奥の方から崩れて来るのであります。マアよほど英邁な公方様が出て来て、みっちり奥の方を改革せねばならぬのですが、どうも女の人は固執が甚だしく、いづれも手を焼くそうであります。

問 倹約令が行なわれぬというのは、何かあったのだろうと思うが、倹約して幕府の方へ取り立てるなどのことはありませんでしたか。

答 それはありませぬ。身を以て率先しなければならぬので、楽翁公の評判などは最初は余程よかったのであります。

問 町年寄の収入になる町からとる晦日銭というのは、どういうものですか。

答 あれはどういうものですか一向に憶えませぬ。

（晦日銭とは年の暮に古町から軒割に銭を徴収するもので町年寄の特権であったが、町奉行山口氏は、それを知っていなかったらしい）

問 百カ条の中に入牢の罪は一つもないようでありますが、あれは幕府の罪人を処するには、今の懲役というような罪はなかったのでありますか。

答 軽き罪にて六十日間入牢した者はそれで罪が消えます。また懲役には佃島に寄場というのがありました。そこに入れられておる者を寄場人足と申して居りました。

問 しかし寄場人足などの殆んどは罪の無い無宿者だそうでありますが。

答 成程。それはそうかも知れませぬ。あれは人毎に職工をさせて、その賃銭を以て衣食を与え、後来平人に成って出られるようにする仕方にてその奉行その他の役々があります。

問 伝馬町の入牢者はみな未決のものですか。

答 左様。何でも彼でも閉じ込めておいたのです。しかし牢の中ではその区域は立っておったそうであります。

（奉行は牢屋敷を支配するが、行ったことはないのでこうした返事しかできなかったものであろう）

問 寄場を牢として見ても、どの位の者を何年入れるという極めはありませぬか。

答 むろん規則はあります。くわしい事は忘れましたが、罪の軽重により、御定書や先例に照らして極めます。重いのは老中まで伺いを出します。チャンと黄紙で付け札を貼らなければなりませぬ。手鎖、所払、過料などは奉行でやりましたかと存じます。

問 それでは寄場の溜へ入るのは中追放以上ですか。

答 左様であります。中追放以上です。所払などは横浜へでも行っておれば済むのであります。

（中追放以上の意味は重い意味ではなく軽い方のことで、正確にいえば中追放以下の軽い罪の謂である）

問 牢は入口は違っても中は同じでありますか。

答 区別があります。揚屋は扱いが余程ちがうように聞きましたが目見以上では揚座敷でありました。揚座敷の方は丁寧なことであったそうです。

問 寺入ということがふるい時にあったそうですが、未決の者が調べのうちに寺に入っていることですか。

答 以前はあったかも知れませぬが、私は一向に存じませぬ。

重野安繹 あれは藩の仕法であって、たゞ寺に入れて慎しませて置くのであります。

問 売薬商には検査がありましたか。

答 あの検査はどうしましたか、どこで試験したかわかりませぬ。

問 毒薬などは。

答 左様。誰か検査しましたろう。憶えませぬ。

（寛文十一年辛亥十月二十六日の禁令にでており、町奉行所で取締っている）

問 物価には取締りがありましたか。

答 今の説諭くらいであります。近ごろ諸式が追い追い高直《こうじき》になるようだから、気を付けろという書付で出したのであります。

問 米相場などはふだんでは干渉することはありませぬか。

答 左様。町奉行の米穀掛りが関係します。しかしチョットの上下はチットも構いませぬ。

問 旧悪を赦すということはありませぬか。大悪のほかは十二カ月以上経過した悪事は赦す。左様なことはありませぬか。

答 そう言う法令はいつ出たのですか。私は少しも存じませぬ。

問 イヤ、たとへば人殺、主殺、親殺というような者は十二カ月経過しても罪に処さなければなりませんが、其他は罪に処せぬということが、ちょうど今の満期免除ということにはなっておりませんでしたか。

答 左様。軽罪なれば丸一カ年も過ぐるとあまり咎めぬようでした。

問 百カ条にあったようです。「右は旧悪に候えども、其後止まず候えば、御仕置相伺い申すべく、其後相止め悔悟のこと申すに於ては十二カ月以上の旧悪は咎めに及ばず」ということがありましたが。

答 それでは悔悟したのでありますナ。それはありましたナ。

問 これはやはりズット続いておった例ではないでしょうか。

答 左様。御定書は永世用いました。

問 あなたの町奉行の時にむづかしい公事がありましたか。

答 左様。穢多頭の弾左衛門と、乞食頭の車善七と争論の公事は、随分むづかしい公事でしたナ。これは実に難物で、前の奉行がやっておったが、難物だから棄てゝおいたものです。しかし公事の淹滞は奉行の不職ゆえ、やって見ようと存じ、よせばよいのに手をつけて見ますと、なるほど難物。

けれどもやりかけたものゆえ、努めていたしましたが、一体かの弾左衛門というのは御承知の通り非人の総督であって、その下に車善七というのがあって、これも由緒柄で、弾左衛門の手下にはおりましたけれども、隠然独立の出来る身分であります。

ところが善七の方の仕事というのは引廻し獄門などの時に人足を出したり、或いは縛った罪人を連れて奉行所と牢屋敷の間を往復したりすること、つまり弾左衛門の方へ人足を出すのが公用なのですが、それに対する弾左衛門からの手当が、世間の物価が高くなっても、昔のまゝのあてがいで少しも上げない。すべて弾左衛門の善七を見ること、さながら手下の如くなので善七は我慢がならない。何とか弾左衛門の手から独立したい。それが出訴の趣旨なのですが弾左衛門の方が承知しない。何故というにこの事たるや東照宮御入国以来仕来たった事で、今それが私の手を離れて独立するようでは、私の職掌がつとまりませぬから、関八州の穢多非人、すべて御奉行様にお渡し申すから、穢多頭になってくれという。善七の方も承知しませぬ。殊に訴状なども好い書生か何か抱え込んでいたのでしょう。漢文交りで立派なもの。人物も三十幾つか四十歳位で小肥りの能弁水の流るゝ如くですから、どうしても善七の方が良くきこえる。その申す言葉にも開け行く今の時節に弾左衛門の言うが如き圧制では行かぬ。御入国時代とは人気も違うから、接待方も改革せよと申すのですが、弾左衛門は何と言っても承知しない。御奉行様に穢多頭になって下されの一点張り。その時に吉田駒次郎という与力を下吟味の掛りにしておきましたが、それが困ってしまって、もう一遍御直吟味を願うと言います。善七の方は余程思い立ったと見え、檄文をとばし、内々本願寺を借り切って集会し、残らず血判などしたことも分りました。ちょうど隠密廻りがその檄文の写しを手に入れて来ました。また奉行の登城を途に待ち伏せして奉行を馬から引き摺りおろして取りひしごうとしているとの風説もあったとか。数寄屋橋の下に潜んでいたのでその廉で善七を処分しました。即ち御法度の檄文とは何事であるか。しかのみならず本願寺へ押入って清浄の地を汚し、あまつさえ奉行に手向いを謀る。不埒につき御仕置を申付けるというので、とうとうそれで服罪してしまったのであります。その次に弾左衛門を呼び出し、今の時勢によって、善七配下の賃銭の増し方、並びに接待向きの改革等を速かに行なうべき旨を申渡しました。その時に弾左衛門が善七を野州かどこかへやり、自分の子供の某へ、善七家の相続を弾左衛門より願い出ました。

問　松右衛門というのは。

答　あれは一種別であります。あれはドンな者か忘れました。

問　あれは品川におりましたな。

答　弾左衛門と善七の職掌は似たものでありましたか。まず大体同じですが、善七の場合、たゞ部下に立つのが厭なのです。

問　非人手下のあるのはどちらですか。

答　弾左衛門であります。

問　どういう職がありますか。

答　弾左衛門から命令を出して、善七の方は人足などを出していたので、太鼓を張ったり、雪踏を作る下働きを善七の方でしていたのです。

問　穢多非人の御仕置は極っておりませんでしたか。

答　あれはみな弾左衛門に引渡すのであります。

問　掏摸という奴は。

答　盗った品に依ってゞ湯屋泥棒も同じことであります。まことに軽いのであります。

問　掏摸に盗られた品は手を廻すと返って来たそうですが。掏摸の頭というのはあったのですかナ。

答　左様。何でもあったようですナ。どこか妙なところにひそんでいたようです。

問　掏摸の親分が目明しをしておったということですが。

答　左様。そんな事でありましょうヨ。

以上がだいたい山口駿河守直毅の町奉行在職当時の問答で、町奉行職の在り方がほぼわかったことと思われる。

■江戸町奉行歴任表

板倉四郎右衛門勝重	天正十八年
彦坂小刑部	天正十八年
青山常盤介忠成	慶長六年
内藤修理亮清成	慶長六年
土屋権右衛門由政	(北)慶長九年
島田弾正忠守利	慶長十八年—寛永八年
加賀爪民部少輔忠澄	(南)寛永八年—寛永十七年
堀式部少輔直之	寛永八年—寛永十五年
神尾備前守元勝	(南)寛永十五年—万治四年
酒井因幡守忠知	(北)寛永十五年—寛永十六年
朝倉石見守在重	(北)寛永十六年—慶安三年
石谷左近将監貞勝	(北)慶安三年—万治二年
村越長門守吉勝	(北)万治二年—寛文七年
渡辺大隅守綱貞	(南)寛文三年—寛文十三年
島田出雲守守政	(北)寛文七年—延宝九年
宮城若狭守重成	(南)寛文十三年—延宝八年
松平与右衛門	(南)延宝八年—延宝八年
甲斐庄飛騨守正親	(南)延宝八年—元禄二年
北条安房守氏平	(北)延宝九年—元禄六年
能勢出雲守頼相	(南)元禄三年—元禄十年
川口摂津守宗恒	(北)元禄六年—元禄十一年

■

松前伊豆守嘉広	(南)元禄十年—元禄十六年
保田越前守宗易	(北)元禄十一年—宝永元年
丹羽遠江守長守	(南)元禄十五年—正徳四年
林土佐守忠良	(北)元禄十六年—宝永二年
松野壱岐守助義	(北)宝永元年—享保二年
坪内能登守定鑑	(北)宝永二年—享保四年
中山出雲守時春	(北)正徳四年—享保八年
大岡越前守忠相	(南)享保二年—元文元年
諏訪美濃守頼篤	(北)享保八年—享保十六年
稲生下野守正長	(北)享保十六年—元文三年
松波筑後守正春	(南)元文元年—元文四年
石河土佐守政朝	(北)元文三年—延享元年
水野備前守勝彦	(南)元文四年—元文五年
島長門守祥正	(南)元文五年—延享三年
能勢肥後守頼一	(北)延享元年—宝暦三年
馬場讃岐守尚繁	(南)延享三年—寛延三年
山田讃岐守利延	(南)宝延三年—宝暦三年
依田豊前守政次	(北)宝暦三年—明和六年
土屋越前守正方	(南)宝暦三年—宝暦五年
牧野大隅守成賢	(南)宝暦五年—天明四年
曲淵甲斐守景漸	(北)明和六年—天明七年
山村信濃守良旺	(南)天明四年—寛政元年
石河土佐守正民	(北)天明七年—天明七年
柳生主膳正久通	(北)天明七年—天明八年
初鹿野河内守信興	(北)天明八年—寛政四年
池田筑後守長恵	(南)寛政元年—寛政七年
小田切土佐守直年	(北)寛政四年—文化八年
坂部能登守広吉	(南)寛政七年—寛政八年
村上肥後守義礼	(南)寛政八年—寛政十年
根岸肥前守鎮衛	(南)寛政十年—文化十二年
永田備前守正直	(北)文化八年—文政二年
岩瀬伊予守氏記	(南)文化十二年—文政三年
榊原主計頭忠之	(北)文政二年—天保七年
荒尾但馬守成章	(南)文政三年—文政四年
筒井紀伊守政憲	(南)文政四年—天保十二年
大草安房守高好	(北)天保七年—天保十一年
遠山左衛門尉景元	(北)天保十一年—天保十四年
矢部駿河守定謙	(南)天保十二年—天保十二年
鳥井甲斐守忠燿	(南)天保十二年—弘化元年
阿部遠江守正蔵	(北)天保十四年—天保十四年
鍋島内匠頭直孝	(北)天保十四年—嘉永元年
跡部能登守良弼	(南)弘化元年—弘化元年
遠山左衛門尉景元	(南)弘化二年—嘉永六年
牧野駿河守成綱	(北)嘉永元年—嘉永二年
井戸対馬守覚弘	(北)嘉永二年—安政三年
池田播摩守頼方	(南)嘉永五年—安政四年
跡部甲斐守良弼	(北)安政三年—安政五年
伊沢美作守政義	(南)安政四年—安政五年
石谷因幡守穆清	(北)安政五年—文久二年
池田播磨守頼方	(南)安政五年—文久元年
黒川備中守盛泰	(南)文久元年—文久二年
小笠原長門守長常	(北)文久二年—文久二年
小栗豊後守忠順	(南)文久二年—文久二年
浅野備前守長祥	(北)文久二年—文久三年
井上信濃守清直	(南)文久二年—文久三年
佐々木信濃守顕親	(北)文久三年—文久三年
阿部越前守正外	(北)文久三年—元治元年
都築駿河守峰暉	(北)元治元年—元治元年
松平石見守康直	(南)元治元年—元治元年
池田播磨守頼方	(北)元治元年—慶応二年
有馬出雲守則篤	(南)元治元年—元治元年
根岸肥前守衛奮	(南)元治元年—慶応元年
山口駿河守直毅	(南)慶応元年—慶応二年
井上信濃守清直	(北)慶応二年—慶応三年
有馬阿波守則篤	(南)慶応二年—慶応二年
駒井相模守信興	(南)慶応二年—明治元年
朝比奈甲斐守昌広	慶応三年—明治元年
小出大和守秀実	(北)慶応三年—明治元年
黒川近江守盛泰	(南)明治元年—明治元年
松浦越中守信寔	(南)明治元年—明治元年
佐久間鐇五郎信義	(南)明治元年—明治元年

■江戸時代の人口表■

享保六年（一七二一）
男　三二三、二八五人
女　一七八、一〇九人
計五〇一、三九四人

享保七年（一七二二）
男　三〇七、二七七人
女　一六八、九五九人
計四七六、二三六人

享保八年（一七二三）
男　三〇四、六八六人
女　一六九、一五四人
計四七三、八四〇人

享保九年（一七二四）
男　三〇一、〇一八人
女　一六八、三二五人
計四六九、三四三人

享保十年（一七二五）
男　三〇一、九二〇人
女　一七〇、五七六人
計四七二、四九六人

元文三年（一七三八）
男
町方二九七、二二三人
寺社方三四、七九六人
女
町方一七一、二二三人
寺社方二三、五七一人
計五二六、八一二人

寛保三年（一七四三）
男
町方二八五、二七〇人
寺社方三一、一〇三人
女
町方一六三、一八三人
寺社方二一、六一〇人
計五〇一、一六六人

江戸時代を通じてだいたい五十万人を上下しているが、幕末には武家を含めて百五十万人位に増加している。（右の表は武家・神官・僧侶・非人を含まない）

5　江戸町奉行所の位置

「江戸町奉行事蹟問答」によると、

　天正十八年、徳川家江戸御入城の節は、いづれに町奉行所をおかれたるや、申伝も承り不及候へども、一人の町奉行被仰付たるたと旧記あり。

　慶長五年大坂御出陣の砌、町奉行二人被仰付、市中二番所を設け(慶長五年町奉行二人説は松平太郎著「江戸時代制度の研究」によるが、奉行二人は慶長九年に八代洲と呉服橋に設け、南が数寄屋橋に移ったのは宝永四年である)町々の非常を警しめ、公事・訴訟を聴きしが、寛永十三年、江戸御城の惣構御普請の節、今の中曲輪の内にありし町々取払相成候節、町奉行所を数寄屋橋御門内と呉服橋御門内と、大城の前面南北の方位に分かち、市中に近き所へ番所を創立、元禄十五年、町奉行一人相増、鍛冶橋御門内へ番所一ケ所取建、三ケ所にて市中を守りたり。享保四年に至りこれを廃止古来の如く二ケ所を存し、慶応四年五月御維新の際大総督府へ引渡し、町奉行番所の唱此時終りたり。

と記してある。

北町奉行所　江戸初期の町奉行所の位置は、現在では埋められてしまっていないが道三堀に面した銭瓶橋の北詰角の所で、常盤橋御門内に北町奉行所が置かれた。現在の大手町二丁目五番地の一部で、これを北組、または北番所・北の御番所といい、宝永四年（一七〇七）ころまであった。

南町奉行所　南町奉行所は呉服橋内の道三堀の南河岸・銭瓶橋の南詰の角で、現在の大手町二丁目の一部である。これは南組、または南番所・南の御番所といって元禄十一年（一六九八）まであった。続いて南町奉行所は、鍛冶橋内の鍛冶橋西詰の北角の保科・吉良の両邸を上地してここに移転し、享保四年（一七一九）南町奉行所（後の南町奉行所とは異なる、南・中・北の三奉行所のあった頃の奉行所をいう）が廃止するまでここに置かれた。

中町奉行所　元禄十五年（一七〇二）にまた鍛冶橋北寄りの坂部三十郎の邸跡に中町奉行所を造り丹羽遠江守を奉行としたので、町奉行は三人となった。現在の丸の内一丁目八重洲橋西詰の南角、東京駅八重洲口構内左側である。

宝永四年以後の町奉行所の位置移動　宝永四年（一七〇七）に北町奉行所が数寄屋橋内の北側に移った。現在の丸の内一丁目で、ピカデリー劇場、有楽町駅、朝日新聞社のあたりである。このために北町奉行所は南に位置したことになった。享保二年（一七一七）には中町奉行所が常盤橋内の元の北町奉行所跡に移ったので南から順に北町奉行所・南町奉行所・中町奉行所ということになり、南北の方角から生じた町奉行所名が単なる区分名称となってしまった。

　享保四年（一七一九）に鍛冶橋内の南町奉行所を廃止して、北にある中町奉行所を北町奉行所として、南の北町奉行所を南町奉行所とし、再び南北両奉行所の名称に相応しい位置に戻った。

　しかし文化三年（一八〇六）に北町奉行所を、また呉服橋内の旧南町奉行所跡の南隣りへ移転した。現在の丸の内一丁目呉服橋西詰の南角で東京鉄道管理局のあたりである。

　以後南・北両町奉行所の位置に移動はなく、明治維新となって廃止されるまで続いたのである。

町奉行所の体裁

「江戸町奉行事蹟問答」によると、

　表門は東西にて、南の番所は門前広場に南向きにて一千人を入るに足るべき平家、瓦葺、公事人腰掛（訴訟人などの控える待合所）を表門左隣屋敷（幕末には蜂須賀家）の境に建、北の番所は表門前土手際に、西向にて同じくこれを設け、表門は長屋門正面は玄関にて破風造り、式台出庇際之板にて中央六尺巾の敷石にて、玄関正面広間には下戸棚、上に鉄砲五十挺を並列し、前に玉薬、革の覆、金葵の紋付胴乱、同じく飾付、使者の間、呼出者控席にも二間の方に有之、左の方に槍の間と唱、三間柄三尺身の黒朱千段巻塗り分けの槍数十本を、なげし上に飾りたる場所あり。(この槍は福島正則の欠所品と云)夫より続きて与力番所あり。前面板椽にて三尺のゆか、正面は玄関と同じく小銃飾付、下の戸棚は厳重なる錠前ありて金庫とし、左右は衝立を置、夫より左手へ突出し年寄番所同断の拵。夫より折曲げ年番所あり、脇に六尺の裏通路口を設け、表門番所は門の左に在りて、続き長屋は当番同心の番所とす。屋根の上に火の見櫓あり。当番所と向ひ合せなり。

表門の右に供待所あり、柵矢来、板囲にて小門を付け、内に書物蔵並仮牢を設け非人詰所あり、夫より続き与力吟味席・公事人出入口ありて、高窓・腰板羽目にて玄関続廊下へ建続き、玄関脇より番所へは出庇、下六尺のタタキ、惣床下は板張り化粧貫きを打ち、与力当番所脇に与力の昇降口。

三段の板梯子付、同心番所には同昇降口板梯子付、年番所脇にも同じ役々、通路のために三尺巾の玄蕃石を敷並べ、其他前の広庭は凡三百坪余、御影石、中砂利にて敷詰め、表門の内玄関前に鉄の六尺丸の天水桶、上に小手桶十個づつ飾り付、非常の備とし、表門潜り口は昼

5　江戸町奉行所の位置

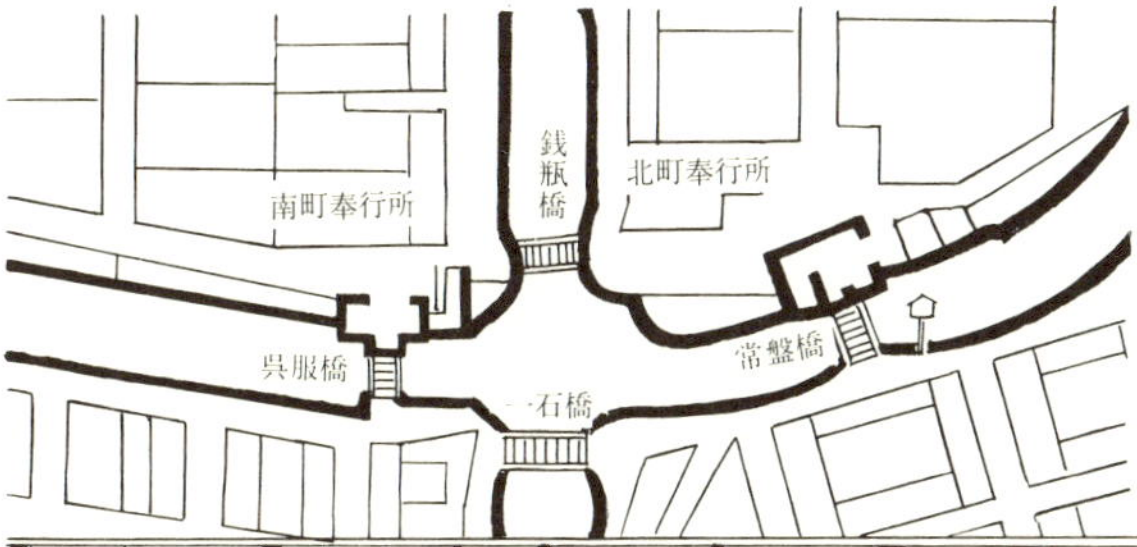

寛永九年版武州豊嶋江戸庄図による南北両町奉行所の位置

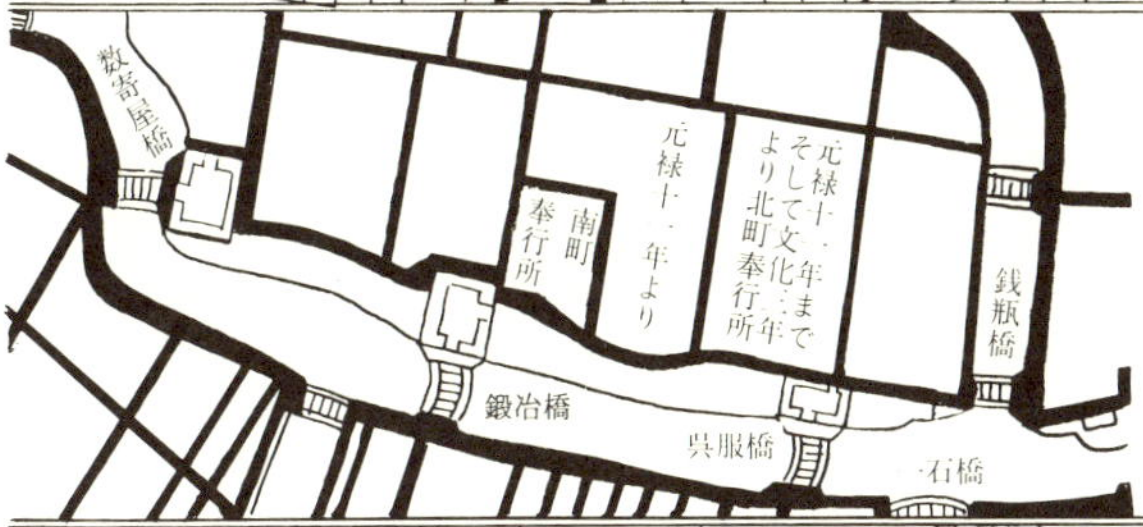

元禄六年版江戸正方鑑による南北両町奉行所の位置

享保二年版分道江戸大絵図による南・中・北町奉行所の位置

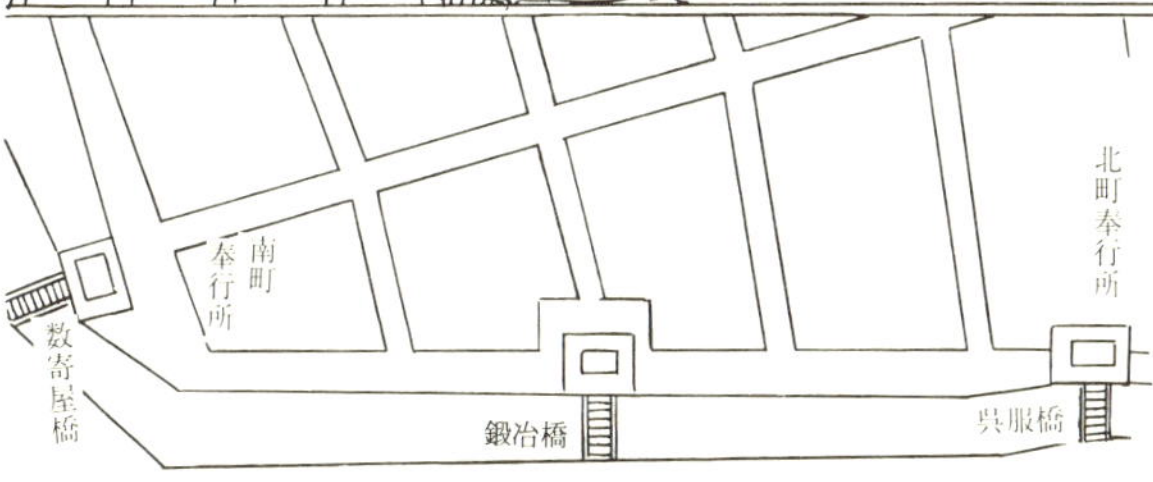

元文年間江戸切絵図による南・北両町奉行所の位置

天保版江戸切絵図による文化三年以後の南・北両町奉行所

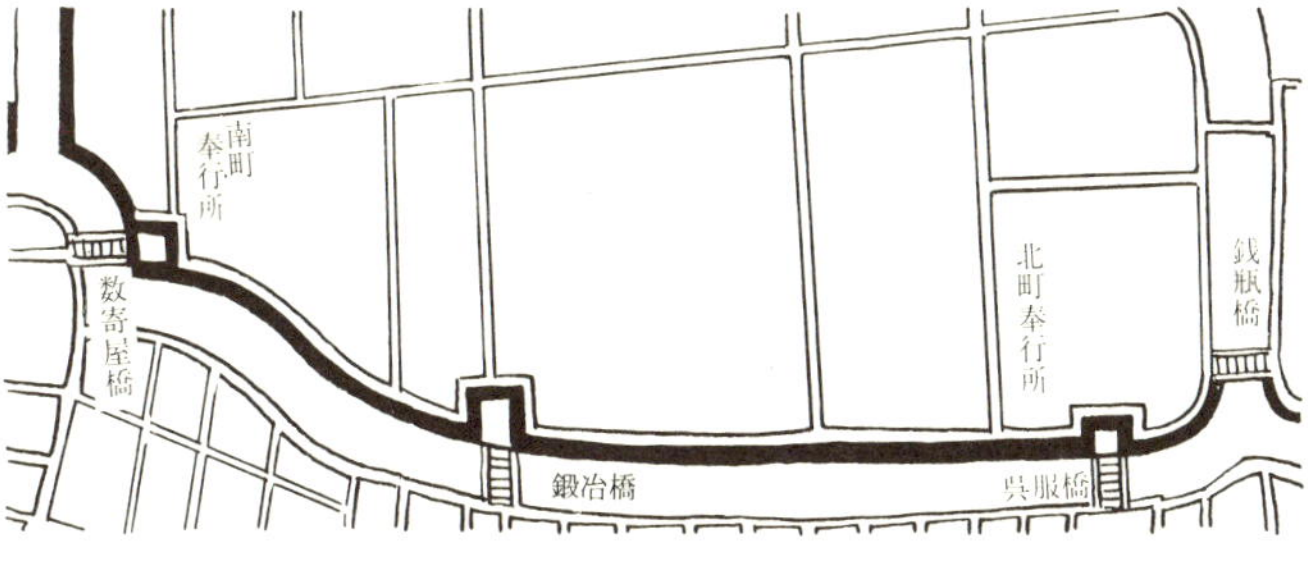

鍛冶橋御門

呉服橋御門

数寄屋橋御門

夜明ケ置、訴人出入の弁にす。

御番所は奉行の足軽（奉行の家来で奉行所に勤めている者）二人、玄関広間は奉行の侍三人、羽織袴帯剣にて刀を後ろに置て勤務し来客・使者・其外侍口上呼出ものの出入りを応接す。与力当番所は年番与力三人、当番与力二人、継上下にて脇差を帯す。一列に並座す。刀を後ろに置、同心は羽織袴にて番所に在って事務をとる。

夏は煙草盆、冬は手あぶりを出す。玄関は取次役人前と同じく使者の間、出入者控所とも夏冬とも煙草盆を出さず。座敷内には奉行の吟味席、与力・同心の事務所、其外座敷数々あり。続きて奉行の住居を設け公用人詰所・右筆部屋は表役所の境にあり。

裏玄関（日々奉行の出入口）、奥向には広敷玄関（奉行の奥方などの出入口）、長局台所まで連続たる建物にて美麗なる建築にはなけれども、自然と威儀整頓して四方より役及見張り、注目する故に、出入の取締厳にして、公事人は門より内高下駄を許さず草履はだしの類なり。雨天の節も雨具を許さず、砂利間を歩行するなり。其図面大同小異なるを以て南番所の分を左に示す。

と記されている。数寄屋橋御門内の南町奉行所は大岡越前守御屋敷絵図に依ると、総坪数が二千六百十七坪、総建坪千八百十九坪七合五勺で正門は東向きであった。慶応四年まで数回火災に遭っているがその規模様式はだいたい同じである。北町奉行所も二千五百六十坪で、南町奉行所とだいたい同じような建物であった。天保十一年の北町奉行所の絵図面は東京都政史料館に残っているから、左ページにそれを掲げるが、南町奉行所もこれとほぼ同様と見て良い。

ただし、南町奉行所の与力を勤めた原胤昭氏の談話によると、

（南）奉行所の御門というのはどういう形の門かと言うと、これは一般に言う長屋門で、御定法通り黒い渋塗りに白シックイのナマコ壁の白い色とが、一種峻厳な黒白の対照をなしている中に、しかもそのナマコと言うのが、この奉行所のは、一般に諸方の武家屋敷にありましたイカツイのと違って、やゝ細めなものにしてありましたからすべての感じが峻厳のうちにも四角ばったところがなく、大変やさしい柔か味をもっていたのが特徴でした。その時分、私は茅場町の自宅から、毎朝この南町奉行所へ通っていたのですが、家を出て呉服橋から鍛冶橋の、あの河岸通りを歩いて奉行所の前へ差しかゝり、この長屋門を眺めますと何ともいえない凛々しいしかも柔かみのある、その感じに

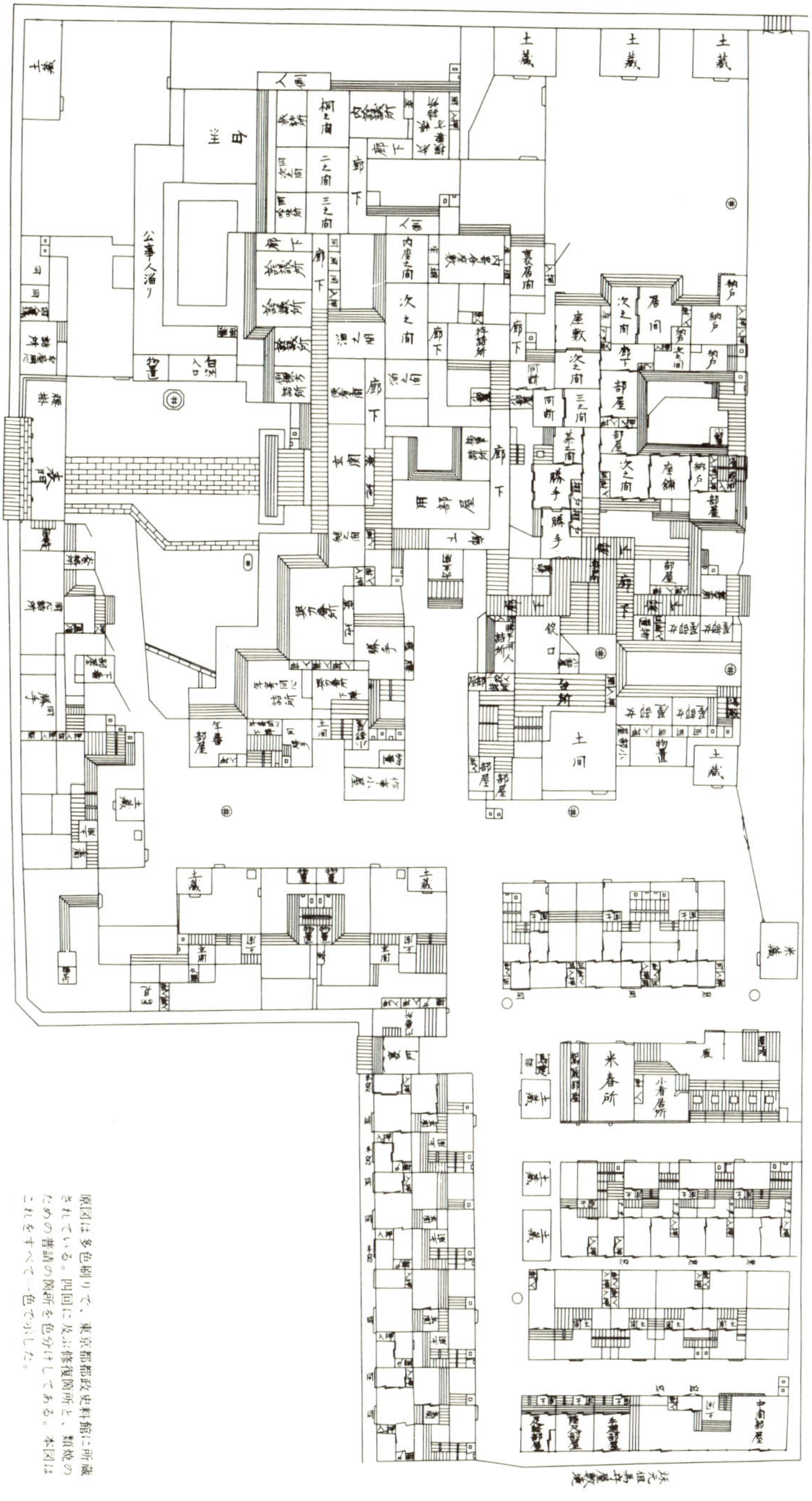

天保十一子年三月北御番所絵図面

原図は多色刷りで、東京都都政史料館に所蔵されている。四回に及ぶ修復箇所と、類焼のための普請の箇所を色分けしてある。本図はこれをすべて一色で示した。

は思はず襟を正したものです。殊に門前に敷き詰めた小砂利や、黒白のはっきりした峻厳なうちにも一種のやさしみを含んだ長屋門、こういう市民の気持を引きしづめずにはおかないような品位を持った様式を一体誰が創始したかというと、これが名奉行大岡越前守の趣向によって設計されたのであって、南北二カ所の御番所ではあったが、すべてが北より南の方が大がかりで万事が雄大豊富、従って役所の構造も大掛りであった。先づ表門を開いて正面玄関を見渡したところだけでも。

さて黒渋塗りの長屋門をはいりますと突当りが玄関の式台、門からその式台までは真直に五六尺幅の青板の敷石、それを残して一面に一粒選りの那智黒の砂利石が敷きつめてある。石は朝霧に濡れてキラキラと光っている。左には天水桶が山形に列んでいる。大小玄蕃桶が数十、桶は毎朝銀砂で磨きこすられているから料理茶屋の入口の飾桶よりも清浄で綺麗であった。

正面から見た玄関の構えは鴨居から上が中々高く取ってあって、大きな甍をのせた屋根が人の心を圧するように、高々と聳えているという風で立派な構えでした。これも普通なら欅か何かの堅木に角材でも使うべき処を、わざと逃げて、柱も羽目も総桧で出来ていたから、感じが何となく柔かで奥床しい外観を備えていた。玄関の踏段は三段あるきり、あっさりとしたものでした。

この玄関に列んで向って右手を当番所とい丶、若い与力の勤務場所、今で言へば総受付で市民の訴願を受理する処、私などのような若年者のふりあてられる勤務であった。門から此所の椽先へも玄関の敷石と平行して細目の青板の敷石が通じていた。その隣を物書所とい丶、其処の勤め人は同心で与力の次席、下役、その次の詰所が年番方与力および各役同心の詰所であった。年番方とは与力同心の年長・故参者の勤務する重要な役席で、与力・同心の役向きの総務所であった。

また玄関の左の方をいうと、先づ玄関、此処はいうまでもなく来人の取次、奉行の公式出入、その他各侍・神官・僧侶の格式ある者の昇降口で、玄関番は奉行直属の家来であって、羽織袴で勤務していた。続いて選要書類掛り、受刑赦免調方等の詰所あり、それより直属の用部屋公用人、目安言上方、各掛り、任務に応じて、それぞれ詰所があった。

序に門の開閉についてい丶ますと、玄関正面の正門の左の小門は入牢中の囚人、溜預け囚人の呼出し出入に開閉する門、此処に接続して、当日呼出しの在牢囚人の仮牢があった。それに続いて一般市民の公事人控所となっていた。毎日出勤する与力は、昼四ツ今の午前十時頃、同心はそれより一ツ時位早く出仕するのであった。専任の勤務があれば、その係々の詰所へ行くが、一般同心の詰所は大門の門番所の後に続いた部屋がそうであった。

とあり、「江戸町奉行事蹟問答」の談話と比較して見るとだいたい一致しており、これらによって江戸町奉行所共に番所櫓のついた黒渋塗り、白海鼡壁または下見板張りの長屋門であった。

町奉行所の門　門は南北両町奉行所共に番所櫓のついた黒渋塗り、白海鼡壁または下見板張りの長屋門であった。

こうした長屋門というのは国持大名にのみ許されていたのを、三千石役高の奉行所にも許されたのは民政上峻厳と威光を示すためであったのであろう。

町奉行所の門の出入り　門は朝の六ツ（午前六時）に開き、夕の六ツ（午後六時）に閉じられた。ただし非番の奉行所は閉じたままで、出入りは潜りからした。正門は公式の時に奉行、ほかからの使者、役人、または捕物出役の折の出役役人のみが出入した。

門は閉じられても右の小門は締めないでおき、駆込訴えはここから入る。駆込みには門番はこの小門を開け、手丸提灯をとぼして駆込人を玄関脇の宿直のいる当番所の椽側の前につれて「駆込み」と大声でいって門番所へ戻る。駆込みとは直訴のことである。門番が大声でいって直ぐ門番所に戻るのは、門番が任務である所からの心得である。この右側の小門は奉行でも平常は用い与力・同心・諸職・給人・小男・下男・公事人も出入りした。

左の小門は囚人・非人・付添の役人などが出入りするので不浄の門であ

った。映画・テレビなどでは縄付囚人や、非人・岡ッ引が正門から堂々と出入しているが、これは間違いもはなはだしい。現在の警視庁・警察署には、署長用・儀式用の出入口がなく、一つの出入口から役人・容疑者共に出入しているので、昔も同様と思って正門からすべての人を出入させているが、時代のしきたりを無視した誤りもはなはだしい。

玄関前　正門から突当りの玄関式台までは、約六尺幅に青板の敷石が通っている。この敷石は伊豆石であろう。敷石外の両側は那智黒の玉砂利が敷いて、朝霧には光って見えるというから、一粒選りの石であろうし、埃のたからぬように毎朝打水したり、掃いたりしていたものと思われる。そして敷石の左右には天水桶が山形に積んであり、大小の玄蕃桶（火災の時に水をはこぶ大きい手桶）が列んで、タガが光っていたというのは小者達が未明から起きて磨きかけたもので、この玄関前の様子を見ただけでも、当時の小者達の在り方がわかる。

南町奉行所推定図

北町奉行所推定図

中番　玄関上の座敷には奉行直属の家臣が羽織袴で控えており、来客・使者の取次をしていた。

　これを中番といっているが、同心並の扱いを受けているが、武士とも若党ともつかない立場で、主人がほかの役職の場合は若党侍として、小姓・徒・雑役を勤める低い身分の者であった。現在でいう受付の給仕であるが、奉行所勤務になると、高位の者も取りつぐので、同心級に扱われたのである。

仮牢　左の小門に続いた左側の棟は外側は長屋造りで、海鼡壁に上は日く窓という武者窓があるが、内側の方は、当日呼出された容疑者を待たせておく仮牢になっていた。

　仮牢には庶民を入れるものと仮揚り屋と仮女牢とがあった。仮牢はだいたい八畳敷位の板の間で、仮揚り屋は六畳位で畳が敷いてあり、女牢・仮揚り屋・仮牢と並んで東西の隣りは羽目板で区切り、南の外側も羽目板となっている。そして上部のみ太い木で格子に組んで換気と明りとりにしてある。狭いので仮牢を俗にシャモ（軍鶏）と略し、入ることをシャモ入りといわれている。

嘉永四年版の南町奉行所の仮牢の平面図を見ると、仮牢の外側に太い格子で外と区分した土間の廊下があり、これを鞘と呼んでいる。鞘の右側つまり奥の左隅に便所がある。仮牢はこの鞘を通って入るのであり鞘にも厳重な錠前付の潜りがあって、その外に囚人を護送して来た牢屋同心の詰所があり、呼出し待機中には同心はここで控えている。この控所の先に護送して来た非人の控所があり、その隣に便所がある。

町奉行所玄関の鉄砲棚

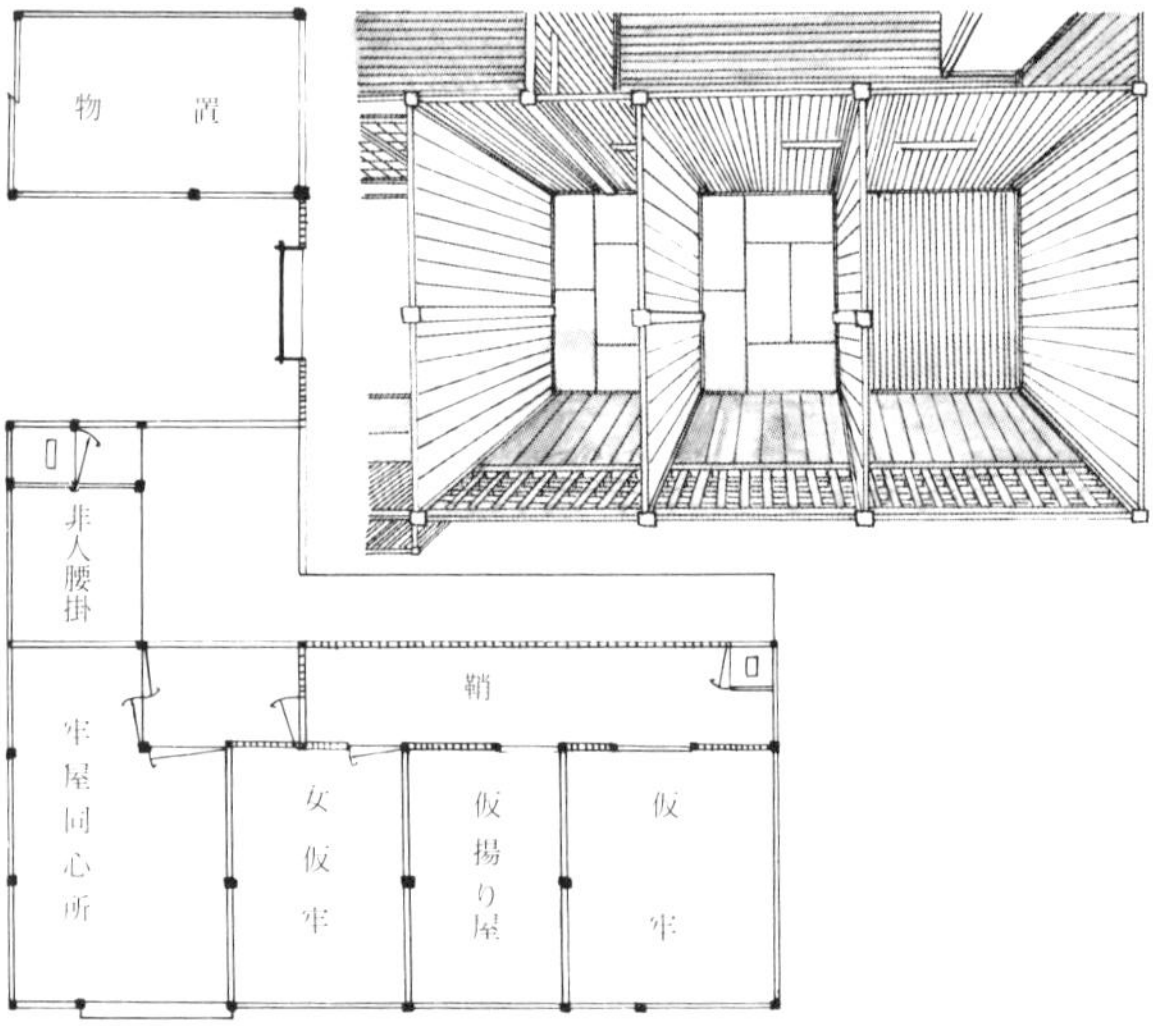

嘉永四年南町奉行所の仮牢

仮牢の扱い　仮牢の扱いは庶民ならば穢多頭弾左衛門の配下の新四郎と称するものが扱い、武士であれば牢屋同心が扱った。

また、定廻同心・臨時廻同心が容疑者を逮捕して来た場合も、入牢証文を作る間、この仮牢に入れられる。入牢証文は町奉行の許可によって作られるのであるから、それまでは仮牢に拘留し、時には一日二日入れられていることもあった。その折には町奉行所の経費から囚人に食事を与えねばならなかった。

「牢獄秘録」には捕った容疑者はまず一度仮牢に入れ、その後南牢に入れると書いてあるが、町奉行所の平面図には南牢というものはないから、南牢とは小伝馬町の牢屋敷のことをいったものであろう。

次に公事人控所があった。俗にこれを腰掛といっている。その奥が詮議所で、吟味与力の取調べる所である。

左奥が奉行の白洲で、裁許所があり南に内詮議所がある。北の方には役人の長屋があった。

南・北両町奉行所とも多少の違いはあってもだいたい似た配置であったようである。また正門前通りには茶屋が一軒あって、四ツか五つの間仕切りをして縁台を並べ葭簀で囲ってあった。町奉行所内の公事控所では場所が狭いのでこの茶屋が待合所に利用されたのである。天保頃にはこの茶屋も六軒に増えたらしく、茶屋が暴利をむさぼっていたので水野越前守が戒告をしている。

この茶屋へは同心の指図で下番という小者が、縞木綿に小倉の角帯、素足に草履ばきの姿で、八丁堀風に小銀杏髷を結い、「○○町・○一件もの這入りましょう」と呼びに来る。関係者は「おい」と答えて調所か白洲に行くのであった。

草履取／紺看板に股引，紺脚絆に紺足袋，御用箱を紺風呂敷に包み片手に通して木刀を差す

「江戸町奉行事蹟問答」記載による与力平日の略供の復原

6　江戸町奉行所の組織

町奉行所の配下には与力二十五騎・同心百二十人がいたから、南北両町奉行所合せて与力五十騎、同心二百四十人である。これらが組役、内役、外役とに分れている。（実際は与力は南北各二十三騎ずつで四十六騎）

「江戸町奉行事蹟問答」に両町奉行所の役割について、

組　役

同心支配役老分与力五人、年寄役老分同心二十五人、物書同心二十五人、若同心百人。

内　役（日々役所へ出勤するもの）

年番役三人、同下役同心十人、同心支配組役の組役より選挙し、日々役所に出て面接して、与力・同心を始、役所内外の堅務《（ママ）》・金銭出納・営繕・同心役の任免の事・万事奉行の顧問となり、これを補佐の重役なり。

吟味方　与力十人、内本役四人、助六人、同下役同心二十五人。聴訟断獄の事を掌る。

市中取締諸色掛り　与力八人、内本役四人、手伝四人、同下役同心十六人、諸問屋其外商業筋全躰の事務を取扱、南北にて主任を分ちたるもあり。米掛りは北の方、魚青物は南の方。

非常掛り　与力八人、同下役同心十六人、市中の治安を警衛し、昼夜の町廻りを勤、火事場駈付等勤むるなり。

外国掛り　与力八人、下役同心十六人、外回人居留地の掛りにて外務の事を掌る。

御赦掛り、選要編集掛り　与力四人、下役同心八人、罪人の大赦並旧記書物編集のことを掌る。（与力・同心をして旧記例格を習う教場の如し）。

刑法（御仕置）例繰方　与力四人、下役同心八人、刑法例規取調、書籍編集のことを掌る（与力・同心をして法律を習う教場の如し）。

番方与力　人数不定、日々の当直並びに臨時出役、検使見分、其外臨時加役を勤る名にして新参番入りの節より相勤、事馴て順々昇進して行くなり。

外　役

本所見廻り　与力一人、同心三人、本所深川を見廻り、橋々普請川浚等を監督して水陸を取締るなり。

町会所掛り　与力二人、同心四人、市中の共有財籾蔵等を掌り、窮民救助のことを掌る。

牢屋敷見廻り　与力一人、同心二人、囚獄見廻等の主任、石出帯刀の所置を監督し、刑罪の節立合、両溜の監督を兼、奉行の目代役なり。

猿屋町会所見廻り（67ページ参照）

養生所見廻り　与力一人、同心二人、貧民施療救育場の掛りなり。

高積見廻り　与力一人、同心二人、町々往還の荷物積立、道路の防害に成るを制する監督なり。

昼夜廻り、風烈廻り　与力一人、同心二人、市中非常を警めり、ためて見廻るなり。火消人足改、与力三人、同心六人、火事場定掛りにて消防方指揮主任なり。

本所深川古銅吹所見廻り　与力一人、同心二人。

同心専任の役儀

隠密廻り　同心二人、奉行の手に属し、秘密探索を掌り捕亡を兼、重き役柄のものなり。

定町廻り　六人、捕亡専任なり。

臨時廻り　六人、同断なり、定町廻り人数不足故、増人にして励合のために名義と組合を分ちたり。

人足寄場詰　一人、石川島徒刑場に詰切なり。

用部屋手付　十人、奉行の公用人（内与力）の手付なり、刑法もの書類書記なり。

番方若同心　人数不定、当日の宿直を勤、奉行の供方、裁許所の警固、諸向使走り臨時出役、捕もの、罪人首打役、其外役加役相勤、新参勤入の節より比処にて勤馴追々昇進するなり。

下馬廻り　諸候登城の日に大手門其他の供待の取締りを行なう。

門前廻り　月番の老中・若年寄の対客日に其の門前の取締りを行なう。

年寄同心役　組役より日々順番当直にして、町々の異変の検使見分、其他重立て出役勤るなり。

物書同心　組役より順番当直して、諸訴其外当番与力の指揮に従って書記す。

　右与力の任免黜陟は奉行の専任にして人選の上は年番与力と協議の上、異議なき時は奉行より直々任免申渡す。同心の役儀任免は年番与力の専任にして、毎年十二月に至り、其の掛り掛り上役より上役の勤惰を取調、一体の役割を協議して奉行に申立、任免黜陟するなり。年番役は奉行の顧問官にて奉行所何事も関係ある故、老練実真なる者を選み、これに任するなり。

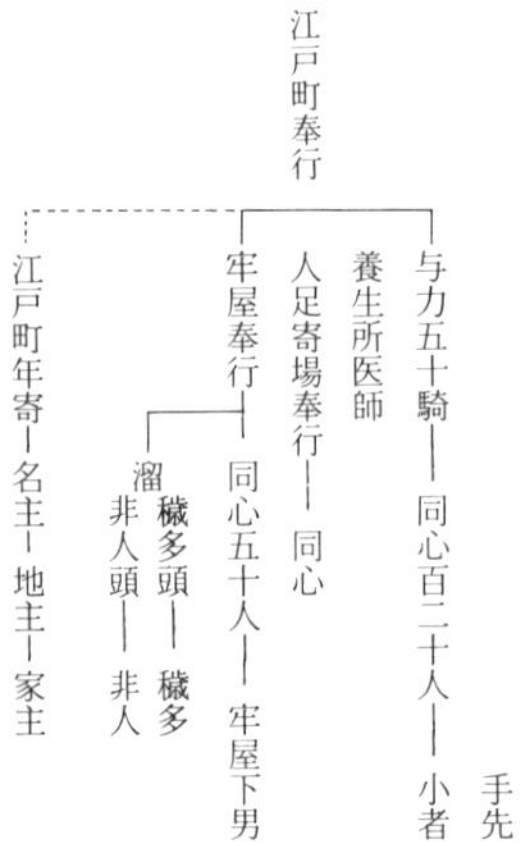

とある。以上の分課はだいたい江戸時代末期の奉行所内の役種で、このほかに町奉行の支配下には養生所、囚獄があり、江戸府内の町年寄、名主、月行事、五人組が下部組織としておかれていた。

(1)　与　力

与力・同心の起源については「江戸町奉行事蹟問答」に次のごとく記してある。

与力・同心の起は慶長年中御入国の節、板倉四郎左衛門（勝重）三州より引連来り、三代将軍の代に至り人数相増、組織整いたるものにて、伝来の旧記左に記す。与力増人・抱人の手続は奉行の手寄を以地方政務に経験ある諸浪士を抱入推挙し、身分格式は侍分なれども一代限り抱入られ、奉行の手に属、働きたるものなり、余の先祖も千葉家浪人にて安房国に住し、下総国手賀沼の浪人原某と共に江戸に出、町奉行石谷将監（左近将監貞清）の手に属し、南の組与力に抱入相成、代々世襲せしなり。与力・同心とも勤功あるか人物は昇進して御譜代席に加わり、御目見以上何役までも昇ることを得るなり。若し役柄不適当の者は一代限り永の暇に相成、或は伜なきは幼年或は不相当の者なれば世襲することあたわず（後年に至り養子を許したり）。同心は与力の推挙にて捕もの探索に経験あり、駈走り壮健なる者を選で抱入、与力の支配を受、手に属したり。

与力の禄も諸事あり、後ちは二百石にて熨斗目以上、諸組与力の上席なり、侍二人、小者六人を養い、乗場を軒築き、拝領屋敷三万坪、門構（冠木門・長屋門）、玄関式台付にて百坪以上の住宅を有し、格式相当の供廻りは乗馬にて御付二人、馬脇侍二人、草履下男一人、槍持一人、挟箱一人、合羽籠持一人引連れて（平日ハ略供勝手にて草履取一人つれる事多し）同心は禄高蔵米にて三十俵二人扶持、熨斗目已下、諸組同心の上席、拝領町並屋敷百坪、住居は長屋造り、出役の節惣持壱人召連候。

但与力供は侍分主人の紋付麻上下、或は羽織袴両刀を帯す。股立を取る。（夏ハすげ笠）馬の口付は合印付法被、千竹色太き帯を〆、白足袋はだし、真鍮金具木刀一本を帯す。紋付高柄杓を腰に差す。草履取は紺無地看板千竹色太き帯を〆、真鍮金具付脇差一本を帯し、尻はしより草履を腰にさす。鑓持は紺看板千竹色並の帯を〆、真鍮金具付両刀を帯し尻はしより。箱持合羽籠持紺看板千竹色並の帯を〆、真鍮金具脇差を帯す（主人野服の節、或は非常の節は其時に寄り服制を異にす）。

与力平日は略供にて、多くは草履取一人召連、紺看板の千竹色の太き帯を締、同色の股引へ紺の脚半紺足袋にて尻をはしより、手には紺風呂敷へ御用箱を包み、片手に通して腰の脇に携へ、真鍮造りの脇さしを帯し、八丁堀の供奴と唱、一種の風俗をなし、一見して町方与力と見認ること明々なり。夜は大なる箱挑灯、馬上脇さし挑灯、高張挑灯を持、同心の供は惣持なるを以、与力の供と風俗を違え、帯の脇へ常の帯を締、千竹色の股引、紺の脚半紺足袋にて、御用物は紺風呂敷に包み背負うなり。

与力同心の組織は兵制の組立故に、奉行一人、南北一組に与力二十五人、同心百五十人を一隊と定む。これを五ッに分ち一番組より五番組まで五分隊とし、其人員与力五人、同心三十人と定。

与力の内、年長の者一人同心支配役として伍長の格なり、同心の内年長の者五人を年寄役と定、下り伍長の格、五人を物書役二十人を若同心と唱し、若これを小分隊とする時は与力一人へ年寄同心一人、物書同心一人、若同心四人の組合となすなり。

平日一ッの番組当番を勤、月に六度の勤番にて順繰《ぐり》勤めるなり。軍役には与力本供を連れて槍を携へ兵となり、弓矢鉄砲獲物を携ること勝手次第になる。有様、自分の家来に持たせ同心は銃を携候。騎兵二十五人（与力のこと）歩兵百五十人（同心のこと）与力の手人侍五十人、小者百五十人なり（上下三百七十五人）。町奉行の指揮に随がい、分隊となれば与力の指揮で働くものとす。

「江戸町奉行事蹟問答」は佐久間長敬という吟味与力の記したもの正確

な面が多いが、おのれの勤役・地位を尊いものとして記しているので、与力・同心の地位・格式には大分誤りがある。

与力の地位・格式 町奉行所の与力・同心は諸組の上席であると述べているのは誇張で、諸組の与力同心の内で一番上席は御留守居に属する与力・同心であり、町奉行の与力・同心は罪人を扱うので卑しめられており、最下席である。

また御目見以上どこまでも昇ることができると述べているが、こうした昇進ができるのは諸組の与力・同心で、江戸町奉行の与力・同心は決して御目見にはなれない。与力は最高出世で年番与力止りで、同心が与力に昇進できるのみであり、また諸組の与力・同心に転役もできない。

このように卑しめられた役職であるから諸組与力および二百石級では長屋門であるが町奉行所与力は遠慮して冠木門で、脇に潜りのない形式である。まして供は軍役二百石取りのような格式ではない。与力を一騎二騎と数えるのは二百石取りの旗本に該当するからであるが、旗本と与力とは格式待遇が全く違う。町奉行所与力は市政にたずさわっていて収入が良いから羽振りもよいので諸組の与力並のことをいっているが、武士仲間では軽べつされた役柄なのである。

与力の軍役制度 たとえ戦争があっても町奉行所の与力は出陣しない。軍役外であるから、町奉行の軍役与力二十五騎、歩兵百五十人、侍分合計三百五十人はおかしな話で、与力が二百石並みの家臣を引連れて参加しなければならぬ規定にはなっていない。

「江戸町奉行事蹟問答」に与力・同心の軍役制度として、

与力は自分具足にて指物・小幟・兜の指物は銘々好み次第。兼て御目付へ達しあり同心は御貸具足と唱、惣黒の具足、緋羅紗陣羽織、鉄砲弾薬一切の備あり、指し物、南の組は白地へ朱にて南と記したる小幟袖印とし、北の組は浅黄地へ玄の文字を白く抜きたる小幟袖印なり。但のちには銃隊に制度を変じたり。(安政頃から銃隊となる由別の項にある)

とあり、初めは御槍組としての与力・同心が、町奉行所の与力・同心として、戦時編成から抜かれたものであったから、古くは与力は自前の武装、同心は御貸の武器武具であったのがその必要を認めなくなったのである。つまり戦時に用いる部隊でなく、領地治安確保の後方勤務要員となったから御貸具足、御貸刀の必要もなくなり、槍組の名残りとして福島正則家廃絶の折の欠所品の三間柄三尺身の黒朱千段巻塗り分けの槍数十本が奉行所に用意されるようになったのである。「旧事諮問録」の山口直毅談話に、町奉行所廃止の時に槍が四百五十三本あったから、同心級のもの(与力の槍は自分持槍)が四百五十三人位いたと推定しているのは、幕末に組織した町兵隊の槍で、同心は指揮官となって槍も持たなかったのである。三間柄三尺槍身の槍数十本は町奉行所の名残り的な飾り槍で、出自が長柄槍組同心であったことを示すものである。また「江戸町奉行事蹟問答」に記してある、三葵紋付胴乱を付属した鉄砲五十挺が町奉行所に飾ってあるのは江戸時代後期に当って、火器第一主義になったから江戸町奉行所にも配給されたものと推察される。

ただし、のちには銃隊に制度を変じたとの文がこれを物語っている。

与力・同心とその語源 ここで与力・同心についてもう少し解説して見る。

与力は寄騎とも書き、室町時代末期頃からその名称が用いられ始め、甲陽軍鑑などでは武田家で盛んに用いた言葉になっている。一つの豪族の一編成に含まれた味方として応じた騎馬武者のことで、被官と同じ意味で階級待遇からきた意味ではなかった。騎馬で応ずる寄人のことであるがいつしか、騎馬武者の低い階級の一つとして扱われるようになってしまった。

ゆえに江戸時代に入っても与力を一騎二騎といい、ほかを一人二人と呼ぶのである。江戸幕府の旗本で騎馬で応ぜねばならぬものは二百石(二百俵)級以上であるから、二百石以上の旗本はすべて一騎二騎と数えねばならぬのであるが与力に限って一騎二騎というのは、戦国時代の形式の名残りである。町奉行所の与力・同心の組織でわかるように、与力一騎に同心六人位がつき、ちょうど現今でいう分隊長位に当っている。

与力は罪人引廻しの折の検使として騎馬するが、平常は馬に乗らぬし、また馬を飼っていない。旗本であったら二百石から馬に乗って登城し、馬

を飼う。（もっとも江戸中期頃以降の旗本はよほど心掛けの良い者でない限り、二百石で馬を飼う者はいなかった）

与力の乗る馬は町奉行所で飼っている馬に乗るのである。ゆえに旗本の二百石と与力の二百石では階級的にも実質的にもはなはだしい違いがある。（ただし、実生活においては旗本の二百石は苦しく、町奉行所の与力の二百石は大変楽であった）

また与力・同心というと、町奉行所にしかいないような錯覚を起すが、江戸幕府の役職の中には与力・同心がはなはだ多く、御留守居・武官としての御役には必ず与力・同心が付属したのである。与力・同心というのは各兵種の兵隊であったのであるから、幕府の武士の中の大半を占める。しかるに与力・同心というと町奉行所の者しか思い出せぬのはその位彼等が活躍して、映画・小説に多く登場して認識されていたからであろう。

与力は通常二百石、あるいは二百俵取りといわれているが、それは平均で百二十俵から二百三十俵までの段階がある。二百石というのは地方取りで、四公六民として八十石、すなわち二百俵であり、二百俵取りは蔵米取りであるから、だいたい二百石取りと二百俵取りは同じといえる。ただし地方取りの二百石はだいたい御目見の旗本であるが、与力は御目見以下で、良くて御譜代席、たいがいは一代の抱席である。そして御家人と呼ばれるが町奉行所の与力・同心は御家人の部類にも入れられなかったのは、士仲間からは特に卑しめられていたからであろう。

同心も与力と同じく、一つの豪族に同心して応じる身分の者をいった言葉であるが、室町時代の末期頃から足軽の代名詞となり、足軽の名称はさらにその下の階級のものに用いられるようになり、江戸幕府では、足軽は五両から三両二分の奉公人の称となり、元の足軽はすべて同心の名称が用いられた。

しかし加賀の前田家では同心・与力といって同心が与力に当り、与力が同心に該当しているのは、室町末期頃に足軽の名称が与力・同心に変った頃の採り上げ方の違いからである。しかし他藩では与力・同心の語を用いている。共に足軽階級で与力は騎馬足軽の名残り、同心は徒歩《かち》足軽の名残りであるから騎兵、歩兵の足軽であるが、後には与力は分隊長級、同心は兵卒となったのである。

旗本の最下低の禄高は百俵の御小十人組であり、百俵百石以上からは槍一本を立て、これからが槍一筋の家柄といい、二百俵二百石から馬に乗る。

ゆえに町奉行所与力の二百石は、御小十人組より上のようであるが、御目見以下で、御小十人組は御目見である。「百俵六人泣き暮し」といわれる御小十人組は親子四人、草履取り一人、槍持一人の六人で、下女・飯焚き男も雇えず、貧乏でベソかきの暮しである悪口であるが、それ以上の二百俵の与力とて、馬一匹、馬の口取りすら雇えぬのが江戸時代中期以降の実情であった。しかし町奉行所の与力は優に五、六百石級の収入で、楽であったのは役職柄付届が多くて生活がうるおっていたからである。

与力は諸組与力共に二百石・二百俵であるが、町奉行所与力は俗に二百石取りという。これは上総・下総に一万石の土地が与えられ、これを与力全員で頭割りにすると二百石取りとなるのであるが、一万石の土地の中でどこからどこまでが誰の領地ということはない。一万石の領地の上り高が、与力全体の収入分という大縄の割当である。一万石の実収を四公六民として四千石、これが与力達の収入で、初任給百三十俵から、最古参の二百三十俵までのまかないであるから、領地持ちでありながら、御蔵米取りと同じである。

与力の役料

与力の禄高は平均二百石（二百俵相当）とされているのは身分としての禄高であるとともに役料にも当っている一代抱えであるので、他の役職の勤番武士（譜代席）のように御役料、御役手当、御役金などがつかないように思われがちであるが、「江戸町奉行事蹟問答」に、

役料は禄にて、与力全体の役料にて、分担の役料は上等白銀十枚、下等三枚にて……

とあり、任務によって御役金に相当する白銀が支給されていた。

年番方・吟味方・市中取締諸色懸などの役々が上等とされ、新参が下等

である。

与力・同心の組屋敷

「江戸町奉行事蹟問答」の中に、

組屋敷は古来沿革ありて、後ちには一ケ所に集り、総名八丁堀と唱、今の日本橋区にて北南茅場町裏通りより、西は本町続より、南は岡崎町、竹島町、東は亀島町続にて地蔵橋を中央とし、但屋敷中央、岡崎町の方に馬場、亀島町の方に鉄砲角（的）場・剣術・柔術の稽古場あり。

と記してあるが、町奉行所与力は、古くは本所二の橋から法恩寺前にかけて住んでいた。しかしそれでは町奉行所に遠いので不都合を生じた。そこで日本橋大坂町つづきの青山播磨守の屋敷跡に移り、正徳三年（一七一三）に八丁堀の組屋敷に移ったのである。

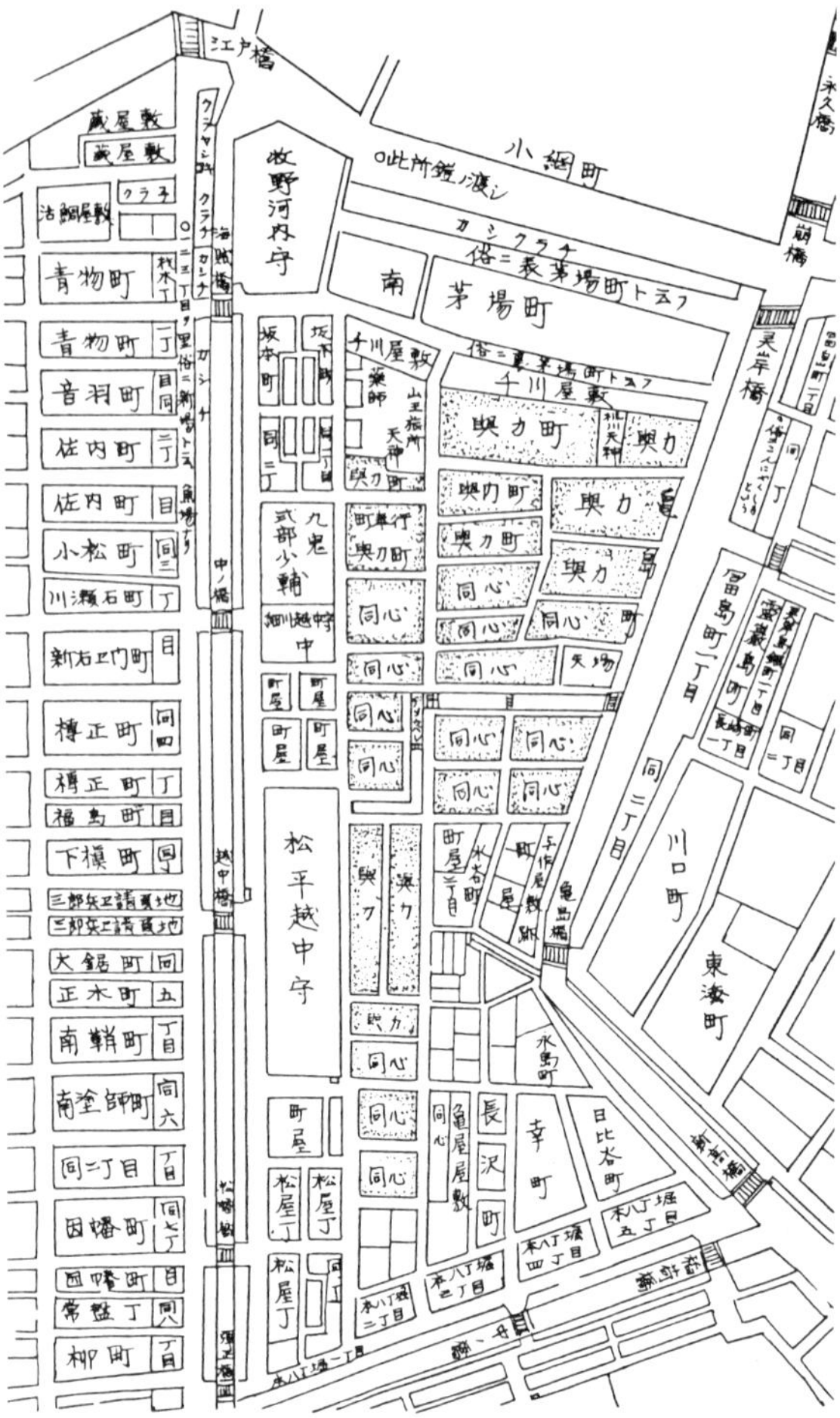

嘉永三年版与力・同心の組屋敷

与力の女房　与力・同心は月番の折はそこから午前十時（昼四ツ）から午後四時まで町奉行所に出勤した。町奉行所の与力・同心は普通「八丁堀の旦那」と呼ばれている。二百石・二百俵取りであれば殿様と呼ばれるのが一般であるが、一代抱席（良くて御譜代席）の与力は旦那様と呼ばれ、与力の女房は奥様と呼ばれた。主人が殿様なら女房は奥様で、主人が旦那様なら女房は御新造様である。それが町奉行所与力の家庭に限って主人は旦那様と卑下され（町人達からいえば、むしろ親しみをこめた意味）女房は逆に尊重された形である。

これはどういうことかというと与力の女房というものは対外的になかなか気骨の折れる立場で、しっかり者が多く一般から尊敬されていたからである。

一般の武士の女房は通常奥に住んでいて玄関や外部の人と接しない。それがみだしなみであり、女の立場であったからこそ奥に住んでいる身分の方、つまり奥様である。大身になるとさらに厳しく、奥と表の区別が明瞭で、大名の婦人が表へ出たり玄関に出ることは決してない。奥に住む身分の高い方であるから奥方様なのである。

ところが与力の女房に限っては、女房が玄関にも出て応待する。

その生活は夫より朝早く起きる。そして朝夕必ず化粧をし眉を剃り、歯を染めて丸髷に結い、帯は御太鼓に結び、裾を引いて羽織は着なかった。いつも盛装化粧していて、身だしなみの悪い所を決して見せないようにしたのは夫不在中の来訪者に対応するためであった。与力の家庭位になると小者位が応対に出るか、伜が玄関に出るのであるが、町奉行所与力に限って女房が応接する。

なぜ町奉行所与力の家庭に限って女房が応対するかというと、役職柄、来客筋は頼みごとが多い。いかめしい男の応対では客もいい難いこともあり、来訪者も来にくい。そこで女房が出るようになった。しかしそれだけに応対が難しく、下手をすると主人の名誉を傷つけたり、ワイロを取ったと評判されるから、なかなかこの応対は大変で、しっかり者でないと勤まらない。ゆえに町奉行所与力の嫁は、気転の利く如才のない女が選ばれるようになったので、庶民から尊敬されて奥様と呼ばれたのである。奥にいて表（玄関）に出ぬのが奥様であるのに、表に出て奥様と呼ぶのは面白い現象で、これは敬語である。この不思議さが八丁堀の七不思議の一つとして人々にうたわれた。

八丁堀の七不思議

一、奥様あって殿様なし　これは右に述べた通りで、女房を奥様といったら主人は殿様というべきである。殿様がいないのでなく主人は旦那と呼ばれたのが不自然であるので不思議に思われたのである。

二、女湯の刀掛け　江戸の銭湯の女湯に刀掛けが置いてあるのは誠に不思議なことである。

これは与力は江戸府内の銭湯には朝早くから一番に入れる。その折は決して男湯へは入らず女湯に入った。それで与力用の刀掛けが必要であったのである。なぜ与力は女湯に入るかというと、男湯の方は早朝でも男が入るが、女湯には早朝から入る女はいない。男湯の方では男共が湯に入って昨夜のことやいろいろな世間話をしながら体を洗っている。境があって湯気が立っているから男共は、あけすけに話をしているのを女湯に入って聞いていると、随分町のニュースもわかり、事件解決の鍵が案外の所で見付かるからである。

三、金で首が継げる　わいろが利くという意味であろう。与力の屋敷には来訪者が多く出入りするので、こうした見方もされたのであろうが、実際は金で首は継げなかった。死罪以上に該当する罪はそう簡単に手心が加えられない。軽犯罪位なら御目こぼしが行なえたらしい。それも軽犯罪者を御目こぼしして、別の犯罪捜査に利用するのである。

四、地獄の中の極楽橋　八丁堀組屋敷内の堀割にかかっている小さい橋に極楽橋というのがある。罪囚を扱う八丁堀与力・同心を地獄の獄卒、冥官にたとえたので、八丁堀組屋敷を地獄と見立てたのである。ゆえに地獄の中に極楽橋という名があるのはおかしいという意味でいわれたのである。

五、貧乏小路に提灯かけ横丁　八丁堀組屋敷内に提灯かけ横丁というのがある。提灯かけは提灯掛けか提灯欠けか不明。貧乏小路とは同心は三十俵二人扶持で生活が苦しい。同心組屋敷というのはたいてい内職をしてしのいでいる。だから同心屋敷のある小路は貧乏小路と仇名したのである。同心は長屋割りで敷地の入口は門ではなく柱二本立てた木戸門であるのが一般であるから、八丁堀同心の外観も同様に見すぼらしく見えたのであろう。ところが八丁堀同心に限っては副収入があって生活は楽であった。

六、寺あって墓なし　万治の頃まで八丁堀一帯は寺町であったので、その寺々の俗称が小路に残っていたので、寺名があって、墓が一つもないのがおかしいという意味である。極楽橋も寺町時代の名称の名残りである。

七、七ツ目は二種類ある。その一つは**佐瀬勇太夫の表裏**、もう一つは**儒者医者犬の糞**というのである。

佐瀬勇太夫という与力がいて表裏ある人間であったのであろう。

儒者・医者犬の糞というのは犬の糞ほど多く八丁堀に儒者・医者が集まっていたということであろう。与力・同心の拝領した屋敷地は、江戸末期になると小使いかせぎのために屋敷隅の一部を貸地とした。普通は武家地には一般庶民は住めなかったが、貸地には内緒で住んだ。しかし町人ではうるさいので一邸宅を持てぬ儒者とか医者が借地したので、そうした人々が自然多く集まるようになったので「伊勢屋・稲荷に犬の糞」の伝で、そういったのである。犬の糞とは往来に犬の糞がごろごろしているようにたくさんあることをいうのである。

四谷塩町に昭和の初期頃まであった二百石旗本松平新九郎屋敷の門構え（俗に言う徳利門番の門）

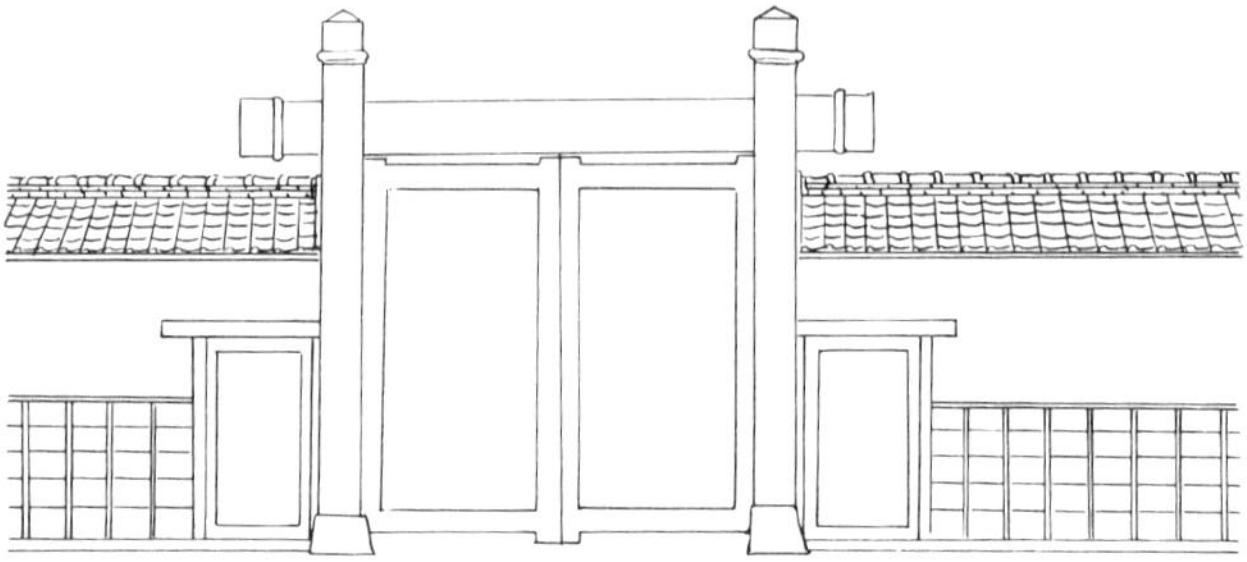

二百俵与力の門構え（冠木門）

八丁堀の称呼

八丁堀とは京橋から隅田川に通じる堀割をいうのであるが、町名としてはその東岸をさした。現在の東京都中央区兜町西側の西八丁堀、茅場町西側の八丁堀一帯である。

安政の江戸図には両岸に北八丁堀、南八丁堀と記されている。御府内備考には、寛永の頃に船を通すために八丁の堀をほったので名付けられたとしてある。

また吉田東伍『大日本地名辞書』には「寛永図を見ると南岸から茅場町まで武家屋敷や寺であったが、万治のころに寺は皆移転させられて、町奉行所の与力同心の組屋敷となった」とあり、町奉行所組屋敷となってから八丁堀風という特別の風俗を生じた。

町奉行所の与力・同心は庶民に多く接するから自然庶民風俗も取り入れられ、武士とも庶民ともつかぬ一種独特のスタイルができ、またテキパキと行動せねばならぬので粋な風俗言語がかもし出されて受けつがれた。これを諸組の与力・同心とくらべたら江戸ッ子と田舎者の違いがある。そして町人と接触があるのは役職上から必要なことであった。

町人から年頭の挨拶を受ける与力

与力は正月朔日に未明に奉行所に出頭して奉行に賀を述べ、屋敷に戻ると町火消の頭連中の年頭の挨拶を受ける習慣がある。

その折の与力は麻上下姿で、玄関式台に出て応える。一般武家では庶民の挨拶を受けるために式台へ出ることはまずない。ゆえに火消の頭連中も恐れ入って土下座して賀を述べる。こうしたことは武士として異例であるが、庶民を威服させる手段の一つである。

与力の屋敷

だいたい与力級の拝領屋敷の広さは二百坪から三百坪位で、御鉄砲組与力は郊外で比較的広い。しかし八丁堀あたりは人口稠密で、広々と地所を獲得できないから町奉行所与力は二、三百坪が良い所である。道路に面して冠木門を建て、そこから玄関までは小砂利を敷き、玄関は式台付である。

普通二百石・二百俵級は片番所付の長屋門であるが、町奉行所与力に限って冠木門としたのは、武士仲間でも軽視される役職なので遠慮したのである。大名でも冠木門を用いたものはいるが、その規模が違う。

大名が冠木門を用いるのは、火災に遭って長屋門が焼失し、再び長屋門を建てることを許されるのが難しいので略式の門として冠木門としたのであって、冠木門は遠慮の意味のある門である。ゆえに町奉行所与力もほかの二百石・二百俵級の武士に遠慮して冠木門としたのである。大名は冠木門としても両側に両番所が張り出す。これが格式であって、与力の冠木門には両番所・片番所はつかない。

しかし江戸市民にとっては、いかめしい長屋門より、冠木門の方が粋に見えたのであろう。

一般の二百俵・二百石取りの武士は長屋門で、門番を長屋に住まわせるのが常であるが、江戸時代中期以降は物価高で門番すら雇いかねた。ゆえに門の脇の木戸に滑車をつけて、徳利をぶらさげ、木戸を押すと開くが、放置すれば徳利の重みで木戸が締るという形式で、江戸時代の横着な武士の考案した方法であった。徳利に門番代りのことをさせるので、俗に徳利門番といい、下級旗本の長屋門の代名詞になっていた。旗本級で長屋門の構えであれば本当は禄に応じて数人の門番がいるのであるが、二、三百石級だと、門番を置いているのはよほど心掛けの良い武士であった。

八丁堀与力の冠木門には門番所はないから門番も不要であり、また木戸に徳利を吊るようなぶざまもなかった。そして小者が門番の役もかねていた。

町奉行所与力の生活 1

年賀の出頭　一月朔日には暁の七ツ（午前四時）に熨斗目麻裃に両刀を帯し、槍持、挟箱持、草履取、若党をつれて、奉行が登城する前に、奉行所に出勤し、年頭の賀を述べる（奉行の新年の嘉儀の項参照）。午前四時であるから定紋入りの箱提灯を持たせる。供揃いは二百石級旗本と変りはない。

平常の出勤（**服装**）　平常の出勤には継上下（肩衣と袴が同質のものでなく、肩衣は無地で黒か茶が多く、袴は平袴である）である。供は槍、草履取り、挟箱、若党である。

与力の年頭の行列

「守貞漫稿」に文久二年（一八六二）には麻上下、熨斗目小袖、継上下を止めて羽織袴姿に定めたが、二、三年にして旧態に戻ったと記してある。やはり上下姿が威儀的で好まれていたのであろう。年頭などに町役人始め富豪の町人は麻上下着用して挨拶に廻るのに、その上に立つ与力が羽織袴では、サッパリ冴えなかったから、元の通り上下姿に戻ったことと思われる。ただしこれは町奉行所の与力・同心だけで、ほかの役職だけの武士は文久以降羽織袴を用いた。

足袋は白足袋であるが、捕物・出役には裏白紺足袋に履き換えた。

現在の紺足袋はほとんど裏白であるが、当時は特別であった。働き用の足袋として紺色を用いるが、その足袋のままで、奉行や上役の前に行くわけにはいかぬ。白足袋に履き換えねばならぬが、その煩労を略して裏白とした。座れば裏が白いので白足袋にも見えるからである。裏白の足袋はこうした意味から用いられて現在に至っているが、働きの場合の足袋は裏も紺色であり、また一般人もこうした足袋であった。

挟み箱の中には要用十五点といって熨斗目・麻上下・紋付・裏付肩衣・袢（ホロ麻・横麻・龍紋）・裏付袢・縞の着物・紋付着物・野羽織（木綿の背割羽織）・野袴（踏込み・黒八丈の縁取り）・馬乗袴・野服（半纏股引）・帯（木綿の上帯色縞）・帯締（麻で三尺・これは捕物出役に用いる上帯）・脚半・紋付帷子・白帷子・紋付黒羽織・黒羅紗羽織・白足袋・紺足袋などが常時収められている。これだけあれば急用があった場合、すぐ応じられる服装である。与力・同心は勤務中に急に特命を蒙ることがあり、その度に自宅に戻って仕度し直すようでは御役に立たないからである。

与力の平常の出勤の行列

与力の十手　与力の十手は緋房付きで、俗に朱房といっているが本当は緋房である。これは佩刀と並べて右前半に帯にさすか、または布で包んで懐中にさす。映画のようにこれ見よがしに十手を見せることは決してなかった。

与力の十手は犯人追捕に直接用いる十手ではない。指揮十手といって、捕物の時に同心を指揮するためのものであるから、同心の十手のように実用品ではなく形式的のものである。だいたい長さ九寸位（約三十センチ近く）の華奢なもので、真鍮製、また黒漆塗り蒔絵、毛彫り、象嵌などをほどこしたもので、柄に緋紐、または革を巻き、環には緋房をつけた。町奉行所の役人であるという徽章の意味もあった。

与力の特典　町奉行所与力の特典として、毎朝女湯に無料で入れることと、髪結いが毎朝回って来て理髪髭剃りしてくれることである。一般武士では身分の高いものは別として毎朝理髪髭剃りはできない。まして諸組の与力級では毎日は無理である。ところが町奉行所の与力・同心に限っては毎朝髪結が出張して来て理髪してくれる。

これを日髪日剃りというが、髪結いの一種の徭役であり、それに代る特権が与えられていた。

理髪職の特権と責務　髪結床というのは毎日人の集る所で、いろいろなニュースの入る所である。そのニュースが必要であるので、幕府は髪結に税免の特権を与えると共に、町奉行所に協力させたのである。

江戸府内の理髪職は町奉行所近辺の火事には町奉行所に駆付け、町奉行所書類の運出しと保管の責任も負わされていた。

与力の結髪と服装　八丁堀風の結髪は独特なもので、一般武士・町人とは異なっていた。髪はひたいを広く、生え際を見せないように小鬢まで剃り、髷《まげ》は短かく、揆《はけ》毛先《さき》は散らさずに広げて、小銀杏細刷毛とし、髱は引っつめないで出した。武士と町人の中間の形であるから、どちらにも変身できる。また回りに出る時は同心と同じく着流し姿である。

与力は中間を使っているが、その服装は「江戸町奉行事蹟問答」に記されている通りである。紺看板（紺染の着物の短いもの）に梵天帯に股引・

草履ばきで、真鍮金具の木刀を腰でなく背にさしていた。随分と野暮ったい服装であるが、これはほかの武士に雇われている奉公人と違って、主人と共にいつどこへでも御供できるための半旅行用服装であった。

与力の朝の女湯入り　与力が女湯に朝入る事は庶民に嫌われたので一時禁じられたことがあった。いくら隠れて入浴しても、与力の下男が入口で待っているから与力入浴中であることは自ずと知れてしまう。与力が入浴していることを知れば男湯の方の男達も世間話をやめてしまうから、ニュースは入らない。湯屋は与力のために女湯を独占させたようなものである。かえって弊害となった年にわずかの付届があるだけで湯銭にもならない。与力の朝の女湯入りは禁じられたが、なかなかその風は止まなかった。(各与力から一年に米かわずかの包金を出した)

「江戸町奉行事蹟問答」に、

　前の書付（禁令）出し頃は相止めしも、火災にて組屋敷類焼せし頃より又々制禁の前のごとくなり。余の壮年の頃にも此禁を犯したり。毎朝起きると表座敷の客を為待置、裏口より白衣にて両刀を帯し、湯揚り浴衣、糠敷のもの、うちわ敷物を下男に持たせ、近所の湯屋に至り入浴するなり。此湯屋は留湯と唱、盆暮に聊の金を遣し、毎朝四ッ時（午前十時）まで女湯へ入るなり。他の男女は入る事を禁じ、これとも茅場町、坂本町に住居する町芸者は押て入り来る。男女入込の制禁を犯せしとも其後は察斗もなくして済来りたり。

とある。

与力の代替り

「江戸町奉行事蹟問答」に、

　与力代替は実子病気になり、職務に難堪旨組合与力に告げ、仲間相談を遂げ、異なき時は相番組合与力より奉行に申立、許可を請ふ。奉行は願意相当を見込時は即刻聞届、番代の指令するなり。其節は相続人礼服着用、相番差添呼出、格式通りの供連にて至る。奉行自身で申渡相済、向組の町奉行所並南北与力を回初いたし、組合与力並同心を招待し酒肴を振舞、初番と唱、礼服着用にて出勤し、相番並詰合与力へ茶菓を出し、当番同心、小使、下男に至るまで代価にて遣す。(一人金百疋位) 凡三十日間は日勤にて見習勤いたし、観馴してより当直いたしするなり。

とあり、与力の新任勤めは、江戸時代中期以降の悪弊そのままを行なわねば、初めの内は勤まらなかった。

江戸時代には新しく御役につくと世禄の多少、家柄にかかわらず、新参者は故参者に頭が上がらなかった。古参者は引回してくれて、職務内容を指導するので、新任者は馴れるまで随分、金と気をつかった。

御役につくとまず古参者に連れられて関係上司の挨拶回りをする。これには相当の額の贈り物が必要である。次に同僚を料亭か自宅に招いて御馳走する。御馳走振りが悪いと招かれた客は悪口雑言の上乱暴狼藉をする。こうした例は太田南畝の「半日閑話」に随分記されている。その上で贈物をする。また勤めるようになると当分、同役の弁当と茶菓を持参して行き、役所で食べてもらうが、弁当が普通の仕出し屋からの品であると食べてもらえない。

招くにも芸妓を上げねばならぬから、武家屋敷に芸妓は入れぬ規則であっても呼び入れるか酒亭に招くのであり、土産物まで持たせる。古参・上役はこの応対振りで新参の技量を見るのであるから随分やりづらい。このように気をつかっても文句をいわれ「小僧、小僧」といって呼びつけられる。古参者は御師匠番なのである。出勤には古参者より早く出て、職場を整頓し、退庁には一番あとから帰る。付届が少ないとことごとに意地悪をする。こうしたことで我慢できない者は、せっかく御役についても御役御免を願うようになってしまう。番方という武官の役職は特にこれがはなはだしく、松平外記が殿中で刃傷したのもこうした圧迫からであり、しばしば職場で刃傷事件があったことが「半日閑話」に記されている。この弊害は老中から度々達しられたが改まらなかった。まして付届に馴れている町奉行所の与力・同心では、新しく御役についた当座は大変な苦労であったことと思われる。

与力は御譜代席もあったがだいたいは一代抱えであるから、親のあとをつぐのではなく、親が引退して子供が新規御召抱えになるのである。実質は同じであるが、世襲ではない。ゆえに親の代で打切られても仕方がないし、別のものが召抱えられても文句がいえなかった。しかしだいたい親から子へと代々勤務したもので、中には入婿養子となって与力の株を買って与力となる者もあり、江戸中期以降は武士の生活組織の中にまで金の威力が浸みこんでいたのである。

通常親の与力が引退する前に、伜が見習として出仕した。これはいつも七人ときまっていたのは奉行所の賄金の関係である。

「旧事諮問録」の町与力の話の項で谷村正養氏談の中に、

> 最初は見習に出るので、見習を申付られるのです。その内に本勤並に勤めろと言うような言い渡しがあります。すると一カ年金二十両の手当で本勤並に勤めますのです。それも七人と極って居りました。天保九年以前は見習勤めの者は一カ月白銀七枚（金五両余）の手当が御座いました。

と答えている。見習に出られるのは運が良い方で、いきなり新参者となったものは苦労したのである。格で区分すると、支配・支配並・本勤・本勤並・見習・無足見習の六段階あった。

町奉行所与力の生活　2

与力の収入は前にも述べたように二百石取りの旗本に等しいが、四公六民として八十石、籾をとって搗き減りを二割と見て六十四石、俵にして百六十俵である。

江戸初期と中期と後期と、また米相場の変動の時期によって異なるが、仮りに米の値段を一石一両とすると、与力の収入の金高は六十四両である。月割りにして五両一分である。与力が奉公人の若党に支払う給料は年に四両、中間は二両二分の二人分で六両、下女の年給一両二分の二人分で三両、家人の生活費二十五両、武具の整備修繕と普請の修繕で五、六両、妻子入用三十両も見ると一杯で、交際費も出ないし、よほど切りつめないと赤字になってしまう。こうした状態であるから、ほかの役職の二百石取りの旗本や諸組の与力は苦しくて内職をするか、奉公人の数を減らしたのである。

ところが武士仲間から卑しい役職として軽んじられている町奉行所与力は優に四、五百石級の生活ができたのは、職掌柄付届が多いのと旗本と違って格式による無駄金をつかう必要がなかったからである。

役徳の一例　「江戸町奉行事蹟問答」に、

> 徳多きは年番方、吟味方、市中取締諸色懸りの三役にて此三役を勤めるものは老分重役なり。其他は吟味助役、市中取締諸色懸り手伝を兼務する者其次なり。これ等は役々町奉行所重立たる威権ある役柄故、徳川御三家始め、諸大名上野・芝の両山・両番頭等・浅草の浅草寺に至るまで町方関係ある向々は御用願と唱、年始・暑寒・盆暮の送りもの（上等白銀五十枚より下等金二百疋）、国産の織物・其外御土産、諸大名参勤交替の節も将軍家へ献上物余り配分と唱、国産物或は目録を送り来る、老若其他の重役と雖、役柄に不拘同断送り来り候。
>
> 此源由は先祖已来の習慣にて、其始めは奉行へ届、老中迄内証文黙許を受たるためなれば、可然の使者を以玄関に持参り送越候取次の者より受取書を渡すなり。この用頼と唱候向も願事彼是不正を謀らんとするには非ず、公務の便利を謀らんとするためなれば公務の余暇には願人の用弁をするなり。一、二の例を云はん。何某藩にて如此公事あり。例証なく取斗・手続に困却する時は、御用頼《たのみ》へ留守居馳付来れば忽ちに例証を取調べてこれを教ふ。答教を受けたる者も錯誤もなく安心して事務を弁するなり。故に南北与力四五人に用願あれば一、二人は不存にても何人か家に在て用弁するなり。只々急用尋問を受たる時に即答する者を以御用弁の者とし、日増に用願相増なり。万石以上留守居役尋問の送りもの必ず土産として国産物か目録（金三千疋より金二百疋、一疋は銭十文）持参なり。余も二十七八歳より此位地に罷り、日々朝夕の来客は十人より多きは二三十人のことあり。到来の目録物品は積て山を為すことありと雖も、其尋問の事柄に依て答弁に苦しむことなく、良心に問うに一つとして成規に背き不正と思うことなく、

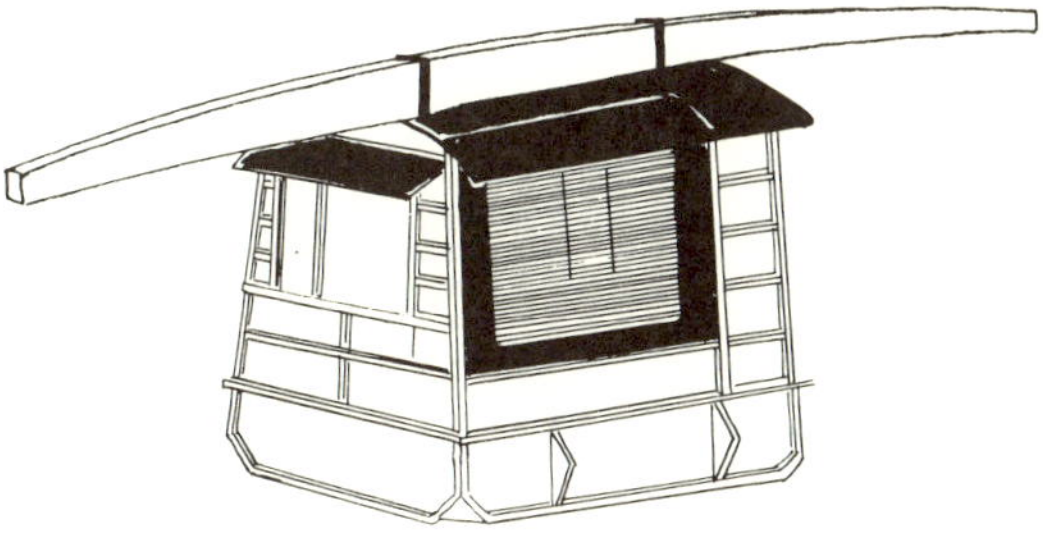

切棒の留守居駕籠（献物駕籠，権門駕籠ともいう）

合羽籠をかついだ奉公人

他より非難を受けたることなし。亦諸藩主により役人を町屋敷に招待して、公事裁判料の躰より刑罪の仕方民政の取扱方を直々聴たり、藩政の一助、或は御役儀の望みある仁は用頼みの与力を招き、訟法断獄の躰なり様々を質問、入来を求むるものあり。留守居役より依頼ありして宿老、用人など列座して四方山の物語あり。様々の引出ものを出す（目録二千疋より少なきことなし）なり。たとへば一言の応接と雖、只成規あることを説き、私説を生張するなし。幕政の頃は如何なる妙説弁理なる事にても先例なきことは難被行故に、旧記を暗記せしめたものは則御用弁のものにて、人々の信を受くるなり。

と記され、さらに諸藩の御留守居よりの問合せに関しては、

余の勤役中諸藩より問合せ事にて困却せし事あり。文久年間の事なり。時の御老中久世大和守（広周）を登城掛ケ浪人暗殺せんと企、切懸し事あり。（この事件は久世大和守でなく安藤対馬守信正の誤りである）其の同類の内、其場に後れて外桜田の毛利家の屋敷へ行、同藩士剣術師範役桂小五郎の稽古場に至り同人に面会を乞ふ。同人不在にて客間に為待内に自殺して相果、然るに懐中に事件を記せし書付を携居候故、同藩より老中へ届、右書付、見分の上にて町奉行へ渡り御目付立合吟味にて右の桂小五郎を呼出、尋問せんとす。同人病気にて出頭せず名代を出し初席は済。予審に至りては代人許さず、本人を呼出し吟味を遂げ口書調印せしめんとするに病気と云て出頭せず、奉行より御老中へ吟味方次第申立、毛利家よりも御老中へ桂小五郎差出方差支の事情申立候得共、詰り本人一度は呼出し、吟味を遂げずしては成規に背き候か、御老中より同家へ内達ありて、いよいよ明日は予審席へ呼出す事と決し前は日表向例の処呼出状を発したり。

然候に其夜十二時頃に至、余の自宅の門を叩くものあり。下男取次に出づる。其頃は世上物騒ケ敷、老中までも暗殺を企て御難の世にて夜中は別して人々用心いたし門を堅く締めて、門の脇に切抜の小窓を明ケ置、書状なればこれより取次、夜中の人は面会を謝絶せし時節なれば、取次の者小窓を開き見るに、侍一人小田原挑燈を携停み居、来意を問ふに主人に面会を乞ふ旨を求めしに取次の者承認せず、名刺を出さず深更に至り主人に面会を乞ふも最早休み中にて取次ぐことあたわず、明朝来るべしというに、急用なれば是非とも主人に面会を乞ふ。然らば名刺を与えんとて松田清吾と記したる名刺を出したり。藩を問うに答えず。門外に待せ置、其の取斗を余の寝所に来て問ふ。其名前に知人の筈なし。

甚不審に付今晩は休息申し付明朝に来れと謝絶せしに聞入ず。是非只今に限りたる急用の事の故、実は深更にわざわざ独行して来りしなり。一大事件なれども一応面会を許さば一言にして事足、時間を費すことなき由。問答難とも面会を乞と申、立帰る躰もなし。取次のもの詞も尽きたりと云。如何にもさし逼りたる躰なれども、盗賊或は殺害を含みたる者とも察せられず。

先門内へ招入、客間に通し、多葉粉と茶果子を出し様子を見せしむ

るに、大藩の留守役ならん。何か包紗包み、脇に置控居る。躰別に怪敷ことなしと云ふ。其内余は衣服を改めて面会するに、始めて面識の者にて其の来意を問うに携へたる目録台へ目録を添へ前に出し、拙者は松平大膳太夫留守居役なり、此節は主人申付に依て時候御尋のため送ること致し使者口上を述べて出す。余これを見るに目録物一組と記し此代金は包みあり。余これに答へ云、大守より御送り物添なしと雖も、当節其御藩士関係の事件取調主任に付、不時の御送り物受納いたし難く、折角の御使なれども返却せん。今晩深更の御来意は何御用なるやと問。松田清吾云、此送り物は決て御配慮に不及候、どうか御好み品々など買入、持参せよと重役より命を受けしも、夜中其儀能はず候。早速御受納ありたしと申勤云に、余は受納すまじと決心すれば、此押問答ありて深更時間費すこと無意味に付、先御来意を聞んと云しに、今度忍んで推参せし事迷惑ならんも、実は徳川家と毛利家の間に於て大事件の目前起らんとすることにあり。其訳は彼の桂小五郎事件なり。彼を明日本人御呼出なれども、彼は藩中にて剣術の指南をなし、在府にて壮士五百人、門人も多く明日御呼出の席にて御留置に成らんか、揚屋入にてもなる時は門弟の壮士必ず騒立たん。

藩中の分は何様にも取締りいたすべくなれども、門外にある壮士五百余人あり、必ず同人を取返さんと御奉行所へ乱入するか或は途中にて取戻すことを謀らんこと必定なり。依之御老中方へもこれまで度々御内意を申上候得共、御規則背き難く、明日は本人呼出し、奉行所の処置に任せ、壮士の騒立る事は取締厳重に注意すべしと御達しに付候得共、藩士の向は先刻より外出を禁じ、厳重の取締を命ずといへども他の壮士は士格・太夫・手限り取斗難く、明日事の破れともなる時は自他の別に分ち難く、これより御両家の葛藤を引越し候は必然のことにて、其許には御主任に付、明日桂小五郎の身分改所置振は御承知に可有之、御用頼の御間柄故、其所置振を御洩し被下度、此儀は実に一大事件を引起すべき大切の事に付、御赤心を伺度自分儀も密使に来る上は其許の御答振りを承り重役とも謀り一大事件を決し候事に付、間違にては割腹の覚悟の上なり。其許とても御迷惑に立ならん。然とも御互の迷惑のみならず、多くの人命にも拘はり、徳川・毛利両家の葛藤に至る大事件なれば無御腹蔵く御内談あらんことを欲する旨、思い切ったる詞にて問懸たり。

余も此返答には困却せしも、彼の永き口上を陳る腹中に答弁之工夫はつき、これは詞の切れを待てこれに答えて云、御配慮御尤なれどもこれまで桂小五郎代人より申立たる趣にては罪人を取隠し、自殺せしめたる証拠も無し、亦今般の事件同類もの証拠もなし、只大罪人何故に同人の宅へ至り自殺せしや其疑ひのみなり。故に本人罷出、明白に事実以て弁解相立つ上は子細なし、万一本人申口紛敷、万一罪を認る時は仮令徳川・毛利両家の葛藤を生じるといへども奉行所は罪人取扱の職権だけは曲げて取斗候事出来難く候間、無余儀断然たる取扱をいたし済し、桂小五郎に於て決て罪科を犯したる覚えなければ何を苦んで猶予するか。奉行所に於ては公平の裁判を下し、必曲非制し、罪科なき者を拘留することなきは犯罪の覚えなければ明日本人御自ら出あるべし、若し明日御差出なき時は却て桂小五郎に疑ひ掛るなりと答へけるに松田清吾も真理に服し、同人の返答には左候はばこれより立帰り、重役とも謀り、明日本人出し、拙者も付添罷出、御奉行所に於て御面会すべし。万一只今の御詞相違し清吾歎なし時は只死を以て主家へ申訳をなすより外なしとて、必づ詞の違はざる様に祈ると決心を示して立帰る。

翌日早朝出勤して奉行と御目付列座之処にて其夜の躰、問答の趣を有りの儘答事するに、果して松田清吾付添桂小五郎出頭せし。例の手続を経て白洲にて御目付立合奉行の初審に出せしに、桂小五郎の答には、右大罪人何故拙者宅へ来りたるや、他藩士浪人に師弟の約を為したるもの只今現在東京《(まま)》にあり、日々交渉するもの五百余人もあらん。其余、一両度教場へ来りたるもの其数を知らず、其内に右名前の者もありしか、しかと覚え止めず、今般拙者方へ来りたる折は、拙者は御殿へ出仕中にて面会を遂げざる已前に自殺せしものに付其意を知らず、只老中を暗殺せんとする主意を記した書付を携し故にこれを知るのみにして変死せし後は其筋役人へ右届藩法の如く取斗候までにて他に関係なしと答。外に同人に対し疑ひを含証拠もなく、予審の席にて再応取調の上、其越口書相決し調印相済し早々帰したり。

と記してあり、与力宅には町々、各大名老中などから付届があり、相頼のために金子を送り、また、事件があるとその藩の御留守居から送物が届けられて適当に処理したのである。この佐久間長敬の扱った桂小五郎出頭の件は幕末だからとはいえ徳川家が大名に随分となめられた態度を示されたもので、江戸時代初期であったらちょっとした事件でも藩ははなはだしく圧迫されたのである。また藩の御留守居というのは一応鄭重であるが、その実はこのように半ばたん願的であった。

町奉行所の玄関を訪れる御留守居

与力・奉行所への付届　江戸時代の通例で金穀を贈っていうことをきかそうとするのである。藩からの贈り物に奉行所で受取書を書いて渡すのは持参の御留守居が途中でごまかしたのではなく、チャンとその任務を遂行したという証明書であり、贈物の受取書を書く位であるから町奉行所への贈物の数は多く、また、与力・同心の個々への贈物も多かったのである。

このほかに町々からの付届もある。

年頭（正月）八朔（八月一日）は民間では田の実の佳節といい、武家では天正八年八月一日に徳川家康が江戸に入国したのでこれを記念して毎年江戸城では大名・旗本が白帷子を着用して登城して祝った。後には吉原の女郎までも当日は白装束をした）に江戸府内の町々や諸株の仲間から町奉行所に付届があった。これは町や仲間で何かあった時にお目こぼしや手加減してもらうための賄賂であったが永年の習慣となったものである。また裁判の原告側・被告側からも贈られる。

大名の付届は、その藩の御留守居が、通常御留守居駕籠という切棒の乗物にのって侍二人、草履取り、合羽籠一人で来る。正門から入って玄関式台の所で取次をたのむ。

玄関には羽織袴無刀の中番が出て応対する。そして御留守居の差出す白木の台に乗せた進物を受取って玄関正面の中棚に乗せ用部屋にいる公用人（内与力）に通じる。

そこで公用人が出て挨拶するのである。大名以下の進物は大名の領地の産物を将軍家へ献上した残りを老中・若年寄・寺社奉行・町奉行・勘定奉行と与力へ贈るのであるが、このほかに事件があると御留守居が与力の宅を訪問して贈物をし、事件が無事に済めばまた贈物をする。

贈物の進物には別に金馬代として二十五両位包んだものを出すが、時には奉行と与力とに別々に包んで出す藩もあった。包みには全部両としてないで、金馬代としてある。たとえ金が包んであっても金馬代・金太刀代と書くと、金であって金でなく解釈された。馬や太刀は武器・武具で武士は武器・武具類はもらっても恥ではなく、うれしいことであったから賄賂としての意味にはならない。武器・武具類であればねだってもらっても良いのである。ゆえに金馬代とすれば贈る相手に馬の好みが有るであろうから、こちらで勝手に選んだ馬を贈るより、そちらで好きな馬を選んでくださいという意味になる。

ゆえにもらう方もそれで自由に費うことができるので、その金で馬を買おうと芸者を買おうと、妾にやろうと勝手である。その金で適当な馬が見付かるまで蓄えておくということはない。贈った金が芸者買いの金に変っても、それは本人の別の金で芸者を買ったのであろうし、馬を買っていなければ、まだ適当な馬がいないので買わないのであろうという考え方の処理法である。

応対に出る与力の女房

手腕のある与力になると、佐久間長敬の手記ではないが一日に十人から二、三十人も来客がある。これらは皆頼み事で来るのであるからほとんどが手土産か包み金を持って来る。こうした生活であるから驚くほど裕福である。

それだけにこれらの応接に出る妻女は大変である。男が応接に出たのでは労れて来ると突っけんどんになるが婦人であると優しいし、話し難いことでもしゃべって行く。進物でも男では切口上になって時には突返すが、婦人であれば「何かわかりませぬが、それでは一応御あずかりしまして……」とやわらかく受けられる。こうした所から与力の女房に限って玄関に出て応対するようになったのであるが、それだけにこの役は難しい。やたら進物を受けてばかりいると主人失脚の原因にもなる。

与力の役徳の不正　役徳の不正については「江戸町奉行事蹟問答」の中に、

不正の役徳を得ることは様々あれども其二三を示す。年来の習慣にて、仲間にても敢て論ずるものもなく、只々其役に昇進せんことを望む迄にて、無事に所得を得る仕方、其の二、三を示さん。

其一　老年与力に進み廉々役儀兼勤の者は様々の名目を以て、御三家並諸大名より扶持米を受るなり。多きは二十人扶持、少なきも五人扶持位を申受るものにして、数十人扶持を受る一ト廉の役徳なれども、仲間にては彼是と云ふものなし。（この扶持は金に換算してくれる。このように御三家始め諸大名が与力を抱込工作しておくから、これらの藩に関係した小事件はほとんどもみ消されてしまうのである）

其二　諸大名の勝手方（勘定方、会計課）よりの依頼にて、金銀貸借の周旋にて双方の仲を料理し、謝礼を受るなり。一例を示さん。大名甲何某、町人より数千金借りて滞り、返済期限に至り督促を受て困難するなり。其時借替（借金の肩替り）或いは融通の依頼を受る時、財産家二、三人呼寄、有金の有無の間にて貸借の周旋し、貸し主何某（乙）何某（丙）と出金者を極め、先きの借主何某甲を呼寄、元利精算せしめ、或は書替利金の分は何程は切捨候て其古借を戻し、一旦改正し新貸し、主乙・丙両人より融通せしむるなり。如此する時は、いづれも不利益なることなく、双方欣で其の取扱を謝し、相当の礼金を得るなり。（江戸の町人富豪に顔の利く所から、役職の威光を以て金銭融通のとりもちを行なって借・貸双方から多額の礼金をとるという法である）

其三　諸藩の国産もの江戸蔵屋敷へ積込其節問屋を呼び入札払をせんと欲するとき入札人馴合安直に払下げんとする景気ある時、入札を止め置、其藩の国産掛役人より諸色懸り町与力へ願来る時は、何か口実を設け、先例を添て其筋商人へ名指し払後の許可を請ふ。此願者の立案より手続を教へ、其諸藩より月番老中へ出させ、町奉行へ渡るなり。奉行より与力の手に入、直に許可の付箋をして返却す。其筋問屋の内望人へ許可の時を経て其藩の国産懸と謀り名指し払渡し利益を与ふるなり。故に売買双方より相当の謝礼を受るなり。公然と御老中より許可することなれは商人仲間は勿論他より云々申者なし。

其四　亦御三家始宮門跡方にて様々名目を唱、江戸町人或は武家へも貸付金あり。延滞の時取立手におよび難く説諭を依頼するなり。これは民事訴訟扱懸、即ち只説諭に止るものに付奉行は口出しせず、年番与力へ渡して説諭せしのみなり。与力は説諭の上金額の取上をふして貸主に渡すなり。貸方は手数料として取立の凡そ一割を自明に目録に直し、不時に気候見舞として公然と表向より送り来りて先方は事柄故慎で受納す。何方よりも云々申すものなし。如此件を以役徳と唱、年分に相応の所得あるを以、公事裁判事に付わいろを得るは危きもの故、能々慎み、成る丈け謝絶して嫌疑を受けざる様に注意するなり。殊に寄中途にて訴歎する者・濡衣を蒙る事あり。故に吟味役は与力の最上役にて前々述たる如く、其位置進めば多くの役徳ある故に、右の外、他事は公平潔白を以名を顕はさんと心掛るなり。余の祖父の文化・文政・天保の始めに三十年の間吟味方を勤めたり。

其咄今耳に残れり。

と記してあり、役徳を上手にやるのも与力の手腕の一つであったことが知られる。

以上のような副収入であるから幕末の名与力といわれた鈴木藤吉郎のような大富豪もでたのであるが、与力全般がそうであるかというと、なかなかこのようにはいかない。

「旧事諮問録」に当時の与力・谷村正養氏談によると、

「町与力と言う者は他から見ますと大そうまかないでも取っているように思って旧幕府の頃にもとやかく申しましたが、内へ入って見ますと、女のような気持で、あすこへ妙な出入すると目くじら立てゝ騒ぎますから、なかなかそういうことは出来ませぬ。もしもございますと御先手の方へ貶されます。悪くすると場所不相応に付キ御暇というようなことで、二百石棒に振る事になり、すぐ突き出されてしまいます」

と答えている。

しかし何といっても副収入の多かったのは確かで、奉行所への付届は筆頭の与力が保管していて折々に分配したが一年間に一人あたり一千両にも上ったと伝えられ、羽振りの良い与力は、自宅への付届を入れると三千両にも上ったといわれる。御目見以下の身分で三千石級から千石級の収入では楽すぎる位楽である。ゆえに町奉行所与力で見すぼらしい者は一人もなく颯爽としていて相撲取・火消と共に江戸の三男としてかぞえられていた。

与力の捕物出役　「江戸町奉行事蹟問答」に、

捕ものは同心の主役にして、与力は検使役なり。同心貸渡しのためにくさり帷子、同鉢巻、すね当、刃びき刀備あり。同心これを用い、羽織を用いず陣ばしよりの出立なり。与力検使としての出役は、陣笠羽織袴にて格式の供立にて、同心捕もの手余りの時は与力切捨の令を発し、自身も槍を入れて同心を働け助く定法なり。捕へ来る時は、同心の働きを奉行に上申して功を賞すなり。

と記してあるが、服装に異説があるので後章で述べる。

与力の分課

「江戸町奉行事蹟問答」に、

与力は市政の庶務事務にして、奉行の命を受けて職を分担し、配下同心の身分進退勤状を糺し、内外監務しこれを使令し、抱替（一代抱の任免）、役分の任免黜陟に至るまでこれに命令し、奉行を補佐して其責任を分担し、奉行の命令万一例格に背きたる時は異議を申立、錯誤なき様にこれを補助し、万一奉行これを強行せしめんとする時は御目付へ申立、判断を仰ぐ権あり。金銭出納、営繕、役所向一切の監務、奉行に代り支配場を管理し例格あることは即決処分しとある。

与力の分課は前項で述べた通りであるから、各課について細分して説明して見る。

内与力 町奉行所与力は町奉行所という機関に所属しているもので、奉行個人の家来ではない。機関構成上奉行の支配下にあるもので奉行は何度変っても与力は異動なく町奉行所に勤続する。そこで与力の方も奉行の方も、奉行が新任のたびに不自由をするし、奉行も秘書役や腹心の部下がいないとやりにくい。そこで奉行に新任されると、その奉行は、元から自分の家臣であった者の内から才腕あるものを十人選んで奉行所勤務とさせた。これを内与力といって本来は公式の与力ではないが認められていた。元から雇っている奉公人であるから禄や手当は、奉行の世禄でまかなっていたのであるが内与力になると、奉行所の与力と同じく禄米を支給した。幕府からはこの臨時の内与力の分の禄米を含んでいないから、与力全体の禄高一万石から、この十人分の禄米を削ったのである。

「江戸町奉行事蹟問答」に、

内与力と唱候与力四人の分を奉行二人の手許へ取入、公用人、目安方の役料に割渡し、表向公用人四人の名前組与力の内へ書出し置て、これには無余儀都合ありて公然の習慣となりたり。

とあり、

これは表向与力の人名書出置候内、四人を減じ自分等の公用人四名を与力の列し出座し置、其給地高八百石、組屋敷とも奉行二人にて割合受取り、公用人・目安方の給料に割当、内与力と唱、奉行手許の公用を為取扱、秘書官の如きものにて、出火等の奉行出馬の節は騎馬供に召連、其外急用ある時は与力の代勤をなさしめ朝夕奉行の手許にありて信用あるものを召仕候故、奉行のためには便利なるものなり。

と記してある通り、公用人・目安方の内与力十人を賄うために、与力の禄米がピンハネされたのであった。

与力は一万石を五十人に割当られていたはずのものが、内与力の分の八百石を引いた九千二百石を五十人で配分しなければならなかったのである。最も与力も古参・新参・見習によって禄米の高が異なっていたから止むを得ないが、与力にとっては有難いことではなかった。ゆえに寛政の頃に南町奉行坂部能登守広高は、この内与力制度を廃して与力の禄高を平均して配分したことがあったが、能登守が退職すると与力の異動を行なって与力の収入に再び段階をつけ、内与力も置くようになり幕末まで続いた。

内与力は奉行腹心の者であるから側用人・留守居・使番・小姓の役から秘書官・右筆を兼ね、奉行の代弁者まで行なった。

ふだんは玄関脇につめて、外よりの使者への挨拶、取次を行なった。羽織袴で、式日には与力と同じく麻上下をつけ、外出には槍持、中間、草履取りなどを従えた。与力と同じく組屋敷を奉行所構内にあてがわれて公用人は六人で六百俵、目安方は四人で二百俵が支給された。

奉行はこの内与力のほかに、譜代の小者を中番として用い、これも町奉行所の費用で賄った。

中番は本来は中間級であったのが羽織袴をつけて玄関に詰め、取次などをした。刀は差さなかったが扱いは準同心級であった。

これらの内与力・中番は奉行が辞任すれば、免職となって、また主人の奉公人に戻るのであるが、奉行の威を着て威張るものもあった。

年番方与力 年番方与力というのは与力の最古参で有能の者が勤めた。

初めは同心支配役が一年交替で勤めたので年番の名称が起ったのであるが、毎年継続して勤めるようになって名称だけのこった。

町奉行所全般の取締りから金銭の保管（欠所等で没収した金銭）・出納・各組の監督・同心諸役の任免から臨時の重要事項を処理した。

町奉行は、時によると一ヵ月位で交替することがあるが、町奉行所与力は隠居するまで勤めているので町奉行所のことには通暁している。年番方与力は奉行所内の生辞引き的存在で、新任の町奉行はこれに頼らなければならぬ指導者である。町奉行になるものはだいたい世禄二、三千石以上、御役高も三千石の大身であり、いくら最古参といっても年番方与力はせいぜい二百三十石級の御目見以下の抱席である。こうした格差のある身分でありながら、町奉行は年番方与力の運営力に頼らねばならなかったのは皮肉である。年番方与力の人員は南北各々二騎ずつであったが、後に三騎となり同心が六人ずつついた。

玄関に向って右側に詰所があり、出勤には継上下（式日には麻上下）槍

本所方与力の乗る鯨船

持一人、中間、若党、草履取り、挟箱持がつき、年功によって二百石から二百三十石まで受けており、副収入も多い。「江戸町奉行事蹟問答」には町奉行所与力で手腕あるものは御目見職へ昇進もできると記しているが、町奉行所与力の最高は年番方与力であって、それ以上昇進はできない。

本所方与力　本所見廻り与力ともいい外役である。享保四年（一七一九）四月三日に本所奉行が廃止されてから設けられたもので、本所・深川に関する諸般の事務を扱った。

橋梁道路の普請、また鯨船という快速船二隻を受けもって洪水の時の橋梁の保護および人命救助を行なった。

掛りは与力一騎に、下に同心二人と本所道役という下役がついた。

山口駿河守直毅が江戸町奉行を勤めたことがあるので「旧事諮問録」の中で本所掛り、深川掛りがあったと申立てているが幕末には二ッに分れていたのかも知れぬ。また本所と深川に鞘番所があったという質問には答えていないが、鞘番所というのは、本所と深川に設けられていた大番屋のことと思われる。自身番と違って大番屋は留置して調べ、軽い犯罪ならそこで放免することもあったから、調べる間に留置する場所も必要であった。まして、本所、深川から南・北奉行所へ送るのは少し遠いから罪状がやや明瞭になるまで留置して取調べるための大番屋が必要であり、恐らく鞘のように細長い仮牢があったので鞘番所といったのであろう。

養生所見廻与力　小石川白山に設置された貧民施療所の事務を管理する掛りである。

小石川伝通院前に住む小川笙船という医師が貧民のために病院を作ることを享保七年（一七二一）に幕府に建議して許可され、その年の十二月七日に白山御殿跡に御薬園内に施薬院というものが作られた。これが後に養生所という名称に変ったのである。現在の小石川植物園の一部である。

これの費用は勘定奉行の方から賄なわれ勝手方掛りが勤務していて、金銭の出納を行なっていたので、その監督に町奉行所から与力と同心が詰めたのである。

享保八年の入室者五十七人、通いの患者三百十四人。安政二年（一八五五）

には四百五十九人の入室患者があり、幕府からの支出は年額七百両から八百四十両くらいであった。この養生所には与力・同心の詰所があり、同心は毎日交替で通勤したが、与力は随時回って監督した。与力は一騎で同心は二人ついていた。

牢屋見廻与力 小伝馬町牢屋敷内のことを監督した役で与力一騎に同心二人である。本来なら町奉行所に牢があるべきであるが、収容しきれないので牢獄は奉行所と別になっている。そこで牢屋敷の監督が必要で、同心は絶えず見回りに行くが、与力は必要の時のほかは行かない。出牢・入牢ののさいにときおり出役する。

牢屋にいる囚人の監督ではなく牢屋敷同心などの監督である。正確には牢屋敷見廻りの与力・同心といい、牢屋敷内の見廻り同心は、牢屋見廻りの同心、または牢屋同心といっている。これは囚獄石出帯刀の配下である。

吟味方 民事審理の勘解・刑事事件の審糺と結終執行に関する事務を扱う掛りである。

容疑者はここで吟味与力にだいたい取調べられ、ほぼ罪状明白になって口書爪印をとられる。書類は例繰方へ回り擬律される。そのあと町奉行が形式的に調べるのである。

予審であるが、ここでだいたいの罪状の目鼻をつけるのであって、町奉行が初めから終りまで調べるのではない。町奉行はせいぜい一、二回で、あとは判決だけである。

吟味方の詰所は玄関に向って左側に在り、詮議所三カ所と白洲が続いている。吟味はここで行なわれる。奉行所内での吟味は、古くは拷問も行なわれたであろうが江戸中期以降は威嚇はしても拷問は決して行なわれない。後ろの壁に拷具が並んでいるが、それはおどかしのためであって用いない。容疑者が死罪以上の罪に当る容疑がありながら白状せず、また奉行の取調べにも応じない場合に限って、与力は奉行に拷問を申請する。奉行は老中

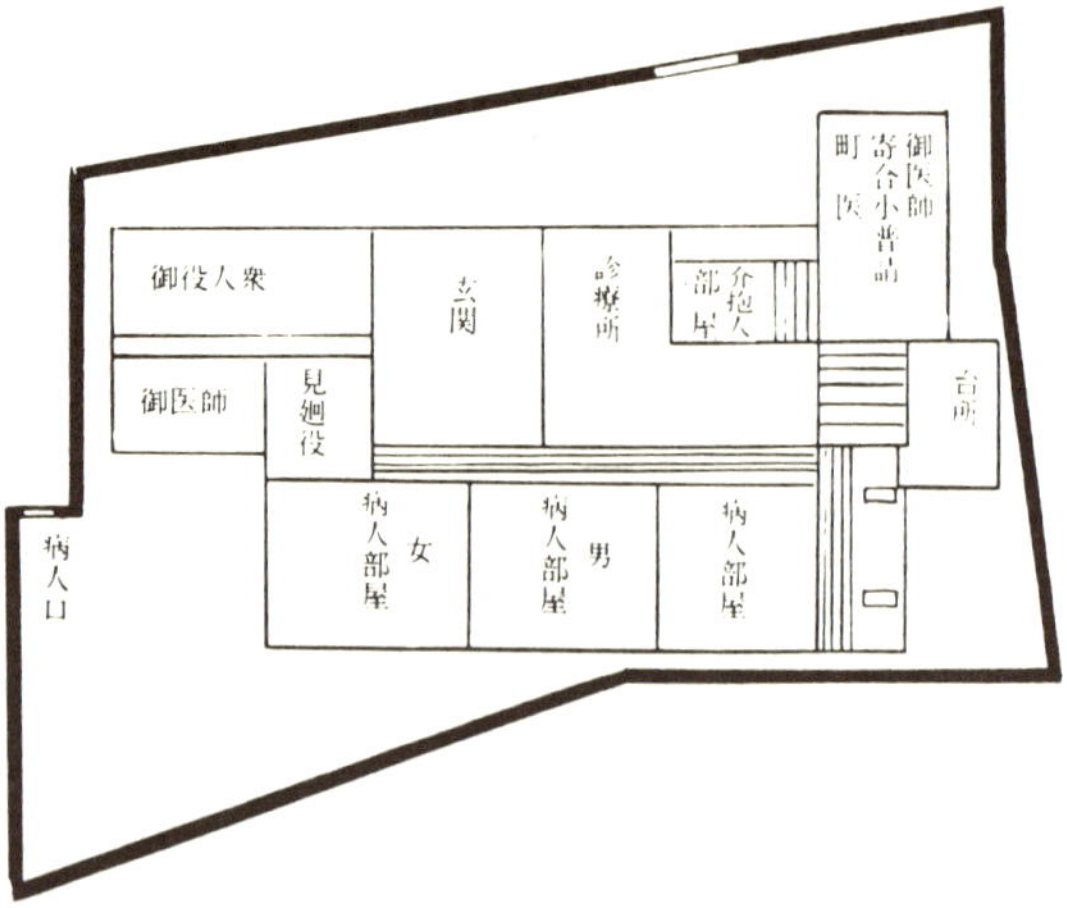

小石川養生所の平面図

詮議所の与力の取調べ

に伺いを立てて、許可がおりて、初めて容疑者は拷問される。その時には吟味与力は牢屋敷に出張し、牢屋敷内の穿鑿所へ容疑者を呼び出し、宣告してから拷問する。それ以後は白状するまで拷問が続けられる。笞打、石抱きは牢問いといって拷問とはいわない。次の段階の海老責、吊り責は拷問蔵で行なうので拷問といっている。(この区分には異説もある)

このさい担当の吟味与力は最初から結審まで受持つが、拷問が長期間にわたっても容疑者が自白しない時は、吟味方が交替することもある。このようにして数人の吟味与力が交替しても自白しない時は、罪状明白である限りは奉行より老中に申請して察斗詰にして処罰することができた。察斗詰とは、昔は自白裁判であるから罪状明白であるにもかかわらず本人がそれを認めない折は、老中の許可によって罪状を事実として処刑することである。

天保五年に播州無宿の入墨者吉五郎が察斗詰になっている。

世俗に鬼与力といわれるのは、この吟味方与力をいうのであって、現在の鬼検事というのと同じである。吟味与力は世事に明るく、よく相手の精神状態を読みとって、容疑者を素直に白状させる心得がなければならぬので、いくら昔でも威嚇的にばかり行なってはいけない。

軽犯罪者などは要領のよい説得力でやすやすと白状させてしまう。拷問にかけねばならぬほどに容疑者を意姑地にしてしまうのは吟味の方法が拙劣だからといえた。幕末に活躍した吟味与力佐久間長敬のあらわした「吟味階梯」に吟味の時のコツが詳しく記されているが、時にはなだめ、すかし、威嚇し、声をおとしたり、いろいろと容疑者の心理の機微をよくつかんでいる。

吟味方与力の難しい事件は放火の容疑であり、当時としては火災による証拠物は見つけだしにくいとされていた。現在では火災など明瞭に証拠がつかめるほど科学が発達しているが、昔は証拠を消すための火災が多かった。放火犯罪は火焙りをもって律せられる。そして本人の自白しか証拠がつかめぬから勢い拷問にまで持っていかれる。真犯人でない者が拷問で自白すれば刑は執行されてしまう。そうして後になって真犯人が検挙されれば、捕り違い、吟味違いだけでは済まされない。職を停められるか、切腹である。捕り違い、吟味違いで切腹した記録はないが、町奉行所の面目は丸潰れで、御政道が立たない。

吟味方与力は十騎、同心二十人であるが、本役四人、助四人、見習い二人である。吟味方与力になるのには世上にうとく、人情の機微をつかんでいないと勤らないから、十三、四歳頃から見習いをやり、親から教習されて、二十歳頃から助役となる相である。

赦帳選要方人別調掛与力　宣告を受けた囚人のうち死刑執行前や死罪でない囚人の名簿と罪状書を作り、赦令が出た場合には恩赦該当者の名簿を作って奉行に提出する。

ふだんは選要類集(判決例で、八代将軍吉宗が大岡越前守忠相に命じて法制格式を各項目別に編纂させたのが始まり)を扱った。案外忙しい書記役で、与力は四騎、同心八人で執務した。

高積見廻与力　町々や、河岸の商店街で、往来や商品・薪炭・材木を積み重ねておく例が多いが、これらの盗賊、危険防止のために高さ、広さ、積重ねの体裁に制限を設けてそれを取締るために見回る役である。

現在の道路法違反の摘発と同じである。違反者はたいてい叱り、という説諭であり重い場合でも科料であるが、積んであったものが倒れて人が死亡したりした場合には遠島(島流し)にされる。

与力は一騎で、下に同心が二人つく。閑職のようであるが絶えず町々を巡回していなければならない。将軍の御成りの前は特にいそがしく、江戸府内の隅から隅まで歩いて回る。根気のいる役柄であったが、商店との接触が多かったので副収入も多く、吟味与力のようにおそれられたり憎まれたりすることがなかった。

町火消人足改与力　町火消は大岡越前守忠相が設置したがその折に町火消の監督としてこの役も設けられた。

出火の際は町火消の防火進退を指揮し、町火消間の消口争いなどを取締った。町火消は享保五年(一七二〇)に改正してイロハ四十七組と十六組を定めたのであるが、寛政九年(一七九七)に火消人足の防火装束も一定し、これに違反しないように与力・同心に監督させた。

文政七年（一八二四）火消人足が火事場で喧嘩して死傷者を出した時に、町奉行榊原主計頭は呼火・継火や服装違反について厳重に戒告し、同十一年（一八二八）には町火消頭取りの自省を布達している。

この掛りは与力二騎、同心四人で十一月から三月まではとくに火災が多いので与力一騎、同心二人を増員した。大火となると町奉行も出馬するので、それの連絡、町火消の指揮をし鎮火するまで帰れない。

出勤は継上下であるが、供の挟箱には出役のときの服装一切が入れてある。出役の時は火事場頭巾・火事羽織野袴で供は槍、提灯を持つ。

年頭に町火消の頭連中が年賀の挨拶に来ると与力自ら麻上下姿で玄関の式台に出て挨拶するので、火消連中は恐縮したといわれる。町火消や町内から付届が多く、憎まれぬ役であったが冬期は日に何回となく出役する場合も多い。

出火の際の様子は「江戸町奉行事蹟問答」に、

> 火事場掛与力同心をして火の元を糺し消防方を指揮し（奉行は火勢の模様等時々供方公用人）・火事場掛与力と協議し、町火消には与力同心を以て指揮し、与力六人（南北両町奉行所と十一月から三月迄の加役の与力を入れると六人）同心十二人は町火消人足改と唱候役儀は出火あれば奉行出馬の有無によらず場所へ駈付、町火消を指揮す。
>
> 又町火消は御曲輪内出火、御場所柄出火と見る時、其近傍に駈付、人数備置内、忽ち火事場掛り役人より指揮ありて場所へ繰入るなり。

とあって、御曲輪内や、幕府の重要機関のある場所などはやたら町火消が立ち入れないので、その外に待機して、町火消人足改与力が駈付けてその指揮によって応援に入るのである。

材木商を見廻る高積見廻与力

町火消を指揮する与力

また火災の場所柄によって町火消と侍火消の防ぎ方が異なったことは、

町火消場所なれは火先へ町火消掛り、侍火消は防ぎに廻るなり。火元が侍火消の持場なれば同方火先に廻り、町火消は防ぎに廻るなり。

然れども大火になる時は打込候故に、混乱を生ずるなり。

とあって、これは与力・同心の指揮に応じて臨機応変に処理し、侍火消といざこざの起らぬようにせねばならなかった。

火事場の争いについては、

奉行は与力同心に命じ、追散らし、又は捕縛いたさせ候。制を不用、手余り候節は抜剣にて切捨候、威勢を示して無事に追散らし候。奉行不在に候共、与力は職権を以て同心を指揮して同様に取斗候。

とあって、火消人足改め与力は火事場の喧嘩も押えねばならなかったし、またほかの役の者との争いも起った。

天保の頃火事場掛り与力仁杉廉之助と幕府の御馬乗様《ためし》のもの（御召馬預りのこと）と所多一郎と言ふものと争論出来候。其訳は御馬様のものは上の威権をかりて火元まで馬を乗込来り、馬の挙動をためし候。

其御馬にはおもがいと唱金色の小札へ葵の御紋印しあり、尻覆にも御紋あり。陣笠、腰さし挑灯、口付別当までも一目して御馬乗りと云うことは知らるるものにて、其上いづれも馬上達者の若ものにて、途中諸藩の火の元も跡より御馬乗の駈来るを告れば道を譲りて通し、若し不案内の国侍などはこれに不敬を生ず。うしろより来りて乗り抜けんとする時は、忽ち鐙を払われ突落さるゝか、或は其藩の目印を被奪、必難題を被申懸、手数を掛けて詑入ることあるなり。虎の威をかる狐にて火事場にては(空白)の如く恐るるなり。

然るに仁杉廉之助、兼々不快に思い居りしが、本郷妻恋坂の出火（天保十四年十一月二十六日の大火）にて同役二三名と八丁堀の組屋敷より駈付候処、坂の中程にて跡より駈来る馬上のもの激しく鞭にてしたたかに被打るを憤り、行違いざまに十手にて打返したるに、其乗人にはあたらずして馬をしたたかにたたきし故、馬は驚飛出せしに乗手は忽ち馬を乗り戻し一場の戦となり廉之助の火事場頭巾を抜き捕へ、馬の前へ引揚げ坂を駈登られんとす。同道のものこれを見るに忍びず、廉之助を取り戻さんと引止しは同組与力にて余の叔父原音五郎なり。この同人は所多一郎と面識のものなれば幸に仲裁し、廉之助御馬と知らず不敬を働きしことを謝して同人を引戻し、名刺を与えて其場を済して職務を勤めたりしが跡にて御馬預りより表向きの掛合を受け、廉之助は始末書を出して事済みたり。

とあって、なかなか複雑な紛争もあった。この場合、御馬預は、将軍御馬が火事で驚くようではいざという時に役に立たぬから、火事というと訓練のために乗出す。葵の紋入りの面懸、胸懸、鞦であるから人々は恐れて傍に避ける。これを良いことに増長して、回りの者を蹴散らしたり突のけたりするので、火事場掛りの人々にとっては迷惑なことであった。現在であれば火事場掛りの方が職権を以て制止できるが、江戸時代は葵の御紋が物をいうし、万一将軍御馬に怪我があったら、御目見以下の与力級では大変な処分を受ける。そこで火消人足改めの与力の方が歩がありながら詫状を書いたのである。この問題は相手が将軍の御馬預りであるから負けたのであるが、他藩との紛争なら大事件にならず火消人足改め与力の勝となる。火消人足が、大名火消・定火消との間に紛争はよく起った。

なかなかうるさい役であった。

風烈廻昼夜廻与力　風の烈しい時に火災予防や、不穏分子の活動するのを防ぐために出役する掛りで、風が烈しい時ばかりでなく常時市中を巡回して非常をいましめた。出勤は継上下であるが、巡回には着流し巻羽織で、槍持一人、挟箱持一人、若党一人、同心二人が随行した。しかしだいたいは同心が若党、小者を連れて巡回することが多かった。

与力二騎、同心四人の二交替である。

例繰方与力　罪囚の犯罪の状況、断罪の擬律案の蒐集記録を行なって、他日の参考に供し、またことにのぞんで検討索例する。吟味方与力によって罪を認めた囚人の口書爪印がとられ、それが例繰方へ回って来る。ここで罪状を先例の御仕置裁許帳に照らし、擬律して書類を作成して奉行に提出する。したがっていつも事件の経過および処罰のことを逐次記録して御仕置裁許帳を整備しておかねばならぬ。

御仕置裁許帳は具体的に記録した六法全書のようなもので、例繰方にだけ保管される秘密書類であった。この帳面はたえずページを繰って参照したので、幕末頃にはどのページも手垢でよごれ、ぼろぼろになっていたという。

与力二騎、同心四人で勤めた。同心には物書同心がいた。出勤は継上下で供をつれた。

町会所掛与力 松平定信が寛政三年（一七九一）に社会施設として七分金積立法（天明五年から寛政元年まで五年間の町費を平均して一ヶ年の町費を割出し、今後一ヶ年の町費を定めた。そして前の町費と節約町費との差を出し、その差の十分の一は町内の臨時費、十分の二は地主の増収、残りの十分の七は積金とした）を行ない、この積金を町会所に積立てて窮民の救助や、積金、貸金、備蓄米のことを監督した。町会所は浅草向柳原にあって、幕府が一万両宛二度に貸し、勘定奉行支配下の勘定所用達三谷三九郎外九人に委託して貸付け、その利子で町会所の諸雑費を賄った。毎月十一日から十五日までに各組が日割で町会所の用達商人に上納されるのでその監督をするのである。

この貸金は見継ぎ遣わすべき身寄の無御座くと願書に書いたように表面では頼る親戚のないものに用いられている。

各町との折衝の多い掛りであり現在でいう会計検査であるから、勘定奉行の支配に入る所であるが、厚生施設の掛りも兼ねたので町奉行所の管轄であったのである。継上下で出勤した。与力は二騎、同心は四人で交代で勤務した。

定橋掛与力 江戸幕府で建設した橋梁の保存修繕の事を行なう掛りで、破損の有無を見回り、また故意に損傷する者を取締った。与力一騎に同心二人で、同心は絶えず橋梁を見廻与力に報告した。橋梁は、交通上にも必要であるが、その主とする所は軍事上必要であるからである。

古銅吹所見廻与力 大坂だけにあった銅吹所を寛政八年（一七九六）に本所横川町にも作った松田甚兵衛の古銅吹替の業務に勘定奉行所から勝手方掛りが出張して来ているので、それを監督する掛りである。古銅は吹かえて銭貨の材料となるから特にこの方面の取締は厳重で寛文七年（一六六七）の触書にも、橋の金物、門の金物、銅瓦、銅樋、なまり瓦、社堂の金物を外して売却したり、密売すると厳科に処すと書いてある。

ゆえに古銅吹替所には銅の横流しがあってはいけないので勝手方掛りと古銅吹替所との結託を防止するために監督するのであった。与力一騎に同心二人で勤め、同心は一日交替で出役し、与力はときおり出役した。

市中取締諸色調掛り 市中の商品の価格の取締りをする役で江戸を二十一組に分けてそれぞれの名主に物価の調査をさせているのでその監督を行な

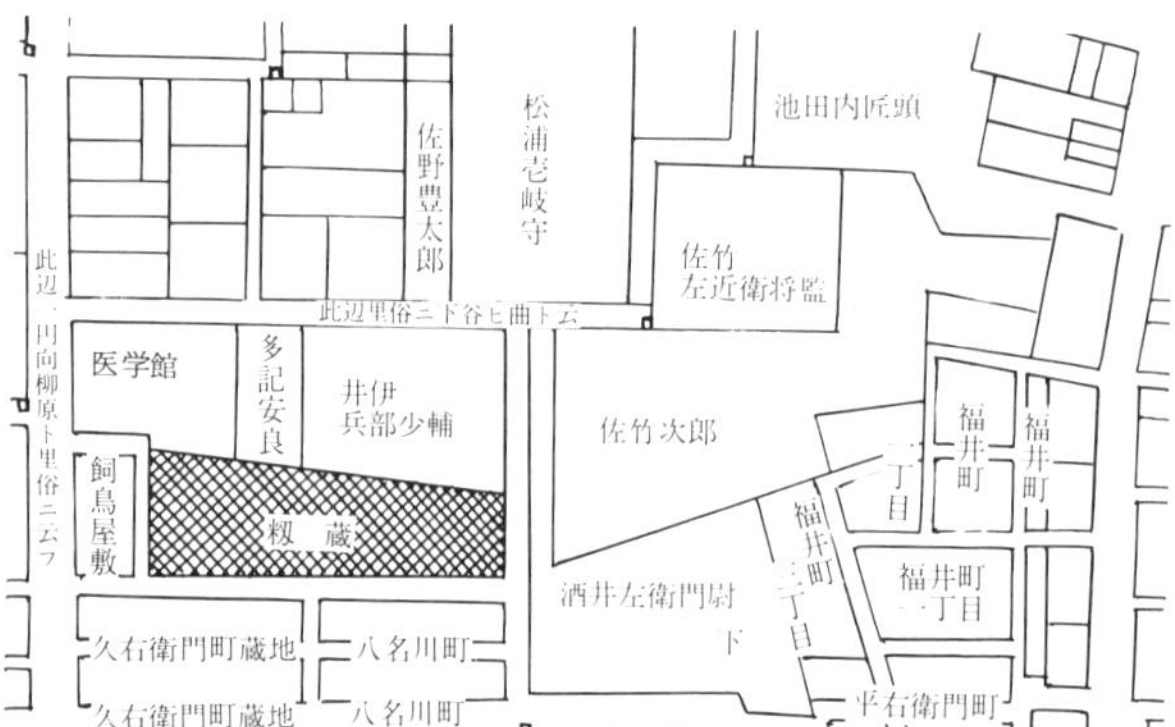

柳原籾蔵地図

い、商品の不当の値上りを押える役目を持っていた。商品を不当に値上げした場合には、その商人を町奉行所に出頭せしめて説諭した。この掛りは時によって人員に増減があった。だいたい与力八人でそのうち本役四人、手伝四人、同下役十六人、諸問屋其外商業筋全体の事務を取扱う。米の掛りは北、魚青物の掛りは南ときまっていた。

猿屋町会所見廻与力　寛政八年（一七八九）九日十六日、松平定信が旗本救済の意味を含めて作った貸付会所で、十二月に発令した。間口二十間、奥行二十五間の建物で、勘定奉行所の勝手方掛り七名が出張札差に資金を貸付けた。

古銅吹所を見回る与力

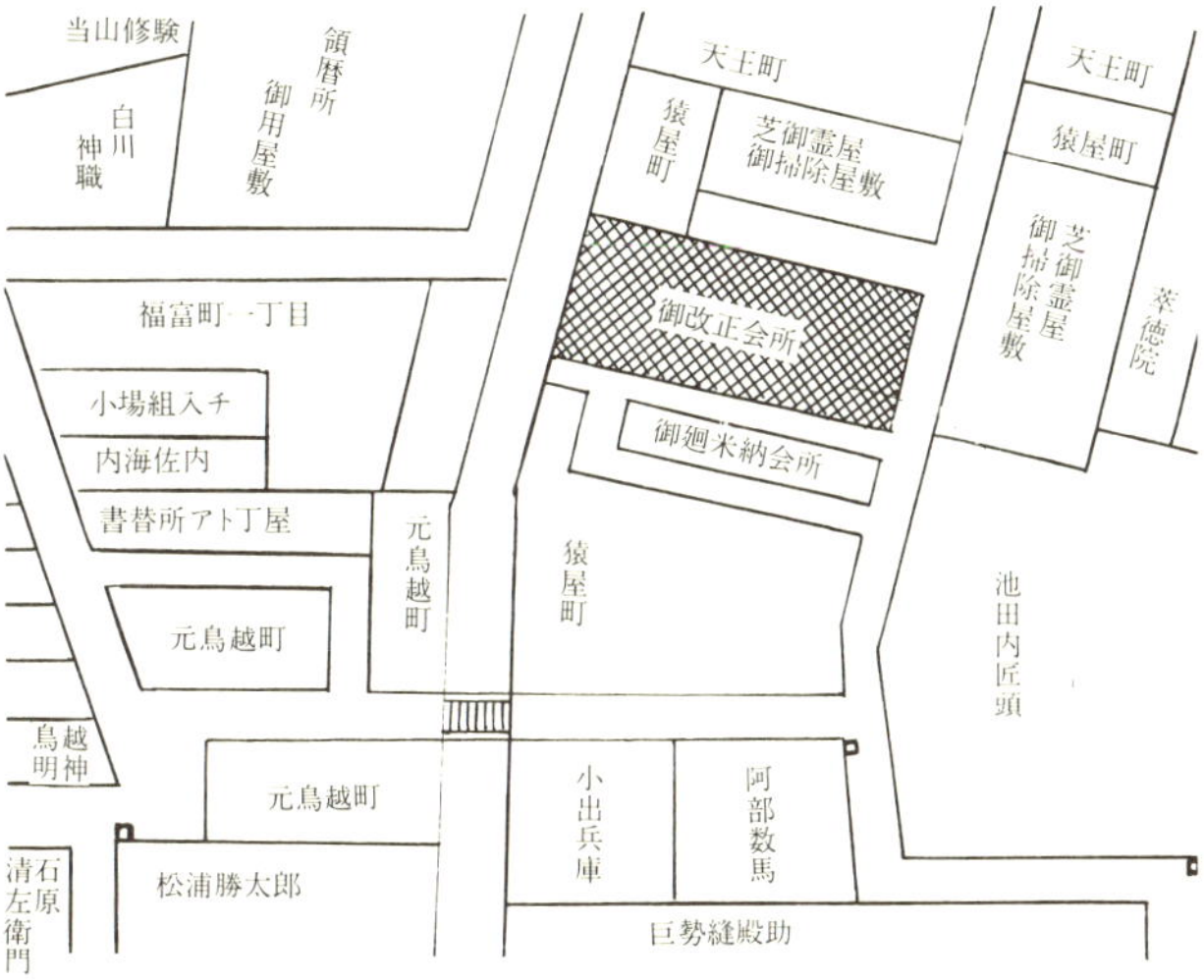

猿屋町会所地図

ここが猿屋町会所で、貸金は一両に付銀六分であった。資金融通の所であるから自然賄賂が行なわれるのでこれを監督する掛りである。与力一騎に同心二人で、同心は毎日交替で勤務し、与力は随時出張した。

御肴・青物・御鷹餌掛与力　江戸城へ納める鮮魚、青物および将軍の鷹に与える餌の諸施設を監督する掛りである。御肴は日本橋四日市の御納屋があって江戸城の御台所賄方から三十俵二人扶持の同心級の小役人が出張して来て、良い魚でも何でも一匹十文以内で買上げる。

この役人は、時により安く多く買上げて私服を肥やしたり、嫌がらせをして商人から賄賂を取ることがあるので、商人も御買上げの魚は、あまり生きの良いのを用意しなかった。そこでまた商人を利用して、商人をいじめることがあるのでそれらの監督をしたのである。

青物は神田多町の青物市場の御納屋で同じく御台所役人が来て、青物を買上げるのを監督した。

また将軍の鷹を飼うために餌にする小鳥を取って歩く小者がいる。これも将軍の御鷹御用を笠に着て庶民に迷惑をかけることが多いのでこれを取締ったのである。本来役人を取締るのは御目付、徒目付、小人目付であるが、庶民との接触があるので町奉行所の管轄となったのである。

将軍・大奥用の品の仕入れの役を監督するので、万一仕入れにもあやまちがあってはならぬので、老練の与力が勤めたが、さりとて非常に忙しい仕事でもないので、特に分課しないで南町奉行所の年番方与力が勤めた。

諸問屋組合再興掛与力　天保の改革で一度廃止した問屋組合が嘉永四年（一八五一）に復活したので、この掛りも創設された。諸問屋の再興に関する事務を行なうもので、これらの後援的立場の掛りである。

江戸府内の商業の発展は幕府でも重要な財源の一つになっていたから重視されて与力八騎、同心が若干付属していた。

非常取締掛与力　非常事件に関する事務をつかさどる掛りで、与力八騎に同心十六人で勤めた。

人足寄場掛与力　石川島に設けた無宿人や罪人の懲治場の役人の事務を監督し、横須賀の埋立に使役する寄場人足の監督をした。寄場については178ページに述べてある。与力一騎に同心二人が詰めきりで勤務した。

硝石会所見廻与力　硝石は火薬製造に欠くことができない重要なもので、輸入品もあったが、江戸近郊でこれを製造採取しており、これを硝石会所に集めるのであるが、硝石の横流しは危険であるので銃火器取締りの上からも重要なので、特にこの面の注意がはらわれていた。

与力一騎に同心二人である。

外国掛与力　外国および外国人に関する事務をつかさどった。与力・同心の数は不定であるが、通常与力八人、同心十六人である。幕末に設置され

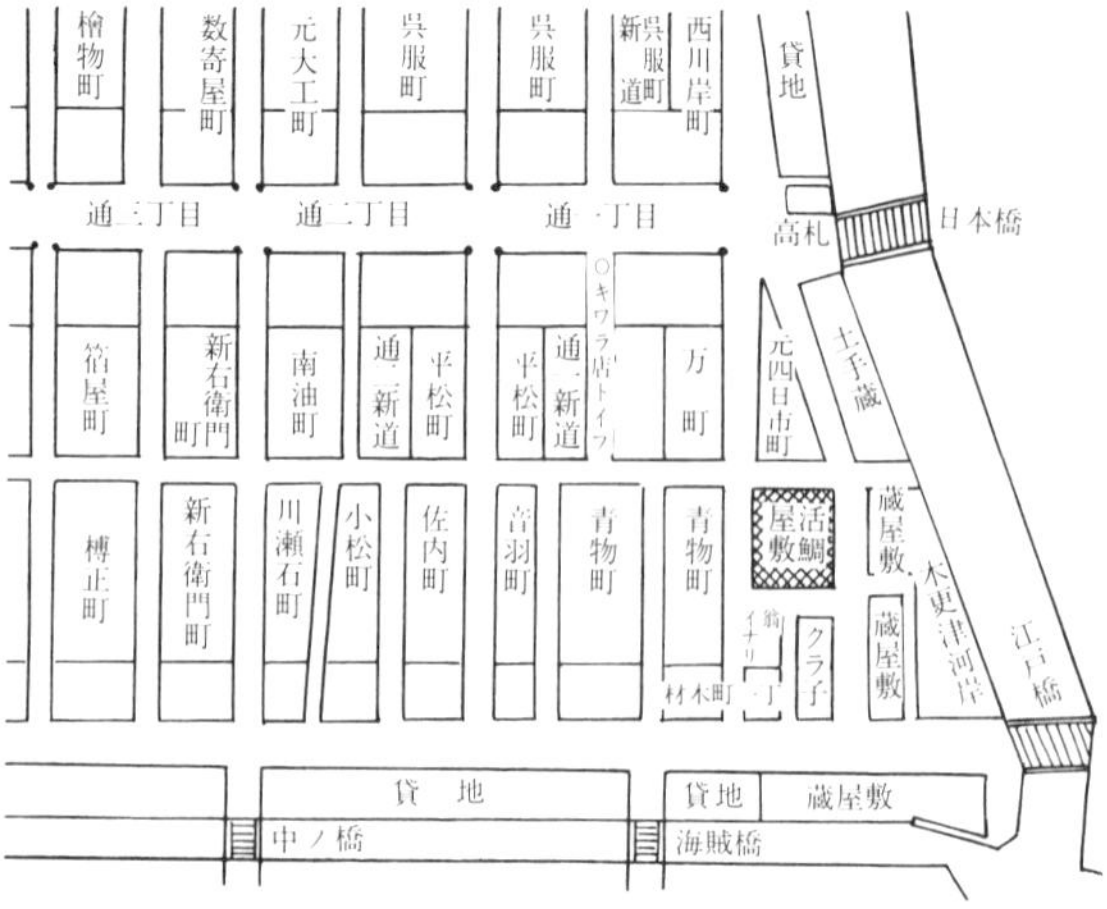

御肴市場地図

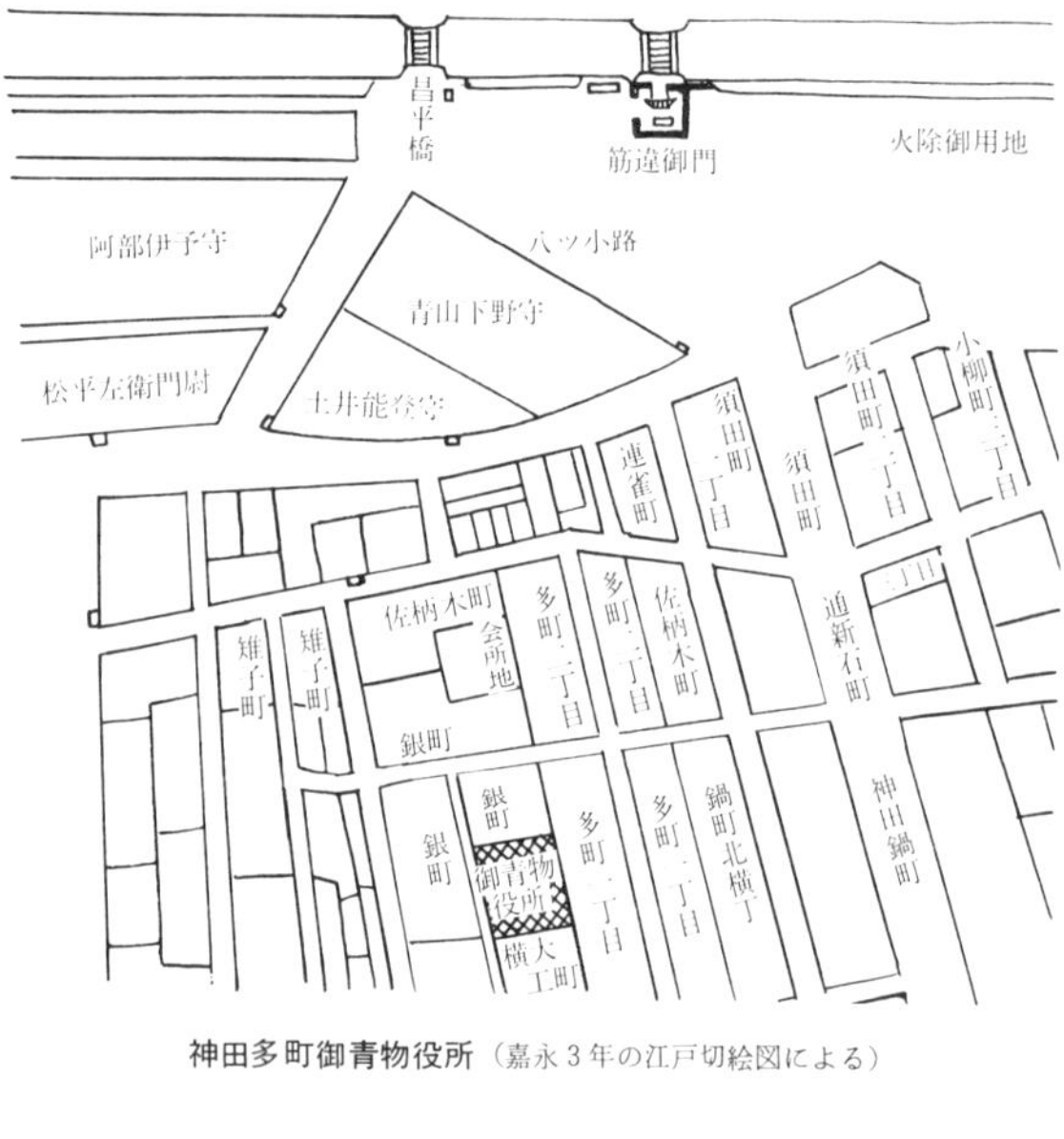

神田多町御青物役所（嘉永３年の江戸切絵図による）

た。

開港掛与力　横浜および江戸開港、開市に関する事務をつかさどった。幕末から設けられたもので、与力・同心の数は不定である。

このほかに幕末になって設けられた掛りは御国益御仕法掛り、諸色潤沢掛り、諸色値下掛り、外国人居留地掛り、町兵掛りなどがあったが、これらの与力・同心の数は不定である。

町兵掛与力　幕末になると物情騒然として治安維持が困難になってきたので、万延元年（一八六〇）三月十日には持頭二人と先手頭二人に命じ、配下の与力・同心をして江戸市中の昼夜回りをさせ、さらに文久三年（一八六三）十一月には大番・書院番・小姓そのほかの組に市中の巡羅を命じた。それでも世の中は騒がしいので、慶応三年（一八六七）十一月には松平大和守、酒井左衛門尉、堀田相模守、鳥井丹波守の四大名に命じて市中巡羅をさせ、別手組、遊撃隊まで動員した。

これらは皆江戸の町奉行に倣うよう指示されている。

時に将軍慶喜は関西に在って、江戸の兵力は手薄であったので、町奉行の手で町兵を組織するよう十二月に定められ、与力・同心の分担を裂いて町兵掛りが生れた。

与力は町兵指揮役頭取役兼勤で市中改正掛（幕末にできた）与力が南北両町奉行から十人、町奉行所手付二人、市中改正掛下役同心が南北両方から十四人、同じく増掛下役同心が南北両方から四人、町兵指揮役頭取が南北両方から与力二人、同心二十人となり、一小隊は同心二人が受持った。

庶民の中から町兵を取立て、四十人を一小隊となし、十小隊を大隊とした。町兵は五年の年季で、一年二十両の給金で一カ月一両宛支払い、残金は積立て満期の時に渡し、その上本人が希望すれば店も持たせるという条件であった。屯所は町々から肝煎を選んで町兵頭取とし、その所を当てたからだいたい名主の屋敷が当てられた。全く兵隊と同じで午前八時から午後七時まで練兵をし、外出は月に二度位であった。

与力二人が大隊長で、同心は小隊長、半隊長は番方の足軽から採用した。江戸の治安のために設置したのであるが、本当は薩長のために備えたものであった。人選するいとまもなかったので江戸に流れ込んだ農民や無頼の徒が多く応募し、入隊してから争いが絶えず、与力・同心はその統制に骨が折れたが、翌明治元年慶喜の江戸帰府となり三月には動揺する町兵を江戸町奉行の手で解散させた。彼等は江戸に留って無頼の徒となって横行したので、町奉行所はこれらの取締りに逆に手を焼いた。

当番方与力　分課・分担のない与力が交替で宿直して勤めるものに当番方与力というものがある。庶務・受付のほかに与力三騎が交替して当直・宿直をなし、夜でも受付を行なった。

だいたい新参の与力が勤める役で、それの補佐役として練達の年寄同心が三人、物書同心が三人つき、このほかに平同心も若干配属されている。捕物出役（132ページ参照）・検使（70ページ参照）などはこの与力が勤める。出役の時には与力一騎に同心三名が従う。

江戸府内で捕物出役に出動する与力は南北両町奉行所を合わせて六騎にすぎない。しかも月番交替であるから三騎と九人の同心の計十二人が捕物要員である。いくら当時の江戸の人口が少ないといっても、あまりにも少なすぎる。しかも与力二騎すなわち二組の出役が一諸に出動するのはかなりの大きな捕物であって、たいていは与力一騎に同心三人を従えて出役すれば事足りるのであった。この四人のうち与力は検視役であり指揮者であって、実際に働くのは同心三人である。一人一人の同心は、小者や岡ッ引の手伝いをつれて、一番手・二番手と分けて部署をきめる。細かくいうと同心一人に小者、岡ッ引が一隊である。本来であれば同心が直接一人で捕えるのであるが、それは困難であるので手伝いに小者、岡ッ引を使って数人で捕える。同心一人で手にあまる時は二番手の同心が小者・岡ッ引をつれて応援するし、時により功名争いをする。

こうした少数の捕物要員のために岡ッ引が必要となり、岡ッ引の被害を生じるようになったのである。江戸府内は武家地・寺社地・町方が輻輳し、慶応の頃は人口が百五十万の都会であったから、それをこうした少人数の捕方ではとてもとても手が回らなかったので、ほかの役職の武士も協力せざるを得なかったのである。

検使と吟味立合い

検使は読んで字のように、調べ見て確かめる役。すなわち奉行よりつかわされた立合い、もしくは見届役で、確かめることを検視といい、その役を検使という。死刑以上の宣告は検使与力が牢屋敷へ行って行なう。囚人は牢屋敷に入れられているので、そこに行って宣告する。これを出役検使といった。

軽い呵責から敲きの刑、遠島までは、町奉行が囚人を奉行所に召致して宣告する。しかし打首・獄門・火罪・磔などの時は南北両町奉行所から正副二人の検使が出役する。月番奉行所の与力が正使となり、非番奉行所の与力は副使となった。

また拷問の時は、その掛りであった吟味与力が出役し、牢屋敷内の穿鑿所で牢問い（笞打・石抱き）、拷問蔵で拷問（海老責・吊り責）を行なうのに立合う。この折も取調べ主任与力と立合与力の二人で行く。

この場合の拷問・取調べは牢屋同心が行ない、主任与力は取調べよりも拷問の状況立合いであった。拷問されている容疑者の身体がこれ以上もたないと思った時には主任与力から中止を命じ、自白のないままに容疑者の身体の手当てを命じて牢に下げさせた。万一容疑者が拷問中に死亡した場合には主任与力は立合与力と連名で、その由を奉行に届ける。立合与力は主任与力の目付役であるから、拷問が苛酷で限度を越して死に去らしめたというような、主任与力に有利でない場合には立合与力は妥協することなしに異議も唱えられ、別の届書を奉行に提出することができることになっていたが、立合与力に異議を唱えた例はない。限度以上の拷問で死亡するよりも、容疑者は衰弱しているから心臓まひのために死ぬことが多いので、だいたいは届書一枚によって済まされる。

この届書は奉行から老中に届けられ、容疑者個人の取調べの件はこれで打切られる。

町奉行所与力の話

明治二十五年四月十六日の第十一回「旧事諮問録」に、旧幕府町奉行所与力・谷村正養の問答形式の談話が載っているので記しておく。

問　与力の人数を承りましょう。

答　与力は一組二十五人で御座います。南北と二組になっておりますから。

問　そうするとすべてで五十人になるのですナ。

答　左様で御座います。

問　与力は一体株が極っておったのですか。与力の家というものが極っておりましたか。

答　左様です。与力の家がその通りに極っておりましたので、その中に内与力と申すのが四人ございます。町奉行の用人の中の上に立った者で、その四人を内与力と称えました。これも与力の中の勘定に入れてございます。

問　そうしますと実際世襲の与力は二十一人ですか。

答　いえ二十三人です。

問　今の四人を加えると二十七人になりますが。

答　総体（南北を合せて）五十人の中に只今の四人が入っているのです。

問　南北に両人づゝというのですか。

答　左様です。それがみな給地を取っておりましたので、私共も上総下総の給地でございました。表向き二百石ずつ四人分取りますが、その内訳は南北にて用人は六人で六百石取れば、目安方は四人にて二百石になるという勘定でございます。しかし表向きの名義がでておりますのは四人丈です。

（実際は十人であるが、幕府には四人と届けてあり、用人が百石ずつ、目安方は五十石ずつを取る。与力の給地一万石から八百石を削ってこれに当てた。そして与力はすべて表高二百石取りとされているが、

実際は百二十石から二百二十石まで差がある）

問　与力の取高はどのくらいでしたか。

答　二百石でした。

問　表高二百石でしたか。

答　中には左様でない者もありました。

問　それはどういうわけでしたか。

答　それは新規に召出されて、与力に仰せ付けられた者に、百五十石渡すとか何とかいうことがあるのでございます。

問　そうすると与力は世襲ではないのですか。

答　外員でございますから、代々与力でございましても、家督を御城へ出て受けるという方ではないのです。

（町奉行所与力は重要な役でありながら御目見以下であり、一代抱え席であった。職務に精励させる意味もあったが、だいたい室町時代末期以来、臨時雇、一代抱えの足軽の雇傭形式が残っていたのである）

問　自然、親子で勤めているという事があるでしょう。

答　左様です。最初は見習に出るので、見習を申付けられるのです。その内に本勤並みに勤めるよう言渡しがあります。すると一ケ年金二十両の手当で、本勤並に勤めますのです。

問　並でも二十五人のうちですか。

答　その外に出ます。それも七人と極って居りました。二十五人のほかに七人と極っていて、七人とも部屋住みです。

問　部屋住みのうちはどの位貰うのですか。

答　天保九年以前は、見習勤めの者は一カ年白銀七枚（金五両余）の手当がございました。（与力役格は支配・支配並・本勤・本勤並・見習・無足見習の六等である）

問　そうすると与力の家で、もし後を継いで見習に出る者がないと、二百石は没収ですか。

答　必ず養子をいたしますから。

問　その養子が与力に出られませぬと。

答　必ず出られます。

問　そうすると与力は、利巧の者でなくとも出来るというわけですか。

答　利巧でなくとも使い道が、相応な役がありますから、なれますとも。

問　家の株で極っているようなものでしょう。

（武士の家に株というのはおかしいが、株と同じものがあった。旗本の何百石級はいくら、御家人はいくら、与力はいくら、同心はいくらなどと時代によって相場が異なり、金持ちで武士になりたい者はそれに相当する金を積んで養子となり、親は隠居した。これは幕府の役職にはすべて定員があり、定員が欠けると、その欠けた分を補充する権利を誰かが握ることがある。上役の場合もあり、また家の場合もある。与力・同心はその御役を勤めた家というのが一代抱えの形式でありながら世襲的に認められていたので、やはり株と同じであったのである。

たとえば八王子千人同心などは定員千人でありながら幕末においては実際は五百数十人で、千人分の給地を持ち、一人が二、三人分の家の株を持っていたことがある。この株を売るというのは空名の家を継がせるのである）

答　御先手与力へ組替えなどされることがございます。悪いことをすると、御先手与力というのにされるのです。たいがい親子共に出るのが多いのです。親が勤めておりますと、その親が出精に勤めるというので倅を新規召出して与力にするということです。

問　与力は随分むずかしいものですか。御番士のようなものはむづかしくないですナ。

答　町奉行所の当番などしているような者は、みな若い者ですが、役に立ちませんければ、いつまでも御番方をしておらんければなりませぬ。それでも二百石ですが。

問　気の利いた者でなくとも、御番士のようなことは出来ますナ。

新御番とか大御番とか。

答 そう言うものが与力の方にもあるのです。御番方をしている役掛りもあります。役を勤めましても、火事場の掛りとか、選要方は旧記高調べ、例繰方は御仕置の先例調べ、火の元取締のため風烈の節、並に平常市中昼夜相廻り候役を、御番方いたしながら勤めますのです。

問 役に立つ者五十人のうちで、何人くらい無ければならぬことになっておりましたか、才気のある者が。

答 何でも見習を入れまして、左様、二十五人位になりましょう。番方や何かをいたすのが三十人位でした。

問 力の無い者が番方をやるのですか。

答 左様です。最初のうちは役は持てませぬから。

問 番方というのは三十人位ですか。

答 左様です。

問 若い者ですか。

答 左様です。元来組の者でありませぬと、どんな才気のある人でも様子が分かりませぬから、年を取っている者でも他から入って来ては容易に役掛りになれぬというわけなのです。

問 そうすると、若い者が勤めて、それからだんだん功労を経て、枢要な所へ行くというようになりますか。

答 左様です。才気がなくても勤まる役がほかに随分ございますから、番方でなくとも。たとえ才気がありましても、昔のことでありますから、滅多なことをやりますとすぐ叱られます。何でも先例、先格ですから。

問 その人の器量によって、中の配剤が極まって行くと言うわけですか。

答 左様です。

問 働らきのある者を吟味役にするとか。

答 左様です。衆多の中ですから、よい具合にその人を得ることもありますが、中には頻りにお辞儀をしてなる者もありましょうから一様には申されませぬ。

問 何某をこの掛りにするとか、誰某をこの役にするとか配剤をするのは誰ですか。

答 全体、奉行がするのですが、与力の中に年番方と申す年寄がおりますから、それが大概いたします。同心の役掛りの方はいっさい奉行に聴きますだけで、かねて帳面が出来ておりまして、それを出して、是をこうして彼をどうしてと申し上げ、伺済みで申渡すということになります。それに与力の中で筆頭の五人が同心支配役で、同心を五組に分けてありますのを、一組ずつ預っているのです。南北共に一番組から五番組まで同心を分けて預って居りますので御抱入れの事でも何でも同心の方の事はその支配役がいたします。同心の方は奉行がじきに申渡すようなことはありませぬ。

問 同心の一ト組は何人ですか。

答 二十二、三人位です。およそ二十余人です。つまり支配与力と申すのが、南北で十人居りますから、十組あるわけです。

問 与力二十五人の中で吟味方とか召捕方とか証文方というのは何人づつでしたか。

答 年番方と申すのが、役所の取締りから会計筋の事まで残らずやりました。その年番方が二人、近時になりまして三人になりましたが古くは二人です。それが南北で四人、それに同心が六、七人づつ付属しておりました。

問 年番方というのは年々交替ですか。

答 昔はそうだったのですが、その時分は組頭と称えたそうです。その組頭の四人がすべてを取扱って、その中で今年は誰の年番だというわけで、交替で勤めましたのです。その役名が違っているのです。

問 年番というのは与力の頭ですか。

答 左様です。十人の中で四人、年番に上るのです。

問 吟味方、召捕方、証文方は。

答 吟味方は四人のことも、八人のこともございました。吟味方の下に種々な名の付いた者があります。吟味手伝というような。

問　吟味方の中でそういう名が付くのですか。

答　やはり吟味役の中です。仕事について別かれるのですが、吟味方と申すのは大概、五人位です。南北で十人位ですが、その時にもよります。

問　その証文方というのはどういう役ですか。

答　証文方というのは全くございませぬヨ。何の役ですか。

問　掛りはどのくらいに分かれておりましたか。

答　本所方というのがございます。古く本所深川に奉行がございましたのが廃止になりまして、その跡を引き受けているのです。その与力が二人おりました。牢屋敷、つまり囚獄の掛りが南北で両人、それから小石川の養生所と申すのが御座います。病人を扱います所で、それが二人、橋梁の掛りが二人、それから猿屋町に会所というものがございましたナ。札差の方です。それにも二人。末になりまして箱館産物会所というようなものも出来るし、それらの掛りもありました。町会所と言うのがありましたが、楽翁公の時に町会所へ申付けて、町入用を減らせということで、それからこれだけ減りましたというと、その内の七分積めというので、積金がよほど出来ましたナ。地面を抵当にして貸したのです。それを取扱います町会所、これに南北二人づゝ四人出ておりました。それから赦の掛りがございます。赦帳方、選要方と言いました。

問　赦の方は、そう言う掛りを置かねばならぬ程のものでしたか。

答　左様です。

問　赦というのは満期放免のことでしょう。

答　その赦に二様ございまして、牢屋敷なら牢屋敷に入牢している囚人を、何殿の御法事について赦すという方は、町奉行と御目付が芝の増上寺とか上野の寛永寺に出役をして、縄付きの囚人を赦免するので、これは吟味方の掛りで現在の赦と申しまして平生屢〻ございます。過去の赦というのは将軍宣下とか何か大礼のある時に、前々刑罰に処せられた者を、これは御赦になり難いとか、これは御赦になっても良いとか、その罪人の名を書き出しますので、平生に調べておきませぬといけませぬ。前々から書き続けてありますから、その中で赦になるのとならぬのとを調べるのです。

問　それは囚獄方とは別ですか。

答　左様です。法律や何かで、囚人を引出して御赦になるのと、罪に処せられた者の方の赦とは、赦に違いございませぬが違うのです。

問　赦になる者とならぬ者との罪の軽重はどの位の処までですか。

答　死罪・流罪になるべき者だが赦すという申渡しでしたが、死罪になるような者はごく稀ですナ。

（実際は死罪以上が一年に三百人以上もあった）

問　その掛りの中で、何が最も重い役でしたか。

答　年番が最も重いのです。

問　年番という役は、何にでも手を出すのですか。

答　左様です。

問　年番は多く老年の人ですか。

答　左様です。その次が同心支配ですが同心支配からでなくては年番になれませぬ。

問　年番となりますと禄高が違いましたか。何か役徳のようなものがありましたか。

答　禄高はそのままです。また役徳もございませぬが、たゞ尾鰭がつくというだけですナ。

（実際は副収入が多かった）

問　与力の新参でも二百石、年番でも二百石というのは少し釣合いが悪いようですナ。

答　イヤ与力の中には高の半端なものがございますから、必ず二百石ずつ割り渡すわけではございませぬ。五人扶持加増するにも、御老中の指図でなければ出来ませぬ。

問　与力は二百石でも割合いに裕福であったと聞いておりますが、

二百石の旗本などはひどい貧乏なものでしたナ。与力はなかなか裕福なものだったそうですが。

答 裕福ではございませぬ。私は南の方に生れて北の方へ養子に参ったものですが裕福なのが両人ほどおりましたナ。五十人の中で。

問 そうすると何か情実があったのでせう。旗本御番士などの二、三百俵は仕様のないものでしたからナ。

答 私の方は忙しいから取る物も多いというわけでしょう。

問 取る物というのは、どう言う物ですか。どういう性質で入って来るのです。

答 只今申上げた知行所の事です。

問 先刻お話の両人ほど裕福であったというのは。

答 やはり自分自分の倹約のためでしょう。与力の方でもずいぶん弁当箱を質に入れたという者もおりますからナ。総体貧乏には相違ありませぬ。

（谷村正養氏は嘗ての与力時代の役徳の件は隠している。佐久間長敬著の「江戸町奉行事蹟問答」中には役徳多く、また随分豪華な生活をしていたことが、事例を上げて述べてある）

問 それから扶持を戴くというのは。

答 年来出精に相勤めたからと言うので、奉行から申上げ、御老中から差図があって、奉行が申渡します。

問 それは五十人の中で幾人位おりましたか。

答 御維新の際は一人でした。扶持といってもたくさんでる気遣いはございませぬ。

問 年番の人がそれに当るのですか。

答 年番の者でも屹とそれに当たるというわけには参りませぬ。年功を積んでいても、必ず当たると極まっておりませぬナ。私の事にしてお話いたしますが、私の養祖父が年来出精に相勤めたというので、養父を新規に町与力の明き跡へ仰せつけられましたため、本家の方では又養子をして、それが家督をすることになり、結局二軒になりました。それで町方の方には同姓の者が大分おります。なお鳥井甲斐守という人が建白して内与力に扶持をやるのは不都合だというので取り止めたことがございましたが、遠山左衛門尉の時分にまた旧に復したのです。

問 天保の改革の時にですか。

答 左様です。

問 養子という中には金を出して株を買って入るのはありませぬか。

答 それはございますかも知れませぬが。

問 与力の株を買うということは出来ましたか。

答 御先手のようなわけには参りませぬ。あったかも知れませぬが表向きはなりませぬナ。

問 持参金のはありましょう。

答 それはあります。

問 多分の持参金を持って養子に入り込むのに、金高に極りがありますか。

答 これはございませぬ。第一、与力の縁組は、嫁を貰いますにも婿をとりますにも、大概は与力同志で済みますが、無ければよんどころなく他から貰いますので、よく調べて見ますと、与力は大てい縁類です。

問 千両出して与力の株を買うということがありましたか。

答 株を買うということは御先手の方によくありましたナ。

重野安繹 千両ということはないだろう。それは高い。

別の人 イヤ、それ位はしましょうヨ。

問 町与力の中で器量があって、枢要の地位に当っている人ですといわゆる半分公然の役徳というようなものが何かありましたろう。

答 それは諸候方から御扶持を載いておる者もありますし、もっとも御出入りと称えまして頂戴物があります。これは同心にもあります。

問 受持ちの諸候からですか。

答 左様です。やはり御坊主のようなものですから。

（江戸城のお城坊主は諸候、大身の旗本の雑用を足してやるので、陰扶持をもらっていた）

答　町与力という者は他から見ますと、大そう賄でも取っているように思って、旧幕府の頃にもとやかく申しましたが、内へ入って見ますと女のような気持で、あすこへ妙な奴が出入りするとか目くじらを立てて騒ぎますから、なかなかそういう事は出来ませぬが、もしもございますと、御先手の方へ貶されてしまいます。悪くすると「場所不相応に付キ御暇」と言うようなことで、二百石を棒に振ることになり、すぐ掃き出されてしまいます。

問　その諸候方を与力一人で、かの邸この邸とかけ持ちしても良いのですか。

答　それは器量次第でいくらでも。

問　働きによってですか。

答　左様です。

問　それでは扶持を戴く方が多いのですか。

答　扶持で下さるところは僅かですナ。大概はお金です。しかも少ないものです。

問　三百余の諸候を五十人位で受持つと収入は大分あるわけですな。

答　それが小さい諸候ですと、一軒一人を頼みませぬ。何軒か組んで頼みますから。ですからそんなに呉れるわけがありませぬ。

問　大きい所で加州とか薩州とか言う所で、どのくらいでしたか。

答　どのくらいでしたか。品物はよく見ました。絽の反物や何かを。

問　いったい献残は奉行の方へ皆参るのでしたからナ。只今の扶持ですが、上総下総で一万石というのは一万石とまとまった物を奉行に預けておくのですか。

答　これは一ト組で一括してあるので、てんでに分けますと、用金や何かを勝手に言付け、知行所で難儀をいたしますから、もっとも類焼（八丁堀組屋敷が類焼の難に遭）でもいたしますと一ト組残らず言付けまして五カ年年賦か何かで返すようになっております。決して一人では出来ぬことになって居ります。

問　その一万石の領地の支配は誰がするのですか。

答　給地役と申す者が南北に二人居りまして、三十俵二人扶持づゝあてがって組屋敷の割り余りの土地に役所を建てまして、玄関と座敷とすべて三間ぐらいで、給地役は自分の地所でも耕すとか、まず半官半民です。大概のことはそこで取扱います。

問　そうすると、その支配所を預っている者は、つまり多数の人選で出るというようなものですか、それが代々ですか。

答　代々です。たいがい給地出の者です。それから与力の内に給地世話番というのがございます。それが五千石内の出入事や何かを調べます。南の給地と北の給地とに関係したことでございますと、両方の給地世話番が立ち合いまして吟味をいたします。

問　そうすると、町与力の株の売買というのは表向きのことではないのですか。

答　表向きにはそんなことはございませぬ。

問　実際はあってもよいのですか。

答　左様ですナ。実際あったと言うことも承りませぬが、株の売買ということは御先手の与力にはありましたようですが。

問　御先手与力は随分あったでしょう。

答　左様です。御徒士とか何とか言う方は金を出して買ったようですな。

問　他の取り物同心などの方が多かったのですか。

答　左様です。同心は町屋敷を貰って町屋敷の表に町長屋を建てまして、その奥に小さく住って居りましたが。

問　自分が直接探偵をして方々から貰い物があるというような事は同心の方にございませぬか。

答　相対ならいかゞですか。

問　岡ッ引と言うのが探偵筋で、だいぶん金を貰うということがあったらしいですが。

答　それはあるかも知れませぬが、それがわかるようにやる気遣いはありませぬ。自分の身が大切ですからナ。
問　同心と言う役はむづかしい役でしたか。
答　同心は与力の下にいて働くので、与力の下手付です。
問　しかしその下手付が、実際の働きをいたさなければならなかったのではありませんか。
答　左様。それは役のない者もありますが、役のある者は自分一己で働らかんければなりませぬから、たとえば廻り役というのがあります。与力についておらぬ方でありますが、隠密廻りと言うのがあります。二人おります。定廻りと言う方で、臨時廻りというのもあります。すべて廻り方と称えたので、つまり捕物や何かをいたします。
問　今の巡査の探偵みたようなものですナ。
答　左様です。
問　同心は幾人でしたか。
答　百二十人です。
問　与力五十人に百二十人ですか。
答　一ト組です。安政度に二十人増えました。それは同心の次三男から仮掛りになりまして、新規に家を増やしますと高が多くなって家が多くなって来ますから、それで次男・三男を仮抱えにしました。百二十人は一ト組ですから総人数（南北合せて）はその倍です。
問　南北総体で二百四十人ですな。
答　左様です。部屋住みの者を仮抱えにしたため増えたのです。その親が死にますと、すぐ親の跡を継ぎますから、そこに穴があきます。その跡の見習に出ます者は、次三男でも構はぬのです。もちろん百軒の家の息子が、残らず見習に出るとも極りませぬ。

とある。

このように「旧事諮問録」と「江戸町奉行事蹟問答」のように、かつて与力を勤めた者の話からだいたい与力の様子がわかると思う。

与力の奢った生活の例

「江戸町奉行事蹟問答」に天保御改革以前与力同心の体裁について次のように記してある。

天保改革は老中水野越前守（忠邦）、町奉行北は鍋島内匠頭（直孝）、南は鳥井甲斐守（忠燿）の頃にて、其以前を流弊中と唱て、上は将軍文恭院殿（家斉）存命中泰平の余徳にて、下々小役人に至るまで無事平安にて、余の祖父の如きも三十年間吟味方を勤め、毎日昼の十二時に役所に出て午後三時には帰宅せしと云。公用も少く気随気儘にて日を送りし由。昔語りの耳に残りしは、毎日酒宴と遊興のことのみなり。

毎年十二月廿五日御用納めとなり、正月十七日公用まで昼夜の酒宴にて、十二月廿五日は御用納の大祝と唱、同役・下役交際の面々何人と云限りも来客にて、夫より引続き歳忘れと唱、大晦日まで飲み明し候由。正月元日年始の祝いにて年礼客の呑み倒れ多く十七日まで引続玄関の取持は深川の羽織芸者、太鼓持、男芸者など入替り立替り、詰来り諸藩の留守居役を始め年礼客は誰彼の別なく、皆々気随気儘にのみ食して、夜は其儘に寝るもあり、芸妓・太鼓持の肩に掛りて深川へ連れるるもありて、主人も客も我が屋敷か、人の屋敷かの別を知らず、只夢中に暮すなり。其間は出入のもの、芸人などには祝儀と唱え金を投じ、其他は座興に福引など催しなどの物品を分け与え、或る時は座敷の中庭に巾九尺、横三間の水箱を拵らへ、其の内へ種々の魚を入れて引かけ釣を催ほし、釣りあげたるものはこれを持去る事に、其外年年様々の催しなり。年中の収納も多く浪費せしよし。十六日まで昼夜目出度と云て、愉快に過すなり。其間酒食の不足を見る時は何人が注文するか、主人も家族も知らぬ美肴追々顕れ来るよし。これは主人にも告げずして芸者・太鼓持などの取斗らいにて、深川、遊廓より来るなり。何故深川の遊廓は如比賄賂を送ると言に、黙許の隠売女故なり。

此訳は後にて述ぶべしも、其他余の隣家に住し南の与力某と言うものありて、一時勢を得て美女を選で妾を召抱え、これに分課を命じて家事を分担せしと云。其分担をきくに一人は諸家の御留守居を執持役、一人は豪商町人を執持役、一人は雑客を執持役、一人は同役の執持役に、一人は自分の手許を働くもの妻は家事を惣括するという定め、妻妾部屋を毎にしておごりを極め、種々の事を働き、或は町人の家督争にて双方より金千両づつ賄賂を受けて、其の裁決を怠たりしより御目付などより風聞書など出し、奉行より注意ありしに、彼は少しも不知事、これは自分を退んと謀るものあるなり。即ち私の取調方を御内聴あるべし、願くば目付衆にも御内聴あらんことを乞うと云て、其日奉行と御目付衆を裡に置て原被双方を呼出し、これまで調懸りを説明し、其元者は自分手許へ賄賂を送りたるなど云風聞ありて甚迷惑するなり。若し賄賂を取次ぎたるものあらばこれにて有躰申すべしと厳重敷責尋問せしに、双方とも其儀なしと答、然らば今日裁決の見込を利解する間、異議あらば申立てよとて、理非明白の裁断せしに、双方一言の申儀もなく事済みたり。これまでとは打て替りたることなども、原被とも威光に恐れて一言もなく事済みしと云。実に腕利きの役人と云伝へたり。

　終に場所不相応の咎にて先手与力へ組替に相成、至急に屋敷引払の厳命を受けたり。其時彼の言に、御暇になるかと思いしに組替とは安きことなり、至急に引払見すべしとて、其身は即日身寄りのものへ番代を願隠居の身となり、世間を憚ることなく長持百棹へ定紋の付きたる覆いを懸け、これに雑具を入れ、箪笥類は勿論定紋付の覆いを懸、妻妾家族はカゴに乗せて本所別荘へ引払、其儘隠居して年を終りたりと云。

　其他、北の与力にて亀島町に住しておごりを極め、終りに其身の居間三重の床に拵へ、将軍御座の間と同じ仕組なり。この風聞にて先手組へ組替になり、これを直ちに隠居して年を送りしと云。

　昔岡崎町に住居せし南の与力にて多賀二蔵と云ふものあり。我が門前通り小橋ありて毎度修覆の成る台へ石橋に造り替へたる故に、人呼で二蔵ばしと云しをなまりて後に地蔵橋と唱、今に石橋残りあり。其二蔵後ち又八と改名して放埒し、仁物（人物）にて吉原の三浦に買馴しみの遊女ありて多賀袖と名を替、終に受出して妾に召抱、我が家には人を集め博奕を慰みとして暮せしに、或る時無頼の徒仕組て来り、役人宅御法度を背き博奕せしを付込み難題を申懸けしも彼少しも騒がず、最早我が家に斯の如きもの来るは我が運命も末になりたり、腹一ぱいに料理せんとて、其の者を縛り、庭に出し終に打殺し前の川に捨てたり。比事を仲間内其外にて内々承、沙汰にせしも、勢いに恐れて口啄を入るるものなし、其後町奉行より品行の注意ありしに永の暇を申出し、浪人して引払しと云。然るに其屋敷にたたりありとて、彼の門前石橋の際に石地蔵を何人か立て、其死霊を祭りし由にて終に前の橋を地蔵橋と唱へたりと云。

町奉行に対する与力の態度

「江戸町奉行事蹟問答」に、

　与力は奉行を尊敬し、御用請の砌、奉行着座の同間へ立入時は次の間にて帯剣を脱し、（評定所においては帯剣のまま）、扇子を抜きとり、敷居際に手を突きて一礼し御用を問う。奉行は帯刀の儘にて着座し、これへこれへと云。謹で進み入り、手を畳に突きて御用の談をなす。

とある。町奉行は、幕政の要職で諸太夫・芙蓉の間席の高官である。与力はいくら才腕あっても御目見以下の抱席であるから、臣下の礼に等しくて当然である。

与力に対する同心の態度

　与力が奉行に対して最高の礼をもってつくすのと同じく、同心は与力に対して同様に礼をもって答える。与力も同心も一代抱席であり、二百俵と三十俵の差であるが、与力が奉行に対して最高の礼をもって接しているので、下にもそれを強いたのであり、またこれが江戸時代武士の習慣でもあった。

新参のものより古参に用談も、必一礼して手を畳へ突き問答せるなり。

万事年番与力は厳に法則を正す役柄故に恐ろしき顔色にて威儀をつくろいて、余等若年の頃、役所にては年老の者に出逢いし時は実に窮屈にて畏縮せしなり。

自宅酒宴の躰裁などを見れば、天保改革後に成長せしものには、実に閉口なり。

はげ頭の老人、舞うやらおどるやら、唱うやら中々芸人なり。其座の大通も、翌日役所に至れば人物も打て替り、鬼の如くいかめしく眺め廻るなり。

さり乍ら代々の傍輩故に、新参いじめなどという事なく、師弟の如く導き教示するものなり。殊に親子の礼を重んじ、忰父の出勤を見とめるときは、忰は昇際まで出迎い、座して一礼するなり。帰宅の節も同じ、役儀は人才によって様々に分在する故に、父より上席の役儀勤めることあれども、出入りの礼儀は必らず如此にす。

与力の中ですぐれた人

与力には案外学問のある人が多く、大塩平八郎もその一人であったが、江戸町奉行所北の与力で加藤又左衛門もすぐれた学者であった。加藤枝直の子として生れ、歌人・国学者としての方が有名である。千陰と号し、万葉集略解等のほか多くの著書があり、門人も多かった。

南の与力仁杉五郎右衛門は砲術と軍学に長じ、門人も多く、品川沖で火術打の稽古などを行ない砲術家として聞えていた。

(2) 同　心

同心は与力に配属されていて、南・北両町奉行所、それぞれに百二十人が定員であったが、後に百四十人に増された。合せて二百八十人が、江戸府内の行政・治安の任に当っていたのであるが、このうち犯人追捕のために当てられた同心は四、五十人で、一町奉行所で二十数人である。与力の項ですでに述べたように、複雑な江戸府内の犯人追捕をこれだけの人数で行なっていたというのは驚異的である。

したがっていつも手不足で悩み、岡ッ引・下ッ引の輩を用いざるを得なかったのである。幕府が数回にわたって岡ッ引・下ッ引使用の禁令を出しても徹底しなかったのは、止むを得ないことであったろう。

同心のうち五分の四は行政・経済・福祉・厚生・探索に用いられていたから、映画や小説で御馴染の同心はその残りの五分の一の人々である。

同心の身分は町奉行所付の同心ばかりではなく、江戸幕府役職中の番方には、すべて与力と同心が配属されており、そのほとんどが三十俵二人扶持から二十俵二人扶持の蔵米取りの御抱席のものである。

かつて戦時中の足軽であり、現在でいう兵隊である。葉武者・端武者・青歯者・青葉者といわれる物の数でない最下低の武士であるが集団として重要な戦闘員である。

室町時代を通じて足軽のいない部隊は、団隊戦の性質上、戦法戦術に効果を現わさない。槍・鉄砲・弓の兵種別の重要な戦闘員で、一代抱えにしろ、臨時雇にしろ、一編成としてその威力を高く評価されていた。

その足軽は大名によって同心といい与力（寄騎）といったが、江戸幕府では、同心の数人の指揮者を与力といい、一般足軽を同心とし、足軽と名付けるものはさらに身分の低い奉公人の一種をさしていった。

幕府の役職で与力・同心の配属されているのは、御鉄砲方、定火消役、御先手御鉄砲方、御先手御弓方、御持筒方、御持弓方、御鉄砲百人組、御書院番、御関所女手形改、鉄砲箪笥奉行、御弓矢槍奉行、御具足奉行、御幕奉行、大御番、牢屋奉行、評定所留守居、御金奉行、御旗奉行、御槍奉行、本丸御留守居、十里四方鉄砲改、京都町奉行、禁裡付、二条城定番、伏見奉行、大坂定番、大坂町奉行、甲府勤番、長崎奉行、奈良奉行、駿府城代、駿府町奉行、久能山御門番、山田奉行、日光奉行、堺奉行、浦賀奉行、新潟奉行、箱館奉行などである。

蔵米取り　江戸町奉行所同心のうち物書同心は三十三俵、古参の同心は三十五俵、永年の勤功あるいは手柄によっては十俵から百俵までの間で増俸され、稀に与力に昇進する。

蔵米取りというのは幕府のお米蔵から現米で俸禄をもらうのであるが、全部米でもらったのではほかの費用を生み出すのに米を売らねばならぬ。そこで蔵米付近に住んでいる札差という商人に代弁させ、札差から必要なだけの米と、残部を金に換えて受取ることになっていた。だいたい三分の一を米で、三分の二を金でもらうのが通例で、全部金でもらうことはできなかった。それは全部金に換算して渡してしまってから、あとで食う米がないといって来られると、札差は武士に禄米を渡さなかったという手落ちになり、かたられたと知っても米をさらにやらなければならなかった。

三季の御切米　この俸禄の渡し方は、春に四分の一、夏に四分の一、冬に四分の二を渡すことになっていたので、これを三季の御切米といったのである。

同心の生活と雇用形態

同心は三十俵二人扶持平均であるから三分の二を金にした所で、今仮りに一石一両と見て八両にしかならない。八両で生活はできないから、ほかの組の同心は生活が大変苦しく、たいていは内職をしてしのいでいたが、町奉行所の同心は悠々と暮していたのは与力の項で述べたように付届が多かったからである。

同心は抱え席で、しかも一年ずつの抱えが原則であるので毎年大晦日の夜、上役の与力の屋敷に呼ばれて、長年申付くることと申渡されて、次の年も引続いて勤めるしきたりがあった。これは戦国の時代に臨時雇として掻き集められた形態の名残りである。

与力と同じく事実上では世襲的に親から子と勤めるが、形式は一年切替えの抱え席なのである。ゆえに不都合な同心は大晦日の晩に永のお暇となることも可能であったが、そうしたことは少なかった。しかし同心株を買ってほかから入る者も見られた。同心も定員であるから株を生じている。毎年御召抱えの形式でも勤続してよい成績であれば増俸もするし、世襲的に取扱われ、また与力へ昇進することもあった。ただし、与力のように軽い懲罰として、他組へ組替えするということはなく、永のお暇である。こうした薄遇の立場であるが、それでも株を買って同心になりたい者もあったが、町奉行所同心に限っては株で入り込んでも職務が難しいからなかなか勤まらない。やはり世襲的同心が最適なのである。

こうした薄遇、難しい仕事の同心でありながら、伜もその職につきたがるのは、諸組の同心より生活が楽であり、与力にまで出世できるという望みがあるからであった。

ゆえに町奉行所同心は常に懐中に五両や十両を持っていられる生活で、手先に使っている岡ッ引などに時には二十両、三十両と俸給に該当する位の金を与えられるのである。

組屋敷は与力と同じく八丁堀で、百坪ほどの拝領地があり、その奥に小ぢんまりした住居があった。

与力の項で説明したように町奉行所には相当の付届があり、それの分配にもあずかったので生活が楽であり、各町内からの付届もあった。町内からの付届というのは、町内でわずかの盗難があった時に、その証人として盗まれた家では家主付添いで、町奉行所に出頭せねばならなかった。その折は付添いの家主に日当を払い、家業を休まねばならず、時によって盗まれた品物以上に出費せねばならぬので、そうした折には知り合いの同心に頼んで盗難に遭った事実を調書から抜いてもらう。これを「抜け」といいそうした便宜をはかってもらうために普段からわずかずつ付届をしておいたのである。一町内の付届の額はわずかでも江戸府内の町々からであると莫大なものになる。

このほかに掛りによっては大名から陰扶持が下されているから、諸組同心とはくらべものにならない生活振りであった。ゆえに町奉行所の同心は諸組同心特に御先手御鉄砲組の同心よりは狭い拝領地であるが、小ざっぱりとした庭地と住居に住み、出入りの岡ッ引などが自分一人飲込みの小者になって家の修補手入れから、庭掃き、洗濯までやってくれた。同心級は与力のように冠木門もつけられない位の木戸片開きの小門であるが、諸組同心の組屋敷のように荒れたものではなかった。

そして八丁堀には毎朝髪結が来るから同心も与力と同じく日髪日剃りで粋な結髪の八丁堀風に月代はいつも青々と剃り与力と同じく朝湯に入った。茸屋町・亀島町あたりの銭湯であるが、誰も未だ入らぬ新しい湯の女湯である。与力の項で述べたので、このことに就ては省略するが実地に市中の様子をさぐる同心こそ女湯へ入ることが必要であったのである。同心入浴中に、小者は番台の脇につくばんで浴衣を持って待っていた。

同心の出勤時間は与力より二時間早く朝の八時頃で、午後四時頃には戻った。

同心の定服

定服としては黒の紋付羽織に白衣帯刀である。

白衣とは白い着物のことではなく熨斗目以外の着物の着流しをいうのである。

廻方同心あたりになると、竜紋の裏のついた三ツ紋付の黒羽織を、俗にいう巻羽織といって裾を内側にめくり上げて端を帯に挟み、現在の茶羽織のように短く着るのである。これは活動に良いし粋に見える。

夏は黒の絽か紗の羽織をつける。下は格子か縞の着物の着流しで、帯は下の方にしめ、懐中には懐紙、財布、十手を入れてふくらまし、身幅は女幅にして挟くし裾を割れ易くしてある。颯爽としたスタイルで足さばきも良く雪駄をはいて歩く。

武士とも町人ともつかぬ風俗で、袴ははかない。将軍お成りの警戒のときでも、御成先着流し御免といって、これが同心のユチホームであるが、ただし、定町廻り、臨時廻りの役に限ったことである。

八丁堀同心の木戸門

日髪日剃

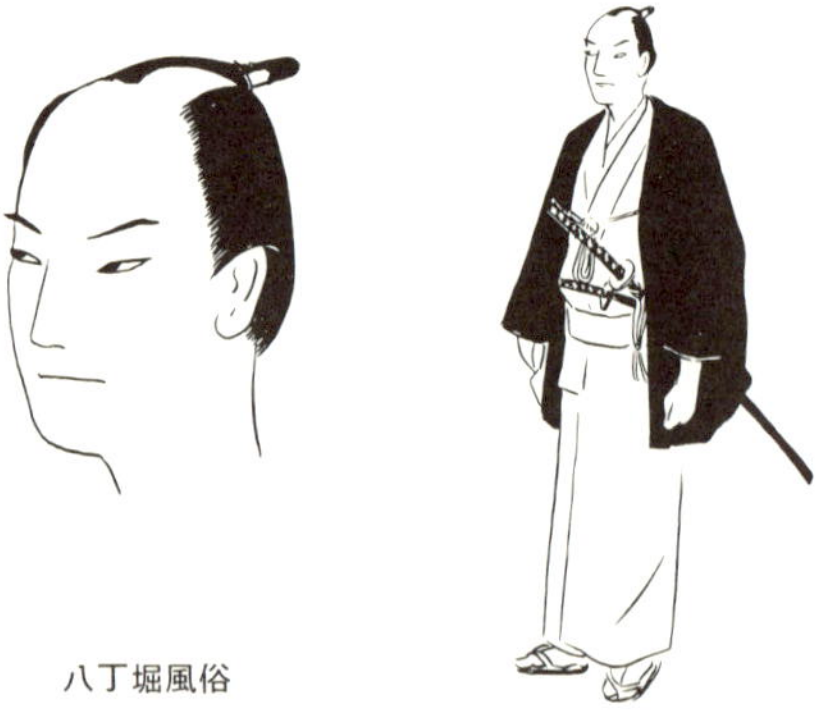

八丁堀風俗

暑熱のころは菅の一文字笠、酷寒には頭巾を許されるが、これらは野暮として老人以外は用いない。

供は紺看板（紺染絆纏）に梵天帯に股引草鞋に真鍮金具の木刀を背にした中間一人に御用箱という小つづらを連尺で背負わせた。臨時廻りだとこれに手先が二、三名随った。

同心の軍役服装

町奉行所同心はもとは御鉄砲組、または御槍組の同心であったが、町奉行という府内治安の職に専任となったので、戦時となっても出陣征伐の軍には加わらない。

もっぱら治安維持に主力をそそぐ留守部隊である。しかし、敵に府内を攻撃される時は本来の番方の性格を以て防戦部隊として活躍せねばならない。

ゆえに一応はほかの諸組同心と同じく軍役の武装と編成の準備がなされていた。

「江戸町奉行事蹟問答」によると、

同心は御貸具足と唱、惣黒の具足、陣笠、緋羅紗陣羽織、鉄砲弾薬一切の備あり、指し物、南の組は白地へ朱にて南と記したる小幟袖印とし、北の組浅黄地へ玄の文字を白く抜きたる小幟袖印たり。後には銃隊に制度を変じたり。

とある。銃隊とは、幕末になって洋式戦法採用のため、筒袖ダンブクロにゲベール銃を持った洋式銃隊をいうのである。

南町奉行所の玄関正面広間の上段には常に鉄砲五十挺と玉薬と胴乱、使者の間、呼出者控席の間にも鉄砲と玉薬と胴乱が手入れ良く並べてあるのは、安政以降の改制によってである。（42ページの図参照）

そして与力同心の組織は初期の兵制のままであるから、与力五騎に同心三十人を五分隊一組とし、一組から五組に分け、一隊与力二十五騎、同心百五十人。（中期頃は百二十人、後期は百四十人であったが、標準は百五

同心の出勤の服装

黒塗の御貸具足，陣笠，緋羅紗陣羽織，鉄砲，胴乱，刀。南は白地に朱で南，北は浅葱地に白抜きで玄の文字の小幟袖印

同心の軍役服装

十人であった）奉行を一隊の隊長とした組織のままなのである。

同心は兵隊であるから、捕物出役には貸渡しの鎖帷子に同じ鎖入りの鉢巻、臑当、刃引きの脇差に、黒の着物に尻はしょり、黒の股引きで出動し捕物功名には戦場にならって分捕品の賞与がある。

「江戸町奉行事蹟問答」に、

同心は駈走り専務にして其職分担し、隠密探索、捕亡等は奉行よりの命令を受事町方異変の検使見分を勤め、其他与力に属してこれを補助す。与力のさし図といへども異例錯誤なる時は異議を申し立て、忠告して認めざる時は奉行に訴へて裁判を仰ぐことを得べし。

とあり、熟練の同心は、かえって新任与力の指導補佐役であったが、役儀の区分は厳然としていて、

同心は探索捕亡の主任なり。故に両課の区域関係を判然とす。庶務の与力に属する下役(同心)は与力の指揮に随い、己れの見識が間敷を立ることとなし、書記其外これを補助して四足の如く働き、聊も与力の勤筋へ口啄を入ることなく、主従の如く使令を受、事務渋滞なき故に繁雑多端の事務も少人数にて錯誤なく順席相違はざるなり。同心専任の捕亡探索は年来の熟練にて能く相勤め、聊も与力の干渉を受くることなく、其任を盡すなり。現行犯にて検使与力出張の時、或は与力に属し出役先にて捕働きを検視し応分の処理をするなり。

とある。

同心代替りの手続き

同心は一代抱えで年々申付けられるが、だいたい世襲的に勤めているので、その新任は代替りと同じようなものであったが与力の選考により与力より申渡される。

「江戸町奉行事蹟問答」に、

同心は相番年寄同心を以、支配与力へ申立て、支配与力当主に可成人物の身元調べをいたし、相当の人物と見込時は、支配与力五人の協議を遂げ連名して奉行へ届、番代は与力自宅にて支配役立合にて、相番年寄同心差添、礼服着用にて宅へ本人呼出申渡し候。南北与力同心を廻礼し、当分見習初いたし、初番の筋、礼服着用にて出勤。凡三十日間、日勤見習にて、勤馴候に随って当直す。

とある。同心の礼服とは羽織袴である。

同心の役料

同心の禄高は平均三十俵二人扶持とされているのは身分としての禄高であると共に役料にも当っている一代抱えであるので、ほかの役職の勤番武士のように御役料・御役手当・御役金がつかないように思われがちであるが、「江戸町奉行事蹟問答」に、

同心は御切米三十俵二人扶持が身分の役料にて、分担掛り役料は上等にて金十両より下等三両迄なり。

とあり、任務によって軽重ある御役金に相当するものが与えられていたことがわかる。

また身分としての禄の基準は三十俵二人扶持であるが、年寄同心は五俵、物書同心は三俵を増給されているのは御役料に該当するであろう。

同心の役徳　同心も与力についで役徳が多いが、その中でも、定町廻り、臨時廻り、隠密廻りの三役が一番役徳が多かったのは庶民および悪党達と直接つながりがあるからである。

「江戸町奉行事蹟問答」に、

同心の分担の役儀により、役徳の多きは探索捕亡の三廻りの役を以第一とす。其他は吟味方下役なり。大名よりの御用頼と唱、送り物を受ること、与力とは金額を減ずるならいにして各用弁に依て被頼、増減あれども、必役徳あるなり、三廻りの如きは町人の内重立候ものは多く依頼いたし、居宅へも招き、奉公人の引負其他取逃もの（主人の金を使い込んだり持逃げしたもの）取締りを頼、或は町々を見廻り、悪徒防ぎをいたし、盗犯等ありし時はこれを告げて捕縛を乞う。三廻りは町人の交際多きを以、種々の事件を見とめいだし、悪徒の召捕事も多く、御用弁のものとなり随分役徳多きものなり。

同心の不正の役徳

不正役徳は秘密の悪事なれば様々の仕方あれども、公然の不正にて顕れたる其の二、三の事を陳べん。
其一 与力と同じく諸家より扶持方を受くるなり。
其二 岡ッ引目明しを遣い、捕亡探索之事を命じ、法律を犯すものなり。袖の下を受くる事あり。
其三 遊廓にて遣い高多き若者などを捕、自身番屋に連来り、金の出道を糺すなり。其者不正はなけれども、親懸り又は主人持なれば甚恐縮して、様々に袖の下を送り、放免をこふなり。然る時これを放免するなり。
其四 役威を以て、人々の内事に干渉して周施料をとること。
其五 市中にて侍・小者など酒犯の上にて立騒ぎたるものを取押へ自身番屋へ預ケ置、酔醒の後は恐入内分の処置を乞ふものを許し謝礼を受けることなり。

とあって、職権濫用の不正の役徳にありつく同心もあった。

同心の分課

同心はたいてい与力に付属し、その取締りは年番方与力である。与力に属している同心の分課は、与力の項（45ページ）で述べてあるからここでは省略し、与力を長としない同心の掛りだけについて述べる。

用部屋手付、隠密廻り、定町廻り、臨時廻り、下馬廻り、門前廻り、御出座御帳掛り、定触役、引纒役、定中役、両御組姓名掛りなどは同心だけの分課である。

用部屋手付同心 奉行直属の公用人に従っていて、刑事断案の調査記稿を司るもので、書記と秘書下役を兼ねたものであり、十人の同心がいる。

隠密廻り同心 「江戸町奉行事蹟問答」に、

隠密探索は同心へ奉行より申付るなり。予審中主任与力より申含めることもあり、其方法は同心職務に付、奉行も与力も差図することなし、専任するなり、昔し咄を聴に、或る罪人大名屋敷へ迯込隠れ居ることを探索し、本人を見出さんために同心某は中間の躰に姿をやつし奉公いたし、終に在家を突留めたることありと云。

武家屋敷内のことを探索するには、多く人宿と唱え候中間・小者の幹旋所など奉公人受宿を遣い、町々のことなれば町名主の内にて用弁ものを選み、相談して手続を求め、諸国のことなれば香具師と唱え候。野士仲間ありて諸国を巡廻り、物まね、あめ売、見せ物、歯磨商売、其外辻々へ出て様々のこと唱へ、売歩行候もの一般に香具師と唱え候ものあり。

其元締頭分の者ありて、古来由緒あって隠密探索のことに仕役せらるるもありて、其内にて人を選み、内意を含ませ、探索する時は、いつ国にても稼業者あり。出歩辻々にて風聞探索いたし各地各地に仲間元締ある故、出入等勿論何か不見馴風俗のもの立廻る時は必ず仲間にて見留糺す故に、悪人も探索人とは不知して身の上を語り、方向を謀るものもありて、探索の端緒を得ることあり。

諸国博徒の類、親分株に通し探索するか或は穢多頭弾左衛門へ謀り、関八州の長吏、非人の類へ申通し探索いたさせ、役人同士諜し合いて、よろしき筋は関八州にて御代官付属の八州見廻り捕亡吏へ内通して探索せしむ。只探索入費を惜しまず、智力をめぐらし探索を遂ぐる時は、必ず何か掛りを得るものなり。

とあり、また、

何事に不依聴込たることは善悪ともに奉行に告げ、奉行の耳目と成て働くなり。捕縛すべき罪悪と認るものは奉行へ告る迄もなく時機をうつさず町廻りと諜り捕縛し、忠孝美事に至るまで奉行へ告げるなり。

隠密廻りとは読んで字のごとく隠密に市中を巡回して秘密探偵を行なうもので、奉行または与力の命によるほか、つねに変装して市中を回っている。

事件が起きた時は裏付調査の聞込み・証拠集めなどをした。変装して町人に近付くので随分よごれ役で自ら乞食にもなれば、托鉢僧、六部などにも変装したが、時には同心の服装で岡ッ引・下ッ引を動員して聞き込みも行なった。

だいたい岡ッ引・下ッ引は犯人追捕の役のように思われがちであるが、同心が犯人を捕える時の手伝いにすぎず、岡ッ引・下ッ引は本来は聞き込み、探索の任が主である。

聞込み調査というのは大変難しく手先が方々手分けして聞込みをやらせると偶然同じ場所で聞込みを数人がすると同じような報告が重なって信ぴょう性があるように錯覚する。ゆえに隠密廻りは岡ッ引達の集めて来た情報はそのまま採用せず、必ず自身が念のために確かめに行く。

つまり岡ッ引の報告は探索の手引きに過ぎない。

この裏付探索は容疑者の黒白をきめる重大なきめ手になるものであるから、その責任はおもかった。二人の同心が勤め定町廻り、臨時廻りと共に、俗に三廻りといって、同心中の出世場所であった。

定町廻同心　法令の施行を視察し、非違を監査し、犯罪の捜査、逮捕をする役で、現在のパトロール警官である。これが映画・小説でおなじみの定町廻同心であるが、その定員は一町奉行所にわずかに六名である。南、北両町奉行所で十二名。臨時廻同心も同数であるから合せて二十四名、これで江戸府内を巡回して治安に勤めたのであるから驚異的である。

この十二名が、それぞれの受持区域をもっていて常時回っているが、つい手が足りないから岡ッ引・下ッ引が動員されるようになるのである。

巡回途中で挙動不審のものを捕えることもあり、町役人の訴えで捕えることもある。捕物の項で詳しく述べる。

臨時廻同心　定町廻り同心の予備隊のような存在であるが、その職務は全く同じであり定員は一ト組六人、両町奉行所で十二名である。これは定町廻同心を永年勤めた者がなり、定町廻同心の指導、相談に応じる先輩格であった。

下馬廻同心　「江戸町奉行事蹟問答」に、

これは南北同心臨時町廻り並び定廻りの下廻り同心と打混じ、御成下馬場へ出勤して諸大名の供廻りがさつ、不法の所業なきよう見廻るなり。

当時は諸大名始供廻りの制度あれども、手代り仲間と唱、町宿より

自身番巡回する同心

渡り陸尺を抱入、其親分株もあって各勢をあらそい、はでをきそい、其親分の顔次第にて前後を争い、様々なる習慣ありて、万一これを犯す時は必ず一場の争いとなり、主人の迷惑にもなること多く、殊御場所柄ゆえ諸家にても注意いたし、幕府よりも度々取締法を触示し候へども、流弊して、下馬場は藩主の勢いよりも陸尺の顔つくにて通り能き位なれば、これを制さんがために町同心を出し、取締法をなさしむる事なれども元則（もとより）有名無実にて少しも取締には成らざりし。其訳は彼等より平日袖の下を遣いて見逃し貰い却て勢を増さしむる如き弊もあらん。然れども万一事起る時は捕縛する権威あれば、喧嘩口論と見る時は忽ち十手を振って其中に立入、是非無曲直捕押へるなり。

諸藩よりも用頼みなどありて非常の用に供し、事あれば供頭より制

下馬先の混雑を整理する同心

しを頼みて事穏便に済むことあり。其藩の不義をいたさす、拘り合をまぬかるることあり。内輪、左の如きものにありし、旧記もあれば左に示して其頃の様を知らさん。（以下空白）

と記され、大名登城の日の大手門外、およびそのほかの出入りの門は大名行列の供廻りが待っているので混雑し、往々供廻同志で喧嘩がおきる。また臨時雇の供廻りもあって、なかなか風儀が悪いのがいるのでこれらの取締りに出るのである。だいたい供廻りの武家奉公人が、その家々の抱え者であれば、小人目付・徒目付の監督で良いのであるが、江戸中期頃から、江戸市内の稼人稼業の口入れ屋から臨時雇の供を雇うので、柄も悪くなって来た。無頼の人足町人も多いので町奉行所からも取締るようになったのであり、同心は本当の供廻りの武士に対しては遠慮していたが、それでも争いが起きれば御門前を騒がしたということで、これを奉行に告げ、奉行より大目付に告げるから藩の手落ちとして罰せられる。ゆえにごたごたが万一起っても下馬廻同心にうまくはからってもらうように普段から心付けをしておくのである。

口入屋・大名・旗本からの付届の多い役であった。

門前廻同心　「江戸町奉行事蹟問答」に、

これは御老中方の門前を見廻るなり。御逢・対客（老中が諸大名などが用件あって来るのに逢ったり、客として招いたりする日で、月五回が御逢日、二回が対客日で、各老中ごとに日が違っている）と唱る式日ありて、諸大名より御旗本・御家人までも登城前に詰懸け、其混雑は今より想像することも能はざるなり。大名は駕籠、旗本は馬上にて表門へ乗り付け、前後出入を争候。其体裁を略言せんに、大名は駕籠の乗り降りに熟練したること貴族の業には珍ら敷、平人輩の遠く及ぶ処に非ず、一種の習慣なり。其躰を陳べんに、門前まで行列にて来り、大門前七八間の処にて外供は前後とも一列に跡に残るなり。先箱は槍直立し主人の進退を待つ。駕籠の棒先を陸尺頭手を掛け、先に立駕籠脇の諸士のみ左右を囲いて草履取と、雨天なれば長柄傘持付添早足にて門へ進み入るなり。きわへ先棒のもの踏込、駕籠を下すや否や草履取りははきものを出す。供頭駕籠の戸を引く主人直ちに出る。即ち駕籠は片棒を上げて振り返るなり。駕籠脇の諸士若し不順席なれば忽ち駕籠棒にて打たるるも知れず危し。直ぐ跡より同じく乗込の大名あり、又は旗本乗馬にて乗付下馬するなり。主人は敷石真中を歩行、供頭已下徒士は敷石を外して随行して中程に下座する。式台まで取次者出向、主人罷りたるを見れば供侍草履とり供侍所へ入り控へる。駕籠はこれを見て門外住還供侍の処へ退き列を正して待つ。

主人出るを見れば供押これを呼び、直ちに駕籠を元の如く入れて供揃するなり。主人式台を下る時、草履取主人へ進寄らす。遥か離れし処より中腰にて草履を突き出して会釈する躰、不敬不礼にあらずして、実に熟練見事のものなり。風雨の節は別度にして、始め駕籠を下りる時は下駄をはき、式台に近寄り草履と代えるなり。長柄のさし掛けなど不熟練なれば、主人公は忽ち雨露に濡るる故、これ等の下人を選むこと専一とするよし。

又旗本は馬の乗り降り早くして馬を選み、如何なる混雑の中にも馬の驚くことなく、其の中へ乗込み、上下少しも動かずして行儀正しく、主人も上下せしむ。主人も上下に猶予なく上下は平袴にて乗り降りするに少しも袴に皺をつけることなし。乗馬の節右の手にて手綱と馬のたてがみを握り左の手にて袴の前さがりに手を入れ、引揚げながら右足を鐙へ懸るなり。馬脇の侍腰に片手を掛けて押し上げる。其調子能くそろい左足鐙に達せんとする頃には口付馬を乗出し、最早門前の石を離るるなり。

これも雨天の時は石を離るるまで長柄をさし懸る故に、混雑極る中にて他を害することなく、主人の乗馬をも驚かすことなく取扱うこと熟練なり。馬上の旗本も強ち平袴にて勤める故、両足は顕らわるゝ故、黒木綿又は黒麻の覆を掛ける。強雨なれば馬上ながらに黒羅紗の合羽を着すなり。

諸大名の先箱などはこれまた熟練にて、家々の格式ありて先箱と持槍にて一見して某と知ることを得、先供押へ役は真先に歩行し、行先を注意し、若し親戚縁者先様の向に出逢時は夫々供頭に達す。主人格式に寄り会釈礼儀の別あり。これを誤まる時は先押え役と供頭の不調法にて主人の迷惑になるなり。

追々主人へ注意して駕籠の戸を引き開けるなり。如形き作法あって又繁雑に極り、付添諸士は主人大事とせり合候得共、其時に至り陸尺頭劣る時は丁度先へ来りたる大名も、陸尺仲間の遠慮にて、只足踏して先を譲るなり。それがため子分を多く持ちし親分は見事なる衣類を着込、上には紺看板を着し、門前混雑の中を巡り、己れ引受の諸藩来れば駕籠の先へ手を掛けて進退し、若し同様の親分株出合時は一歩にても先に来る者に譲りて仲間の礼儀を尽すなり。其の躰中々はでやかなる業にて其道のもの比位地に進まんことを望み励むなり。

二、三の大藩を除くの外は入費に厭いなく陸尺頭を選むも、これ等のためにして若し誤って順席を欠くか、供侍なり錯誤ある時は下人のために恥辱を蒙ることあり。これを憤れば供先の喧嘩を仕出し主人の大事に相成る故、忍耐するなり。外見よりも実に危うく供侍の心配察し入らざるなり。前々下馬廻りと同じく、同心をして官宅門前へ詰させ、非常を警衛するなり。

とあり、老中の逢日・対客日は、大手門前下馬の所と同じく混雑するので、その整理と取締りを行なうもので、同心十人が出役して勤めた。

御出座御帳掛同心 評定所へ老中が出座する日、奉行所から提出する事件名簿調製をする掛りで、二人の同心がいた。

定触役同心 臨時出役事件のあるとき、同心担当者の触当をするもので、軍隊の週番下士が布達するような役柄を行なった。三人の同心が勤めた。

引纏役同心 出火の際に奉行が出馬するのに従っていろいろの雑務を行なう役で二人で勤めた。

「江戸町奉行事蹟問答」に、

供方同心は自分持の火事具頭巾にて赤ふさ十手を携候。

とあり、出馬してからは、

供方同心を駈けて注意し、消防の手配火勢の模様等時代、供方公用人、火事場掛与力と協議し……伝令使につかい、

とあって、伝令・給士の役であった。

定中役同心 臨時の触当によっていろいろの出役を勤める遊軍的同心で二人で勤めた。

両御組姓名掛同心 南・北両組与力・同心の姓名帳編纂および加除記入の行で同心一人が勤めた。町奉行所職員録の掛りである。

江戸町奉行所分課の変遷表

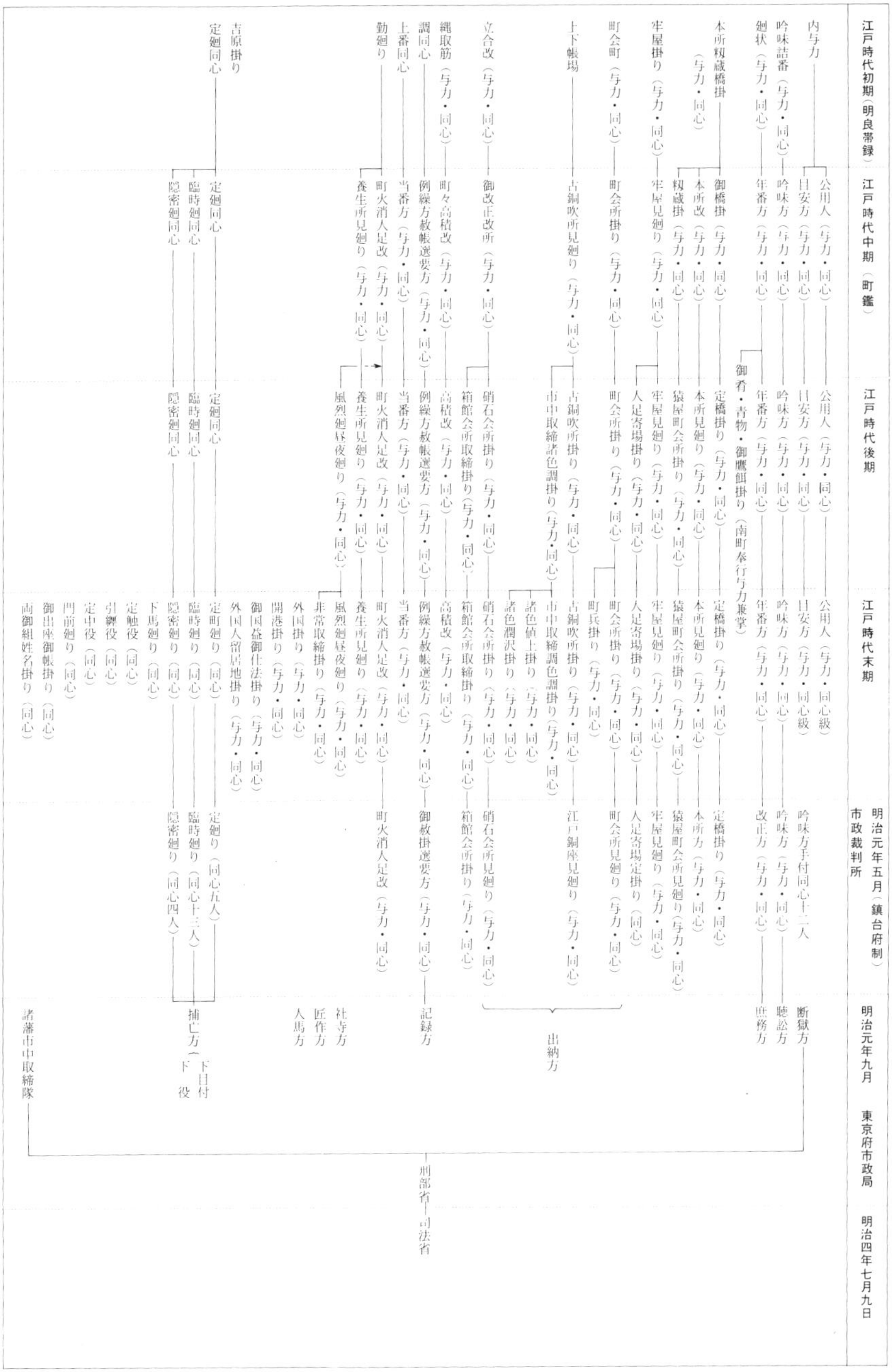
江戸時代初期（明良帯録）
内与力
吟味詰番（与力・同心）
廻状（与力・同心）
本所籾蔵橋掛（与力・同心）
牢屋掛り（与力・同心）
町会町（与力・同心）
上下帳場
立合改（与力・同心）
縄取筋（与力・同心）
調同心
上番同心
勤廻り
吉原掛り
定廻同心
江戸時代中期（町鑑）
公用人（与力・同心）
目安方（与力・同心）
吟味方（与力・同心）
年番方（与力・同心）
御橋掛（与力・同心）
本所改（与力・同心）
籾蔵掛（与力・同心）
牢屋見廻り（与力・同心）
町会所掛り（与力・同心）
古銅吹所見廻り（与力・同心）
御改正改所（与力・同心）
町々高積改（与力・同心）
例繰方赦帳選要方（与力・同心）
当番方（与力・同心）
町火消人足改（与力・同心）
養生所見廻り（与力・同心）
定廻同心
臨時廻同心
隠密廻同心
江戸時代後期
公用人（与力・同心）
目安方（与力・同心）
吟味方（与力・同心）
年番方（与力・同心）
御肴・青物・御鷹餌掛り（南町奉行与力兼掌）
定橋掛り（与力・同心）
本所見廻り（与力・同心）
猿屋町会所掛り（与力・同心）
牢屋見廻り（与力・同心）
人足寄場掛り（与力・同心）
町会所掛り（与力・同心）
古銅吹所掛り（与力・同心）
市中取締諸色調掛り（与力・同心）
硝石会所掛り（与力・同心）
箱館会所取締掛り（与力・同心）
高積改（与力・同心）
例繰方赦帳選要方（与力・同心）
当番方（与力・同心）
町火消人足改（与力・同心）
養生所見廻り（与力・同心）
風烈廻昼夜廻り（与力・同心）
定廻同心
臨時廻同心
隠密廻同心
江戸時代末期
公用人（与力・同心級）
目安方（与力・同心級）
吟味方（与力・同心）
年番方（与力・同心）
定橋掛り（与力・同心）
本所見廻り（与力・同心）
猿屋町会所掛り（与力・同心）
牢屋見廻り（与力・同心）
人足寄場掛り（与力・同心）
町会所掛り（与力・同心）
町兵掛り（与力・同心）
古銅吹所掛り（与力・同心）
市中取締調色調掛り（与力・同心）
諸色値上掛り（与力・同心）
諸色潤沢掛り（与力・同心）
硝石会所掛り（与力・同心）
箱館会所取締掛り（与力・同心）
高積改（与力・同心）
例繰方赦帳選要方（与力・同心）
当番方（与力・同心）
町火消人足改（与力・同心）
養生所見廻り（与力・同心）
風烈廻昼夜廻り（与力・同心）
非常取締掛り（与力・同心）
外国掛り（与力・同心）
開港掛り（与力・同心）
御国益御仕法掛り（与力・同心）
外国人留居地掛り（与力・同心）
定町廻り（同心）
臨時廻り（同心）
隠密廻り（同心）
下馬廻り（同心）
定触役（同心）
引纏役（同心）
定中役（同心）
門前廻り（同心）
御出座御帳掛り（同心）
両御組姓名掛り（同心）
明治元年五月（鎮台府制）市政裁判所
吟味方手付同心十二人
吟味方（与力・同心）
改正方（与力・同心）
定橋掛り（与力・同心）
本所方（与力・同心）
猿屋町会所見廻り（与力・同心）
牢屋見廻り（与力・同心）
人足寄場定掛り（同心）
町会所見廻り（与力・同心）
江戸銅座見廻り（与力・同心）
硝石会所見廻り（与力・同心）
箱館会所掛り（与力・同心）
御赦掛選要方（与力・同心）
町火消人足改（与力・同心）
定廻り（同心五人）
臨時廻り（同心十三人）
隠密廻り（同心四人）
明治元年九月 東京府市政局
断獄方
聴訟方
庶務方
出納方
記録方
社寺方
匠作方
人馬方
捕亡方（下目付 下役）
諸藩市中取締隊
明治四年七月九日
刑部省
司法省

(3)　小　者

同心には二人ずつ小者がついていた。捕物で〝御用〟〝御用〟といって働くのはこの小者である。

三田村鳶魚著の「江戸ばなし」に、

> 小者は奉行所に通っていますが、手先とか岡ッ引と言うものは通って居りません。全く陰のもので、誰が何と言う御用聞をつかっているか、御奉行様は勿論御存知が無いのです。定廻りの同心などは中間を供に連れて居りますが、それは町奉行の中間でありまして、その他に自分の使っている小者というのがある。芝居のトッタリに出て来るのは、この小者の風態を模したものであります。最も芝居のトッタリに出て来る奴は赤い房の十手を持って居りますが、小者の十手には房がついていない。（中略）
>
> 小者は始終同心について歩いているし、同心の宅にもいる。そして給金を貰うことになって居りますけれども、その給金たるや半季（半年）に二朱位のものです。下女の給金でも二両から三両はするのに、大の男でありながら一年に一分しか貰えない。

と記しながら、別書では、年に四両二分、月割にして一分二朱の給料であったとも書いている。

外国人居留地掛同心の巡羅

同心と小者

小者の役徳　いずれにしても大の男が一年かかっての収入ではないが、こんな安い報酬でも暮していけたのは、やはり町奉行所関係の仕事であるというので副収入があったからであろう。

小者は町奉行所勤めでもなければ同心の奉公人でもない。同心が奉公人を雇えるはずがない。巡回には奉行所の中間が従っており、小者は別である。

つまり小者は自分一人ぎめの同心に従っている家来であるので、同心も便利であるから使い、自費で給料をくれてやるのであるから安いのである。

頼みもしないのに、自分から役を買ってでて、これと思う同心の役宅にころがり込んで下男の役を勤め、捕物の手伝い、探索を行なう。低賃銀で最大に利用できるから同心にとってはこれほど都合の良いものはない。このように割の悪い仕事を進んで勤める小者には別の面で役徳があったからである。

同心の手先となって直接町民に接しているので、多少は町の人から付届的な小遣銭が入り、しかも町の中で顔が利く。旦那（同心）に頼んでやるということができるからである。

定町廻同心は、こうした小者を用い、腕の良い同心だと二、三人を従えていた。そして何か犯罪があると、同心は小者を連れて、その地区の自身番へ行き、町役人を案内させ、小者に命じて容疑者を連行させたり、捕縛させたりする。

中間は同心に従っていて、手伝いをすることになっているが、実際の仕事は小者がやったのである。中間は奉行所から給料をもらっている奉公人で、奉行も知っているが、小者は奉行所の門も潜れない者である。映画・小説では小者・岡ッ引が堂々と奉行所の正門から出入りしたり、奉行と会話をしているが誤りもはなはだしい。将軍様と御目見以下が向合って話をしているよりもはなはだしい錯誤である。

そして探索・捕縛の折に便利であるから便宜上使っていたのであるから本来は十手すら持てないのである。

しかし事実では十手を持っていた。これは十手を与えたのではなく、捕物の手伝いとして臨時に貸して持たせたという形式で、常に持たせていたのである。不意の探索・捕物にあわてて十手を渡してやるのでは不手際であるので内緒で十手を持たせておいたのである。

ゆえに十手捕縄をあずかるといって庶民の前で威張って見せるが、本来は常々持たせるべきものではないのである。「十手捕縄をあずかっている」という役人風をふかす言葉が小説に散見するが、十手をあずける免許状のようなものもない。本来は捕物の時渡されてあずかるのである。

その十手すらふさのない素十手で、街を歩くのに緋房の十手を帯の前にさして堂々と歩くなどという描写は誠に噴飯ものである。

読物小説・講談・映画などで、十手祭りといって銀磨きの緋房の十手を神棚に供え、捕縛されて処罪された者の供養をすることが記されているが、こうしたことはあるいは同心がやったかも知れぬが、小者風情では烏滸の沙汰であり、有得るはずがない。ただし代官所からの出役である関八州廻りの小者だけは特に緋房の十手が許されていたが、それとても十手は見えぬように腰にしていたのである。

御用聞き

同心に従って歩く小者が非公認・半黙許の手先であるなら、映画・小説で御馴染の御用聞きは全くの非公認の手先であったといえよう。

御用聞きとか岡ッ引というのは江戸だけの呼び方で、関八州では目明し関西では手先、または口問いといっている。

三田村鳶魚著の「江戸ばなし」には、

　ところで差口をします諜者。これは手先とも言いますし、御用聞きとも言いますし、岡ッ引とも言えば、目明しとも申しましたが、同心に使われている表向の者は小者というのです。

とあり、小者と岡ッ引（御用聞・目明・口問い・手先き）とは、別の存在であることが知られる。

　小者は奉行所に通っていますが、手先とか岡ッ引とか言うものは通っていません。全く陰のもので、誰が何という御用聞きをつかっているか御奉行様は勿論御存じがないのです。（中略）この手先、目明し、岡ッ引、御用聞きなどいわれる手合は、同心の下働きをする者ですが、その多くは給金を貰ってはおりません。（小者は僅少でも同心から給金をもらっている）……中略……その他は幾人手先、御用聞き、目明しの類がおりましても、奉行所の方へはちっとも知れていない奴が多い。まったく使っている同心限りの人間なのです。ですから改めて任命するの、しないの、その手続ということはありません。たゞ使って

御用聞きの風俗

いる同心が、自分の手札を渡して置くだけに過ぎない。それでも手先とか、目明しという連中の古参の者はなかなか大親分になって大勢の子分を持って居ります。

　大親分になりますと「旦那、何分お願い申します」と言って、自分のついている同心に頼んで、子分のために手札を貰ってくれる。そうすると給金は無いけれども、一人前の御用聞きということになるので、大親分の下には、同心の手札を貰わない子分が随分沢山おりました。

　そういう風でありまして、廻り方の同心というものは、大親分の親分になるわけですから随分人を持っている。

　大親分たちは大抵何か商売がありますが、それも料理屋とか寄席とかいうものが多い。そんなことをしようという奴になると同心に対して、今度鮨屋をはじめますとか、天婦羅屋を開業したいから何分よろしくと言ってくる。多年使っている人間でありますから二十両や三十両の金は出してやるというのが先ず普通になって居りました。

　廻り方の宅には小者の外にこうした何ともつかないような連中が、いつでも二人や三人は拭掃除なんぞをして、下男のように働いていたものですが、こんなごろごろしている連中でも鈎縄や十手の稽古はする。（中略）手先と称する者どもは、毎日寄合うところが、ところどころにあったといゝます。

　殊に八丁堀付近には彼等の落ち合う所があったそうですが、まだ外に何カ所か、そういう所があったらしい。

　こういう人間どもは別に誰の手ということがきっときまっているわけではない。主従の関係でもないのですから、気の合ったところへ出入りする。貰った手札というのも、必ずしも現在出入りしている同心のものとは限りません。先役、先先役あたりから貰ったのを平気で持っている奴も珍らしくはなかったのです。彼等は廻り方の誰にでも、勝手次第に出入りする。足繁く出入りしていると、自然その人に付属するようになってしまう。

　廻り方同心の方でも、あいつはなかなか具合が良い、という事をきけば、どれを呼んで使ってもいゝので、また呼ばれて来ないなんて奴はなかった。

　先役の手札を貰った奴は、必ず後任者のところへ出入りするということもない。手札を貰い直すということもなかったのです。それですから随分取締りがあって無いようなもので、有力な犯人などを突留めた場合に、ことによるといつも出入しているところでない、他のところへ持っていって知らせるなどということもあったそうです。それと共に幾人もある廻り方ですから、一人に付属しないで大勢のところへ出入りする奴もある。南と北の両方の廻り方のところへも出入りして、その上まだ加役（火付盗賊改）の同心のところへも出入りするという奴もあったのです。勿論そういう手合は、大親分のところにころがっていて、食はしてもらっているような奴もあり、職人、日傭取、出前持、大道商人というようなもので、子分になっている奴もあった。

　親分の仕事を手伝う諜者といったところで、きまった人があっても無いようなもので、大変幅広く諜者がいるようなわけにもなったのであります。

　その代り親分のところに居て、手助けするような奴でも、同心の方へは名前も通っていないようなのが沢山ありました。

と、岡ッ引一家のことをくわしく述べており、また「江戸に就ての話」にも、

　それには上役の与力や同心からの貰い物と内々でいろいろの事件の埒をあけたり、引合いを抜くことなど、町家からの袖の下もあって実際には仲々小ざっぱりとした暮らしをしている。住いは八丁堀とは限らないで、それぞれ自分の縄張り内に住んでいた。

　科人を見つけて、その場から追いかけるために、いつも五両の金を懐ろに用意していたと言はれている。

　現行犯は別として、人を縛る場合は同心から「御手当の事」と書いてある令状を貰って召捕りに向ったものである。捕物も芝居でするように、いきなり「御用」とか「神妙にしろ」とかいって十手を振り上げ

るようなことはなかった。

まず相手に対して「おい、ちょっとそこまで来てくれ」といっておだやかに連れて行った。またそれで大抵は往生してしまっていた。なかには短刀など振廻して抵抗する者もあったが「御用」とか「神妙にしろ」と言っておどかしていた。

従って岡ッ引にしても手先にしても、平常は普通の人と同じように着流しで、白足袋、草履、十手という拵えで、余程の大捕物でもない限りは襷、鉢巻、手甲、脚半などはつけない。こういう場合には棒とか、刺股などを持出していた。それ程でない時は梯子伏せにして召捕っていたが、大抵は手捕りにしていた。

この様に諸書にあるように、小者、岡ッ引、目明しといろいろ用いられ、小者と区別されていたりするが、やはり、岡ッ引、目明しも小者であり、町民が敬称して御用聞きといったのに過ぎない。

小者の生活

岡本綺堂の「半七捕物帳」は小説であるが、江戸時代岡ッ引をしていた男の聞書から構成したものなので、信ぴょう性のある部分もあり、

神田三河町、半七の家。こゝは茶の間で小綺麗に片づけられ、拭き込んだ長火鉢や、燈明のかがやく神燈などがある。壁には子分の名前をかきたる紙を貼りつけ、それにめいめいの十手がかけてある(中略)一カ月一分二朱と言うのが上の部で悪いのは一分位だった。おまけに岡ッ引は五人も十人も手先を使い、その面倒も見なければならぬから、最初から算盤のとれないような仕組に出来上っていた。

とあり、岡ッ引の下に手先がいたことになっている。つまり、子分も岡ッ引ということになる。

この岡ッ引をまた小者ともいったから、すべて同心の下に使われているものを小者と総称し、同心の役宅にころがり込んでいる者を小者、独立しているものを岡ッ引、あるいは目明し、また敬称して御用聞きといい、これに使われている子分を手先、または手下といったのであろう。

親分達の中には料理屋そのほかの職業を別に持っているから低給料など目にもくれないが、小説の半七や銭形平次のような専門の御用聞きは、生業がないから生活が苦しいはずであるが、小綺麗な家に、美しい恋女房を持って子分も数人抱えているというのは、やはり、町々からの付届や、抜きの謝礼によってかなりの収入があったものと思われる。こうした岡ッ引は往々にして職権でない職権を利用して庶民に迷惑をかけ、いわゆる岡ッ引、手先とさげすまれていたのであるから、半七、平次は英雄でもなければ庶民の擁護者でもない。平安時代の放免と同じように元は軽犯罪者であったのかも知れない身分のものであった。

ゆえに正徳頃すでに、岡ッ引などを使うことが禁じられている。

岡ッ引使用の禁止

「江戸町奉行事蹟問答」に、

目明し岡引のことは制禁にして、同心出役先物持人足の唱なり。捕ものの節、いかに物持人足なればとて、主人その働きを傍観する訳にも成らざる故、これを助けて働く趣意なり。然れども流弊して御手先と唱、右名で親分株あり、南の定廻りには誰、北の定廻りには誰々と、威勢強きものあり。子分付属を多く遣い、市中に押行せしものなり。町廻り同心も少人数にて広き市中の警察を司る故に、止むを得ずして、時の奉行も黙許せしなり。

とあり、岡ッ引・目明しの弊害によって、たびたび使用禁止令を出し、享保頃には火付盗賊改役付属の岡ッ引がゆすりをやって獄門になっている。

天保十三年(一八四二)の改革の時も、これの取締りの布令が出ているが、彼等を使わぬと犯罪捜査に支障を来たして能率が低下してしまうので、また使うということを繰返していた。

(4)　手　下

手下と下ッ引　御用聞きの下に働くものを俗に手下・手先といっているが、

御用聞きも手先と呼ばれることがあり、この区分は明瞭ではない。しかし通常は御用聞きの子分を手下といい、岡ッ引と呼んだ時にはその子分を下ッ引といっている。職人・日傭取・出前持・大道商人などが子分となって働いた。彼等は大勢の人に接するから探索聞込みに便だからである。給料も貰えぬのに彼等はなぜこんな仕事を名誉に思って勤めるかというと、第一に無知であり、彼等自身もちょっとしたことで軽犯罪位は犯しやすい。そうした時には御用聞きの手下になっていれば、親分を通じて同心にすがり御目こぼしにあずかれるし、何々某同心旦那の息がかかっているということが、彼等にとっては一種の名誉であり、生きがいであったのである。

使う方でも軽犯罪すれすれのことをやっているような奴は、犯罪の場所、犯罪を犯すような者をよく知っているから探索させるにはもって来いの者である。また同心が捕物出役の折に、こうした怪しい連中でも数の内に加えて、犯罪人を取囲めば、手出しをしないながらも相手に対して威嚇効果があるから枯木も花の賑わいで使うのである。

手下の親分である御用聞きは子分が多ければ多いほど羽振りが良くなり町内の顔ききとなる。十数人も手下を養っている御用聞きもいて町役人でもないのに町役人以上に私設警察権を持ったつもりになって、食いつめた怪し気な奴が子分にしてくれとやって来ると、居候をさせ、少し目はしの利く奴には、同心旦那に「御願申します」と頭を下げて手札までもらってやる。

この手札一枚をもらうことが彼等には寺や神社でくれるお札よりも御利益があるので、彼等にとってはお上御用手伝いの証明書であり、陰の役徳にありつけるしるしになる。この手札を見せられて、疑ったり、せせら笑ったりしたら大変である。こうした連中のこうした威張り方が、自然親分を権力化してしまうので、岡ッ引自体の弊害があるのに手下はさらに無知の場合が多いので始末が悪い。

だいたい子分という言葉も品の良いものでないが、手下という言葉はさらに最下低の蔑称である。

山賊の手下、海賊の手下、盗賊の手下などの例で、庶民が手下手下と呼んでいるのは軽辱の意味からであろう。

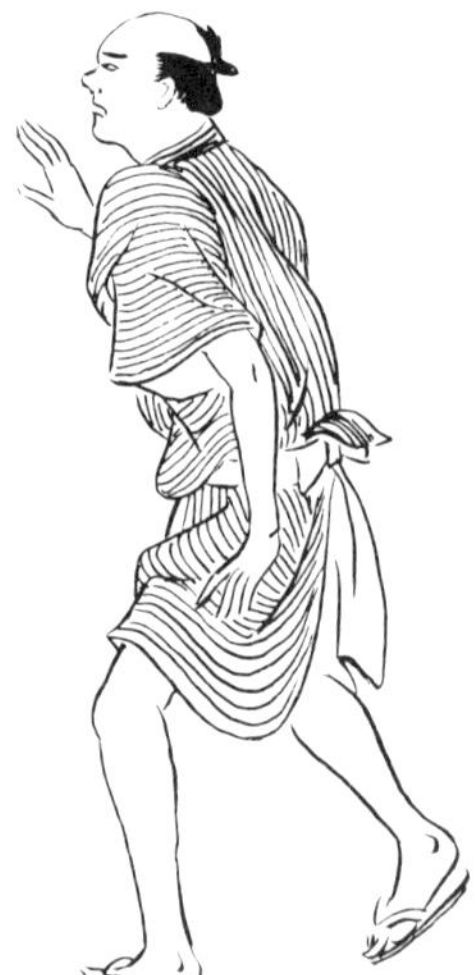

手下の風俗

手下の生活

平安朝時代の放免と同じで軽犯罪者もいる。ゆえに手下は悪い奴等の痛い所も、もぐり込む場所もよく知っている。そこで手下は手下なりに知恵を働かせて、すぐには密告しない。密告してもどうせ親分や同心の手柄になってしまうし、下手な密告をすると、密告された奴の仲間から恨まれてしまうから、密告する前に少しずつ、いや味をいって、袖の下をくれないと旦那に密告するぞというような意味にとれる言葉を使って、相手から何回か金をせびり、その上で密告してあげさせてしまう。逮捕の時は自分は姿を見せない。

また、悪場所をできるだけ多く嗅ぎつけ、彼等にとっては出入りの縄ばりを作っておく。そして犯罪が表立った時だけ報告する。かいで歩くから犬（密偵）と呼ばれる。中にはたった一人でぶらぶらして生活している手下もあった。こうした者は内緒の博奕場とか、興行場、私娼のある所をよく知っていて、ちょいちょい顔を出した。妙な奴が来るから相手も、すごんでおどかすと、同心の手札をちらりと見せる。相手はどうせまともの商売をしている奴等ではないから、お上関係の者には弱い。

そこで態度を変えて「あにい、一諸につき合いてえが、今手が放せねえので、これでちょっと口よごしに」といっていくらか紙に包んで袖の中に落込んでくれる。こうした所を一回りすると一分位になる。

しかし同じ場所に度々顔を出すとうるさがられる。「あにい、しどいぢゃあねえか、二、三日前に来たばかりで」といわれて嫌な顔してことわれる。たかりと同じであるからすねに傷持つ相手でも嫌がったり文句をいう。これに文句をいい返すと、あとが利かぬし、後々に探索ができぬようになり、また親分から大目玉を食うから、あまりちょくちょく顔を出して小使銭をせびることもできないから、できるだけ広範囲に顔をつなぐように懸命に町をかいで回った。

こういう奴は、庶民にもすぐ見分けがついたが、日傭取り、出前持ち、大道商人、職人は正業を持っているから、手下と気のつく者はいなかった。

彼等は仕事に精を出しながら見張ったり、かいだりした。植木屋、大工、左官屋は何か犯罪のありそうな所へは仕事として入り込むことができる。棒手振の魚屋、行商の八百屋、桶修理、鋳かけ屋、鏡磨き、刃物研ぎなどは町を流しながらかぐ。

同心・隠密などの変装ではないから、全くわからない。そして捕物の手伝いもしない。見物人の中に紛れて見ているだけであった。

同心着流し巻羽織／刀はカンヌキ差しで柄に袖をのせ雪駄ばき

惣持の供は紺看板に梵天帯と普通の帯，千竹色の股引に紺の脚絆，紺足袋に草鞋ばき。御用箱は紺風呂敷に包んで背負い，真鍮金木刀を腰に回して差す

「江戸町奉行事蹟問答」記載による外出時の同心の復原

同心がこれらを見分けるために、彼等はいつも白い鼻緒の履物をはいていた。

このような手下には奨励金としての褒賞金が陰で渡された。

文久二年（一八六二）には幕府は町奉行に対して、下ッ引・手下の戒告を出している。

手下というとこのように善悪ともに含めた犯罪検挙協力者をいい、下ッ引というと岡ッ引に養われて、検挙の手伝いもする連中をいうと見た方が良いようである。

「江戸町奉行事蹟問答」記載による与力公式の供廻りの復原

7 訴訟

町奉行所は行政を掌っているのであるから、刑事犯罪関係だけでなく民事的な訴訟も取扱っている。これを公事訴訟といって二種の意である。つまり公事とは刑事、訴訟は民事をいったものである。ただし訴訟とは一方から訴えでて取上げられて初めて訴訟事件として成立するのである。訴える種類は訴人、直訴（駆っ込み）、越訴、箱訴とあり、その内容については、帳付願、裁判願、検使願、見分願、諸届、駆込訴願、自訴、駕籠訴願、箱訴願などである。

「江戸町奉行事蹟問答」に、

日々訴人は、町々支配名主方にて下調いたし、町法の通り訴状を認め、町役人付添、月番奉行所へ出るなり。表門潜りより入り当番所前に至り、椽下に着座して、恐れながら申上候と云て訴状を捧るなり。

右区別棟様々あり。

と記されている。

帳付願いとは、盗難其他後日のために言上帳付を願うことをいう。

言上帳とは、

町奉行所大切の書類にして、日々の訴、重きは書式ありてこれを記し、西の内（茨城県西の内で漉いた和紙）二ッ折にて毎月一冊づゝ調整す。日々の末に本番与力連署して毎日奉行に出す。奉行必ずこれを検閲す。昔将軍三代（家光）の頃町奉行・与力を二の丸へ被為召、言上帳を取寄せ種々御尋ありし、事あるを以、何時如此事なるも知られずとも、古例を堅く守りてこれを丁重に取扱うなり。南町奉行所には

慶安已前の言上帳年々備ありし、

とある。

(1) 訴人

訴人とは犯人を告げに訴えるもので、火付・辻斬・切支丹・陰謀・隠し鉄砲などで、外部の者、または仲間から訴えるのである。これには賞金がつき、訴えた者がたとえ同類であっても、その功によって罪にならないことが多かった。

たとえば由井正雪事件の折、松平伊豆守の家来奥村権之丞と林理右衛門などがそうである。彼等は徒党の一味であったが訴人して助かったが、訴人筋といって武士の間では軽べつされて久しく御役につけなかった。

大塩平八郎の乱の時も東組町奉行所同心の吉見九郎右衛門の伜英太郎と河合郷左衛門の伜八十次郎が直訴した。

このために二人は各々銀五十枚を賜わり二人の父は取高のまま、異例のはからいで小普請入りとなった。それは仲間の交際が気まずくなったので、引退させられたのである。だいたい与力は抱え席であるから小普請入りということはないのであるが、訴人の功で、役高そのままで小普請入りという名目で引退したのである。

庶民の訴人は評判が落ちないが、やくざ悪党仲間の訴人は、あとで仲間から迫害され悪くすると殺される。武士も相身互いであるから、同僚や盟約を結んでいながら仲間を訴人すると、たとえそれによって大事に至らず大功であっても、武士交際上油断のならぬ奴として、排せきされたのである。

直訴

江戸府内の町人が手続の順序を踏まず町奉行所へ訴えるのを直訴といった。百姓が、領内役人の手を通じないで領主に訴えるのも直訴という。

江戸町奉行所では直訴を受付るために暮六ツ（午後六時）に正門を閉じても、直訴（駆っ込み）ができるようにしてあった。

庶民に何か揉めごとがあって、名主・町年寄が自分の主張通りに裁定し

てくれないと直訴することがある。直訴して取り上げられると公事になるから、訴えた者はその間誰でも迫害することができない。

「江戸町奉行事蹟問答」に、

願人は付添なくして、昼夜に限らず単独にて当番所前へ出てひざまづき、訴の趣を申立るなり。当番与力はこれを書取り採用すべきは奉行へ告げ、夫々に処分し採用す間敷は願出るの手続きを教へ利解して帰すもあり、若し承服せざる時は奉行の白洲へ出すなり。駈込願人のためには異変起こしたることあり。

とあり、時々乱心者などが直訴と称して入って乱暴を働くことがあるゆえ注意せねばならなかった。

駆っ込み訴

文政の頃、北町奉行所へ一人の訴人来り物書同心詰所前椽側下に蹲居候て訴ありと云。同心は直ちに椽側畳敷の際に机を出し急ぎの書物を認め居る故、脇差し脱し、内手に置べき定めなるを不注意にして表方に置きて頻りと認め物に余念なきを、右訴人は乱心者ならん、忽ち其脇差を取て椽に飛上り、抜き打ちに其同心を切殺したり。夫より続いて次の同心に深手を為負たり。当番与力其外珍事起れりと立騒、捕押へんと立騒ぐ内に、表に駈抜け奉行家来の長屋前へ駈出し、出逢次第何人の別なく切て廻り、諸所を駈廻り候故、役所中の大混雑と相成、駈走り候内、出会次第追々怪我人も多人数出来、終に仕留候事あり。

ということもあった。

越訴

これは筋違い願いといって、代官所へ訴えるべきものを町奉行所に訴えたり、町奉行所に訴えるべきを、ほかの奉行役宅に訴えるのを越訴といった。町人が僧侶を訴えるのは町奉行所、僧侶が町人を訴えるのは寺社奉行所であるのを逆に訴えた場合も越訴といった。越訴、直訴は非合法であるから訴えが正しくても多少の罰は受ける。

箱訴

八代将軍吉宗が創始したもので評定所前に目安箱を置いて、庶民の不平を投書せしめた。毎月二日・十一日・二十一日の式日の翌日の朝、目安箱は御用部屋手付が御本丸に持参して老中に渡す。老中は、

「御箱が参りました」

といって御側御用取次に渡すと、御用部屋坊主の手によって御談《おだんじ》部屋に運ばれる。

ここで時計の間坊主肝煎に受け渡して張番坊主と共に御小納戸頭取の部屋に入れる。それから御用御取次が一人で御休息の間の下段中央に運び、少し下って両手をつく。この目安箱がここに運ばれると御小姓達は立って

次の間にさがるしきたりであった。そこで将軍は襦袢につけてある小さな錦の守袋の中から鍵を出して自ら錠前をあけて中の投書に目を通すのである。投書には庶民の不平もあり、意見具申もあり、訴えもあったが、当然所轄の役所に訴るべき筋のものとか、住所氏名の明記していないものは取り上げなかった。

老中の掌ることなどの範囲のものは、将軍自ら老中の御用の間へ立って行ってその書類を箪笥に入れた。

老中はこの書類を一見して、御用取次の手を経て将軍に返納し、その件の処理方法を講じるのである。

又地方のことで調査を必要とする場合には、将軍は御駕籠台に出て、お庭番を召して探索調査を命じたりした。

お庭番　吉宗が紀州より召連れた村垣左太夫を密々にお庭に召して隠密探偵をさせたのが始まりで、子孫は代々吹上御殿お庭番と名付けられた。百俵高七人扶持、小十人格である。仙石騒動などは村垣淡路守がお庭番の時命を受けて探索し、その功で昇進の途が開けたのである。庶民に関することは町奉行に扱いの令が老中から出され、武士のことは目付に命が下りて調査した。

お庭番

駕籠訴

将軍・老中・領主の行列に訴えるのを駕籠訴といった。老中などに直訴した場合には「江戸町奉行事蹟問答」に、

町人直訴（駕籠訴、駈っ込み）いたし候者其筋より月番町奉行へ達有之。当番与力年寄同心若同心召連、受取りとして罷出本人引取来り、訴状は封印の上にて奉行へ渡し、奉行所へ連帰候後は前の如く（直訴・奉行所へ直訴した場合と同じく）取り斗らい、御役人へ引渡候。

とあり、割合に多かった。しかし老中などは取上げると事件が面倒になるし、たとえ正しい訴えでも駕籠訴は罪になるので取り上げようとせず、供侍達も、

「控えい。控えい」

といって追い立てた。しかし、女がすねをあらわして駆け出して駕籠訴すると取り上げられた。これはつつしみ深くあるべき女がすねを露して駆ける恥をもしのんでの重大なことと見たからである。

駆っ込み

駆込訴は「かっこみ」といい直訴であるが、駆込んで来るのでかっこみといっている。訴訟は家主、名主の手続を踏んでいない非合法であるから、町奉行所では受付けなければ良いのであるが、何か重大事件の駆込訴もあるので夜中でも受付けたのである。その代り駆込訴人した者も罪となって入牢申付けられた。

夜、町奉行所の向って右側の潜り小門だけはカンヌキをかけないであるから駆込みが来て「御願いで御座います」といえば門番が手丸提灯をとぼして、扉をあけてくれ、玄関から右側にある当番所へ連れて行き「駆っ込み」と怒鳴って門番所へ戻る。

当番与力がこれを確かめて、取り上げられるものは書類とし、不心得のものはさとして帰すのであった。

(2)　訴訟の順序

訴訟には、人事・経済・風俗・土地などのあらゆる民事があり、それぞれの与力の分課によって担当されていた。

寛保年間の「律令要略」によると、金一分・銀十匁・銭十貫文以下の訴訟は取り上げないとされているが、銭十貫は金に直すと二両二分である。金だと一分以上からであるが、銭だと十貫に達しないものは取り上げられない珍現象となっている。

公事人溜

訴えるためには、まず相手方の家主に訴訟を起す旨の宣言をしなければならない。ゆえに小さい事件は相手方の支配である家主の仲裁でかたがついてしまう。これでまとまらないと名主の所で調べてもらう。前にも述べたように名主の家は、小さな役所となっているから、小事件はここで裁かれて解決する。ここで処理できぬ場合に初めて名主・家主の連署で町奉行所に持ち込まれるのである。

町奉行所では当番与力が、訴状をよく吟味してから受理する。

訴訟馴れした悪い奴になると不正出訴といって裁判を利用して稼ぐ者がいるので注意しなければならなかった。宛名住所無記載の証文や、印鑑偽造の悪質なものから古証文利用というものまである。

訴状が受理されると、やがて家主に差紙が来て、何月何日本人同道で出頭せよと命令が来る。

出頭には町年寄は麻上下に無刀（幕末には羽織袴となった）、家主は羽織袴（幕末には白衣と羽織となった）訴訟当事者は羽織に草履で足袋は履かないことになっていた。

当日は五ツ半時（午前九時頃）から御呼出しが始まるのでそれより一時間ほど早く公事人溜りに行って待っていなければならない。すると御呼込みといって、一人一人名前を呼んでお白洲に入れた。

白洲　お白洲は白練塀にかこまれた砂利敷きで、正面座敷に公用人・目安方、縁の所の白洲には巻羽織の蹲い同心が左右に控えている。

百姓町人は白洲にすわり、武士・神官・僧侶は身分によって、縁、または座敷にすわった。

異例としては遊女に限っては縁にすわることを許された。これは江戸初期に遊女が評定所に給仕して奉仕したからだといわれている。

しかし町奉行所で取扱うのは大部分が町人階級であるから、ほとんどお白洲にすわったといって良い。

お白洲にすわる順序は寛延三年（一七五〇）の御触書にあるように、訴出た原告は正面に向って左側、訴えられた被告は右側となっていた。

町奉行は午前中は登城しているし、与力の出勤は今の十時頃であるから、朝九時頃から御呼込みが始っても、審問開始は十時頃でそれも与力の審問で、奉行ではない。

第一回はこうして調書程度のお取調べとなる。そしてある程度の書類と証拠がそろってから町奉行の御取調べとなるのである。

相手方の不参と願人の不参

出頭を命ぜられたら病気以外は欠席することができない。江戸時代の訴訟は対決裁判であるから欠席裁判は行なわないで延期される。

病気で出頭できぬときは、親類か、家主・名主が代理人となり、医師の診断書を添えて病気断りを申し出る。

万一偽病であったり、外出していたりすると、本人はもちろん、家主・名主まで罰せられる。

ところが本人が長期間の病気であるといつまでたっても対決できぬから、こうした場合には文政時代から代人の対決ができるようになった。

また訴えた方が不参になると、その訴状は却下されてしまう。事件が山積しているから呼出しがかかっても遅刻したら、すぐ次の事件処理に移らねばならぬから、遅刻も厳重であって、もし遅刻せねばならぬときは遅参届を前もって出させた。

訴えられた方への注意

訴えられた方は事件が終結するまでは居住地を離れることができない。訴えられたことがわかっているのに欠落したら町役人の落度になるから、町内預けとして監視されている。大坂ではこれを他参留といっている。

訴えられた者のなかには、何人かに別々に訴えられている場合がある。この場合に先に訴えた方を先訴、別の者が後から訴えたものを後訴といっている。また同じ日に別の者からも訴えが出たものを同日願といった。

訴えられた者が、訴えられる以前に遠方に行って重病で帰れない時は、留守中に代判人をきめ、差日（出頭の日）の前日までに届出なければならない。

代判人がいない時は、名主・家主に命じて三十日以内に代判人を作ることを命じ、もし怠ると町役人の落度として咎めを受けた。

引合人

訴訟には当事者同士だけでなく証人が要る。これを引合人といった。

引合人の証言は、片口証言といって一方的証言となるので、証人の関係者まで調べることになるから、なかなか面倒なことになる。

証人が江戸府内の庶民なら良いが、武士・神官・僧侶や、他領の者であると面倒である。一つ一つその管轄に照会せねばならぬし、場合によると評定所の合議裁判となる。

訴状受理の様子

「江戸町奉行事蹟問答」に、

平日町々より訴出の事、付添町役人の人数ならび事柄、月番一方とか非番へも訴出るとか様々の規則あり。これは享保の度の法則を定めたり。町々は何事も名主の取扱（火元調・消防・人別調・宗門改・不動産登記・訴訟の和解斡旋・諸証文の奥書加印・町触伝達など）にて、名主宅は其支配下の役場（玄関の土間を利用して町役場としていた）にして役料を得て手代を召仕い、事務を取扱故、訴訟ある時は、先づ名主の差図に随い成規の如く町役人差添出るなり。

其の一二の体裁を言はんに、訊人は町役人同道にて町奉行所前の腰掛に来り（公事人溜りに来るのであるが狭いので町奉行所門前の茶屋の腰掛の所に集まる）町役人は袴羽織（幕末）を着し、本人は身分により、地主・家持なれば羽織袴、店借りなれば白衣にて町役人の跡に付、表門潜り（向って右側の潜り門）より入り、当番所へ来、出庇の内タタキに蹲居候、恐れながら御訴申上ますと云。当番与力は物書所にて物書衆（物書同心）と呼ぶ。同心はこれに答えて立て訴状を受取り与力へ出す。与力は披見し、下知すべきことは即決して訴の趣聞届

る。何々せよと例規に依て下知を伝ふ
　その時訴人は平伏して下知を受、物書同心は訴状を受取元の場に戻り、訴状の上に付箋して下知を記し置く（鰭付という）帳簿には右訴状の要点を摘記入し、下知の趣も記載す。この帳簿を言上帳と唱、西の内二ツ折にて毎月一冊を造る。
　其日の訴は暮六ツ（午後六時）限りに帳簿を締り、当番与力は訴状と帳簿と読合せ相違なき時はこれを奉行に出す。

自　訴

「江戸町奉行事蹟問答」に、

　これは罪人己れの犯罪を後悔して自訴（今日でいう自首）するものあり。露顕せざる内に自訴するは其品により、所刑を軽減することあり。故に町奉行所へ自訴人あるときは当番直々願書を書き取り、本人は腰縄にて仮牢に入れ置。

また刃傷事件を起して自訴する例も随分あり、訴え出た本人も深傷を負っていることもある。こうした場合はまず傷の手当をせねばならぬし、往々にして夜間の事件が多いので馴れぬと宿直の与力・同心もうろたえることがあった。

同書に、

　余宿直の夜中、例に依て当番所前雨戸は建《たて》寄、最早公用済にて臥床《ふしど》に入りしに、戸外にさけぶ声を聴。何ものなるぞと問ふに、只今人と刃傷して、相手は切殺し、印《しるし》しを携へ来りたれども、深手を負て苦痛堪へ難し。早く戸を明けて訴を聴れんことを乞ふと云て、何か板椽へ投げ上げたり。其響は刃物の如し。依て手燭を燈し、同心を呼起し、出てこれを見るに果して手負人なり。相手の腕を切落し持来りたり。申口を書取候内に医者を呼寄せ、年寄同心為立合、手当いたし、其内本籍の町役人を呼出し置、翌朝奉行に告げて吟味掛りに渡したり。

というような事件もあった。

8　裁判

(1)　裁判の種類

将軍御直裁判

将軍の裁判という法は定まっていないが大名間の争い、大名家の騒動などには将軍が直々に裁判した。三代将軍家光の頃まではしばしば行なわれたという。
　寛永十二年三月十二日には宗対馬守義成と柳川豊前守調興との争いを御直裁判となり御三家、老中列座の上で裁かれ、柳川豊前守が負けて所領没収され津軽へ配流された。
　天和元年六月廿一日には松平越後守光長の臣小栗美作が家政を乱した科によって五代将軍の御直裁判となり、小栗美作と子息の大六は切腹、永見大蔵、荻田主馬は遠島、松平越後守は所領没収されて松平隠岐守定直へ預けられている。

上聴裁判

「江戸町奉行事蹟問答」に、

　これは起源三代将軍の頃、正保元年八月十日、品川東海寺御成の砌り、御自身に人民の公事御聴あり。御大老・御老中参会し、又同二年二月二十六日、品川御殿に渡御、公事御聴ありしが創めにて、仍ち又民政に心を用ひられたる、将軍は吹上御殿にて三奉行の裁判を御聴あることにて八代将軍・十一代・十二代将軍の時には度々之のこと行は

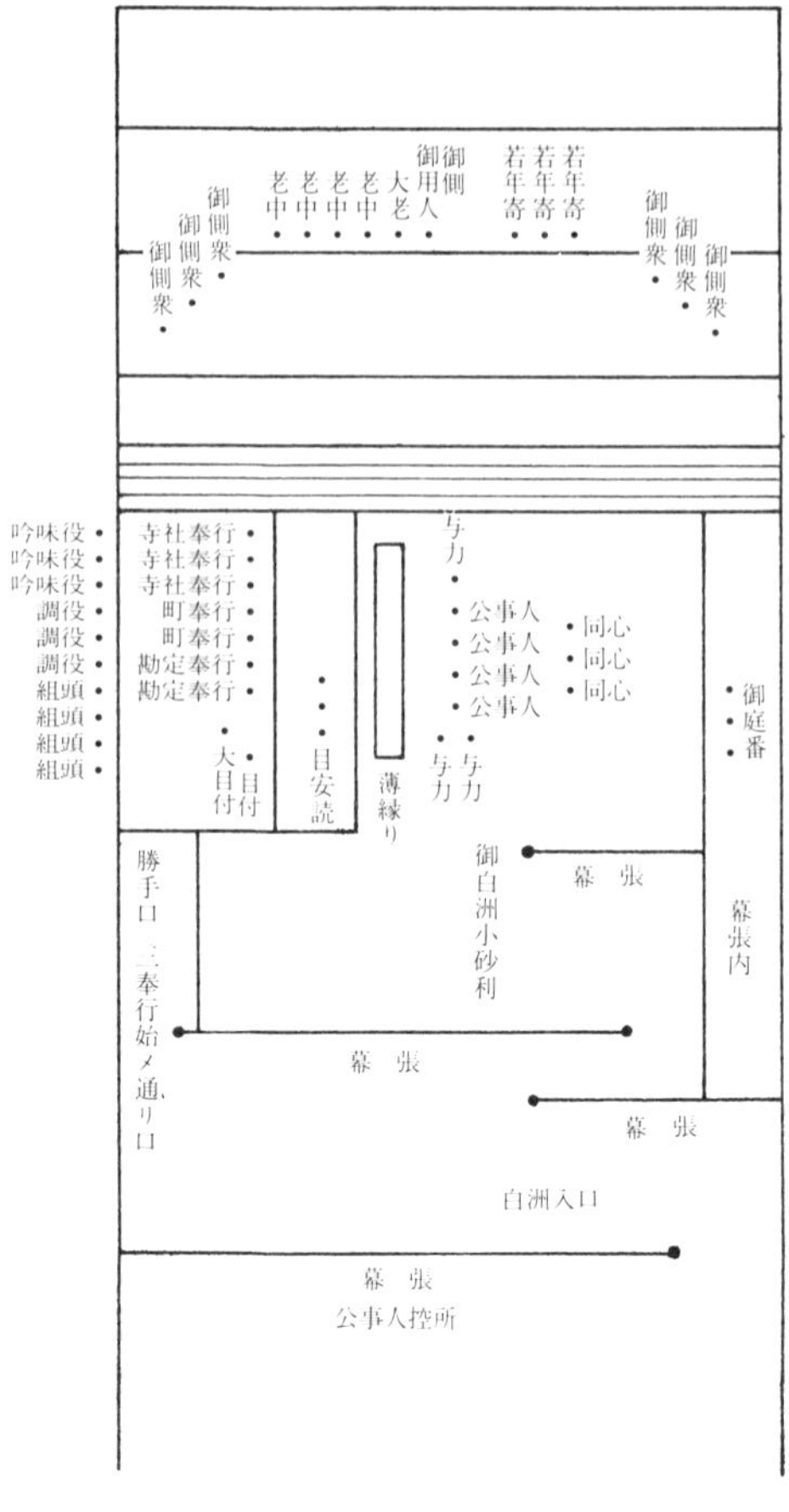

上聴裁判図

れたり。

これを上聴裁判という。

余も一度此席へ出役せしことあり。其の概略をのべん。右裁判ある時は前以て御内意三奉行へ被仰出、其用意するなり。

（三奉行がそれぞれの担当区域の範囲で二件を裁判する。将軍の御前で裁判するために適当な事件が選ばれ、奉行によっては前もって予行演習をしておくものがあったという）

公事は刑事・民事を問はず、入込たる勘定出入、または証拠繁雑にて決し難きものを除くの外は、何公事にても三奉行見込次第に出すなり。各二た口づゝを選み、月番町奉行はこれを取集め、出役与力同心心得方取扱振りは左に示す如く伺書を以て定之。

当日は前夜より呼出者を取纏め、夜明け前に与力同心付添、御城内へ入り、御目付の差図にて御鷹御門（北詰橋門の西にある吹上役所長屋門）より入、芝原に幕張控所ありて、同心と御小目付五番にて相待つなり。三奉行始め諸役人此御門より立入り、場所へ入る。万事御目付の指揮なり。当日は御成前より半蔵・田安・竹橋・清水の四カ所御門は通行を止め、御先手組にて非常を警しめ、当朝五ツ半（午前九時）揃にて御大老・御老中・若年寄・御側衆・三奉行・大目付・御目付・御先手頭出仕後、裁許の場所用意宜しき旨御側衆より将軍へ申し上げ、吹上十三間御門通り御鷹部屋内御駕籠台より被為成、此砌り御大老、御老中、若年寄御通り掛り御目見被仰付、直ちに上覧所（吹上の上覧所というは祭礼其外の節御物見所のことなり）御二階へ被為入、御小休、御場所掛り先着、御側御用人。若年寄は御白洲にて御目見。大目付、御目付は通御の節御目見被仰付。御場所図面見取凡そ左の如し。（右上図）

右図面御席の様子は上覧所御玄関内の正面御座舗三の間通りへ御簾を掛け、御座敷内にて上聴せらる。御簾の前に正面大老・御老中・御側用人・若年寄一列に着座す。鍵の手に折廻し御側衆列座、御廊下口々に御小納戸二人づつ相詰、御席より右手へ突出し御玄関西の方矢来際へ三奉行、其外役人罷出候場所を設け、これ裁判席なり。板敷へ薄縁りを敷、後口は金屏風立廻はし、前面二紺三白の幕を掛け、絞り上げ、下に薄縁り一枚通り敷あり。左の方より公事人出入口へ掛け同じ幕張にて白洲の境界を立て、出入口は喰違いにて夫より内小砂利を多く敷詰めたり。三奉行の裁判席には寺社奉行御前近に上座し四人並、夫より町奉行・御勘定奉行一列に座し、少し隔りて大目付・御目付列座し、其前面を隔て目安読・評定所留役、罷出伺候す。奉行の後ろに御勘定吟味役・同組頭・寺社奉行調役侍座す。右諸役々はいづれも継上下・紋付衣服・脇差を帯し、威儀正しく列す。

役役相揃、御時分宜しき旨御側御用人より将軍へ申上げ、直ちに御座に成る。御簾の内中へ諸役人は敬礼せずといへども、各畳へ手をさげ、自然と出御のことしれるなり。其以前に御目付より差図にて、公事人は順番に御白洲へ幕張外へ繰り込み与力同心付添罷り在。御庭へ入る時は吟味方町与力継上下紋付衣服にて脇差を帯し、同心羽織袴にて股立ちをとり脇差を帯し、赤ふさ十手を前にさし、かぎ縄を腰にさげ、いづれも足袋無し素足にて与力一人先導し、これに続いて公事人二列。衣服は身分格式によって様々にて兼て定たる礼服にて、侍も帯剣を脱し、跡より付添来り、押へには同与力二人左右に立ち同心三人警衛して御白洲へ進み入り、掛り奉行の着座程合を見計らい、先導者向を転じて公事人を引いて着座せしめ、人数に応じ一列二列にも着座せしめ、与力は左右、同心は後方に蹲居これを守る。

訴状・証拠物は与力、取次ぎ、目安読・留役へ出す。吟味中牢舎或は手鎖を命ぜられし者は、同心かぎ縄を掛けて後ろ手に縛るなり。吟味終って退座の時は、前に跡押への与力は先導となり、同心公事人を引出し、場所外へ出るなり。

此時は町与力吟味方老分重役困難の出役にて、余出役の時一覧せし其様を語らんに、右与力平日は役所にて威権を振いし老分も、今日は大君（将軍）始め、重職の面前故に公事人の付添にて素足にて砂利に永く蹲居ことのみにても随分困難なるに、これに加るに、呼出ものは囚人もあれば様々にて、席入の前に専ら行儀進退作法を教へ、先導の我等に見習い進み申すべし。正面には将軍の御座所、其他格老始め重職列座、左は奉行席ゆえ、御白洲へ出て失礼麁忽なき様に厚く申含め置も、いよいよ其場に至り、幕内へ入ると様子違い、見あぐれば正面御簾は光りかがやき、将軍いますと聞いて、十分の恐れあるに、前面列を正し、貴顕重職肩を並べ、左には平日恐ろしと思ひし奉行は多くの役役とこれに列座し、これまで白洲とは事変り、其行儀正しく、御威光美美として威儀滔滔たるに畏縮して前の申し含めも忘却、思はず半途に平伏し、膝行せんとすれども小砂利多く進むことあたわず、田舎人老婆の如きは神仏に参詣せし如く両手を合せて礼拝するもあり、中にも一際困難なるは盲人なり。彼は申し含めを能く守り一列の者にたもとを引き、両手を前に出して歩行せしに、半途にて一列のもの俄かに着座せしに驚き、中腰になりて前後をなでさすり、人に寄らんとす。付添此体を見て着座せしものを引立進ませんとする時、盲人の手に触るは肩衣なり、脇差の鞘なり。手当り次第につかみ付かれんとす。程能くこれをさけて手を捕って引立る躰もおかしく、遊女の如きも今日を晴れと衣服化粧を調へ、仲町を歩行する躰にて御場所に入らんと

与力　紋付衣服に継裃・脇差・素足

同心　羽織・股立とった袴・脇差・十手前半に差す。かぎ縄腰にさげる。裸足

上聴裁判の折の与力と同心

心ははやれども履きものは無し。小砂利敷きにて調子違い、一歩も進み得ず立ちすくみとなるゆえに付添同心は手を取りて引立てるに白鷺の水中をあゆむ如く一歩先へ出れば一歩は砂利へ踏込み申まじとして進退はかどらず此手引のもの甚だ赤面なり。歌舞妓役者の類は平日舞台の所作と同じく頭をさげて早速に駆入る躰、又々平民と違い、身振ありておかしく、中に罪人牢舎のものは同心縄を取り出るに、場所柄をも恐れず、りきみて歩行もあれば頭をさげてあはれなる躰にて歩むもありて、一種の様なり、座席改りて造らず、教へずして様々の形容を顕すなり。

付添与力・同心も謹で高声をも発せず、いろいろと苦心して指揮困難する躰、上みより御覧ずる時はおかしくあらんに、このごとく席入の時より困難あるに、尚退席の節は一層なり。吟味席に座して審問始ると、公事人も今日こそは一生の大事、勝負も此時なりと双方申争い、泣くもあれば罵るもありて、其座の者ども、思わず足に力を入れ、手は砂利をつかんで争うなり。

いよいよ決済して退席となるに、心もゆるみ俄かに立たんとするに、足に覚えなく、足しびれて立つこと能はず、同心はこれを引立てんとする中に動かず強て引立んとすれば後ろに倒れ漸く引立、一歩進めばまた倒れ、這い出んとして狼狽極まり、其困苦は形容するにも詞に尽し難く、列座の諸役人も大君の御前故、誰一人笑声を発するものも無く、見ぬ様をしておかしきを堪へ、行儀を崩すものなしと雖も、皆々笑いをのみて腹中にて苦しみ、跡にては咄の種なれども其実地に当る与力・同心は其場を繕い、無滞幕張外へ連れ出すまでは、己れ等の負担ゆえに、いろいろ介抱して、先づ幕外へ出て自分の足のしびれも休め、あゝながかった、むごき目に逢ったと小言するもあり、今度は無事に済みしとよろこぶもあり。代り代り勤むるなり。控席にも困難あるは、其場所は御座内の芝原にて、木陰に幕張日除位のことにて、終日掛り前夜より呼出ものは不寝の騒ぎ故に、前日遊女などは血の道を起こし、さし込など起りしと云者出来るなり。万一急病欠席も無余儀事也。

とあり、上聴裁判はなかなか大変であった。将軍は庶民の様子を見、また奉行達の手腕を見るために興味あることであったが、奉行以下の諸役人は、その準備からして大変であり、裁かれる立場のものは玉砂利の白洲で苦しみ、前夜から留置されて散々であった。

しかし町奉行にとっては、手腕を発揮する場所で、時には将軍から御褒めの御言葉を戴き、また賞誉の御沙汰書が下された。

上聴裁判で賞誉された例

天保十年八月九日（十二年八月十八日が正しい）上聴裁判有之後、町奉行遠山左衛門尉景元へ御賞誉の御沙汰有之。元来同人は旗本の末男にて書生中はいづれの場所へも立ち入り、能く下情を探索して後年立身の心掛け厚く、学力世才に長じ有為の人物なりしが、外見にては放蕩者にて身持悪しく、身体に彫りものと唱墨を入れ武家の鳶人足大部屋中間にまで交際し、遊歩行たる者などと云う評判を受けしものなれども、或年志を得て官途に登るや忽ち立身して天保・弘化・嘉永の頃には北と南の町奉行を勤め（北町奉行は天保十一年三月二日から十四年二月二十四日まで、南町奉行は弘化二年三月十五日から嘉永五年三月二十四日まで勤めた）余（佐久間長敬）初て勤めに入りしは同人晩年南町奉行の頃にて、裁判の態一見せしに、毛太く丸顔赤き顔の老人にて、音声高く、威儀整い、老練の役人と見受けたり。当時の評判には大岡越前守以来の裁判上手の御役人と申唱えたり。御賞誉御沙汰書左に示す。

天保十年八月廿二日（天保十二年八月十九日の誤まり）殿中御沙汰書の写し町奉行遠山左衛門尉景元、今般於吹上公事上聴の節、吟味の躰、利害の趣等行届候、兼而吟味巧者ニ相拐き候由被及聞召候処、今般之振舞格別之儀、可為奉行者左も可有之事ニ候旨、越前守殿（水野越前守忠邦）を以御沙汰ニ被及候事。

とあり、遠山左衛門尉景元は町奉行就任の翌年にはすでに名奉行として賞誉されていたのであった。上聴裁判に及んであらかじめ仕組んで予行演習をする中に、このように将軍始め重職の者を感歎させた奉行は少ない。

御大老・老中宅裁判

大名の公事訴訟などは評定所でなく御大老、または老中の役宅で行なった例がある。

「江戸町奉行事蹟問答」に、

此裁判は諸大名の公事或は諸役人の犯罪にて事柄重きことにて百カ条（御定書百カ条）の法要に照らし処分すべき類にあらずして、君主の特権を以て処分すべき類多し其適例を挙げるに左の如し。其他大小名御咎は多く此の例にて、老中宅へ若年寄・大目付・御目付出席して裁決を申渡すことあり。其例珍ら敷くあらざれば除く。

寛文十一年三月廿七日、松平陸奥守綱村（伊達綱村）家臣公事に依って大老酒井雅楽頭忠清の宅へ参会、老中列座吟味す。控席に在って原田甲斐己れの非分に陥いるを憤り、伊達安芸を切殺、柴田外記、蜂屋六左衛門等甲斐と戦い、外記は突かれ死す。六左衛門深手を負う。

とあり、この時、出席の町奉行島田出雲守忠政は真先に駆けつけ、原田甲斐を一刀のもとに斬り殺した。

若年寄宅裁判

若年寄支配に属する諸役人の犯罪事件については、刑法によらず、若年寄役宅に当事者を呼びよせて、特権をもって処分するのである。鳥居忠燿などは元奉行を勤めてから若年寄支配の職についたが、前職の不法があらわれ、若年寄役宅へ呼び出されて処分された。

上使裁判

大名の犯罪については、江戸に大名を呼びよせることなくして、御尋問書、または上使を派遣して、其の藩に行き裁判し判決をあたえるもので、元禄十四年の浅野長矩に切腹上使を派遣したり、延宝八年（一六八〇）六月廿六日に四代将軍家綱の法事が芝の増上寺で行なわれた際に永井信濃守が内藤和泉守に斬殺され、板倉石見守重種が切腹上使としておもむいている。また宝永六年（一七〇九）二月十六日に五代将軍綱吉の法事を上野寛永寺で行なった際に前田采女利昌が織田監物秀親を斬殺したので大目付横田備中守由松が切腹上使として派遣されている。

尋問書とは、諸大小名や身分の高いもので犯罪の容疑のあった場合に江戸に召喚しないで、不審の条文を質問状として封書して当事者に送り、返答をさせるもので、尋問書による罪に伏した時は待罪書を出さしめてから処分する。返答しなかったり、伏罪しない場合は呼び出されて老中の裁判となる。

一座掛裁判

「江戸町奉行事蹟問答」に、

これは評定所一座と唱（一座掛詮議物ともいい、寺社奉行・町奉行・公事方勘定奉行全員が合議する）寺社奉行・町奉行・御勘定奉行を言うなり。則此一座列座して裁判するものなり。

寺社奉行は三代将軍家光公の時、寛永十二年十二月十二日創て御譜代大名の内より被仰付、其翌年正月十三日評定所創設せられ、其後竜の口にこれを建設し、毎月日を定め評定日あり（毎月二日・十二日・二十二日）、裁判席も広大なる場所にて実に当時日本第一等の裁判所と云ってはづかしからぬ場所なり。評議席も手広く大政議事堂なり。大老・老中・若年寄・大目付・目付時々出席あって事を執る。其の裁判之図左ニ示さん。此場所に就き町奉行の関係多くあればそこにて陳べん。右図面の如く、正面後ろ、惣躰腰障子にて、目通り透見のため幅五分切りとりあり。図の如く諸役人列座し、御老中出席あれば、うしろの障子白洲正面の所を抜き、常は締め切りあり。間口二十五間、惣体に板椽畳椽を通し、中央五間を白洲として、方行に屋根を突出だし、三方出庇、内に小砂利を敷、打廻し三尺タタキ、四方吹通し、其の三方より椽先まで雨除障子をさげ、公事人溜りは図の如く三方折廻し九尺幅小砂利敷、出庇下三尺タタキ雨除障子をさげ、うしろは惣板羽目一カ所公事人出入口を設け、六尺の引戸潜り口付、此処と外に二カ所低き台を公事人溜り内に置、薄縁りを敷、御小人・町同心立番・公事人の入口並行儀を改め、白洲蹲居は町同心羽織袴、股立とり、脇差を帯し、赤ふさ十手をさし、素足にて相勤め、出入者呼込進退は町与力継上下脇差さし帯、たたみ縁へ出て、目安読は留役、同じく一人罷り出て、奉行着席敷居際へ侍座す。三奉行・御目付は刀を手にさげて出席、後に置、前には黒ぬり硯箱あり。暑寒とも火鉢、多葉粉盆を用いることなし。公事目安・書付類は各懐中して出る。多きときは調役・留役持出す。町奉行へは与力出す。暁または夜に入る時は御紋付台付挑灯、白洲より公事人溜りへ出す。奉行席呼出とも燭台出る。朝顔なり。（朝顔型しょく台）唐銅三尺有余のものなり。順席作法厳重にして少しもおかすことあたわず、奉行着席、内へは与力も入ることあたわず、敷居を隔て座すなり。行儀正しく甚だ厳格なるものなり。此例も天保九戌年（一八三八）八月一日落着せし、大坂町奉行跡部山城守組与力格之助養父大塩平八郎頭取同組与力同心等徒党大坂市中放火及乱妨候件、則評定所一座掛りなり。

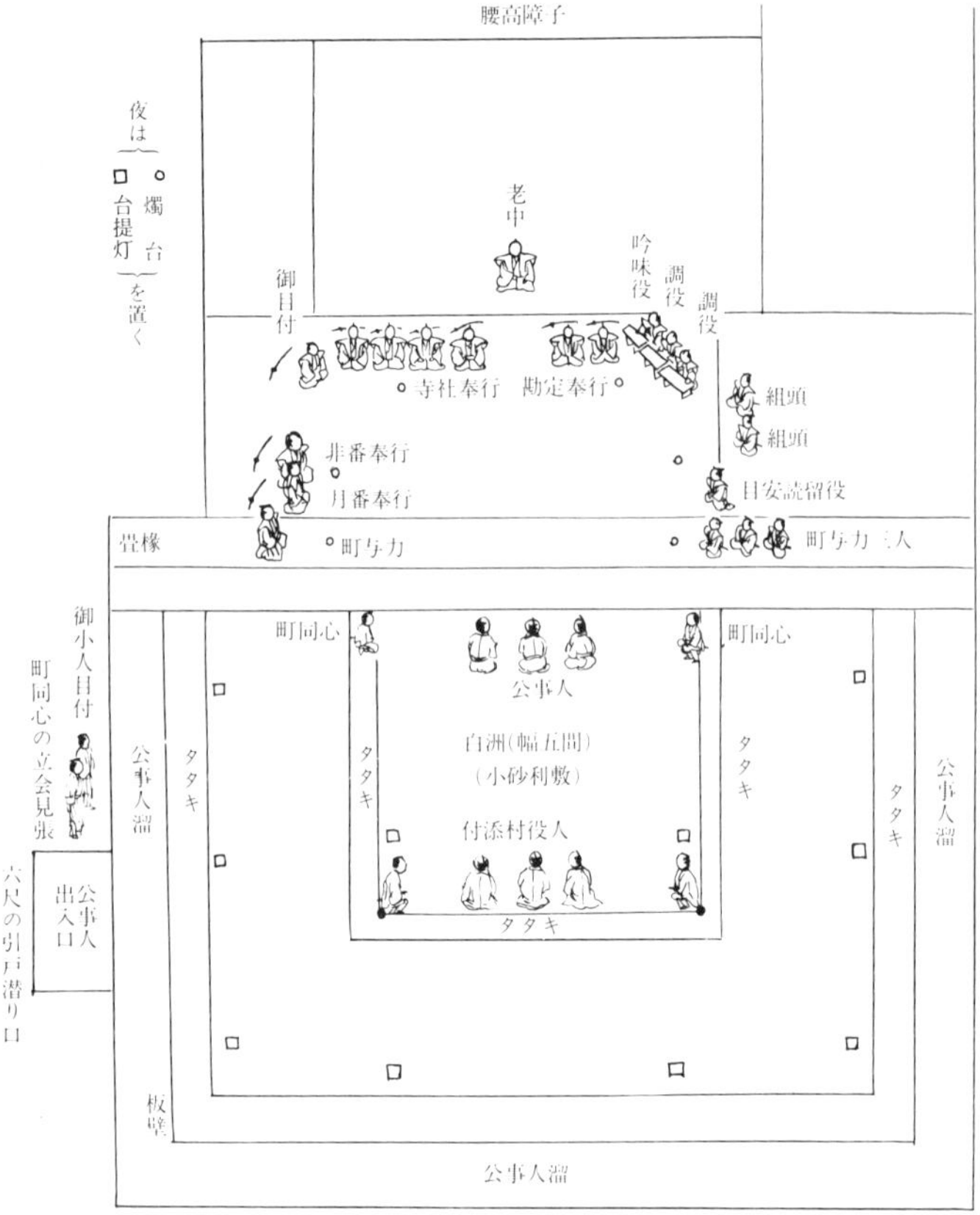

評定所一座掛裁判の配置図

とある。

三奉行総出の裁判を一座掛りといった。三奉行共に芙蓉の間席、従五位級であるから、一代抱御目見以下の与力は同席はできない。町奉行所内の詮議所では一番重職である吟味方与力も、ここでは一間隔てて侍座して、詮議の下役である。

五手掛裁判

これは評定所一座（三奉行）のうち一人づゝ選挙せられ、掛り主任に被仰付・大目付・御目付立合御詮議を被命ぜられたる重大の件なり。

これを略して五手掛りという。

とあり、一座掛りの中で特に主任裁判官を選定した場合を五手掛りといい、式日や立合日に皆集まった後に行なったり、不時に開廷するもので俄評定ともいった。

天保六年（一八三五）の仙石騒動・安政六年八月二十七日の水戸の家臣安島帯刀の大獄事件・伊井大老の外桜田御門襲撃事件などはこの五手掛りで裁かれた。

また元町奉行鳥居甲斐守忠燿は寄合席に入っていたが、在職中の本荘茂平次事件を弾劾されて五手掛り裁判を受けた。

三手掛裁判

大目付一人、町奉行一人、御目付一人の立合で評定所で行なう裁判である。旗本の犯罪などの折に行なうのであるから随分これは開廷されている。

第一回公判の時は大目付が主任となり、

今般何々（容疑の件）につき、何々守殿（後老中の名前）御差図にて御詮議被仰付候旨申渡され候。

といって始めるが、次回からは、町奉行が主任として吟味し、下調べは町与力・御徒目付が立合って吟味を行ない、落着の時に再び大目付が主席となって申渡した。

旗本でも次男以下の者の三手掛りは評定所ではなく、町奉行所で行ない、申渡しも町奉行が行なった。

御目付立合裁判

御目見以上の者およびその家族、御家人などに関係ある事件であると庶民の犯罪でも町奉行所で、御目付一人を立合いとして立合裁判を行なった。三手掛り裁判より軽いが、旗本・御家人の関係した事件ゆえに御目付の出席となるのである。普通の奉行手限り裁判よりは重大な事故に監察を必要としたのであろう。

裁判初席の手続、町奉行は下調与力・同心出役の与力・同心用意を命じ、呼出しものは御目付と相談の上取り極め、前日呼出状を出す。或は即日呼出すもあり。掛り奉行所にては役々相詰、御目付の来るを待つ。御目付門前に来るを待て腰掛茶屋にて下座触をなす。開門、玄関広間には与力出迎え、玄関式台へ御徒目付・御小人目付出迎、奉行の公用人玄関広間へ出迎、先導して内座へ案内して奉行面会、其時より表門を開き置、出役の与力・同心は呼出しものを呼入れる。呼出しものは身分格式により、各礼服着用、法の如く入り来る。玄関広間正面に出役与力・同心と御徒目付・御小人目付相詰、玄関より登る呼出しものを追々相改め、違法なきを見届、与力は呼出しの武家へ向い、今日は各御詮議の筋有之、呼出し受けたること故、御大法に付大小帯剣懐中物を受け取るべしと云、此時無異儀渡すもあり、又は拒む者あれども大法なると解ききかせ、受け取るなり。同心これを取り片付け、各の懐中腰の廻りへ手を入れ、携へ来りたるものなきやを改め、付添人は帯剣のまま控席へ入ること不苦。裁判席へ出る時は帯剣を脱すべきことを申し含め、各を引連れ同

御目付立会裁判

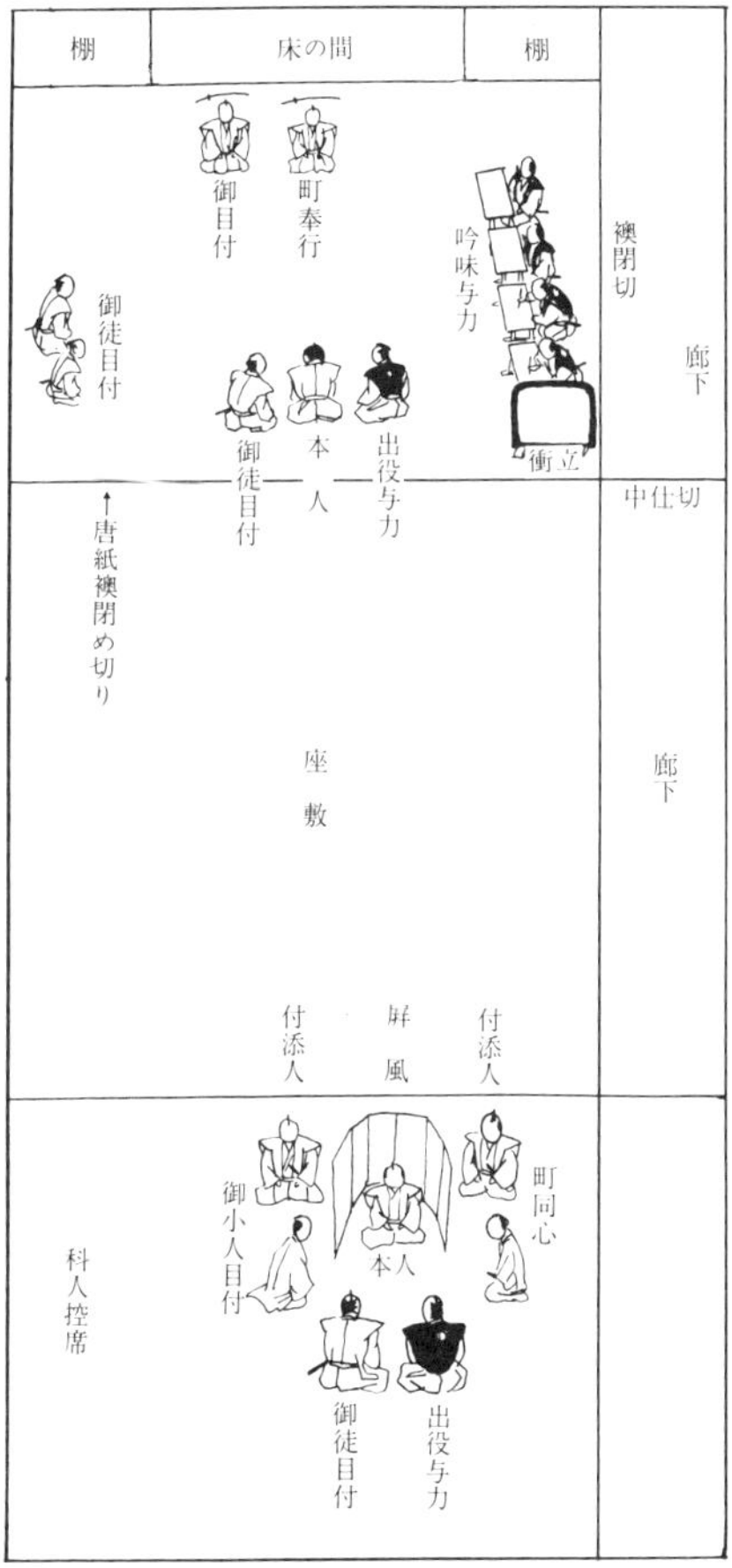

御目付立合裁判

心案内して兼々定め置控席へ通す。侍以下平民は公事口と唱え白洲公事人溜りへ入るべき潜り口より繰込、御小人目付と同心立合いにて改め、差添人も一切帯剣を脱せしめこれに入れる。裁判席用意よきを見て吟味方与力と御徒目付同道にて奉行と御目付控席へ罷出案内す。奉行先立ち、御目付を案内して席に入る。各〻刀を手に携え来り着席の後に置く。御目見以上吟味席左の図の如し。（前ページの図）

同役立合裁判

「江戸町奉行事蹟問答」に、

これは奉行の支配下役儀に付犯罪ある時同役立合にて裁判するなり。町奉行には町年寄取扱金を不正せし事件、御勘定は代官の不正事件、寺社奉行は寺院の重き犯罪などの類なり。

寛文二年（一六六二）三月廿七日、御勘定奉行伊丹播磨守（勝長）鍛冶橋御門内宅へ同役岡田豊前守（善政）参会の砌、御代官（駿河の代官）一色内蔵助直正奸曲之取計有之を取糺さんとせしに、同人其様子を察し、密かに席を退き刀を携へ来り播磨守を一刀に切付、豊前守へ切掛り急なる場合故、脇差にて請留渡り合、疵三カ所請けて内蔵助直正を肩より乳へ切下げ打留候。右始末両人より大目付へ申立、播磨守ハ昼頃相果候。

とある。

裁判を行なう折の体裁

「江戸町奉行事蹟問答」に、

出者差引は出役与力・同心の負担にて、御席始まる時名前書きを持出し、諸役の出座を持って侍座す。奉行・御目付着座終って順々に出者を呼込、侍分は与力と御徒目付挟みて連れ出し、身分格式に応じて着座せしむ。侍以下は同心連出し、砂利間へ順々に並列せしむ。出者相揃って呼込の与力は奉行へ面して黙礼す。これに倣って出者も惣体に敬礼するなり。其時首座の役人列席へ一礼して公事人へ申し渡すに、今月は何々殿（御指図の老中の名）御差図にて呼出し、御詮議被仰付る間、其の意を得べしと云（御目見以上または格式ある者には御詮議中ことばを改めて尋問するゆえ左様心得ありたいと申渡す）夫より名前を取り上げ、追々名前を呼ぶ。年齢を承ること大法なり。終って箇条書を以て尋問す。其問答中下調掛り役々は本人の申し立てを記録す。尋問尽きたる時、役々互に異存なきを示し合はせ、首座の者より一とまづ退座して沙汰を待つべしと申し渡す。初て呼込みたる与力は高声にて「立ちませい」と云て出者へ退座を命ず。始めに連出したる如く役役付添、行儀正しく謹んで退散す。

役役中座して出者吟味中身分処分法を協議して再び席を開く。前の如く出者を出し、夫より首座の役役処分を申し渡すものなり。其節は付添人をも其席へ出し、本人処分のことを聞かしめ、今日何々誰何々の処分申付けたるに付其筋（頭支配または主人）へ申立つべしと申し渡すなり。

裁判の様子

「江戸町奉行事蹟問答」に、

落着（判決の申渡し）までには留役、或いは与力下調其外様様の手順あれども繁雑に付略之、一件口書（自白書）取揃候後、口合と唱候一統を呼び出し、初席の如く奉行の面前に揃えて留役或いは与力口書を読み上げるなり。（奉行所または入牢者は牢屋敷内）呼出者にこれを聞かしめ、終って奉行は申分なきにおいては調印せよと命じ、侍分は各書判を自書せしめ、平民は拇印せしむ。此事を大法とす。此一段相済候後は奉行中法律を取調、御老中へ進達の上にて御差図を受け、夫々処刑申渡すなり。其節は初席の如く一統呼出し、首座の役人より申渡す。呼出者多人数なれば奉行中申合申し渡すなり。

証拠判然せしもの申し陳じ吟味難渋し難きときは御老中へ進達の上にて、与力・御徒目付立合にて取計候。場所は伝馬町囚獄の調所にて取計候。これは与力勤方の処にてこれ等の仕方は委しく陳べん。

とあり、自白しない折は老中の許可を得て与力が牢屋敷に出張し、牢屋敷同心に拷問を依頼した。

容疑者が自白すると、

侍以上の重罪を申渡す者には与力・御徒目付の挟みを一人毎に付して取締りを厳にす。只初席と違い、敲きと死罪以上検使を勤むべき与力・御徒目付席に出て命を待つ。

身分格式の軽重に依て法あり、其の概略を陳べん。御目見以上格式ある者、重きは諸大・小名へ御預け、又は揚り座敷、軽きは差添人へ御預け、此の三段にて、縄は揚座敷入りの外は用いず。羽がい縄と唱える縛り方なり。御家人ならび一般侍分其格式ある者は重きは牢舎格にて諸大・小名へ御預け、又は揚屋入、縄は前の如し、軽きは差添人預けの三段なり。侍以下平民は諸大名へ同御預けまたは入牢、本縄縛り軽きは手鎖にて宿預け、差添人預の四段あり。羽がい縄と云うは上下を着したる儘にて左右の腕を左の節際にて縛り、帯へ絵りて縄を腰の前後へ廻し、左右の腕の働きを止むるなり。手鎖は如図ものを左右の腕を懐中にて組み、之れに掛けて役人封印するなり。

揚屋入りの申渡を受けたる者は其着座畳縁、板縁の別なく、蹲居同心はこれにてうしろより足と腰を取りてうしろ返しに白洲の砂利へ引きおろし、肩衣をはね除け、縄を輪に懸け縛るなり。其時はいかなるものも其の不意に驚ろき、狼狽せざるものなく、実に気の毒にてあわれなる躰なり。落着の節、追放以上の刑に申渡されたものはかくの形くする故、これを伝えて白洲にて奉行に蹴落とされたりと云しなり。

とあり、奉行が犯人を蹴落すなどということはあり得ない。

蹲居同心が引きおろして縄をかけるのである。御目見以上で自白せず拷問せねばならぬときも、奉行が拷問を宣告するやいなや、蹲居同心が、これを引きおろして縄をかけるが、奉行所では拷問が行なわれないから、一度上り座敷へ収監し、穿鑿所で拷問することになる。

ゆえに奉行所では、揚り座敷・揚り屋入りを宣告する文で、以後拷問して取調べるには牢屋内穿鑿所で行なうことになり、ここで縁から引きおろして縄をかける。

奉行の手限り裁判

町奉行の判決の独断権は追放以下の軽罪であった。

これは町奉行の掛り一人にて裁判するなり。陪臣・平民なれば死刑以上の重科を犯したる者にても、事柄尋常なありふれたる事件は、奉行一人にて取調べ、裁判席には与力侍座するなり。町奉行職制の如く遠島以上は御老中へ伺の上処刑を申し渡し、追放以下は即決して処刑申渡すなり。軽罪の者にても始めに御老中・若年寄より御差図ありしものは伺の上にて処刑申し渡すなり。只前に述べたる立合御詮議に事替りたるは、死刑以上重罪の者を奉行自身に申し渡しせず、与力に検使を申し付け、伝馬町囚獄へ出役して直々申し渡し、処刑せしむるなり。遠島以下其他のものは奉行申し渡たす。

(2)　取締りと定め

扱いと内済証文

町奉行所の訴訟処理には判決と調停の二種がある。調停は今日いう示談で、これを嗳い、または内済といった。奉行の立場でもって話合わせ折合いをつけさせるのであるが、これで解決しない時は奉行が判決をくだす。これを裁許といった。

奉行の取調べにもって行く前に与力が町年寄りに嗳いを勧告することもあり、奉行所から嗳人を命じて仲裁させることもある。

内済が成立すると、内済証文を作らせ、相互で署名連判して、願下げ書（訴えたことを撤回するむねを書いた書面）を添えて御聞き済みを願う。金銭関係に関しては訴えた方だけが願下げ書を書くだけで良かった。これを片済口といった。

江戸時代中期頃になるとかなりの事件でも内済ですんでいる。太田南畝は評定所留役までした武士で、文化・文政頃の日々のできごとを記した「半日閑話」には、御家人の隠居が町人家主を殺害した件、侍が町人に無法を働いた上殺害した件、強姦事件などはすべて被害者側身寄りの者と話合い、金銭保証をもって内済となっていることが記されている。

武陽隠士著「世事見聞録」四の巻「公事訴訟の事」の条に、

　京大坂辺も、当時は人殺しすら、金銀さへ遣はさば多分内済になると聞く。

さてその人殺しの内済となる有様の荒増《あらまし》をいふ。たとへば人の子たる者、親たるもの、喧嘩口論そのほか不慮の事にて人に殺さる。その親なるもの、また子なるもの解死人《げしにん》を願ふなり。依て相手のもの、牢獄せらる。然るに解死人を願ひたるものを親属ども打ち寄りて、今相手を取りたりとも、殺されしものが活くべきものにもあらず、相手方よりケ程の償金を出すとて詫びるうへは、いかにも堪忍するがよし、跡の安体に立つ事なれば、亡者も悪《にく》しとは思ひはせじ、その代り法事供養を念入れてするがよきなど、異言を加へ、それぞれより勤め込む故、何となく心和らぎ、当世風人情が発《おこ》り、終に事整ひ、それより最初殺されしと訴へたるは間違ひにて、いささか打擲に逢ひしを憤り、自分が疵を付け、又はその後余病起りて死にたるなど拵へ直して、願ひ下げをするなり。吟味役人も重き御法度を破る事とは存じながら、元来我が身に拘らざる事なれば、さほどの憤りもなく、双方弁利してするゑよく治まる事ならば、兎も角もと了簡替り、また右体の事には極めて内証の賄賂も入れし上なれば、奉行の手前程々に取り繕ひて、下げて遣はすなり。

（中略）

また都会の地にて、公儀御直《おじき》の場所すら右の如くなれば、国々在々は前に云ふ如く、制法立たず、段々人殺し以下重科までも、内分にて済み行く事になりて、御法度に背きし事ども、役所へ出さず、みな内分にて済ます事、追々流行いたし…て……

とあるように、京大坂はおろか公儀御直の江戸すら人殺し事件が内済となることによってほかの犯罪においても金取引による内済で結着する傾向が出たことを指摘している。

判決の時の手続　町奉行の判決によって解決すると、裁許済訴状裏判消しをしなければならない。訴状が受理されるときに町奉行所の裏判が捺されるので処理済みとして裏判が消される。

事件が評定所の三手掛りの公事になると寺社・町・勘定の三奉行の裏判を消すために書類は回送されるのである。

取締り事項

江戸時代には御定書百カ条があって、犯罪の分類と処罰法がきめられていたが、このほかに禁令、掟が多くあり、商業・生活・道徳・風俗・人倫に至るまで広い範囲にわたっていた。

その主なものをここに抄出すると、

運上に対する定め　秤座・桝座・朱座・銀座・銅座など特殊な専売商人から徴した運上に関しては定めがあり、違背すると処罰された。

定

一、銀座運上の員数、一ケ年に付可レ為二白銀壱万枚一事

一、毎年其の年の運上銀翌年七月をかぎり可レ令二奉納一事

右之条々可二相守一此旨若違背輩於レ有レ之者、糺咎之軽重可レ被レ処二曲事一もの也

寛文五年四月廿八日

大和守、美濃守、豊後守

相対済　訴訟事務輻輳のため、金公事（貸借債権訴訟）不受理の措置が、享保四年（一七一九）己亥十一月発令されている。

一　近年金銀出入段々多成、評定所寄合之節も此儀を専取扱、公事訴訟は末に罷成、評定之本旨を失候、借金銀懸り等之儀は、人々相対之上之事に候得共、自今は三奉行所にて済口之取扱致間敷候、併欲心を以事を巧候出入は不届を糺明いたし、御仕置可二申付一候事、但、不届と有之候は身代かぎりに申付候類之儀候事

一　只今迄奉行所にて取上、日切に申付段段済寄候金銀出入も向後罷出間敷由可二申付一候事以上

また享保五年（一七二〇）庚子二月の触書に、

一　借金銀並買掛金之済口之儀、自今は奉行所にて不二申付一筈に候、事を巧候而或は返弁を滞らせ、或は掛り金を払わざるもの有レ之においては可二申付一不届之品を糺明可レ有之旨去冬相触候処、心得違候ものは金銀出入之儀は一同に不二申出一筈之様に心得候と相聞候。奉行所にて不二取扱一品は、前々切金にて日延偏々と申付たる儀、向後不二申付一者筈に候、可レ済節をわざと滞候歟、又は借金不二相済一候上は、質物をも約束之切過候て被是申延し、いづれとも不二埒明一筋、惣而此等之類有レ之候はゞ、早々御役所へ訴出べし。急度可二申付一事

とある。右文中の切金とは年賦または月賦返済のことである。金公事を奉行所で取扱わなくなったので悪用するものが増えたので、このような触れ書を出し、享保十四年（一七二九）己酉十一月には、さらに触書を出している。

金銀出入之儀於二奉行所一不二取上一段、去る亥年相触候得共、近来金銀通用相滞候由相聞候に付、当酉正月より之借金銀、買掛等出入之儀、如二前々一取上裁許可レ仕旨ニ奉行へ被二仰出一候間、被レ得二上意一よりより可レ被二相達一候

以上

と達し罰則を掲げて、

一　借金銀、売掛金相滞候とて、所々武士方門前へ近頃町人小はた札を立致二催促一候体、法外成る致方不届に候。向後右体之儀致間敷候。若相背候者有レ之候は、当人は急度過兑申付、家主、五人組迄越度可二申付一候間、其旨可二相守一候

右之趣町中可二触知一者也

と記されている。

階級分限の定め

江戸時代は士農工商の階級がありそれぞれにまた身分の段階があってその分限は厳しく取締られていた。

元禄十四年（一七〇一）六月の触書きに「条目之趣弥相守之、忠孝を励し、上下之差別混乱無之様可相慎事」とあり、寛文七年（一六六八）の法令請書もまた農民・町人の身分相応の服装着用に関するものがある。

百姓町人衣服絹紬、木綿、麻布此内を以分限に応じ妻子ともに可二着用一、此外無用可レ仕旨被仰渡一奉レ畏候事付惣而下女布、木綿着し帯同前之事

とあり、奉公稼制限については安永六年（一七六七）五月に、

近来在方村村之もの共耕作を等閑にいたし、却而困窮之儀申立奉公稼に出候者多、所持之田畑を荒置候類有レ之由相聞不埒之至候

とある。

また町人の服装に関しては慶安元年（一六四八）戊子四月五日に大坂に出された触書に、

一　町人旅之外町人にて昼夜共、刀、脇差無用たるべし。並召使仕候わかきものぞうり取大脇差さす事、兼て法度申付候、弥見合にとらへ可レ令二籠舎一事

一　町人めしつかい之小者、びろうど何にても絹布之帯、同下帯停止のよし、毎度相触といえども違背之者之者、見合に捕籠舎申付、其上主人に可レ懸二過料一事

とし、町人帯刀に関しては寛文八年（一六六八）三月十五日の触書で、

覚

一　町人帯レ刀、江戸中徘徊弥堅無用たるべし、但免許之輩は制限之外

一　町人之家作並衣類諸事相二守倹約一成程可レ仕事

などと禁じ、延享元年（一七四四）極の罰則には、

帯刀いたし候百姓町人御仕置之事

一　自分と致二帯刀一罷在候　百姓町人刀脇差共取上軽追放

とある。住居についても規定され、寛文八年戊申三月の触書にも、

一　町人屋作致二軽少一、なげし、杉戸付書院、櫛かた、ほりもの、くみ物無用、床ふち、さん、かまち塗候事、並から紙張付停止之事
付、遊山、船金銀之紋、座敷之内絵かき申すまじき事

などがある。

行商振売りの定め

万治二年（一六五九）己亥正月十九日に、老人、また年少者または不具者にのみ振売りを許可し、壮健な者にはこれを許さない触書が出ている。

一　振売之者五拾以上拾五以下並かたわ者に此度振売御札被レ下候間、只今まで振売仕候ものばかり年数偽り無レ之様に町中吟味仕書付上げ可レ申候、家持札取候儀又は新規に振売商企札取候もの堅停止之事

一　振売御札被レ下候以後、札なしに振売商仕候もの有レ之は、御改之上当人は曲事に被二仰付一其上家主より過銭として拾貫文づつ被二召上一候間、此旨急度相守可レ申事、並髪結札なし右同前之事

とあり、振売りは次第に増えて行くので延宝七年（一六七九）己未二月十三日付で新規の振売を禁止している。

一　振売商売人猥に多出来候よし其聞有之、近日遂吟味先規のごとく札を出し人数あらため、当年新規に振売致候者は可レ令二停止一候
依之先達而触しらせ置者也

締売りの定め

締売りとは商品を買占めて高く売ることをいい、寛文六年（一六五六）丙午九月十二日の触書でこれを禁じている。

一　江戸町中薬屋共私として座を定、薬園之内何によらず一所に買取しめうり致、又はにせ薬等有レ之由に候、向後堅可レ為二停止一、総而薬種にかぎらず何事にても座を定しめうり致候もの有之者、両町奉行所へ可申達、江戸町中年寄共に申渡候。其上薬種之内何によらず、一所にかい取商売高値に仕候事、又はにせ薬種致候義自今以後為二停止一之旨可レ存二其趣一候自然右之旨相背もの有レ之者、薬屋仲間といふとも訴人可レ出若隠置他所より露顕申候はば可レ為二曲事一候由申付候事

とあり、罰としては、寛文十一年（一六七一）辛亥十月廿六日の触書に、

一　商売之輩、諸色一所に買置しめうり仕べからず、並申合諸事高値に不可致之事
右之条々可相守此旨、若違背之族於在之は、糺科之軽重、或死罪或可為流罪、惣而誓約を来し結徒党輩あらば御穿鑿之上可被行厳科仍下知如件

とあり、買占めは厳科をもってのぞんだが随分行なわれている。

押買・押売り

強制的な売買も禁じられ、天和二年（一六八二）壬戌五月の定めに、

一　押買、押売並狼籍すべからざる事

とし、罰としては、

右条々可相守之、若有違犯之族者、糺科之軽重、或死罪流罪或可為過科者也

と厳罰であったが、これもなかなか取締れなかった。やくざ者、下ッ引などの押売りは後難が恐ろしいので、仕方なく高い値で無理に買わされた。

脇売り

座外の売買で、違反である。慶安元年（一六四八）戊子四月五日付大坂町中への申渡し「商売其外御仕置之事」の中に、

一　諸商売事
右朱、銀両座の外、種々座を定事、先規より御停止たり。面々心次第売買いたすべし、若有違背輩者、奉行へ告来るべし、穿鑿之上急度可申付也

とあり、文政三年（一八二〇）に金箔類の座外売買の禁止の法令が出ている。

密売買の取締り

地方の特産物の密売、外国製品の密売に関する取締りで、宝暦二年（一七五二）壬申八月の触書に、

近年会津蝋出方少候付遂吟味処抜蝋有之由相聞候、右体之儀者有之間敷事候、向後会津隣国にて右抜蝋買請不致候様可被申付候。

右之通会津隣国、御領者御代官私領者領主地頭より可被相触候此已後抜蝋買請候者後日相聞候はゞ吟味之上急度曲事可申付候。

とあり、密貿易については、天保二年（一八三一）辛卯二月の触書に次のようなものがある。

長崎において唐船へ相渡候煎海鼡干鮑、鱶之儀。天明五巳年（一七八五）相触候処、長崎会所買入に相成候以来、為出増国々之内追々請負之者取極、右請負人方へ買集長崎会所へ為差出候場所も有之候処、近来諸国共出方相劣り、且又諸負人共へは不差出。外々へ相対密売致候稼人も有之趣相聞不埒之事候、以来出方相増候様精出し相稼密売等堅致間敷、若右体密売いたし候もの於有之者、吟味之上急度可申付候

とあるが、相当密貿易抜荷は行なわれたようである。

出売出買の取締り

これも国内物産の密売買の一種である。延享元年（一七四四）甲子三月、竹・木炭薪問屋に関する触書が出て出買出売禁制の文言が見える。

一　問屋共方へ来候商売物、川口へ出候而直売致候者、仲買杯之内にも有之由、出買出売は前々より停止の事に候に付不届に候、向後右之儀於有之者、吟味の上急度可申付候

とあり、問屋を通じないで行なう売買を禁じている。

煮売りの取締り

火を持ち歩く商売で、甘酒・汁粉・うどんなどの行商の取締りである。元禄二年（一六八九）己巳正月の触書に、

一　項目煮売之もの、火を持ちあるき、商売仕候由相聞候、前廉御触被成候通、温飩、蕎麦きり、其外何によらず火を持ちあるき商売仕候儀一切無用可仕候。若相背もの有之候は御捕被成当人は不及申家主まで急度被仰付候間、店がり、地がり、裏々まで堅可申付候

とあり、防火的立場から取締っているがこれらの商売は絶えなかった。

煙草の取締り

たばこを許可なくして植えたり、売ったりしてはならない取締りで、元和二年（一六一六）丙辰十月に、

一　タバコ作事、同売事、最前被仰出、如御書付堅停止たるべき事

とある。

鳥もちの取締り

貞享四年の生類あわれみの令によって元禄三年（一六九〇）庚午六月四日には鳥もちの売買が許可制となっている。

一　鳥もち商売致候儀。向後は問屋中買之内にて人数を定め置、札致所持候餌指又は在郷にても餌指猟師之分承届、証文取之売渡可申候、右之外向後商売堅仕間敷候。若相背者於有之は急度曲事可申付者也

とある。

偽薬・毒薬の取締り

寛文十一年（一六七一）辛亥十月二十六日の条々に、

一　諸国においてにせ薬一切停止たるべし、若にせ薬種商売在之ば訴人に出べし、急度御ほうび可被下之事

一　毒薬一切売買仕べからざる事

右之条々可相守此旨若違背之族於有之者糺科之軽重、或死罪、或可

為流罪惣而誓約をなし結徒党輩あらば御穿鑿之上可被行厳科者也。

とあり、延宝二年（一六七四）にも高札が立てられている。

古金類の取締り

古銭・古銅の売買禁止で、承応元年（一六五二）壬寅四月の触書に、

一 此度焼候（江戸大火）侍町之辻々へ罷出、古かね、古釘之類一切不可買候、若買候もの曲事たるべし

とあり、寛文七年（一六六七）丁未九月の触書にも、

一 江戸中辻々橋々之辺何にても古かねの類一切売買仕べからず
一 橋々はづしかな物之類
一 門之はづしかな物類
一 銅瓦、なまり瓦、銅之樋、はづしかな物の類
一 社堂はづしかな物之類
　右之品に自今以後於町中売買仕べからず、自然屋舗方寺社方よりの払うもの於有之者、町奉行之番所へ申断之、若密々売買仕候はば、縦後日に相聞といふとも穿鑿之上急度可被行罪科者也

とある。

書籍類の取締り

風紀上または治安上によろしくないと認められた書籍の売買をしばしば禁じている。

天和二年（一六八二）壬戌五月に、

一 新作之慥かならざる書物商売いたすべからざる事

と奉行から達せられ、享保六年（一七二一）辛丑七月の触書にも、

一 書物草紙之類是又新規に仕立候儀無用、但不叶事候はば奉行所之相伺候上申付候
　最当分之儀早速一枚絵等に令板行商売可為無用候

とし、不正出版商人処罰の例は多い。

付け木の取締り

奢侈品と見られたのであろう。元禄三年（一六九〇）の触書に見られる。

そのほかの取締り

天明七年（一七八七）には朱墨についての取締り、文政二年（一八一九）には伊豆諸島の産物の自由販売の取締り、天保五年（一八四四）には御留場で密猟した鳥の売買の取締りから、珍しいのは元禄七年（一六九四）鞠（まり）の取締りがある。

人身売買の取締り

人身売買は古くより禁じられていたが江戸時代も同様で、延宝二年（一六七四）の高札にも、

一 人売買一円停止たり、若猥之輩於有之は其軽重をわかち、或死罪或籠舎、或可為過料

とあり、天和二年（一六八二）の高札にもこのことが触れているが、実際は公然と行なわれていた。

場所の取締り

商人の売買については場所の制限がついていたものもある。鳥の商売について禁止区域があり、元禄十三年（一七〇〇）庚辰正月二十九日の触書によると、

　鳥商売停止之場所
一 西は四谷御門、市谷御門、牛込御門之内
一 北は小石川御門、筋違橋御門之内
一 東は浅草御門、両国橋、新大橋、箱崎橋、小網町分、六助橋、江戸橋、材木町通、三拾間堀
一 南は新橋より幸橋虎の御門、溜池の際より赤坂御門之内
右場所之内にて鳥商売仕間敷旨、去卯閏九月申付候通弥堅相守、店

にての売買は不及申右場所の内にて鳥ふり売一切仕間敷候。若相背も
　の有之においては可為曲事也

とある。

また往来や橋の上で商売をすることを慶安二年（一六四九）己酉七月十二日の覚えで禁止している。

一　町中橋之上両国橋詰並辻々道中に商売人有之に付、往行狭候間
　　堅置申間敷事
　　付乞食同前之事

とあり、現在の道路取締法である。

また、店先の溝より外に商品を並べるのを禁止した例は、承応三年（一六五四）甲午二月廿日の触書に、

一　古がね見世、其外不寄何商売物溝より外に出候事、堅御法度被仰
　付候、自今以後違背之輩有之においては当人は不及申、家主共に
　　急度可被仰付事

とある。

時季による取締り

季節外の産物売買の取締りについては、寛文十二年（一六七二）壬子五月二日に、

一ます正月より、一あゆ四月より、一かつを四月より、一なまこ八
月末より……、一雁八月末より、一鴨九月より……、一たけのこ四月
より、一なすび五月より、一りんご七月末より……

と列記し、

　御定之時節より前に売買に出候儀堅無用に可仕候

とあった。初物食いの禁令であるが、どこまで守られたかは疑問である。

このほか価格による取締り特に米価に対してはしばしば布令が出たが、一般物価が上るのでなかなか徹底しなかった。享保二十年（一七三五）十月には米価値下を押える布令、天保五年（一八三四）六月には米価引下げの布令を出すなど常に安定化に苦心している。

(3) 罰則と罪の当てはめ方

犯罪に対する解釈の仕方

江戸幕府も当初は成文律を作らず、不文律で裁いていたが、四代将軍家綱のときに、評定所留役に、訴訟の判決案を作らせ六代将軍家宣のときには諸方に高札を立てて禁令を布達した。

科条類典　八代将軍吉宗のときには、法令が錯綜して不便であるというので、松平乗邑などに命じて、法度十五冊を編集させ、なお先例を参酌して刑律一冊を作らせた。十代将軍家斉の明和四年には評定書の典例・各地に立てられた高札、そのほかの触書・書付・覚えなどを集録して、これを上巻とし、公事方定め書を下巻として総称して科条類典といった。

この公事方定書はもと百三項あったものを寛政二年に松平定信が修正して百項としたので俗に御定書百カ条といっている。

この百カ条にそれぞれ手続きが規定してあるので、それに罪状を当てはめるのであるが、情状を酌量したりするために、先例を記録した御仕置裁許帳が必要であった。

十両盗めば首が飛ぶ　俗に十両盗めば首が飛ぶといわれるが、巾着切（掏摸）は十両以上を盗んでも三度までは入墨か敲き放しであった。強盗と違って巾着切りは相手が油断しているからスルのであって、スラれた方も悪いという解釈からである。

盗みの場合でも昼間の空巣ねらいは十両以上であっても、盗まれる方にも手落ちがあるとして犯人は敲き放しですむ。

武士は油断するような不覚悟ではいけない思想が、農・工・商にも押しつけられていたのである。

男女の問題　男女の問題で見ると、たとえば男女の関所破り（間道を通って関所を避けて行く）が捕った場合には、男の案内の仕方が悪かったから関所を破った結果になったとして男は主犯で所磔、女は従犯で非人手下に

おとされる。

　姦通の場合でも、男は獄門、女は死罪である。どちらも死刑であるが、獄門は恥辱刑の加った死刑であり、死罪は死がい引取りもできる。

　心中の場合でも、女が死んで男が助かれば、男は死罪、男が死んで女が助かれば、女は非人手下におとされる。

　これらは、江戸時代の男女に対する考え方が男が主で、女が従であることを示すもので、特に女をいたわる意味から出た法律ではない。したがって男が主人で、女の召使の二人が心中した場合には罪の軽重が逆になる。つまり、召使の女が死んで主人の男が生き残った場合には男は非人手下におとされる。主人の男が死んで召使いの女が助かった場合には、たとえ男からしかけられた無理心中でも主殺しとして女は死罪となる。この場合には主従関係を主体とするからである。主従関係は寸毫も乱してはならないからであった。

　江戸時代の法律で一貫した重点は主従・親子の関係で、最も重いのが謀反大逆罪であった。

掏摸に対する解釈

　巾着切（掏摸）は他人のものをスリ取るからスリというので当字である。スリの語は現代でも用いられている。江戸時代には腰に下げた巾着や印籠をスリ取ったので巾着切といったが、スリは懐中のもの、婦人の髪の櫛笄の類までスリ取った。

仏の顔も三度　前に述べたように彼等は捕えられても敲き放しか、入墨で済む。二度目に捕えられて増入墨、三度目も増入墨で四度目でようやく死罪になる。捕まるまでに何百両の金額になっていても三犯までは死罪にならない。これでは上手にスルように奨励しているようであるが、主旨はスラれる方に油断があり、また相手を脅迫したり身体に傷害を与えて奪ったというのでないから軽罪と見たのである。たとえ十両以上の金がスラれても、十両以上の大金を、油断して持ち歩くのが悪いのであってスラれたくなかったら、スラれないように大切に持って歩くべきであるという考え方である。また掏摸は小銭の入った巾着程度で、金箱をスリ取ることはできないから、小銭の犯罪とも見ている。

　しかし四度も捕まると、もう改悛の情なしと見る。仏の顔も三度というのはこれで、四度目に捕まると、この世に生かしておいても無益として死罪にされる。

江戸払い　初犯は敲き放しか入れ墨であるが、二度目は増入墨の上に日本橋を中心として北へ二里・南へ二里、つまり四里四方内に住居できない江戸払いにされる。江戸払いといっても江戸市内に住むことができないというだけで、江戸市内の通信は許されていた。旅行中に江戸を通過しているのであるといいわけすれば、江戸市内のすみずみまで歩ける。市内に泊ることは許されないが、歩いているだけなら誰も咎めることはできない。

　そのために草鞋・脚絆・手甲懸の旅姿をしていれば良いのである。

　だから江戸払いにされても、巧妙に市内にもぐって稼いでいる。大名・旗本の中間の大部屋にもぐり込んでいればわからなかった。そして外出の時だけ旅姿をして稼いで来る。稼いだ金は中間部屋で博奕に使ってしまうから、中間部屋でも保護してやる。町奉行所ではそれに感付いても武家地であるから手を入れない。泳がせておいて現行犯で捕えるよりほかに方法がないのである。

スリの服装　スリの服装は儒者の海保青陵が書いた本の中に、

　「巾着切の風俗は特別である。青梅縞の秩父絹の裏の着物を着て、ふところには何も持っていない。黒の小白帯に紺の筒ながの足袋、さらし木綿の手拭を肩に投げかけるか腰に下げて雪駄をはいている。三十位の男は居ない。これは三十にならぬ前に数度捕って死刑にされて了うからだといはれている」

と書いてある。なかなか粋な風態をしていたらしい。だいたい三十歳を越すと技術的にも限界が来て、正業につくか、夜盗になるか、またはそれまでに捕って死罪となってしまう。

　寛保の頃、嘉七という巾着切りは未成年であったので敲刑の代りに非人手下にされている。これはスリとして成長させるのを押えるためであった。

秩父絹の青梅縞の着物，黒の小白帯，筒長の足袋，晒木綿の手拭

巾着切風俗

スリの追落し　スリも相手に気付かれぬようにスルのが普通で、名人になるとスリ取った財布から必要の金だけ取って、また相手の懐に戻しておくが、相手は全く気がつかないという。

すれ違いざまにぶつかってスッたり、奪い取ったりするのは未熟練であり、こうした行為はもうスリではなく追落し（追剥）と同じで死罪にされる。現代はスリの技術がおちて、集団で人をかこみ、喧嘩を吹きかけている間にスルという。スリ道も地におちたものであり、これが昔なら追落しで、集団は死刑にされる。

窃盗と強盗の解釈

窃盗とは空巣ねらいであり、人に危害を与えないで盗む賊をいう。当然強盗とは刑の軽重の違いがあり、現在でも同様である。江戸時代の刑法では昼間の空巣ねらいは十両以上の盗みでも死罪にはならないが、夜の強盗や、ぶったくり、追落しは十両以上の金額であると死罪となる。

ちょうど空巣中に家人が戻った時に家人を恐迫したら窃盗ではなく強盗になる。

主人の金を盗んだ者は恐迫して盗んだのではなくても主従の関係を重んじるから十両以上であると死罪である。ゆえに盗まれた主人の方でも、届け書に九両とか九両三分三朱などとして十両に満たないようにした。一朱の差で死罪をまぬがれるような心づかいからであった。

売春

売春の取締りは江戸時代に始まったものではない。古くは遊女を抱えていた長者（これも遊女）以外の売春を禁じ、建久四年（一一九三）鎌倉幕府は遊君別当を設けて売春婦を制限した。

「賊盗律」のなかに私娼および人身売買を固く禁じている項目がある。これは逆にいうと公娼を認めて税金の対象としたことになる。

足利十四代将軍義晴は大永六年（一五二六）に傾城局を作って、年に十五貫の売春税を取立てて公娼を認めて私娼を取締った。豊臣秀吉も天正十七年（一五八九）に京都万里小路南北三丁目に日本最初の指定遊廓を作り、「柳町遊里」を居稼店の名称で公許し、私娼を取締った。

江戸時代に入ると公娼、私娼共に大いに発展するのであるが、これは幕府もあきらかに力をかしているし、公認の遊廓ができて娼家を一カ所にまとめてからは、江戸ばかりではなく各地の城下町でも遊廓が繁昌し、商業も繁栄している。遊廓では庶民武士の階級的区別がなく対等であり、金銭によって割切られていたから、当時としては階級から開放されたただ一つの慰安場であったのである。新しい文化の発祥地としての遊廓は、その任の一端を果たし、浮世絵、遊芸が発達大成したのもここに一原因がある。

江戸時代の遊女には階級があって、最上位から最下位まであるが、格式の高い遊女は教養が高く、高級武士の社会交際場の対象ともなり、また評定所へ呼び出されても、白洲の砂利の上でなく椽にすわらせられるなどの待遇を受けた。なお遊廓は穢多頭弾左衛門支配に属していた。

ゆえに最上位の遊女が教養諸芸を仕込まれていても、その本質は客寄せの手段にすぎないもので、犬に芸を教えて人を集めるのと同じであり、目的は売春であった。

徳川家康は駿府にいた頃から遊廓の開設を許し、伏見の遊女を呼んで営業させたことがあり、遊廓、遊女の利用価値を十分に知っていたから、江戸入国以来、これにも留意し、江戸の建設に力をそそぐ上方商人に交って京都から来た遊女屋や、駿府からの遊女屋が、麹町、鎌倉河岸あたりに軒をならべたときも、またその後幕府を開いてから各地から集まって来た娼婦や娼家も黙認していたのであった。風俗の乱れることや、武士が柔弱になることを憂える者もいたが、家康は天下泰平のために地方から来ている武士達を慰めるためと江戸の隆盛のために売春を取締ろうとはしなかった。

元和五カ条　慶長十七年（一六一二）年に、もと武士であった庄司甚右衛門が江戸に散在する遊女屋を一カ所に集めることを幕府に上申し、幕府も風紀、犯罪の取締上の便宜を考えて、元和三年（一六一七）日本橋の葭原（後に葭の字を嫌って吉の字とした）の湿地二丁四方を許し、公・私娼の取締りとして元和五カ条が発令された。こうして公娼街ができ、私娼を押える役を果たしたが、私娼を絶滅させることができず、逆に私娼は江戸の繁栄とともにその数を増していった。

そこでたびたび禁令を発して私娼を取締っている。

寛永十四年（一六三七）丁丑十二月朔日には吉原大門の所で、湯女のいる風呂屋の営業者三十七人を磔刑にしている。

明暦三年（一六五七）には私娼を置く者があったら、その名主・五人組まで累の及ぶ処罰を行なう旨の制札を出している。

この罰は、名主・家主・五人組は手鎖、私娼は吉原預けとして三年間奴女郎にされるのであり、随分検挙されたが、増える一方なので、さらに入牢、足枷、処払い、百敲、二百敲、遠島までの刑とした。

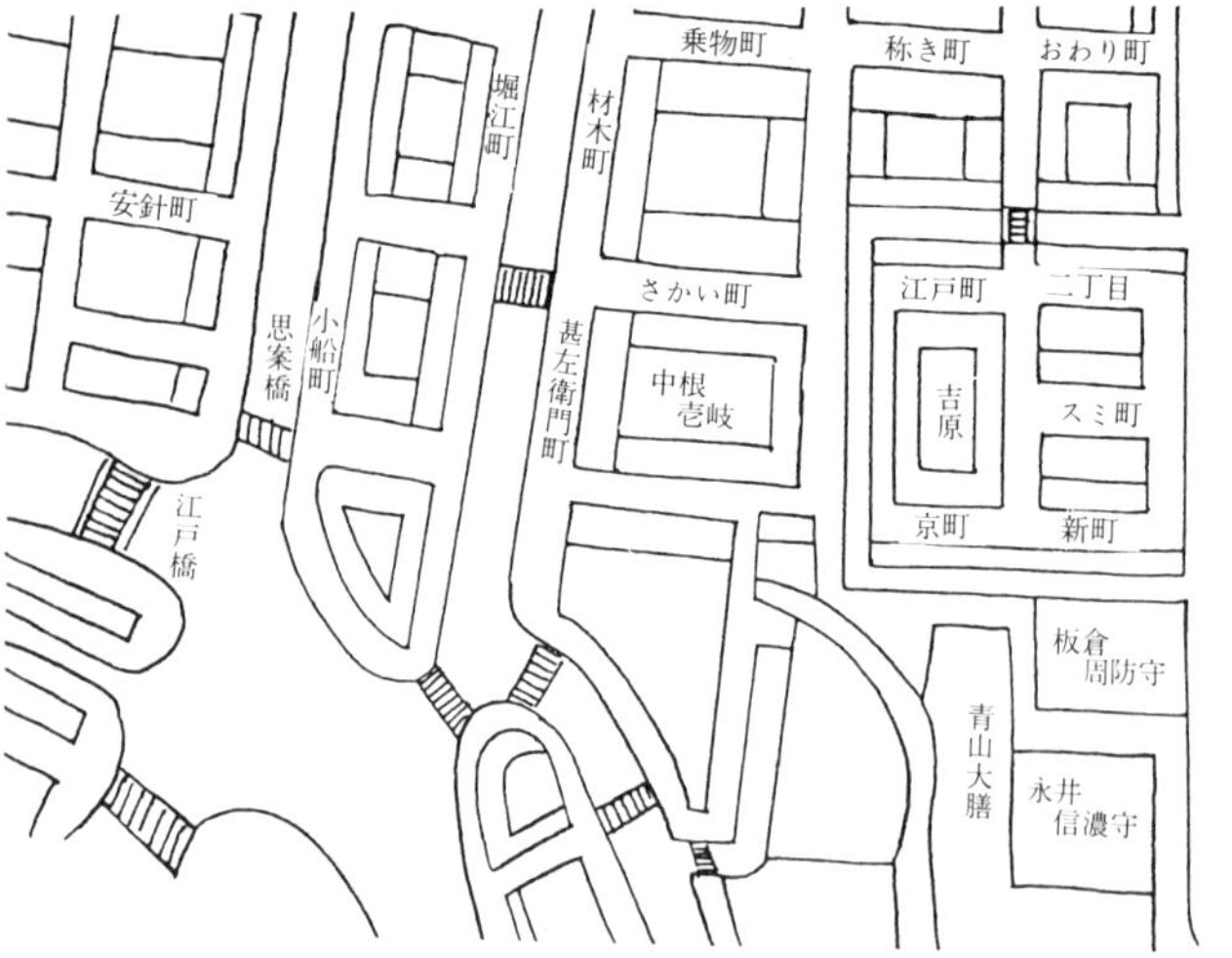

明暦三年版日本橋吉原の地図

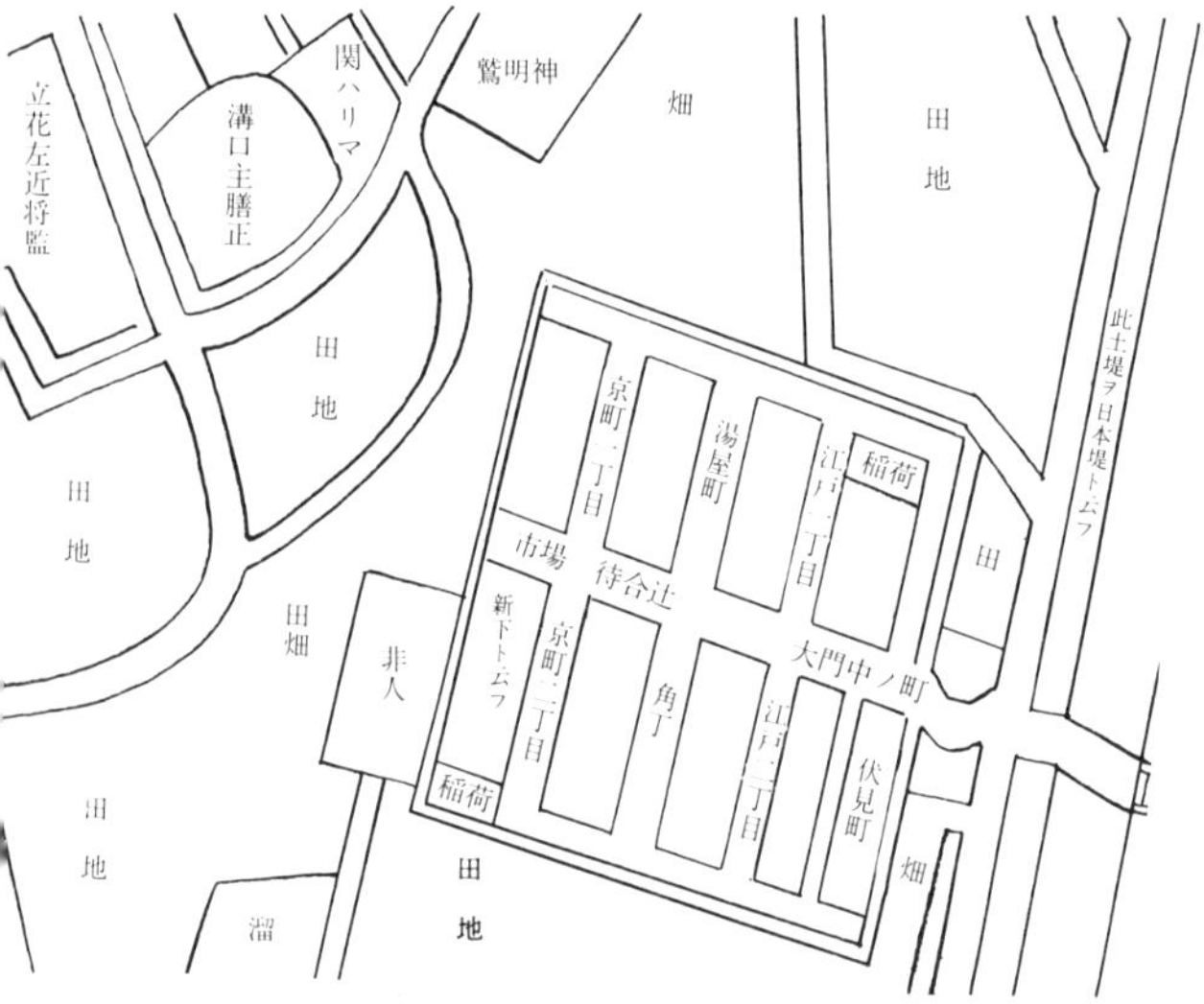

嘉永六年版の新吉原図

岡場所　明暦の大火後に吉原が浅草田圃に移転して新吉原となり、再びここが繁昌するにつれて、茶屋女と呼ばれる者や、そのほか岡場所といわれた私娼窟が盛んになった。

岡場所は吉原で遊べない貧しい人達の慰めの場所であったのである。

茶屋・茶屋女はしばしば摘発されて、私娼ぐるみ店主に吉原に加えられたりしている。

元禄二年（一六八九）

から寛政十二年（一八〇〇）までに取締り検挙は全国で八十五回にも及んでいる。

　この間元禄十四年（一七〇一）には町奉行所内に隠売女取締役（吉原掛り）の与力・同心を任命し、江戸府内を巡回させ私娼を見付け次第逮捕入牢させ、家屋は没収し、抱主は入牢・五人組追放を行なった。これは相当効果があって一時は私娼は影をひそめたが、三、四年の後には、また跛扈《ばっこ》しはじめた。

お千代船・船まんじう　享保年間には大川に船を浮べて売春する俗にいうお千代船、船まんじうというのが現われ、これも取締られた。

吉原仲の町図

私娼窟化した水茶屋

寛政元年（一七八九）から同十二年（一八〇〇）には町奉行の指令で私娼の大検挙が行なわれ、私娼窟五十六カ所を取り壊し、三千人の私娼を奴女郎にして吉原に渡した。

　奴女郎とは無給金で酷使される売春婦で罰のために行なうのであるが、もうかるのは吉原の遊女屋達で、もちろん金をしぼるのであるから、脱税遊女の取締りというわけで、道徳上から私娼を罰したわけではない。公娼以外の遊女が風俗上よろしくないとするならば公娼も風俗上よろしくないはずである。公娼は許すどころか私娼を捕えて公娼遊廓に払下げ、抱主が肥え富むようにしたという規則は全く納得のいかぬものである。こうした公娼抱主を保護するような立場をとったので抱主側は、ますます遊女を酷使し人間扱いにしなくなったのである。天保頃の記録過去帳によると、公娼で死亡するものが一年に三百数十人を超えているから、一日一人位の割合で死亡していたことになり、いかに遊女が虐待されていたかがわかる。遊女達は接客を強いられて虐待酷使されて、死亡すると、裸体のまま薦に包まれて投込寺の塚穴にほうむり去られるので人間扱いではなかった。そしてその死亡原因が、酷使または責折檻の過失死であっても、役人はこれをとがめなかったのであるから悲惨である。

こうした苦界におちる危険があるにもかかわらず私娼が絶えるどころか増えて行くのは、汗を流して働くよりも快楽によって金が入る魅力があったからで、若い女性である以上、安易な人体の切売りで生活ができたからである。

文久元年（一八六一）九月二十四日には両国・浅草・八丁堀・今春新道などの私娼にまぎらわしい素人九十七人を召捕って、抱主は入牢、売女は正業につくという約束で過料と三十日の手鎖、悪質の女は五十日の手鎖の上、吉原に送りこんだ。幕末は罰も大分ゆるやかになったと見えて、私娼が黙認され、私娼にまぎらわしいものが処罰されるという珍現象を見せている。

姦通

現在の日本の法律には姦通罪という罪名はないが、昭和二十一年までは、昔の観念のままに姦通罪というのはあった。

江戸時代の儒教主義からいえば夫婦は人倫の基本であるから、姦通は大罪とされていた。

明暦元年（一六五五）十月には姦通の現場を見付けたものは、その場で男女とも討ちとって良い。訴え出れば取調べの上男女同罪とするという布令が出た。どちらも死罪である。

ひそかに夫婦以外の者と通じるので密通ともいうので、どちらも未婚者であれば不義といい、一方が既婚者、一方が未婚者でも姦通といった。

姦通は男から仕かけるとばかりきまってはいないが、女は受身であると見て、女は死罪、男は獄門である。しかしその時の主従関係によって女に重い場合もある。

天和三年（一六八三）のおさん茂兵衛の事件では手代の茂兵衛は獄門で主人の妻のおさんは磔である。

享保五年（一七二〇）二月、代官徳山五兵衛の手代林郷右衛門の妾とよは、郷右衛門家来の土谷伴蔵と姦通して男は非人手下とされ、妾とよは新吉原に奴として下げられた。妾は妻に準じた扱い方をされるのである。

こうした姦通罪が死刑から労役刑に軽くなったのは、酷刑であるという非難の声も多かったからであろう。

享保十年（一七二五）になると大判一枚で内済にするということまでになった。内済といっても、町奉行所で扱って内済にしたのではなく、親戚縁類仲間が立合って内済にしたのである。ただし大判一枚というが通常金は町人が持てぬから大判一枚に相当する金額をお詫びに出すのである。大判は十両に相当するが、実際は十両の量目はなく七両二分としか通用しなかったので、七両二分が支払われていた。間夫代（姦通料）七両二分などと世間ではいって嘲笑した。

しかしこれは示談が成立した上でのことで幕府の規定ではないから享保十一年（一七二六）に上野黒門町の小間物屋藤田屋武助の女房と同居人の浪士山田左内の姦通事件は訴えられたので、左内は非人手下、女は新吉原へ奴として下げられている。

明暦の布令では、姦通現場を見つけたら討ちとっても良いとされているので、俗に重ねて置いて四つにする。（姦通者の男女を縛って二つに重ねて一刀で胴を斬り放つと四つになる）というが、そんなことをするのは武士位であり、武士でもなかなか斬り殺したりはしない。男は斬首か追放、女は実家へ下げるのがおちで、当人達を殺しても間男された噂が立つから、内緒で別の理由で処理した方が良いのである。まして庶民では、姦通当事者達を殺したりする勇気はないから、内済金で済ましてしまう。しかし中には憎しみのために殺してしまうこともあった。

太田南畝の「半日閑話」に

鳴子密夫……堀の内の道鳴子（現在の新宿区の鳴子坂）の少々先、竹の煙管筒などへ蒔絵など彫候町人有之、彼女房間男を致し、主見付両人共捕へ、近所の寺内へつれ行き間男をば羅切致し、女は陰門をくりぬき候よし、然る処検使の参り候まで其儘差置候処、鼬彼女のえぐり口へ夥敷付候よし沙汰ありしなり

と記されている。また間男の鼻をそいで追放つこともあったと見えて、天

明八年の大坂版の狂歌に、

　鼻のさきはそがれにけりないたづらに
　　我間男と永寝せしまに

と小野小町の歌をもじったのがのっているから京坂ではこうした処罰も行なわれていたと思われる。

同じく「半日閑話」には、町屋住いの御家人の隠居が大家の女房と密通し、またその住居内の座頭が町内の女三味線弾きと密通し、座頭の女房は大家と密通するという入り組んだもつれから御家人の隠居は大家を斬殺して内済としたが、大家の女房が納まらないで訴え出たという事件が記されている。

美人局《つつもたせ》　江戸時代中期頃は姦通が盛んで、発覚しても内済金で済むようになり、内済金も七両二分から五両二分に下落している。

明和・安永頃の川柳に、

　据えられて七両二分の膳を食い
　入れるか入れないで七両二分とられ
　五両戸棚へ寝かしとく馬鹿亭主
　五両取るべらぼうに出すたわけ

と嘲笑されるが、うまくいけばただの楽しみで、発覚すれば五両二分で済むのであるから、情交の一時払いのようなものである。

このために、亭主がわざと女房に間男をさせ、男の現場を押えて五両二分を取るのを生業とする「美人局」も行なわれるようになった。ゆえに、

　売女で高いは五両なり

といわれるのである。このように姦通は案外にうるさくなくなって来たのは、外聞をはばかったからである。

男の主人が使用人の女と通じても姦通とはいわない。これは主従の関係だからである。はたがうるさくなれば嫁か妾にするか、または金を与えて解決してしまうことは当時のしきたりであった。

それにもかかわらず女の場合は有夫・未亡人を問わず、下の男と通じると姦通とされた。下の男が主家の娘に通じれば重追放、娘は手鎖となった。

また縁談のまとまった娘と通じると男は軽追放で女は髪を剃られた。

姦通させてゆする美人局は、姦通とは解釈しないで、売春と恐迫罪として死罪以上獄門になった。

姦通事件で一番有名になったのは白子屋お熊の事件である。この事件は恋娘昔八丈の芝居でさらに有名になり、実説実録も随分流布しているが享保十二年（一七二二）の大岡越前守の裁判では、

くま二十三歳は手代忠八と姦通したつみで町中引廻しの上死罪、召使いひさ三十歳は姦通ほう助罪で町中引廻しの上死罪、手代忠七三十八歳は姦通罪で町中引廻しの上獄門、召使きく十九歳は婿主人又四郎に疵つけた罪で死罪、くまの母つねは八丈島に流罪となっている。

主人である女が、下の男と密通してもこのように扱われたのであり、主人の男としては評判が高まって、みっともないからたいていは内緒で処理したらしい。

他人の妾と姦通した場合には寛保二年（一七四二）の御定書百カ条では姦夫姦婦の死罪への追補として、

　姦通は妻妾を差別せず

と規定しているのによっても、待遇に妻妾の区別があっても、罰は同様に

嘉永六年の地図による白子屋のあと

見ているのは、妾が男（主人）を慰めるための個人所有の道具として見られている所から来たものであろう。

博　奕

博奕はいつの時代にもすたれることのないもので、その禁制の歴史も古い。江戸時代の博奕の取締りもやかましく、高札にも明示したが賭事の心理は押えることができないので、いくら禁止しても陰で行なわれそれで生活するものもできた。しかし博奕で産をなしたものはない。一時は羽振りが良くても、やがて家屋敷を人手に渡し、妻子と別れて悲惨な状態におちるのである。博奕で生活を立てられる者は、博奕で胴元をとる者と他人をさそう博奕打ちとであり、しかもほとんどがイカサマなどのごまかしで相手の賭金を捲き上げてしまうのである。イカサマが行なわれなければ博奕はつねに五分五分であるが、イカサマによって自由な目を出せるから一方的に負けてしまうのである。そこで賭場の主催者側（筒取・胴元）は捕えられれば罪は重く、遠島にされた。

一攫千金の誘惑にまけて博奕にさそわれる者も悪いが、巧妙な誘惑と組織で食っている町や村のダニのような博奕打ちは悪党である。公方様（将軍）のかげ口をいって大逆罪にする（幕末百話にある）より、こうした博奕打業者を重く罰した方が良いのであるが、博奕打ちは町奉行所の下の者と接触があるからなかなか徹底的には取締れない。それにこれは現行犯であるから、過日になってどこそこで博奕があったといっても捕えられない。また大名・旗本屋敷の中間の大部屋で博奕を行なっても町奉行の者は手が

関所破り（間道を抜ける男女）

花札博奕

大部屋の博奕

つけられない。

また幕府は公認の富くじ（宝くじ）を許可したりしているからよほど目にあまったものでない限り検挙しない。こうした所から博奕打ちはのさばり、町村の顔役となり、時にはお上の犯人追捕の手伝いを行なう代りに御見逃しの博奕を打ち、時には岡ッ引の役目まで引きうける。

地方の目明しには博奕打ち兼業の「二足の草鞋をはく」者がいて、博奕打ちでありながら十手捕縄をあずかると称して幅を利かせていた。関八州取締出役は博奕を取締り、処罰する権限を与えられていたが、その道案内をする目明しは博奕打ちなのであった。

この二足草鞋の博奕打ちが敵方の博奕打ち召捕りに協力したのであって、本当は自分の博奕の縄張り拡張に外ならないし、関八州取締出役の役人は、こうした博奕打ちの勢力拡大に協力してやっているようなものであった。ゆえに地方の博奕打ちは、道案内や目明しになりたがったのである。

こんな状態であるから博奕はもちろん、博奕打ちを充分に取締ることはできなかった。

そして捕っても重くても家財没収か敲きの刑で、三度以上捕えられると追放になる。これでは生活に大した差しさわりはなく、無宿者の肩書がつく位である。

こうした連中がしばしば映画・小説に登場する粋で人情義理にあつく表現されている股旅者であるが、実際は箸にも棒にもかからぬ性悪者で、粋でもなければ無精《ぶしょう》で不潔の連中であったのである。

彼等は追放になっても江戸にいたければ大名・旗本の大部屋に転がり込んでいれば良いのである。大部屋は風儀が悪く、無頼漢の溜り場所となって賭場が開かれたが、武家が賭場を貸すことは禁じられており、武家地内での博奕の罪は重くて、遠島にされた。

また追放中の博徒に宿を提供すれば宿主や胴元は身代限りの過料の上に手鎖刑を受けた。

地主の場合は五年間家屋敷を取上げられた。名主・五人組も過料の連座刑であるから町内での博奕はその被害が大きいから町内ではあまり行なわれない。祭礼の折の寺社地（寺社のお賽銭を勘定するという名目で集まり博奕を打つ。入口に賽銭勘定所などという貼札を立てたりする）・野原の中（蓆掛けの小屋の中）・武家屋敷の大部屋などで行なった。

高札場の布令には、自首および訴人すると銀二十枚の賞金を出し、たとえ訴人が同類であっても罪にされないと定めてあった。

元禄十五年（一七〇二）には先手頭赤井七郎兵衛正幸が博奕改めを兼役（加役）して博徒を厳しく取締った時に、磨屋勘兵衛という博奕打ちほか幹部五、六人を召捕って吟味の上に千住小塚原で磔刑にした。勘兵衛は引廻しの途中で、博奕で磔になったためしはないと大声でわめいたが、赤井七郎兵衛の御仕置があまり厳しすぎたせいか、首尾悪く、御役を召上げられたということが「江戸砂子」という本に載っている。

武士が博奕した場合の罪は重く、切腹も許されず死罪となった。博奕は武士にとって破廉恥行為であったのである。

元禄十五年（一七〇二）十一月五日に小普請の島田三右衛門、河西孫右衛門、小島彦五郎などは博奕の主犯で斬罪、そのほか関係した武士十八人が遠島刑になっている。

享保十一年（一七二六）正月には日本橋に博奕禁止の高札が立てられたが、その中に三笠付けというのがある。

これは発句の十七文字の頭につく五文字を三ッ選んで置き、それぞれにあとの七文字と五文字をつけさせる。そしてでき上った句の一番良いものを勝とする一種のゲームである。この句の選者を点者といい、俳諧の冠づけから来ている。三つの句の頭につけるから三笠付けといったのであるが、これは寺社間・武家の間でも大いに流行し、享保頃は頭の五文字と、それにつける句を二十一句つくっておき、頭の五文字に合う句を二十一句から三句選ばせる。点者は正解の三句を別にしておいて、選ばせた三句と正解の句とが合えば賞を与えた。この五文字と、二十一句は刷りものにしてあって、賭に参加する者は三句にしるしをつけて点者に渡すが、そのさい十文払うことになっていた。やがて三句全部合わす二句でも、一句の時でも少しの賞を出すようにし、さらに数字を伏せておいて、いくつか並べてある数字の中から、伏せてある数字と同じものに印をつける賭けともなった。

三笠付けは享保の頃に大流行したのである。

博奕にはこのほかに賽、花札などがあり娯楽の少なくて頽廃した江戸中期以降には、賭事はいくら禁止しても、盛んであったから赤井七郎兵衛ほどの見せしめ行為がなくては駄目であった。

寛政五年（一七九三）には豆腐屋半次郎が悪賽（ごまかしの賽）を用いて筒取りした科で獄門になっている。

暴行と恐喝

武士が城内で騒ぎを引起したり、暴行したら重追放から死罪まで行なわれた。

宝暦七年（一七五七）南部信濃守の使者佐藤佐次と尾崎富右衛門が、献上品を持って老中に対面を申入れたところ、家格を無視して御奏者番へ渡すように命じたことから、前年はその命に従ったが、二度繰返すとお家の格に障るというので、ひらき直って高声に演述して殿中を騒がしたことがあった。そこで老中達は切腹させることに意見がまとまったが、松平右近将監の機智で救われて閉門となったことがある。

一般人が街で暴れた場合には、敲のうえ中追放である。また公共の器物、橋梁の損傷を行なったものは重追放に処せられた。

恐喝は金額の多少にかかわらず、また金品を取るとらないにかかわらず獄門であった。しかし街での恐喝・暴行はだいたいにおいて町の愚連隊が多く、訴えるものが少なく、万一訴えられて同心が自身番にしょっ引いて取調べても、あまり大したことでないと説諭の上釈放してしまうから、よほどの恐喝でない限り獄門刑にはならなかった。

詐　欺

普通の詐欺は窃盗に準じて、十両以上は死罪、以下は敲き、入墨、その品物が公儀（幕府）に関係があれば死罪であった。

官名詐称、他人の氏名詐称、重職の家臣と詐称した場合は、いずれも死罪であった。

天衣紛上野初花という芝居に見られる河内山宗俊が松江侯の所に乗込んで上野寛永寺の使僧と詐称した俗説が事実であれば死罪に当る。また大石内蔵助が江戸下りのときに垣見五郎兵衛と詐称したのも事実とすれば死罪に当る。誇大妄想狂の源氏坊天一（講談の天一坊）は享保十四年（一七二九）四月に死罪獄門になっているが、これは将軍家関係の詐称であったから特に重かったのである。

恐喝ゆすり

横領

他人の委託物を持去り、また取逃げは死罪、押取っても同様である。しかし十両以下なら敲きの上、入墨であるが、品物が公儀の物であると、十両以下に該当しても死罪となる。

このほか、落しもの、遺失物、埋蔵品は届出れば所有者があった場合には半分わけ、所有者の届出が半年たっても無いと拾得者の所有となった。届出をしないで着服すると過料であった。

失火

失火の罪は割合に軽いが、火元の者はその土地に住みにくいから移転する者が多い。

将軍お成りの日の失火は五十日手鎖、十軒以上に広がらない失火なら無罪である。だいたい将軍お成りの日は火を用いることは禁じられ、お成り街道の与力・同心の入る銭湯だけが火を用いることが許されていた。

平日の失火は火事の広がり具合と原因によって三十日、二十日、十日の押込めとなった。

罪状を記した幟をあずけられる商店

傷害に対する治療代をはらう

傷害

喧嘩口論で相手に傷をつけた者は中追放、生活の手段を講ずることができない者を傷つけた場合は遠島、このほか傷の程度にかかわらず治療代として銀一枚支払わされた。

親・尊属・師匠を傷つければ死罪である。白子屋事件の下女きくが死罪になったのは、本来は磔であったが、主人の妻つねから命ぜられたから死一等を減じられたのである。主人を傷つければ晒または引廻しの上磔と極っていた。この場合は磔に用いた罪状を記した幟を執行後はその主人にあずけ、毎年命日にその幟を店の前に立てさせて、町奉行所の同心の検査を受けさせた。主人側への暗黙の制裁である。

僧侶の場合も同じであるが、寺持住職だと磔か獄門になる。

別れた妻を傷つけると入墨の上重追放になる。

武士が庶民を傷つけた場合は、だいたいやかましく穿鑿はしなかったが、下級武士であると、傷つけられた者に治療代を支払って不問とした。中小姓級で銀二枚、徒士級で金一両、足軽級で銀一枚位であった。庶民で銀一枚を家主立合いで包んで出し、時には詫状も書いたが強引な押しつけの上の傷害であり、相手の傷も重いとなると江戸払いにされた。

殺人

庶民が殺人をした場合は下手人は斬首、人殺しの手引きしたものは遠島となった。

無礼打ち 武士が庶民に対して斬捨御免というのは嘘で、武士の面目をそこなうような無礼があり、それを証明でき得る場合にのみ斬捨ての理由が通ったのである。武士が単なる感情で斬殺せばやはり処分される。

しかし斬殺しておいて無礼打ちであるという弁明は、死人に口なしであるから、いくらでもできた。武士同志の刃傷と違って、武士階級は相身互いの組織団結しているから、相手が庶民であると、斬った武士には深い追及をしなかったから、武士の殺人はたいてい無罪であった。

辻切り ただし辻斬りであると捕えられれば引廻しの上死罪である。また辻斬りの上に金品を奪うと引廻しの上に獄門か磔である。白井権八は武士といっても浪士であるが辻斬強盗を行なったので磔となっている。

親殺し 親殺しは引廻しの上獄門、伯叔父兄姉殺しは引廻しの上獄門、主殺し、師匠殺しは二日晒一日引廻しの上鋸引き、元の主人殺しは晒のうえ磔、主人の親類殺しもこれに準じる。主殺し未遂は引廻しの上死罪。

病身の弟の願いによって楽にしてやるために殺した兄が、情状によって遠島にされた例がある。

相手から攻撃され、防禦のため誤って殺せば遠島である。相手の遺族から罪の軽減を願出れば中追放となる。ただし、防禦の状況判断によっては無罪となることもある。女性が操を守るために防衛上殺人を犯した場合は無罪で、かえって賞揚される。

馬車で過ってひき殺したり、材木積荷が崩れて人を死亡せしめた場合は、状況によっては死罪から遠島である。船が転覆して溺死者を作った船頭は遠島であるが、故意に行なった場合には殺人犯とされる。

辻切りをする武士

(4) 江戸庶民の生態

江戸時代は儒教思想を根本としていたから主従忠義・親子孝養・男女人倫の道であって、その大まかな大綱は所々に立てられた高札によって示され、これを守ることによって治安が維持されていたのであるが、江戸住民の義務としては租税がある。

租税・雑税 現在のような複雑な税はないが、その職種別によっては随分複雑にできている。租税を俗に公役といっている。大ざっぱにいうとだいたい間口五、六間から十六、七間を一人役と見て、一年に二十二、三人を差し出すことになっていたが、享保七年（一七二二）に改正されて金納で済ませるようになった。すなわち一人役を銀二匁とし、後に一匁六分に軽減した。ただし寺社領、寺社内前地（これは寺社に地代を収める）や町並（代官領は代官に地租を納める）は除かれ、だいたい職人の町と地主がこれを幕府に公役料として納めるのである。このほかに年貢・役銭・運上・冥加金といった雑税があるが、借地、借家の者にはない。その代りに家賃は年貢と同じであるから、裁判しても取立てねばならぬということが、寛延二年（一七四九）に両町奉行から布達されている。

江戸時代の裏長屋風景

　家賃というのは毎月晦日に家主が取立てるのである。

職業と地名　また職人・商人は同業のものが集まって町を作るようになっていたから、今でもそれが地名となっている。神田の竪大工町、横大工町、南大工町、元大工町、神田鍛冶町、南鍛冶町、桜田鍛冶町、神田白壁町、神田鍋町、紺屋町、南紺屋町、西紺屋町、北紺屋町、桶町、桧物町、鉄砲町、南鞘町、小網町、芝の新網町、麻布の新網町、大伝馬町、同塩町、南伝馬町、四谷伝馬町、小伝馬町などは皆その職業の集まった町でそれぞれ町並、建築の体裁にも不文律的制限があった。そしてそれぞれに組合があるから、他国人の得体の知れないものが入って来て、地所を買ったり家を建てて商売をすることはうるさかった。そこで他国者は表通りでなく裏店の借家を借りたり、町奉行所の目のあまりうるさくない女郎屋の入婿になる位であった。

表店・裏店　商店でも地所持ちのものは少ない。地主から土地を借りて、そこに家を建てて店を持った。これを地借りといい表通りであるが土地と店を借りているのを店借りという。届書に何々店と書くのはこの店借りである。それから表通りでない店を借りるのを裏店という。

　町内の費用はすべて表店の人が出すので裏店の人は出さない。その代り釣瓶銭・鍵（木戸に用いる鍵）銭などという名目のものが取られる。

　町内の費用の相談は、地主寄合、町内寄合（地主から土地を借りて家作をつくった人）、があって、これらが出費して町内の自身番の費用や公役費を出すのである。これらの町会の上に町会所というのが浅草向柳原にあって連絡事務をとっていた。

江戸庶民の生活

　江戸商人の大店になると奉公人も多く、婢もかなり使って小大名よりはぜいたくな暮しである。慶長頃は千両分限といっていたが、元禄頃になると銀千貫以上を長者、銀五百貫以上を分限者、銀二、三百貫から五百貫までを金持ちといっている。銀六十匁を金一両の換算に直して見ると、長者といわれるものは一万七千両弱、分限者は八千五百両弱、金持ちは三千三百両余となる。この金の貸利は年に二割五分であるから大きい。また長者は二万五千石の大名、分限者は一万二千五百石の大名、普通の金持ちが一万石級の年収に相当する。

大名は多数の譜代の家臣に禄を与えるが商人は、番頭、手代、丁稚、婢女に支払うだけで、その人数も費用も驚くほど少ない。

こうした状態であるから、大商人が次第に経済面で武士を押えて行くようになるのは当然であり、幕府でもこれらに御用金を命じなければ、幕府財政がやりくりがつかなくなって来る。

享保九年には勘定所御用達商人に対して三十三万九千両の御用金を命じている。こうした大資本家が豪奢な生活をしている一方、裏店に住む、無学文盲の小市民が最下低の生活をして江戸ッ子の気焔をあげているのであった。商店の奉公人から他国の渡り者、代々の浪人、修験者、三味線引、尺八の師匠、いかがわしい神道者、占者、棒手振りの行商など、ありとあらゆる雑多な職業のものが長屋に住んでいて、お布令書一つ読めるものはない。読書のできる浪人は先生師匠といわれ便利がられていた。彼等は一日何百文、何十文の日銭の収入で、その日その日を安隠に暮しているのであり、江戸時代の草双紙「浮世風呂」に描かれている江戸ッ子である。

人別帳　庶民の生活については家持（公民）の結婚なら町内に披露したことによって夫婦が承認され、町役人、親戚親が連署して名主へ届けると人別帳（現在の戸籍簿）に記載されて公の夫婦として認められる。

借家人（住民）なら向う三軒両隣りに披露して同じく町役人の手を経て名主の人別帳に記載されて晴れて住民として認められる。

この際、親兄弟はもちろんであるが、家主の承諾なしには嫁取りはできなかった。また一方的に夫の離縁状一本で女は離縁されるのであるが、裏店は家主がここにも干渉権を持っている。

夫が三年失綜して連絡がないと離縁状がなくとも、ほかに嫁入りができるし、十カ月も女房を扶養しないで別居していたら、女はほかへ再縁ができた。

江戸の人別帳は本人別と仮人別とがあり、本人別は町奉行所与力の赦帳選要方人別調掛りが担当しており、仮人別は名主の家に在って町役人用のものである。

結婚・離縁・死亡などの移動は町役人から名主に届けられると、名主は仮人別に記入し、奉行所に届ける。

また遠国からの寄留者は本来なら、元住国の大名・旗本から免許状をもらってこれを町役人を通じて仮人別・本人別に記載してもらわねばならぬのであるが、領主は領民を他国へ出すことを嫌うから免許状を出さない。そのために免許状を持たないままに江戸に住んでいる者も随分あった。

武士の召仕っている臨時雇には、こうした者も多いし、田舎から出奔して大店に奉公している者にもあった。

無宿と無宿者　江戸の人別帳に記載されていないからといって無宿・無籍者かというと、そうではなく、田舎には籍が在るのである。

無宿者というのは勘当をされて届書を提出し、人別帳から削除され、良民としての分限を失った者であって、宿無しの意味ではなく原籍のない者をいうのである。無宿は無籍であるが賤民ではない。

なぜに勘当して無籍者にするかというと江戸時代の刑律は連座制であるから、たとえば息子が不身持ちで犯罪をおかすおそれが充分にある時はその連座をおそれてあらかじめ勘当してしまうのである。勘当には家から追出すものと、届書を以て勘当を願って人別帳から外してもらうのとある。人別帳から外してしまうと親や親戚が連座しないで済む。これが無宿者である。

「平生不身持にて度々意見差加え候も相用いずに付き勘当いたし候」という届書を、親類・五人組・町役人連署して名主へ出すと、名主は町奉行所へ出頭して決裁を受ける。これで親子の関係は消滅するから息子がどんな罪を犯しても一族に累を及ぼさない。ただ口だけで勘当だといっても人別帳から久離帳外にならぬ。

この無宿は元住所生国の名をつけて、江戸無宿・上州無宿などと呼んだ。

久離と勘当 久離と勘当を混同していることがある。久離とは帳外にされて無宿となっても未だ放逐されないのであるが、勘当は放逐することである。勘当願いがすむと、次に帳外を願うという二重の手続きであった。天明二年（一七八二）以後は勘当が決定すると共に帳外になった。

また勘当願が町奉行所の本人別に記載されると、名主の方では願いが許可されたとして帳外にしてしまう。すると本人別では未だ帳外にされていないのに、仮人別のみ無籍となってしまう。

札つき そこで親が勘当をする、せぬを願う前に性悪の息子に対して勘当の候補として願うので、名主の所で人別帳に札をつけておいた。何か事件が起きたら、即座に勘当願いを出して連累を絶つためである。このように札をつけられた者を札つきといったのであり、要注意人物のことである。

(5) 取調べ

与力の取調べ

町奉行所の裁判は、直ちに町奉行所が裁判するのではなく、まず与力によって下調べが行なわれる。追捕された容疑者・訴訟ともに与力がこれを取調べ、あらかじめ調書を作るのであって、町奉行はその調書をもとにして容疑者、訴訟人を確かめ裁決をする。

ゆえに吟味方与力によって裁判のだいたいの準備は作られるのであり、この吟味が主体となって裁決が行なわれる。

その吟味与力の吟味について「江戸町奉行事蹟問答」を引用する。

与力吟味席の体裁

与力吟味席は、昔は南北一と役所吟味方本役四人にて相済候者也、建築せし席にて後年に至り人数増し、助役、手伝等拙老の頃は南北一組にて十人となりし故に、其席狭く混雑せしなり。

概略を述べんに（与力）の席八畳二タ間下役同心・書物席六畳二タ間にて、これを二タ間に分け、与力五人づゝ一組と定めて事務相掛り（五人が連帯責任とする）とす。責任を負って古参は新参を注意し、新参は古参の教示を受くるなり。其内一人主任にて他の四人は立合いなり。前には木地の硯箱を置（小引出し付、内に巻紙、こより、小刀、きりの類を入る）、銘々多葉粉盆（冬は手あぶり）を出す。平日口書かきとり等便利のために小机を用いることあり。前々は一件もの書類を袋に入れ、上に何々一件と銘を記しあるを、当日可調分を置左りに御用箱・革文庫を置（このなかには銘々家にある先例、御触書、早見出しなどにて公務要用の蔵書を入れ、急務の用弁に備る）座席の四方は板椽にて薄縁を敷き、縁下出庇し内、六尺タタキへあらむしろを敷き、公事人呼出しの席とす。庇し受柱間には掛ケ障子下げ、日除け・雨除けとす。

前は中砂利、向に公事人溜りあり、板敷むしろ敷なり。公事人は付添名主始め皆これに着座して待つ。与力は椽先敷居際より居並び、横座に据り事務取扱。

公事人は代り代り呼出し、当日朝の内、名前書へ夫々御懸りを記して出し置、出て我が係り役人の前へ訴訟人差添、直接出るなり。当日一人の掛り、出もの（出訴のこと）多き時は五、六十もあり、其混雑は実に甚敷ものなれども、事務の熟練と出頭人の畏縮謹慎にて行儀平

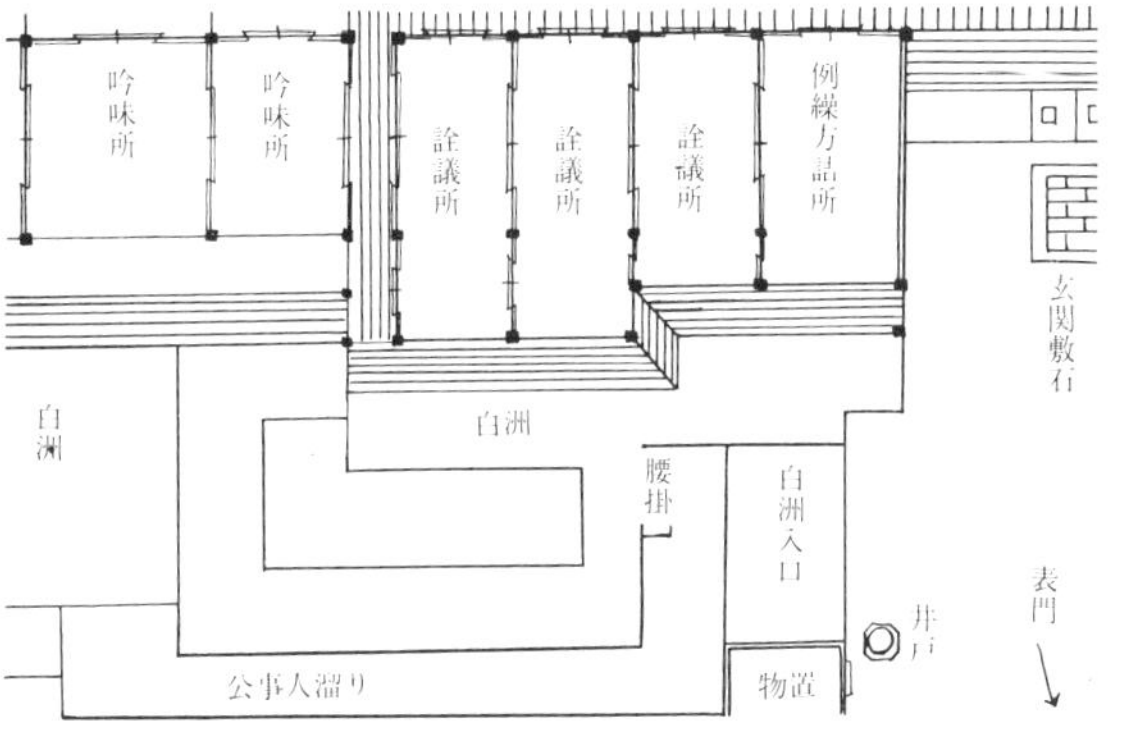

町奉行所内の詮議所の配置

しく紛擾を生ずることなく、万一法を犯し紛擾が間敷所行ある時は御場所柄を不憚とて是非に拘らず、忽ち被捕押、るいせつ（縄目の恥）のはづかしめに掛る恐れあれば、混雑の内に十分恐れあれば能く、慎しみ、順席能く事務はかどるなり。

余も二十才の時、始めてこの役を被命新参の内には同役の吟味ものの音声其他様々の声にさまたげられ、自分掛り出頭人よりの申立て事聞き取れ兼ね、困却を極めしが、いつとなく事馴候に随い、己の位置も進めば、其の混雑の場所にても少しも邪魔にならず掛りの己の出頭人の申し立ては小音にても耳に入り、同役の読聞せものより吟味役のよし悪しきまで大小巨細に耳に残り、注意すべきことは書取って同役へ注意し、下役に命ずべきことは傍ら命じて事を捗取らせたり

与力聴訟席の体裁

聴訟席も断獄席も同席にて、前に述べし如く狭き席にて肩を交へ、出者は押並べて吟味する故に繁雑極り候。公事人席原告は役人の右手へ向い、被告は左手へ向う。引合人其順に列を成して居並び、町役人は其左右と後ろに居並。名主役は原被とも本人に添て左右に横座し弁護することもあるなり。掛り与力は図の如き一件袋より書類を取出し、

何町何店、誰相手何町訴訟 誰何之出入 何月何日　何之誰掛

原被の名前読上候て、願意ならび返答の趣意逐一に聞き糺し、篤と見込を定候上にて勧解（和解をすすめる）するなり。双方承服して談相整え、申分なき時は済口《すみくち》証文を出し願下いたし、与力直き聞き届け、跡にて奉行へ届けるなり。熟談難整時は再たび奉行へ申立、白洲へ出し直々勧解あらんことを請うもあり、其節は原被双方の申し口書取り、主任与力の見込等書添出すなり。

奉行の裁断に任せるもあり、様々に勧解の手を尽して弥熟談不調なる時は、双方の申口を口書に造り、完結しこれに裁許申渡の草案を造り、一件証拠書類を添えて同側の同役へ相談の上、異存なき時は奉行の裁断を請う。奉行同意なれば直に白洲へ原被呼出し、裁許申渡候。奉行異存有の時は其意を述べて急評議せしめ、決定の上にて裁許申渡候。

聴訴における与力の不正

聴訴に付、主任与力賄賂を受ること甚だ危く、最も忌み憚るなり。然れども曲者は必らず役人へ手を入れ勝を得るか或は曲直事にせんと欲するは人情なれば手続を求めて申込み来るなり。若しこれを採用して少し直者（正当と認められた方）の方負色になる時は直者も同じく手を入賄賂をおくりこれを防がんとして権威ある役人か上司より手を入れ来る。終に主任掛り板挟みと相成甚だ窮するなり。其時は突然奉行の再席にて裁決せしむることもあれども仕損んずる時は甚だ手あまるなり。中には双方よりうらみを受け、様々と流言などいたし、役儀にも拘り候程の不体裁を引起し候故に、先づは大事に構えて前に陳べたる役徳にて充分として、聴訴事に付ては専ら公平を旨として、彼れは賄賂は受けざる役人故、証拠と公平の議論にて争い勝利得るより外なしと町々の評判を得ること、最徳策と心がけするなり。

若し手腕の利きたる裁判役は随分左の二つの手段を以て、人口にからざる様に賄賂をむさむりとる者あり。

其の一は直者より賄賂を得んと謀るなり。其手段は始め原被の申し口を尋問するに是非曲直を本人に知らしめずして能く証拠を糺し、十分に裁決の見込をつけ、直者を腹中にて定め置き、彼十分理窟あれば勝公事に捌き当然と見込む者を、様々と難問を起こし責め立るなり。斯くする時は曲者は却って油断し、我勝利か或いは曲直半ばに至らんと思い、様々と弁ずるなり。

直者は大いに驚ろき負公事にならんことを恐れて手を入、賄賂を送るなり、充分に賄賂を受けてのち、いよいよ決着の日に至り、俄に証拠証跡を揃え、曲者を責め少しも弁護するの猶予を与へず。押詰る時

は素より曲者のことなれば一言の申開きにも詰まり、無余儀熟談済口を出すか、或いは裁許を受くるなり。後にて曲者彼是申すも証拠の上にて曲なる故に役人の取捌き不正と申す者なし。勝利を得たるもの賄賂は秘密の事なれば口外することなく満足して無事済むなり。

其二　原被曲者半ばにしていづれに勝敗の就くべき見込のなきときは、双方の非分を厳敷難問して、原被両告をして勝敗の望を思に迷惑せしめ、其時は必ず双方より賄賂を送るなり。其時双方の非分を折衷して和解せしむるか、或いは裁許する時は双方とも不充分ながらも丸損になるよりもよろしとして承服するなり。手腕の利たる裁判役の賄賂は人の口にかからず事済むなり。

賄賂を送るは様々にて其一、類親縁者由緒ありて出入りするもの、平日手付の下役（同心）より頼み来るもの、其二、同役ならび已れと無余儀交際ある役など頼み来るもの。其の三、権威ある役人など主任者の畏縮する向を求めて頼み来る者あり。これ等の向きは主任に取って面白からぬ頼み方なり。

第一・第二の如き其手続きは本人をして主任役人の宅へ来ること他見の憚かりもある故に、席を選びてひそかに出会を求むるか好む道に随って様々に出会の手続きを求め隠密に出会するなり。又送りものを現金を包み、肴料とか菓子料とかなして、切手類にて送るもあり、品を以て送るもあり、済切の上は急度相当の御礼すべしと約するもあり、其役人の気風に依り、未決の内に本人出会ならび音物を受ることを好まぬものは、済切ってのちに送るもあれど、これは取次人の信用によるなり、あるいは中間に書画刀剣古画の類など売物と唱え持ち来たり好む品を選み買取らせ、代金受取の証を添えて出すもあり。

又役人の中にも甚だしき人物ありて被頼事を幸いに一切の送り物を謝絶し置き、時期をはかり其中間に立入りし人へ対し金の借入用だてを頼むなり。先方にては謝礼として百両も送らんと思ふ所へ、弐参百両も無心被申懸、案外なれども承服せざる時は負公事に相成らんことを恐それ、無余儀承服して普通貸倒の法にて貸主の名前を替へて借受けるもあり、事済候のちに至り、内金少し返却して無利息永年賦などに書付候もあり、夫なりに棄損になる類なり、又其証書を謝礼として送るあり。或いは其身直接の借主に不成して親戚縁者など名前にて借受候か、或いは一千両の代価ある地面を五百両にて名前を替へて買入候類其の外様々の工夫して万一露顕の節、法律に背かざる様に予防法をめぐらし、賄賂を受くることあり。

裁断・裁許・事済み

刑事は公事裁断と云此の訳は口書完結の上、法理に照らして竹を割りたる如く一刀両断に判決して処刑当てるなる故に裁断という。

民事は口書完結の上、法理に照らし判決すると雖も、奉行は司法・行政を兼ねたる職権あるを以て、法理判決の末へ、行政の権を以て、後来の掟を指令する意味を含蓄する故に、民事の公事は裁許と唱候。其の例様々あれども、譬へは地界論（土地の境界争い）の如きには能くあることにて則ち裁許状の末文に原被双方より証拠として供したる書付を裁判するに此度の論所に適当のものに無之、依之証拠に難相立。其上双方の申し口は詰り、無証拠申し争いに止まり、採用いたし難く候。依之論地検分せしめ、評議の上境界を定むること左の如と云々、後来これを守り、異論いたす間敷旨申渡類にて、境界なき地に裁断して後来のために新規に地界を定め指令するまでなり。又は家督争いか財産処分等のことにて裁許を受けたるもの、又は熟談の上和解したるものにても、後来も証拠のために言上帳付願をして已後の成規を定めんと欲する時は、掛り町奉行所へ願い出、書式ありて言上帳へ記し、訴人ならびに町役人まで調印せしめ、写しへは奉行も割り印して下げ渡し保存せしむるなり。

金公事・本公事

金公事とは金銭貸借より生ずる類の訴へを云う。本公事は家督争い其の外身分進退すべての事件を言うなり。

奉行官宅の調裁判日には其の差別に定日はなし。只先へ金公事を出しあとへ本公事を出すなり。金公事裁判は手間取れず。本公事は尋問に時間を費し候故、公事人便利のために同断取計い候。評定所も差別なき筈なれども式日毎月二日・十一日・二十一日本公事、諸奉行の立合い四日・十三日・二十五日金公事を出す様に習慣になりたり。

目安裏判

町人別の者より他管轄へ掛りたる時、訴訟の原告状へ裏書を付して奉行連名被告に示し、呼出すものにして、やかましき規則書式あるものなり。

町奉行は家来の目安方取扱、原告状は西の内裏打厚紙へ謹書し其裏へ命令文左の如く記し、主任奉行始めに調印して渡す。原告人はこれを受取、相白木の指し蓋の箱に蔵め、風呂敷に包み、雨天なれば油紙に包み、大切に役宅へ廻勤して調印を取り揃え、終って掛り主任奉行所へ出立届をなし、町役人同道にて被告の居住地へ至り場所を定め、村役人立ち合いにて厳重に拝見せしむ。村役人これを預かり拝見書を出し、熟談不行届時は被告人同道出府して掛り奉行所へ着届罷り出で返答書を出し、差日当日対決を受くるなり。万一此目安訴状を壊損せしむるか、異時ある時は刑律に触るゝ故に恐れて大切に取はからうものなり。

如表書類出候に付、所役人立合熟談を遂け、若し難行届候はば返答書持参来る幾日評定所へ罷出申すべし。於不参曲事たるべきもの也。

周防　印
和泉　印
河内　印
模相　印
播磨　印
美作　印
備中　印
山城（御用につき加印なし）
大和（御用につき加印なし）

右村名主
役人へ

これは三奉行とも任官の国名のみ記し調印するなり。始め四人は寺社奉行、次の二人は町奉行、次の二人は御勘定奉行、終りの二人は御勝手掛り勘定奉行であるが印を用いない。

裏書差日

裏書は訴状へ命令を記載し、奉行所の印を捺し渡すなり。元来幕政には下勘解の事を双方町役人に命ず。

訴状の裏書は左の如し。

如斯訴出るに付、双方町役人立合熟議すべし。若し行届難く候はば、来る幾日何時迄返答書持参、双方町役人差添可罷出べし、不参に於ては曲事たるべきもの也。

誰番所㊞

何町何丁目
相手誰店　誰
右町役人五人組
名主へ

この裏書を当番の物書同心が書き、町奉行所の押切判を捺し、当番与力に渡すと与力が原告人に渡す。原告人はこれを名主に渡して双方の町役人が立合って示談にする。まとまれば差日に原告人が訴状下げを願う。前項で述べたようにこれを片済口と言う。

呼出し者の身分の違いによる取扱い　御目見以上および同格取扱いの者は、御座敷で吟味をする。呼出者は麻上下、熨斗目、夏は白無地。

熨斗目着用の格式の者は白洲畳椽側にすわらせる。呼出者は麻上下、熨斗目、夏は白無地、法衣、礼服。

熨斗目以下の者は白洲板椽にすわらせ服装は紋付衣類、麻上下、羽織である。

足軽以下の者および平民地所持の者は、白州砂利にすわらせ、羽織袴。

中間・小者・平民は白洲砂利にすわらせ、服装は着流し。

在牢中の平民・無宿は白洲砂利上で吟味を受け、服装は本籍ある者は着流し、無宿者は浅黄の御仕着、夏は麻布。寄場人足は白洲砂利にすわらせ、服装は柿色水玉染の仕着せである。

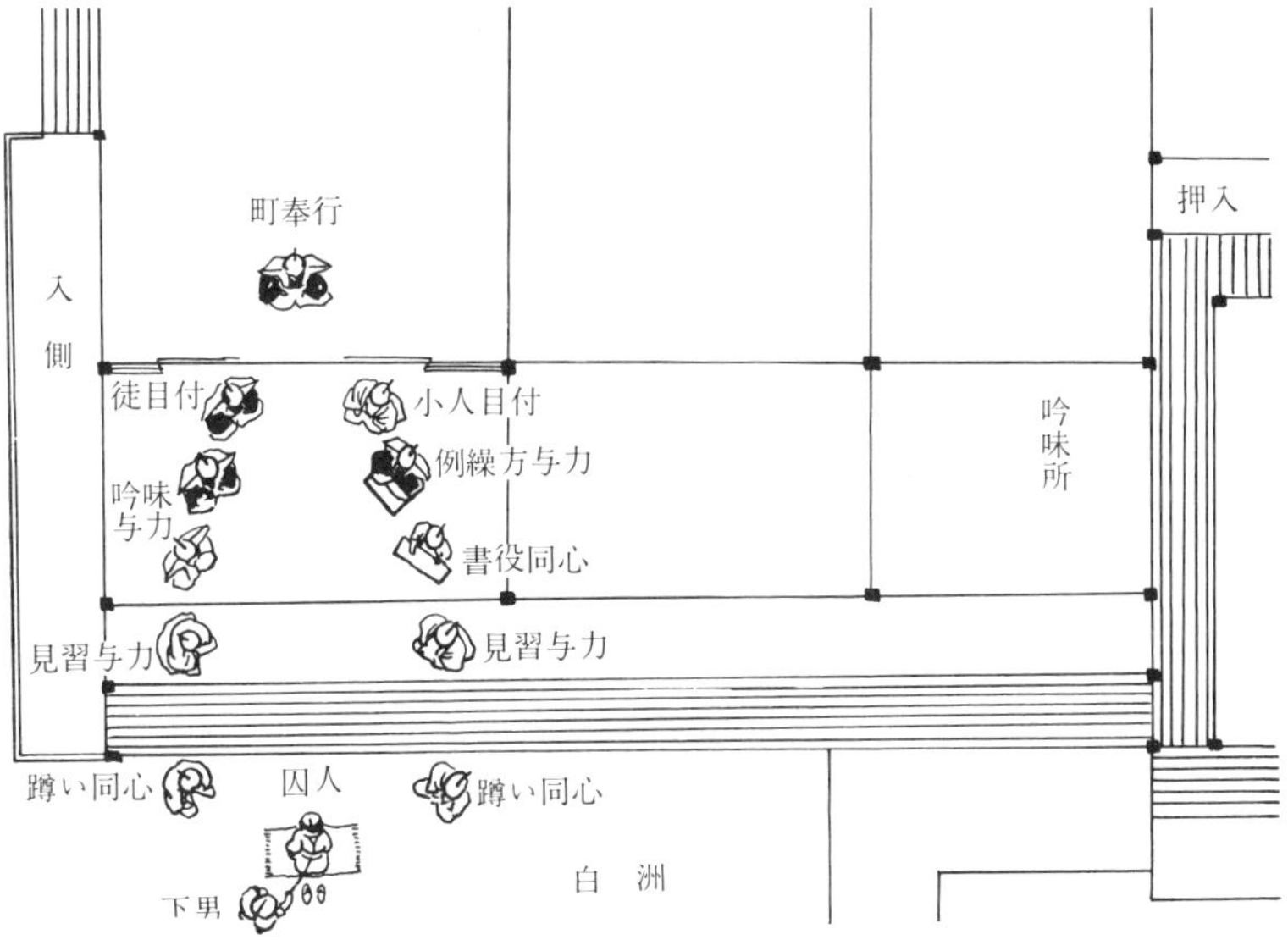

奉行の白洲平面図

(6) 町奉行の取調べ

町奉行は威権を重んじ職掌がら謹慎を専一としているから、たとえ囚人と相対しても行儀正しく、座蒲団、火鉢、煙草盆も用いず、夏でも扇子をつかわず、取調べ中は座も立たぬし、膝も崩さなかったといわれる。民事・刑事共に同じ白洲で吟味与力の白洲よりは広い。

下調べの吟味与力が待座するときは呼出しの公用人と代って畳椽に出て、そのほかの見習与力は白洲中仕切際に待座する。呼出された者は身柄によってすわる場所が異なる。白洲であると同心が警護する。

武家・支配違いの者でも牢舎に入った場合には奉行が裁くが、それも手限りの範囲内の者である。

他管轄の本籍者の取調べ

支配違いの農民籍のものは本人の申し口をきき、特に本籍を取調べない。また何々無宿という肩書で、犯科を罰するのである。生国・本籍を調べるとなると、その領地へ問合せたりして調べが永引くから本人の申し口だけを信じ、あとはその犯科によって処罰して行く。しかし他領の入墨者の場合は、その領地へ問合せてから処罰する。

陪臣・浪士が犯罪を行なって捕れた場合には本籍を糺して、元の住地の領主に問合せる。元の領主に対して犯罪行為があったり、領地を脱藩したものかも知れぬからである。罪が軽ければ町奉行の手限りで処分できるが、重ければ老中に伺いを立てねばならない。

天領・私領の籍ある者の取調べ

幕府の直轄領、旗本の知行所などに籍のある者が罪を犯して町奉行所に捕えられた場合は、管轄の勘定奉行に引渡すが、各地で多くの犯罪をおかして町奉行所の手で捕えられた場合には町奉行が主任となり勘定奉行と共に取調べる。

大名陪臣および藩領民の取調べ

前もって大名より脱走の届けがあればその領主の家臣を呼出して本人を見届けさせてから引渡すが、ほかに犯罪がからんでいる時は引渡さないで町奉行所で取調べ処刑して、その報告だけ、その藩に達する。

僧侶を捕えた場合の取調べ

犯科ある僧侶を町奉行所の手で捕押えた時は、寺社奉行に引渡すが、女犯僧は日本橋畔へ三日晒して本寺へ引渡す。

神官・修験・山伏の取調べ

これらが罪を犯して町奉行所の手の者に捕えられた場合は、寺社奉行に引渡すが、身分の元籍によってはその支配に引渡す。

盲人の取調べ

盲人は惣録検校の支配で、官位によっても取扱いが異なる。軽罪であると、

何々可申付処、盲人身分に付惣録検校へ引渡、座法の通り取斗可申旨申渡候。

として惣録検校に引渡し、重罪の者は町奉行所で処罰する。惣録の役所は本所の一ツ目弁天社内にあって、継上下を着た侍分の役人がおり、これが取扱った。

穢多・非人の取調べ

穢多・非人の軽罪は穢多頭弾左衛門に引渡して御仕置させ、重罪は町奉行所で処刑する。

ところが穢多・非人の御仕置は軽罪でも斬首まであり、かえって残酷であった。

(7) 捕物

捕物とは、刑事事件などの場合、犯人もしくは容疑者に対して連行を求めた場合に抵抗するとか、または抵抗のおそれあるときに捕縛することをいうのであって、これは巡回中の定町廻同心、臨時廻同心が行なうか、捕物出役の命をうけて与力指揮のもとに同心が小者をつれて召捕りに行くのをいう。

町奉行所同心は、江戸府内の農・工・商に限って容疑者を連行し、捕縛することができるが、町奉行からの命があれば、武士・神官・僧侶でも捕えられる。この場合には寺社奉行から依頼されたり、上司から命があって初めて町奉行に捕縛の権が与えられるのである。

また犯人が寺社の境内社域に逃込めば、そこへ踏込んで捕えることができないから寺社の外部から包囲していて、直ちに寺社奉行に連絡して寺社奉行所の手で捕えてもらうのである。

背景が絶好なので、映画ではよく境内で町奉行の手の者が犯人と大立回りを行なっているが、こうしたことは決してあり得ない。

仙石騒動で浪人した上に虚無僧になった神谷転という武士を仙石家から依頼されて町奉行の手で召捕ったために寺社奉行から横槍が入って大問題になったことがある。虚無僧は寺社奉行の管轄だからである。寺社奉行には与力・同心はいない。その家臣が与力・同心の役を勤め大検使・小検使といっていた。

江戸府内には、町奉行所のほかに御先手組から加役として火付盗賊改めがあり、これの与力・同心も容疑者・犯人の追捕を行なっていた。

捕物出役

捕物出役の様子　江戸府内で乱暴狼藉を働いた者や、犯人が家屋の中にひそんでいる場合は、「閉じこもり」というがこうした場合に町名主から町奉行所へ訴え出る。

捕物出役の水盃

町奉行所表門から出る捕物出役

町奉行は当番与力一人、平同心三人に出役を命じて直ちに逮捕させるが、これを捕物出役といっている。

そして与力は検使出役と呼ばれた。

「江戸町奉行事蹟問答」に、

当番与力召捕ものに出張することは其むかし、丸橋忠弥召捕りなどを始めとして、取斗方一定の規則あり。当番所に捕もの書留帳と唱候帳簿備えありて、昔より捕もの検使の手続を詳記せしものあり。

江戸市中にて犯罪人ありて捕亡吏留守にて召捕り難きか、或いは現行犯にて乱妨人などいたし人を殺し町家に立籠り、召捕方の来るを待つ時は、其家の周囲を囲め置、町内より急訴し来るなり。其節は当番与力其顚末を聴糺し奉行へ告げるなり。

奉行は即刻命を下し、非常の方へも申し達し、召捕もの人数に応じ与力・同心の支度を命ず。罪人一人なれば捕方同心二人（南北にて四人）検使与力一人（南北にて二人）出役人名を定（同心は鎖帷子・鉢巻・小手・すね当、衣類は白衣にて陣ばしより刃挽刀を帯し十手を持つ）与力は火事羽織、野袴にて陣笠を冠り候（侍一人、槍持一人、草履取一人）奉行の目前へ（内座という座敷）呼出し、公用人進退して与力同心を其席へ入れる。

奉行は口上にて只今何町より云々訴へ来るに付、召捕方として同心と出役を命ず。検使与力の差図を受け、召捕るべし。万一命を隕すことある時は倅あるいは親戚へ無相違家相続せしむる間、無ニ念働き申すべし出役の祝儀として一盃を進らすと云て先づ与力へ盃を出す。与力これを受け、奉行肴を与ふ（勝魚節・切するめ・結昆布）与力受けて同心へ廻す。順盃済で奉行へ戻し、直ちに席を立つ。奉行は表玄関まで見送り来り式台にて一礼し、与力同心とも表玄関中央の敷石より表門を開かせ出帳す。訴人は門前に相待ち道案内す。兼て示し置きし場所にて南北与力同心手筈を打合はせ、月番は表の方、非番は裏の方に手分けし打入るなり。其節は与力は為持来たる槍の鞘を外して携へ、同心は十手を携へ、罪人立籠りたる家の戸口へ近寄り、与力は大声を以て、召捕りのため出帳の旨を申渡し、同心に掛れの命令を下す。
　同心は罪人の挙動を窺い、隙を見て飛び入り組み付くなり。其節は南北前後を争う故に、各の働らきに依て功を立てるなり。十手にては手にあまる時は刃挽刀を抜き彼れの刀を打落さんとす。然れども彼の働き強く、同心危うく若し手余り候節は検使与力は斬り捨ての令を下し、自らも槍を入れて同心を助けるなり。弥召捕相済後ちは双方与力申し合はせ、召捕りたる順席を定め、最初組付きたるもの、其他働きの様子双方争いなき様に検査し、罪人ならびに同心を引きつれ、月番奉行所へ戻るなり。帰りの節も表門より入り、玄関をあがり奉行に面会復命するなり。

とあるが、三田村鳶魚の「江戸ばなし」の捕物出役とはその様子は少し異なる。

　出役の仕度ができると町奉行の前に呼び出されて、与力には「検使に参れ」と命じ同心には「十分に働けよ」と言渡される。そして、三宝に桐の実を載せて出しそれぞれ水盃をする。これは明和年間から行なわれたといわれている、と述べている。鰹節・干いか・干昆布と桐の実とでは肴組が随分異なる。佐久間長敬は長い間与力を勤めた男であるから記憶違いはあるまいと思われる。

検使出役の服装　三田村鳶魚説の服装も異なる。

　与力は着流しで、帯の上に胴締めをなし、両刀を帯し、ジンジン端折りをして白木綿の手襷をかける。足に草鞋をはく、槍を中間に持たせ、若党二人、草履取一人を連れて行く

とあるが、随分冴えない風態で、この服装の幕末の写真もある。

　捕物出役の与力・同心の服装については、「江戸町奉行事蹟問答」には別の記述がある。

同心の服装／鎖帷子・鎖鉢巻・籠手・臑当・刃換刀・十手，白衣は爺端折

与力の服装／火事羽織・野袴・陣笠・指揮十手，侍1人，槍持1人，草履取1人

「江戸町奉行事蹟問答」による与力同心捕物出役の服装

　捕物は同心の主役にして与力は検使役なり。同心貸渡しのためにくさり帷子、同鉢巻、すね当、刃ひき刀備あり。同心これを用い、羽織を用ひず陣ばしよりの出立なり。与力検使としての出役は陣笠・羽織袴（別の項では火事羽織・野袴と記す）にて格式の供立にて、同心捕もの手余りの時は、与力切捨の令を発し、自身も鎗を入て同心を助け働く定法なり。

とある。陣ばしょりは俗にいう「ぢんぢんばしおり」の事で、爺端折と書き、背縫の裾七、八寸ほど上を抓んで、腰の帯に挟みとめた形式をいう。この「ぢんぢんばしおり」は与力よりも働く同心の服装に適切であり、与

徳川刑罰図譜に描かれた縄のかけ方と十手の使い方

力は指揮者らしく火事場羽織・野袴・陣笠の方が相応しい。

与力と同心の功名争い　江戸初期は与力も共に働いたので与力と同心の功名争いがしばしば起きた。

「明良洪範」続篇巻三に、

江戸町奉行組与力同心召捕者有る時一番に向いし者は御褒美として刀一腰、二番には指添一腰賜はり、手負いたる者には疵一ケ所の養生代金三両宛下さりける。是故に先を争い口論に及びけること度々有りしがば、寛文年中渡辺大隅守綱定其事に付申渡されけるは召捕者これ有る時は、与力の進退の指図をして同心に捕へさすべし。万一同心の手に余りし時は与力も働くべし、且与力も同心も一巳の働きをすべからず、一致して働くべし。一人功をなさんとて同役の難儀を見捨ることなかれ。互に助け合って一同の功を立つべしと定められければ、夫より功を争うて口論に及ぶことなかりしなり。

とある。これより与力は検使、および指揮者となり、同心が召捕る役になったのである。

供は紺無地の法被に目くら縞の股引をはいた。召捕り役責任者は同心で、供と小者が手伝う。

捕物出役の体裁　与力は召捕検使であるから指揮十手といって、小型で優美な十手に緋房のついたものを用い、同心は実際に用いる捕具として鍛えた鉄の長さ一尺五寸（約四十五センチ）の緋房十手を用いた。

同心の腰にする刃引きの長脇差は奉行所に備えてある品で、相手がはなはだしく抵抗した時にこれを抜いて渡合い、相手の太刀を受け、致命傷に致らぬ程度に攻撃し、また相手の刀を払落とすためである。

捕物の本質は相手の抵抗を受けることなく召捕るのを上手としたから、舞台や映画のように立回りをするようではよろしくない。手際よく縄を打ってしまう修練をたえず行なっていた。

「武士心得之事」という文政七年の写本にも、

閉じこもりは一般町人百姓なら時間をかけてゆっくり捕え、武士なら時を移さず踏み込んで捕えた方が良いと書いてある。一般町人は、時間がたつと、後悔して意気消沈するから、時間をかけるほど良いが、武士は囲まれたとなると、いよいよ自暴自棄になるからである。

閉籠者を自殺させた例

「明良洪範」巻八に、

元禄年中京都にて一夫、白昼に人を斬殺し、其近辺の富商の女子乳母に抱かれて居たるを奪い取り、或る家に走り入り、其の女子を膝下に敷き、若し手向う者あらば刺殺さんと構えたり。此女子を人質に取りし也。其女子は大いに泣きけるが後には声枯て立たず、其家の廻りは十重廿重に囲みけれども、其女子の殺されんことを厭い、向ふ者無く只見ているのみ、奉行中根摂津守正包組与力二人同心三人駆付けれど是も同じく其女子を厭い彼是評議する所に、間宮善太夫と言う与力我仕方有りとて彼の一夫に向いて言ひけるは我は間宮善太夫と言う者也。貴殿先刻殺したる人は兼て遺恨有っての事なるや、又途中の喧嘩なるや、一夫曰く兼ての遺恨也。間宮曰く、先刻は忙はしくて碇と切れ味も御覧有らざるべし。誠に能く切れたり。左の肩より右の片腹迄一刀に死したり、其上諸人立騒ぐ中にて止め迄刺したる条感じ入りたり。

されど貴殿は勇あって智無しと存じ候。一夫曰はく智無しとは如何に、間宮遺恨にも有れ人を殺して其場を逃れ存命せんとは思はざるべし、自分も死せんことは兼ての覚悟せられたるならん。一夫曰はく、いかにも仰せの通り也、間宮曰はく、然らば其女子を人質に取られしは如何なる存念にや譬へ存命せらるるとも、今明日の中に人に切らるるか自殺するか二つの内也。其様なる幼女を殺すは猫子を殺すも同然。先刻の勇には似ざる也。殊に遺恨有る者の子にも非らず、町家の女子也。其幼子を殺しなばあたら勇者の名折れなるべし。察するところ人を殺せし者とて忽ち大勢駆来る故子細を言う間に棒に当り縄に掛り恥辱を得ん事を思い、其幼女を人質として暫時を凌ぎたるならん、一夫曰はく、能くも察せられたり。いかにも言はれし如く也。間宮曰はく、然らば其幼女を免し放さるべし、決して手向い申すべからざれば速やかに自殺せられよと云はれしかば、一夫承引して頼て其幼女を引起し髪撫で上げて由無き事に暫時苦しめたりとて放ちやりさらば切腹致さん介錯頼み入るとて美事に腹切ったり、間宮立ち寄り天晴れ勇者や潔よし潔よしと賞め首を討ちける間宮が詞其理明らかにして義もまた正しく能く人情を盡せり、如何なる者も感服するに足りぬべし。

とある。

機知によって召捕った例 また「江戸町奉行事蹟問答」には、機知によって召捕った例の話が記されている。

或る時は土蔵二階の階子を引揚げ、登り口に抜刀にてたゝずみ居り、捕方を一刀の下に切殺さんと身構へ、彼大声にて云、「召捕方の役人にうらみは無けれども、冥土の道連れにせん、早く掛れ」と云って、待構えたり、召捕同心は昇るに階子なく猶予せしに一人気早のもの(甲)あり、罪人に向い、「汝未練のものなり、我々召捕りに向いしに階子を下げずして大言を吐くは何事ぞ、其の階子早く下げよ、我等一気に昇り汝を組留めん」とあくまであなどり罵りしに、彼も憤り、左り手に梯子を携、右手に刀を抜き冠り、「すわ、これより昇るべし、汝を冥土の先駆させん」と階子を繰り下げしに一人の同心(乙)これに先を争そい飛付、一番に昇らんとせし故に罪人も存外不意に階子を置かれ、力余りてさかさまに落ち来りたり。同心(甲乙)も共に倒れたり、同心(内・丁)直ちに罪人に組留めたり、其節一番と二番の争起こりし故に、検使与力も有りの儘を奉行に告げて功の争い一つの議論となりしことあり。

と記され、閉籠り者はなかなか召捕ることが大変で、時によると大変てこずることがあった。

或る時、侍往還にて人を殺し、薬種の家に駆入、土蔵の二階に立籠りたりと云召捕方同心向いしに、土蔵二階にありし唐辛子の粉、こしょうの粉など目つぶしに撒きちらし、容易に二階へ登ること能わず、召捕方をなやましたり。

と記されている。しかし閉籠りは機知と時間の問題で解決する。

唐辛子・こしょうの粉をまかれたのでは召捕同心もかなわないが、これらの粉は逆に召捕同心が目潰しとして捕物に用いるのである。灰に唐辛子の粉などを交ぜて卵の殻につめ、これを犯人に投げて、苦しむ所を捕えるのである。

抵抗が激しい時には、熊手、袖搦み、突棒、さすまた、戸板、梯子、桶のたが、大八車など臨機に応じて用いた。

大捕物

相手が飛道具を持っている時には、絆纏や風呂敷のようなものを、もじりや、鳶口の先に引っかけて「野中の幕」と称するものを作って踏み込んだ。

早着込み　時には綿入布子を水に浸して「早着込み」として勇敢に飛び込んで捕えた。

早着込みは、皮製・鎖製があり、時には一文銭を袷のようなものに並べて縫い込んだものを用いた。これは肩の所だけは二文重ねて縫うのでだいたい一貫文位の銭を縫いつけた。

このような大立回りの捕物は珍しく同心は捕縛の術に長じていたのでたいていは苦もなく捕えてしまう。

廻方同心の捕物　廻方同心は巡回中挙動不審と見て捕り押えることもあれば、巡回中に町役人の訴えで召捕ることもあり、小者の密告で捕えることもあった。

「江戸町奉行事蹟問答」に、

浅草雷門の外広場にて侍二人、抜刀にて乱妨せしを、同心一人にて二人とも組み伏せ召捕りしことあり

とあるように、捕物上手になると抜刀の侍二人位を手捕りにするのは、容易であった。縄が足りなくて応急の時は一尺位の紐一本で全身が動けぬように縛ることも可能であった。

廻方同心は巡回中に訴えがあるとたいていは、小者に捕押えに行かせる。江戸府内の町々には約三百近くの自身番があるから四人（南北で八人）で区分して交替で巡回し、町内で犯行のあった場合には同心はその町内の自身番で待っていて、小者・岡ッ引をやって犯人を連行させて来る。同心は自身番の奥の板敷で犯人を調べ、軽い犯罪であれば町内預けにし、間違いの容疑者であれば放免する。重罪の見込であれば送りにする。

送りとは大番屋に連行することであるが、夜で都合が悪いときは自身番にその容疑者を留置する。このことは自身番の項で詳しく述べる。

同心は犯人を捕えると褒美の品をもらうのが常であった。

定町廻りの犯人捕縛

刀脇差を帯している者を捕えると、道具一腰ずつ、一の手、二の手の出役同心がもらえたが、小盗人を捕えた時は一の手だけ道具一腰、傷ついた者には御金が下された。道具一腰というのは刀のことで、これは犯人のものを与えたのである。

殿様拝領の紋付着用者を縛る法　「異説まちまち」巻下に、

新庄家にて出頭しけるもの重科により死罪に行なわる。下屋敷にての事なり。乗物より出る所を縄をかけたり。時に罪人さるものにて殿様の御紋付を着申候に、御紋に縄かゝること恐れ奉ると言いしより、夫故に小刀をもって五所の紋を切り抜けり。扨是もカ条を以て読みきかせ、右の罪によってと言う所にて斬罪す。死罪とまで読む時は言訳などして面倒也とての事也

とあり、これも心得であろう。

幕末の捕物出役　幕末は政紀乱れ、市中に強盗多く浪士がはびこり乱暴狼藉が多く危険であったのでその捕物出役の様子も異なって来た。

「江戸町奉行事蹟問答」に、

町与力同心捕もの出張御法を定め、同心には剣付銃を渡たし、実弾を携へ、大羅紗の筒袖割羽織、北に印（南か北）白く切り伏せ紋にいたし、こう山形の陣笠会印（南と北）を付し、まち高くくり袴の出で立ち、与力は自分紋付羅紗割羽織、まち高袴にて端をり、陣笠短銃を腰に下げ、与力五人・同心二十人の一組にて出張の事に編成し壮年者を選み、陣二た組南北隊を整へたり。与力南北にて百人の百姓と職人等募り、一組五十人づつ分署を拵へ、これをさし置き、銃器、或いは刀剣を与へて紺木綿の銃服にて自衛に供したり。強盗其外、実地の働きに出逢いしことなく御維新の際解散したり。

毎夜諸所より急訴ありて召捕方出張を乞う御定町廻り、臨時町廻りの捕亡吏は出張して召捕方を勤めるなれども、取締りのため同心の銃隊を召連、臨機出張すべしを町奉行より命を受けしによって、余（佐久間長敬・そのころ吟味方与力を勤めていた）は当時同心銃隊の指揮頭にて非常取締掛り兼勤故自宅を屯営と定め、毎夜十名づゝ銃隊の同心を宿直不寝番せしめ、町々より急訴あれば直ちに出張せしことあり。

とあり、文久二年十二月より、洋式の銃隊編成が幕府内で行なわれ、町奉行所も銃隊訓練が行なわれ、その上、庶民を募って町兵を作ったことは、町兵掛りの項で述べた通りであるが、捕物出役にも銃隊同心が出張した。銃火器の輸入多く、浪士達も拳銃などを多く使用するので、銃隊が威嚇して捕えねばならなかった。

廻方同心の捕物の様子

町家にて盗難あれば其事を聴込たる手先の者、被害者の家に駆付、右顚末を聞合せ、南定廻り某聞込の由、名刺をさし置、早速に自分の属する役人宅へ来り其旨届け、大事件なれば出張を乞うて取調に掛るなり。夫より品触と唱、盗難の時日、品々模様を詳記し、町々の八品商売人と唱候向へ触出て（質屋・古着・古鉄・古道具・古書画・紙屑・刀剣・時計）新吉原其外の遊廓、或いは博奕場など悪徒の立ち入るべき場所へ手配す。被盗品ならび其仕業に依って探索の工夫を付けて手配するなり。銘々の知恵と手入れの良し悪しによって功を立てる事も早し。或いは自分手配せし罪人を却って他のものに被召捕候事もあれども、せんての名は品触其外十分の縄張りは行き届き候事に付、後

幕末同心の出役服装

幕末与力の出役服装

手の者は探索いたし兼ねるものなれども、罪人も一つの悪事のみにもなく数ヵ地にて働くゆえ誰より出したる品触に当り来るも知れず様子ものにて運能く少しの処より端緒を得て大盗を捕えることもあるなり。

捕亡吏は随分面白き役にて役威もあり役得もある故、町同心は誰彼となく此の役儀に昇進せんことを望まざるものなく平素警固に精勤して立身を望む只此一役あるのみなり。

探索の端緒を得るときは自身番屋に出張して、本人方へ手先の者を遣わし呼出し取糺すか、又は手先を引連、直ちに其家へ踏込召捕候か、臨機応変にて、手引のものに被呼出、自身番屋へ被連行ること町々にて俗に（鳥渡《ちょっと》こい）と唱えて恐れしものなり。夫故に某（南北町廻り）手引（岡ッ引）と名乗り、町人宅へ来たり、御用に付同町自身番屋までとか、名主役宅まで鳥渡来れと呼出しを受ける時に拒むこと能はず、命に随ふものなり。呼出しの場所に至れば手先の者帳番いたし居り、役人の出張を待つか或いは前々出張いたし居るかにて面前へ被引出、尋問を受くるなり、（捕亡吏は必ず同役立合いあり）、其節返答にさし支るか、疑敷ものと見込時は縄を掛け、終に打敲き責め問うなり。其節手先のもの様々にとりなし、或いは罪人を様々にすかして、終には罪科あれば白状させるなり。

（自身番屋の尋問は、ただ取調べるだけが本当であるが自白を強いるために打ち敲くこともあり、強く縛って苦しめることもあり、半ば拷問に近いことも行なわれた。容疑者であるうちは縛ることができないのであるが、容疑者を自身番に連込むと手先が、自身番内の煙草盆を蹴って引っくり返し、犯人が暴れた態にし、乱暴したから縛ったという形にして厳しく縛り上げてしまう。そして敲いたり縄目をねじり上げたりして無理に自白させることもあった。そのために中には、寃罪や役人や岡ッ引の遺恨でこうした目に遭うものもあった）

如此して白状する時は本人を縛り手先のもの付添い、犯罪の地ならび質入売払先にも連れ歩き行き取調、その最寄もよりの番屋へ立寄り相糺し、町名姓名を明記し、大概八丁堀近傍の自身番屋へ引揚げ来り、被害者ならび質屋、古着屋の類まで呼び出し、証拠品を取揃取糺して八品商売人の分は其品を預け置、追々町奉行所より呼出の節持参すべき旨申渡、受書なし手人にて預り置、其他隠し置品の分は取上候て、罪人申口書取書の末へ品銘を記し候ていよいよ本人奉行所へ差出の節は、其自身番屋の月行事付、添縄とり、人足に雑物を背負はせて差出候。

召捕容疑者の出頭の様子

罪人いよいよ差出の日には支度と唱、半紙二ツ切の分一束、新らしき手拭一筋を懐中し、其外内々にて含み金と唱候て二分金、貳朱金、一朱金の類を隠し持ち来るなり。此手当は罪人の親戚友人などよりいたし早々送候得共、罪人に近よること能はざる故に、手先の者へ袖の下をつかい其他様々の手続を求めて送るなり。

含み金は元より法度なれども、習慣にて牢内へ土産と唱、必ず持参する由、これを改事は牢屋敷にて入牢の節、改め所と唱候場所にて当番鍵役、牢番同心ならび見廻同心立合にて改め候。其節露顕すれば取上げて掛り吟味方へさし出し候て取上げ欠所とす、隠し所は衣類の襟、口中、頭髪の中、肛門、女なれば陰門などへ隠したるものなり。多くこの改めを免れ牢内へ持込、牢名主へ出して、彼れらの歓心を得んとはかるなり。

とあり、自身番に召喚されて捕えられた容疑者は、罪状明らかになると、入牢の上、奉行所の取調べとなるから入牢の心がまえとして、駆けつけた縁類から、手拭と半紙をもらい、役人の隙を見て、牢内に持込むツルを渡したりする。岡ッ引などは、これをたのまれるために多くの礼金がもらえる。

探索捕物の功名争い　「江戸町奉行事蹟問答」に、

北の定町廻りにて高部治部左衛門と云者あり。彼の聟に南の臨時廻り大沢藤九郎と云う者ありて、藤九郎は新役なり。居宅も近隣なれば藤九郎母高部の家、何か用事ありて至りし時に、治部左衛門へ彼の手先のもの来、密談するに、或る処に強盗大賊の忍び居る手掛りあることを咄し聞け、直ちに出張捕縛あらんことを告げ、治部左衛門はこれを隠くし、食事したため出張せんと答、藤九郎の母これを陰にて聞洩れ、直ちに我家に帰り、悴藤九郎に委細を告ぐ、藤九郎は同役に通達すれば、此間遅れる故に直ちに早駕籠に乗り、其場所へ出張して右罪人を捕縛し、他に移し取調に掛りたり。

治部左衛門これを知らず、食後彼の手先を案内役として出張し、捕縛せんとするに先に南の臨時廻り大沢藤九郎来り、これを縛し去りし跡なり。これを捕ること我聟の属候事、如何にして早く聞出し、何人が密告せしやと、手先仲間を探索するに更に知る者なし。これ必ず先きに自宅にての密話を藤九郎母立聞きして悴に告げしに相違なし、にくき女なりと憤り、右顛末を糺さんと欲し帰宅の上早速聟を呼寄せしに不在にして母来たり。則ち先の事を以て厳敷責せしに其母たい然としてこれに答へて言う。汝の役儀の密秘なれば何故人に洩れ聞かれたるか。我が悴も探索捕亡の役人なれば、風の便りにも能き手掛りを耳に入れば決して功を人に譲らず。親戚なればとて用捨なし。只だ秘密を人に被聞たる者の過ちなりと笑ってこれに答えし。

とあり、探索捕物の功を争うこと右の如くであり、この役は出世役であるので、なかなか仲間同志でも油断がならなかった。

隠密廻りの苦心　「江戸町奉行事蹟問答」に、

隠密探索は同心へ奉行より申付るなり。予審中主任与力より申し含めることもあり。其の方法は同心職務につき奉行も与力も差図することなし。専任するなり。昔咄をきくに或る罪人大名屋敷へ逃げ込み隠れ居ることを探索し、本人を見出さんために同心某は中間の躰に姿をやつし奉公住いたし終に在家を突留めたることありと云。武家屋敷内のことを探索するには、多く人宿と唱え候中間・小者の斡旋所など奉行人受宿を遣い、町々のことなれば町名主の内にて用弁のものを選み、相談して手続を求め、諸国のことなれば香具師と唱之候野士仲間ありて諸国を巡廻り、物まね、あめ売、見世物、歯磨商売、其外辻々へ出て様々のことを唱へ、売歩行候もの一般に香具師と唱候ものあり。

其元締頭分の者ありて、古来由緒あって隠密探索の事に仕役せらるるもありて、其内にて人を選み内意を含ませ、探索する時は、いつ国にても稼業者あり。出歩行辻々にて風聞探索いたし各地各地に仲間元締ある故、出入等勿論何か不見馴風俗のもの立廻る時は必らず仲間にて見留糺す故に、悪人も探索人とは不知して身の上を語り、方向を謀るもありて、探索の端緒を得ることあり。

諸国博徒の類、親分株に通し探索するか、或穢多頭弾左衛門へ謀り、関八州の長吏（非人の頭）非人の類へ申し通し探索いたさせ、役人同士諜し合いて、よろしき筋は関八州にて御代官付属の八州見廻り捕亡吏へ内通して探索せしむ。只探索入費を惜しまず、智力をめぐらし探索を遂ぐる時は必らず何か掛りを得るものなり。

探索捕亡の例

或る時深川の質屋へ強盗三人押込抜刀を以て威したり。店の小僧表へ逃げ出し、声立走りしに盗賊驚ろき、有合せの金四五十両の包奪いとり、急で去たり。跡より家の奉公人ならび近辺のもの追駆けしに、北へ向って逃去りしが取り急ぎ履物を違へなどして逃る都合悪しきが、三人とも素裸足になり逃げ去りたり。其旨聴込みの捕亡吏、早速駆付、右始末を逐一に聞取しに、一人の役人見込をつけて、直ちに吉原と千住宿場へ手分けして駆付、惣遊女屋・旅籠・茶屋にある客の履物を改めたりしに、吉原小見世の遊女屋に三人連れの初会客あり、いづれも新らしき履物にて来りしものあり。其者共を捕へて尋問せしに、金子・所持の履物の申訳に苦しみ、ついに白状せしに、数ヵ所に押込せし強盗にてありしと云。

これも深川辺にてある町人方へ抜刀を携へたる強盗押込み、家内を縛したるに、其家は母と娘と下女一人暮しにてありし故、盗賊は色情を発し、其娘を強淫し、其上にて金子・品物を奪いて逃げ去りたり。然るに其娘は其事を憂いて煩らい付、永引しに或る人これに勧め云うに、本所竪川通りに某という医師あり。近頃開業せし人なれども、朝夕玄関は中々にぎやかにて人々詰掛け評判よろしく、婦人と云なれば診察を頼み可然と教へしに、母も欣こび、娘を強て同道して診察を求めしに、其医師娘と母を見ると俄かに面色青くなり、母より娘の病気其源由を述べる毎に挙動おかしく、娘も心付き能々見る。先夜我家に入れ自分を犯せし盗賊其節面部は頭巾にて包み居たれども、其医師と形よく似たるなれば、早々に暇を告げて立帰りし由、探索掛り聞きつけ、直々母子再たび医師の家に同道して再診を乞はんことを申込しに、彼聞き入り逃出せしに、家の外に手配ありて直ちに召捕りしに、所々に強盗を働らきしものにて、少し医師のことも知りし故に、表向を繕うために医師を業とし、貧者には薬を施こし、ために玄関もにぎやかなりしと云。

これとよく似た話が篠田鑛造著の「幕末百話」昔の探偵実話強盗医者というのが載っている。

是は日本橋葺屋町新道にある岡田さんという意気《（ママ）》な御医者さん。ソレがどうも安房・上総を股にかけた強盗で、其時は丸い頭へ百日髷をかぶり、そして横行をしていた人であったんです。平生扮装を申すと、町医者ですから襦袢が黒繻子の襟のついたのに上着は南部か御召縮緬といった風で、よく二丁目の芝居へ往く。茶屋は三田屋という家で、吹矢町の岡田さんと言へば男振りがいゝのに意気だもんで他の目を惹いたものです。ソレがどうです上総房州へ往くと、義経袴に大タブサ、手下の二、三人も連れて出掛ける人なんでした。

其三田屋にお初という女中があって岡田さんに愛されていました。で時々この岡田さんは田舎へ行くと言って家をあけ、帰って来るとソレハソレハ贅沢をする。御先手の目につく筈なんです。どうしてあゝ派手に暮して往かれるものか大したお金のある容子も見えないがと思はないでもないか。誰一人強盗医者なんぞとは知ろう筈がなかったんですが、ソコはどうしても町方岡ッ引で、或る日三田屋のお初を番屋へ呼び「岡田といふ医者がお前のとこへ来るがソレから献上博多の帯を貰ったのか」との話に、お初も気を悪くして腹合せの帯を貰いましたと言った。其後も三田屋の若い者を呼上げ「あの医者についちゃあ兇状があるらしいから、モシ見えたらチョット知らしてくんな」と口を懸けておいた。

ソレが四月ごろでしたか、七月の盆も過ぎて昨今のような冷風の立った或る日、草鞋懸で野袴をはいた人が三田屋へ入って来たので、お初がオヤッといったのも道理、ついぞ見懸けぬ岡田さんの異様ななりに胸をとゞろかしたが「マァお久振り此方へ」と奥の一間へ通して、実は是々恁々と話し「決してあなたぢゃあございますまい。ソレはモウ、あなたなどとは夢さらさら思いやしませんけれど、お町方がソレと疑っていますから、万事江戸にいらっしってはお為になりません」と言ったので岡田さんはうつむいていた顔をあげ「私ぢゃあないが、ソレへ言われて見ればソンなもの、では中仙道のみよりがあるから、ソレへ立のこう」と言ってお初と別れの盃をくみかわし、気嫌よく裏口から闇にまぎれて逃げ去ったのですが、どうしたものか九月に芝白金で御町方の手に押えられました。

其捕方に向ったのが秀さんと言う人のおとっさんで、慈悲のある方と見え、大層労ってやったので、或時岡田が「イヤ大層お世話を受けた。どうせ二度と再たび娑婆を見る運命が無い。ソコで家伝の妙薬を教へてやろうからコレコレを調合しなさい。家賃や小遣いにはなろう」と言って教へたのが家伝の「赤膏」と言って傷、霜焼によい薬だったそうで成程売出したら相応の収入があったとの事でした。

水死人は僉議しない悪習　河に浮んだ死体は、自殺か、溺死か、殺人かの区別は当時の法医学的知識では判別し難かったので、事件解決が困難であった。「無寃録述」という検屍法の書があるが日数を経た死体は判別困難であったので捜査が等閑にされる傾向があったので、往々にして川流しの犯罪が行なわれた。武陽隠士著「世事見聞録」四の巻「公事訴訟の事」に、

また水死人の事、昔は逸々《いちいち》検使を遣はして死骸を改め、その僉議ありしと聞く。中古誰とか申す町奉行の頃より、その事止みけりといふ。国々もそれに倣ひて、今は川流れの死体は構はぬ事になり、段々川下へ押し流しけるなり。これ常例となりしまま、悪党どもその事よく弁へ居て、時々人を殺して川へ流し、また生酔なるを簀巻きにして投げ込み、又は山野に埋むる事なり

同書七の巻「非命に死せる者の事」の条にも、

扨また溺死人の事、前にもいふ如く、以前は一々検使を遣はされて御穿鑿ありしものなり。何《いつ》の頃よりかこの事止みて、流死人は御構ひなき事になりたれば、今は国々までも御府内の例に倣ひて、流死人の沙汰に及ばず。さて御領・私領・領主・地頭にて構はぬ事を見込みて、国々の悪党ども、人を殺して川へ流す事を秘密とし、博奕など又は喧嘩の上にて人を殺して流し、金銀その外を奪ひ取りて流し、また男女誘ひ出して他国へ欠落するものなど見懸け、女を奪ひて男を簀巻にして川へ流すなどあり。また淀川は女の流死多しといふ。これは伏見中将嶋（中書島）なる所の売女ども、瘡毒などにて身体腐れ死したるなどは、その汚れに手を付くる事を厭ひ、そのまゝ川へ流すといふ。そのほか人を殺して海川へ流し、又は山中に埋むること珍らしからず。

とあり、当時は上流から流れて来た水死人はなかなか判明しない状態であった。

日限尋と永尋　日限尋《ひぎりたずね》というのは犯罪捜査に当って日限をきった捜査をいう。武陽隠士著「世事見聞録」四の巻「公事訴訟の事」の条に、

押込・追剥・人殺しなど、その当分は厳しく穿鑿あり、所のものの日限尋ねなど申付くる事なれども、この日限尋ねといふもの、中付を請くるまでにて、少しも尋ぬる事なく、日限の期月立ちぬれば、跡(後)は永尋《ながたずね》といふことになりて、また僉議の懸りの役人も、跡（後）より追々新しき事の出来るゆゑ、過ぎつる事には等閑《なおざり》にして仕廻（舞）ふなり。今公議の御僉議筋においてすら、右体の振合ひなれば、領主その他地頭などの穿鑿にては、中々行届かず、多く逃して仕廻（舞）ふなり

とあるように、江戸時代中期頃には捜査に熱を入れずに日限尋の期間を過して永尋に切り換えてしまう。永尋は、期間をきらずに犯罪捜査するのであるが、事件が次から次へと起きると、古い事件から順に自然と忘れ去ら

れ、事件が有耶無耶になってしまう。現在でもこうした傾向はあるが、係役人の数の少なかった江戸時代ではなおさらである。

しかし江戸の町奉行所同心の手腕は特殊のもので、犯罪人が他領から江戸へ潜入したという通報が町奉行所へ届くと、三日とたたずに検挙したことが自慢であったともいわれている。いろいろのケースが考えられるが日限尋を等閑にするのは、袖の下をつかまされた場合であろう。

捕物書上書　定町廻り、臨時廻り同心が犯人を捕えて取調べる時の書上げは、だいたい左の形式である。書上げの内容は強盗と窃盗とを別々の箇条書きとした。

捕者書上

何町
誰店

定廻（所属と氏名）

誰某　何歳

此者儀、疑敷相聞へ召捕一と通取調候処、左に申立候。

一　何年何月何日、何町誰店へ表雨戸を押外し忍入、衣類何品金何両盗取

一　〃

右盗品は何町質屋誰方へ質入、何町誰店古着屋誰方へ売払、代金新吉原何町誰店遊女誰方ニ而遊女誰を買請、酒食遊興に遣捨、其他の品金儀所持不仕旨申立候間、差出候也。

何月幾日　　定廻

当人所持の雑物

一　萌黄色木綿布子　一ツ
一　多葉粉入　一ツ
一　何々気せる　一ツ
一　玉付銀かんざし　一本

右のように書き上げて、人足に雑物を背負わせ、容疑者は、自身番の月行事と小者に守らせて大番屋へ送りこむ。

「徳川刑罰図譜」に描かれた縄の使い方

大番屋

大番屋は調べ番屋ともいわれ、犯罪容疑者やかかり合いの人を取調べる所で、したがって入牢確定するまで留置しておく所でもある。

捕えられた容疑者が直接町奉行所に引立てられるのは捕物出役の折に捕えられた犯人くらいで、あとは自身番から大番屋という順序である。

捕えられた犯人を直ちに小伝馬町の牢屋敷に送り込むこともない。牢屋敷では入牢証文を持参しないかぎり受取らないことになっていた。入牢証文は取調べた結果、罪状の疑い濃厚になって初めて作成するものであり、その取調べ中に必要なのが大番屋であり、ここは一種の留置場であった。

大番屋は江戸府内に七カ所ばかりあったといわれているが、茅場町、材木町三、四丁目にあった大番屋は知られている。「旧事諮問録」に深川に鞘番所というのがあったといわれているが恐らく大番屋のことと思われる。

大番屋の構造は現在の所正確な資料はない。「徳川刑罰図譜」では、牢

「徳川刑罰図譜」による大番屋留置の図

「徳川刑罰図譜」による大番屋の取調べ

獄のような板敷板壁の中に容疑者が縛られている図があり、大番屋としているがこの絵は明治になってからの想像画であって正しくはない。

大番屋には与力が出張して来て容疑者を取調べる。そして疑いが稀薄であれば釈放したり町内預けとした。取調べの折に容疑者にかかわりのある者がいれば町役人同道で大番屋へ喚問した。罪状がほぼ確かとなり証拠もあるとたとえ夜でも同心が奉行所へ行って、入牢証文を請求して、牢屋敷送りとし、またかかわり人が多くて取調べに手間取れば、数日留めておくこともあったので仮牢の設備があった。

与力・同心は早く罪状の黒白を握みたいから、かなり苛酷に取調べるが、万一犯人でない者を犯人と見て取扱って取違い（捕違い、間違って、犯人でないものを検挙することをいう）ということになると御役御免となって失業してしまうから、いい加減のこともできない。明和四年に無宿源助を火付けとして取違えた理由で、同心の細井金右衛門が逼塞を命じられ、遠藤源五郎は差控えを命ぜられている。

ただし容疑者でないものが罪におとされてから後に明白の身になると国家はその者の、償を負うが、江戸時代は単に釈放するだけで保証はない。無実の者でも苛酷な取調べや拷問で自白をして、手回し良く処刑されてしまった者もあるようである。

享保の改革から拷問の方法も定められ、大番屋、町奉行所などでは拷問は行なわないことになっていたが、定められた拷問以外の苦痛を与えて取調べることはあり、特に大番屋は、入牢にもって行くために、かなりの責苦を行なって自白させた。

入牢証文

容疑者が罪状を認めたり、傍証が固まると、町奉行所裁判にもって行くために入牢させる。そのために入牢証文を町奉行所で作成する。

入牢証文は駿河半紙または西の内を用いた。

西の内紙は胡粉を入れた手漉紙で、俗に証文紙といった。囚獄石出帯刀宛で奉行の花押のある重々しい公文書である。その書式は、

拙者組同心誰（同心が請求するのであるが上司の与力が出した形式にする）市中見廻りの節、怪敷者と認め（ほかに理由があればその容疑を書く）召捕り来り候。一通り取調候処罪科疑敷候に付、仮に入牢申付。

などと書き、これを同心が奉行所から受取って大番屋に戻ると、これをつけて小伝馬町の牢屋敷へ送るのである。

入牢は日暮れに行なわれたから、昼から牢屋敷に送られても、日暮まで牢庭につながれて放っておかれた。

(8) 吟味

囚人の呼出し

牢屋敷へ送り込まれた容疑者は牢内で取調べの呼出しを待っていなければならない。町奉行の調べがないうちは容疑者であって未決囚でもない。一度町奉行所で調べられ、容疑が深まって初めて未決囚になるのである。容疑者が入牢している間に、町奉行所の方では、容疑の書類を作成し、吟味方与力の方に回しておく。吟味方与力は、それをどしどし処理して町奉行が直接裁判を行なう時に手数のかからぬように、順番に容疑者を町奉行所に呼出して下調べの吟味をする。町奉行の調べるお白洲と与力の調べる白洲では場所も規模も異なり、与力の吟味する所を詮議所といった。

町奉行所で容疑者を取調べる時には、同心が出牢証文を持って牢屋敷に容疑者を引きとりに行く。この出牢証文の出る前日に牢屋敷にあらかじめ通知があるので、牢屋敷の方では囚人の朝食前に牢屋同心の平当番が、

「大牢」

と呼び、牢名主が「ヘイ」と答えると

「何々町無宿誰々、御呼出しがある」

といっておく。そして食事後に、平当番と張番（牢屋下男）が外鞘内に入って、容疑者に縄をかける。この縄は大牢・二間牢の者は後ろ手に、揚り

牢屋敷より町奉行所へ送る図

屋の者は縁頬に出して小手をゆるめてかける。また病人や怪我人は片手縄とし、牢庭へ連れ出して畚にのせ、横目（非人）が舁いで奉行所まで行った。徒歩の者もあった。「おだてと畚には乗りたくない」という諺は、この病囚を指したものをいったのである。

奉行所についても、取調べの順序があって待たされて直ぐ取調べられるとは限らないから待つ間は町奉行所内の仮牢（シャモ）に入れられる。

吟味与力の取調べ

町奉行が容疑者を調べるのは一人の容疑者に対して二回か三回位で、たいていの者は三回目ぐらいが申渡し（判決）である。一人のために町奉行が終始裁判していたのでは山積した事件は片づかない。そこで吟味与力が別の白洲でほとんど調べ上げ、口書爪印まで済ませて御用部屋手付の同心が擬律までして申渡しの文を作り、町奉行は犯人に確答できるようにしておくのである。

町奉行所での与力の最初の取調べはたとえ自白をしなくても拷問はしない。かかり合い人の立合いで調べられ、不充分であれば再び牢屋敷へ戻される。

牢へ戻るときは、前の如く入牢証文をつけて送り返すのである。

町奉行の取調べ

町奉行の取調べるお白洲　町奉行の取調べるお白洲は吟味与力のものより大きい。白砂利を敷き、そこに容疑者をすわらせる筵が敷いてある。座敷は三間に仕切られ、中仕切唐紙鞘形模様の襖で、前は三尺の板椽の折回し、中央一間幅三段の階段がついている。

町奉行は上の間正面にすわる。中の間には左に吟味与力、そして取調べる相手の身分によっては斜め後ろに御徒目付、右に例繰方与力が机に向っている。その隣に書役同心がこれも机に向っている。衣服は皆継上下、書役同心は羽織袴であった。下の間に見習と警戒の与力がすわった。

白洲には、町奉行の方に向いて、下男に縄尻とられた容疑者が筵の上にすわる。その左右に六尺棒を持った蹲居同心が容疑者の方を向いて控える。容疑者の後方の左右にはかかわり合いの人と家主たちがすわる。白洲の入口に六尺棒を持った同心が立った。後ろの塀ぎわには石（伊豆石）・直木（算盤板）・太縄ほか六具の拷問用道具が備えてあったが、これは威嚇用である。

手限仕置 こうした峻厳かつ威儀あるお白洲で、町奉行の取調べは行なわれるのであるが、奉行は直接容疑者と口をきくことはない。ここでも吟味方与力が取調べる。何か質問するときには奉行が吟味方与力に尋ね、吟味方与力がそれを容疑者に糺した。奉行が中間から直接に質問すると取調べが中断される形となるので、奉行は吟味方与力の取調べを聴いて判断するのであった。

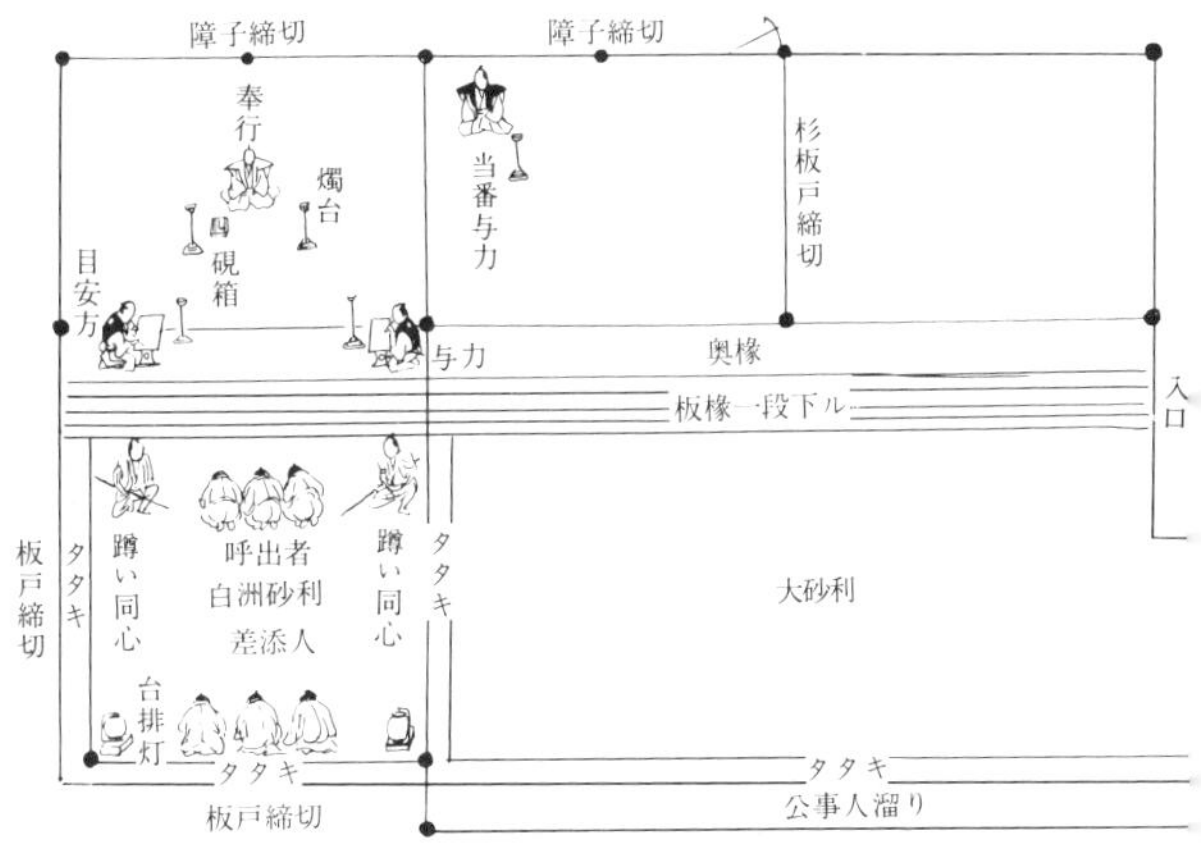

奉行手限り裁判配置図

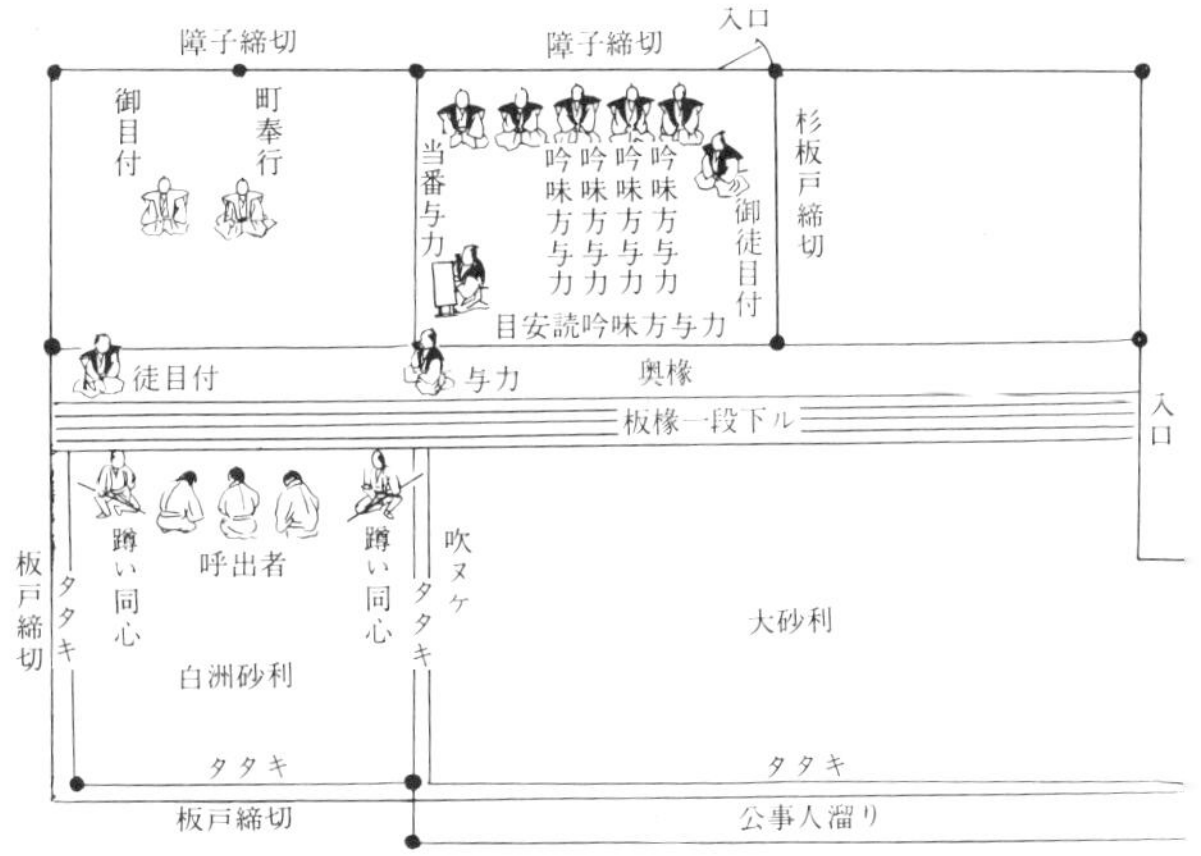

奉行白洲吟味配置図

ただし、身分の高い容疑者には口書捺印している調書をもとにして奉行が取調べる。

奉行の取調べは口書爪印した調書に対する確認的取調べであるが、なかには吟味方与力の手に余った事件を直々に取調べることもあった。

しかし重大な事件というのはたいてい二手掛り立合裁判以上で、庶民以下のものは町奉行の裁判であるから、吟味与力の取調べの確認にすぎず、手限りものの軽罪の判決であった。

中追放までは奉行の判断で宣告することができたので、これを手限仕置といった。

町奉行の拷問 町奉行所では自白しなくとも拷問は行なわない。映画・小説では、「それ責めい」などと奉行がいうが、実際は行なわれなかった。後方に並んでいる拷問用の六具は、江戸初期に拷問が行なわれたなごりであり、また威嚇のために並んでいるのである。

町奉行の判決と刑の執行 詮議所で吟味与力が取調べた時にはその罪状を認めなかった者が、奉行の白洲で自白することがある。そのような時でも奉行は直ちに判決を下すことはない。自白服罪にもとずいて白状書を作る。これを読んできかせ爪印をとると、例繰方が擬案し、御用部屋手付が刑律の案文を作って奉行に提出する。

この間に囚人は再び牢屋敷に戻され宣告を待つ。

牢屋敷内の穿鑿所での牢問い、また拷問蔵で拷問中に白状した時も同様で、医師は気つけ薬を与え水を飲ませ、それから陳述を聞いて白状書を作る。これを場所口書といい本人に読みきかせ、異議なきを確かめた上爪印を押させ、囚人は牢内に戻し、与力は口書を持って町奉行所に戻る。

「徳川刑罰図譜」による穿鑿所内の取調べ

町奉行所から委任された加役（火付盗賊改）屋敷の拷問で白状すれば、加役から奉行へ復命書と囚人の口書が奉行所に送られて来る。

奉行はこれらの書類が重追放以上であれば翌日の朝四ツ（午前十時）のお太鼓前に登城して老中に書類を提出する。

この書類が老中から将軍の決裁を経て奉行のもとに戻って来るのは、早くて次の日であって、それによって奉行から吟味与力に渡されて宣告され、刑の執行となるのである。

罪の裁決権は将軍

奉行から提出された書類は老中が目を通し、異議ないものは御側御用取次に渡す。御側御用取次はその書類に大奉書を十六切りにした紙に、

「伺がいの通りたるべく候」

と書いたものを挟み、お小姓頭取に渡しておく。この札を御下知札といった。

この書類は将軍がいろいろの裁決をやっている間を見はからって提出する。

将軍が裁可すれば、その御下知札を挟んだまま老中に戻される。老中はそれを表の掛りに通じておき、他日登城した町奉行の手に書類が戻るのである。町奉行はこの書類を持って帰り、歴代将軍の忌日にあたらぬ日に、宣告させ、刑を執行させるのである。

将軍は書類に目を通しても裁決を認めることをためらうことがある。そうした折には御手許の用箪笥に書類をしまって熟考の時間を稼ぐことがある。町奉行はその事件を落着させることができず、老中に伺いを立てて裁可を願う。将軍は老中から言上されれば、もう一度書類を見、裁決したくないが条理上どうしようもなければ、裁許して老中に戻すか、あるいは恩憐の言葉をかけてやるが、裁判のやり直しを命じることがあった。

将軍の御声掛りで罪一等が軽くなることもあり、逆に重くなることはなかった。

ひと一人の命の問題であるから、慎重であった。

牢屋敷内の取調べ

町奉行所のお白洲で取調べても自白服罪しなければ、当日はそのまま牢屋敷へ下げられ、他日に吟味される。そしてそのたびに町奉行所で取調べられるのであるが、一人の囚人に数十回も詮議所を使うことは、山積したほかの詮議の進行に差支える。そこで次回からは、与力が小伝馬町の牢屋敷に出張して囚獄石出帯刀と共に調べることになっていた。この時は、吟味与力、書役同心、小者をつれて、囚人を牢屋敷内の穿鑿所に引出して取調べる。

ここは町奉行所と違って、吟味が少々手荒い。だいたい穿鑿所で吟味されるまでに至った者は、したたか者で数回の吟味で自白しない者達であるから、吟味のたびに拷問に近い責苦となってくる。

牢問と拷問　責問の種類は古くはいろいろと行なったが、享保頃から、笞打、石抱き、海老責、釣し責の四種に限定された。

これを俗に拷問といっているが、笞打、石抱きは穿鑿所で行ない、これを牢問いという。これらで白状しない時は拷問蔵で海老責・釣し責を行ない、これは拷問といい、牢問は明瞭に区分されている。

拷問にかけてよいのは享保七年（一七二二）の極めに殺人・火付・盗賊であり、元文五年（一七四〇）に関所破り、謀書謀反が追加されているが、いずれも死罪以上のものである。

そして拷問にかけるのには老中の許可が必要で、町奉行や囚獄が勝手に拷問をすることはできなかった。

(9) 落　着

判決が申渡されることを落着という。宣告と同時に刑は執行されるのであるが、遠島の刑の場合は、流人船が入航するまでは遠島部屋（東口揚り屋）に入れられている。

刑の宣告

宣告は罪の軽重によって、奉行が行なうのと吟味方与力が行なうのとがあり、遠島以下の刑は奉行が白洲に囚人を呼出して宣告した。小説・映画のように奉行が「よって其方を打首にする」とか、「磔を命じる」などということはない。生命刑は吟味与力が牢屋敷に出張して、囚人を牢から呼出して宣告するのであり、後には敲の刑でも牢屋敷で検使与力が宣告した。

落着請証文　宣告は口頭でするばかりではなく、囚人に受書に印を捺させ、名主・家主・親族などの差添人にも連判させるのであった。これを落着請証文といっている。

奉行の宣告　奉行は継上下で吟味席の奥の間中央に座し、左右に与力・目安方が麻上下をつけて陪席する。蹲居同心が二人白洲にあって囚人を監視した。目付立合の吟味であった事件には徒目付・小人目付も陪席した。

与力の宣告　遠島以上死刑の場合には検使与力が麻上下姿で牢屋敷に出役して宣告した。断罪状を読みきかせ、かねて用意の受書に爪印を捺させ、名主・家主・差添人にも連判させた。刑の執行は八日・十日・十二日・十四日・十七日・二十二日などの歴代将軍の忌日と臨時大祭の前夜は避けることになっていた。

揚り座敷入牢者の判決　武士、位のある神官・僧侶は吟味も座敷で行なわれたように、宣告も座敷で行なわれた。呼出された武士は紋付に麻上下、僧侶は無地の時服を着る。熨斗目以上・御目見以下の士は上椽（畳椽）にすわらせられた。身分の高い神官・僧侶・検校もこれに準じた。

揚り屋入牢者の判決　熨斗目以下の武士・僧侶・神官・勾当は座敷より一段低い落椽で宣告をうけた。

一般庶民の判決　一般庶民は羽番縄《はがい》をかけられて、白洲で宣告を受ける。その時の服装は、足軽と家持町人は羽織袴、地借町人は羽織に白衣、店借町人と百姓は白衣であった。

町内預けのものも右と同じであるが、懐中で手鎖をした。

足軽以下の奉公人は白衣染綱（抜目縄）をかけ、小手は許し、足はホダ

（足枷）をして手鎖であった。映画などは誤りが多く、ほとんどの囚人が高手小手に縛上げているが、これでは落着請証文に爪印が捺せない。

死罪以上の刑の宣告

追放刑の宣告

町奉行の刑の宣告

III

牢屋奉行

1　囚獄

囚獄とは牢獄をあずかる奉行の所管をいうのであって、牢獄を牢屋敷、囚獄を俗に牢屋奉行といった。

武鑑によると町奉行に所属していたのであるが、南北どの町奉行に所属していたというわけではない。収容すべき囚人は、寺社奉行の手からも、勘定奉行の手からも加役本役の火付盗賊改の手からも、また地方から転送された囚人も収監した。

囚獄は代々石出帯刀と名のる武士が、姓名と職を世襲して勤めた。石出氏はもと本多図書常政といい大番の士で石出という村に住んでいたので、これをとって姓とした。天正年間に家康に仕え大坂の役の時にも出陣したが、後に関東に盗賊が多いので、囚獄の任を受け、世襲となった。

重要な役職であるにもかかわらず、江戸時代中期ごろから囚人取扱いのために卑しめられ、武鑑でも役職中末尾に記されるようになった。

役高は与力より少し良い三百俵十人扶持で、配下に牢屋同心、牢屋下男が付属した。

「御役所持場一件留置」に、

　高三百石　　囚獄石出帯刀
　拝領屋敷　小伝馬町一丁目北側不残
　米沢町三丁目・右帯刀幼年ニ付宥抱

とあり、牢屋敷内の一隅が石出帯刀の邸と記されている。門・入口はなく牢屋敷門が出入口なのである。

刑の執行・宣告・吟味の立合いを行ない、なかなかいそがしい役であった。

出役には麻上下、両刀を帯し、囚人をあずかるだけに外部との交渉が多かった。

牢屋同心

囚獄石出帯刀支配であって、牢内の取締り、事務・監督を行なった。五十人が定員で平均二十俵二人扶持で町同心よりは低いが、相手が囚人であるから威張っており、一歩外へ出ると卑しめられていたが、囚人の身寄りからの付届けが多かった。

よく牢屋見廻同心と混同されるが、牢屋同心は、牢屋敷に属し、牢屋見廻同心は町奉行所に属し、牢屋同心を監督する役である。

この牢屋同心には鍵（鎰）役二名、数役一名、打役四名、世話役四名、そのほか書役、賄役などがあった。

鍵役同心　牢屋奉行支配の同心中の上席の者二名が勤め、牢内の鍵をあずかっていた。鍵は初期のころは町奉行所保管であったが、火事の時の縄の切りほどきや、日々の囚人の出し入れの折に一回ずつ町奉行所へとりに行かねばならず、また拷問が牢屋敷で行なわれるようになってから、牢屋敷の保管となり、鍵役同心がこれを扱うようになった。古参同心であるから四十俵四人扶持で、牢屋同心の取締りも行ない牢屋敷の監督、同心の任免にも参画した。鍵役助役というものが四名いた。

数役同心　囚人の拷問や敲刑のとき、その数をかぞえる役である。数をかぞえるだけの子供にでもできる役のように思えるが、うっかりすると数を間違えて、進退伺い（辞職したいと存じますが、どう処分されますかお待ちしておりますという謹しみの書状）を出さねばならぬことになる。また数役の呼び上げる声の調子が難しく、それによって打役がやりにくくなったりしたので、馴れたものが行なった。

二十五俵三人扶持であった。

打役　敲きの刑または拷問の笞打ちのさいに笞をもって囚人を打つ役で四名おり、二名ずつが交替で勤めた。これも難しい役で、どこを敲いても良いというのではなく、打つところがきまっている。苦しみもだえる囚人の骨、頭、顔、腕を打たぬよう、肩から背にかけて打つのには一種の修練がいった。手心は決して加えられなかったが、それでも役得によって多少の手心が加えられた。女・老人（牢問いの折は女・老人でも敲く）は敲きの刑はなく牢問いの折には力に加減があり、とくに激しく泣き叫ぶとつい手が鈍って軽く打ち、立合いの町奉行所の与力に疑いの目で見られたりするので、苦労の多い嫌な役であった。この役を勤めて、数役となり、それから鍵役助役となるのである。二十五俵三人扶持をとった。

小頭同心　牢屋下男などを監督指図する役で二名いた。平当番の者が勤め、下当番所に詰め、牢内を見回って入牢者の人員点呼をする。朝七ツ半（午前五時）から夕方七ツ時（午後五時）で交替した。

世話役同心　牢内の管理いっさいをやる。当番張番をする。平当番ともいい四人で勤めた。

書役同心　牢内の記録全般をつかさどる書記役の同心である。

賄役　牢内の炊事、食品給与をつかさどるものである。

このほかに本牢当番、百姓牢当番がある。

以上が牢屋同心の分課で、人の嫌がる役であるから御目見以下でも世襲であるから御家人であって、本来は他組の同心よりは上であった。

牢屋同心の伜は見習いとして勤務し御手当金二両を頂戴した。

鍵役・小頭は、牢屋敷内の石出帯刀の邸の隣りに組屋敷があり、そのほかの同心は、神田鍋町二丁目、米沢町二丁目、橋本町一丁目にそれぞれ百八十坪位の拝領屋敷を持ち、そこから通勤した。

そのほかの牢屋掛り

牢屋下男　牢屋同心の下で雑用を勤め、囚人の取扱い、刑執行の手伝いをする役で給金は一年に一両二分、一人扶持で、下女の給料よりも安く、嫌な職業であるが、外からの付届と、囚人依頼の買物のピンハネをするので、長く勤めると、結構小金がたまった。

牢屋下男は略して下男と書くがゲナンとは読まない。シモオトコと読むのである。

継上下　立合麻上下

囚獄の服装

打役　数役　鍵役

牢屋廻同心の服装

牢屋敷外鞘内巡回の牢番

牢屋下男の服装

服装は股引に法被で、背に石出帯刀の出の字が四角く四目結の紋のように白く抜いたものを着ていた。俗に張番というが、三十八人中、十八人は賄の世話をした。一人を選んで親方とし、下男を統轄した。二人が門番、二人が薬部屋に詰めて病囚の世話をした。

牢屋医師　本道（内科）二人、外科一人の牢屋医師が勤務していたが、本道は朝夕見回り、うち一人は昼間は詰めきりとした。月に一両の手当である。外科は隔日に見回りで月二分の手当が支払われた。

投薬は煎薬、膏薬ともに一帖銀二分五厘が支払われた。医師は病囚を診療し、牢問い・拷問には立合って、その限度を発言し、気付け薬、傷薬を与えた。

囚人を扱うもの　囚人の取扱いは、原則として牢屋同心、牢屋下男が扱うのであるが、手が足りなかったゆえか囚人を卑しむ気風からか、いつしか非人が取扱うようになり、奉行所へ出頭の時の縄取り(「江戸町奉行事蹟問答」によると、縄取りは横目非人これをとるとあり)、また病囚護送の畚《もっこ》かつぎ、牢屋敷内の清掃などに非人頭車善七のもとから派遣されていた。このほか、牢屋敷内での斬首のおりの囚人を押えつける役、病囚を預かる浅草千束町と品川にある溜の世話、罪人引廻しの折の捨札・幟・槍・捕物道具の携持、刑場の張番、火付盗賊改役所内仮牢の囚人の取扱いを行なった。

これら囚人を扱う非人は公の役職ではなく奉仕という形で行なわれたのが、一種のしきたりとなったものであるから、はっきり囚獄に所属したというわけではない。

2　牢獄

牢の名の始りは櫳で、けものを捕えて入れておく檻の意である。それが籠も同意義となった。古くは籠舎の記録が見えているのはそれである。

降ってウカンムリに牛の字を用いるようになったのも、人格を抹殺されて、けだものの扱いを受けた牢獄の制から見ると面白い。

牢の字は古くは牢人と書いて浪人の意味であった。それが獄舎の意味に用いられて牢獄、牢屋などすべて囚人を収監するところの意味になっている。

牢獄、牢屋、監獄、獄舎、囹圄などはすべて同じである。

獄ともいい、平安朝時代から用いられた言葉で、京都には東の獄、西の獄があった。当時の牢獄は、「平治物語絵巻」などに描かれ、牢獄の門に梟首したものを獄門首といい、これより獄門の語も起きている。

江戸幕府が牢獄を作ったのは開府と同時で「江都営鑑録」巻五に、

牢屋初めて御建被成候は天正の頃常盤橋の外、只今奈良屋市右衛門並に後藤屋敷に牢屋出来、其後慶長年中牢屋此処へ引け申候由承り候へ共、其節の控帳面等無之絵図面も無御座候。

とあるように、初めは、常盤橋御門の外にあったが、慶長年間に小伝馬町に移ったのである。初めの頃の牢獄の様子は、控帳とか絵図面が失われて詳しいことはわからないが、後の小伝馬町の牢獄の様子は明瞭な記録がある。

常盤橋御門外から小伝馬町に移った理由は、「江戸砂子」という本に、

小伝馬町一丁目北手御入国の砌、此辺に大榎四五株あり、其処の悪者を捕え、此の木の下に置く。大御番石出帯刀と言う人、強情の士なれば、彼等を預けさせしより、何時とはなく其役儀つとめられしと言

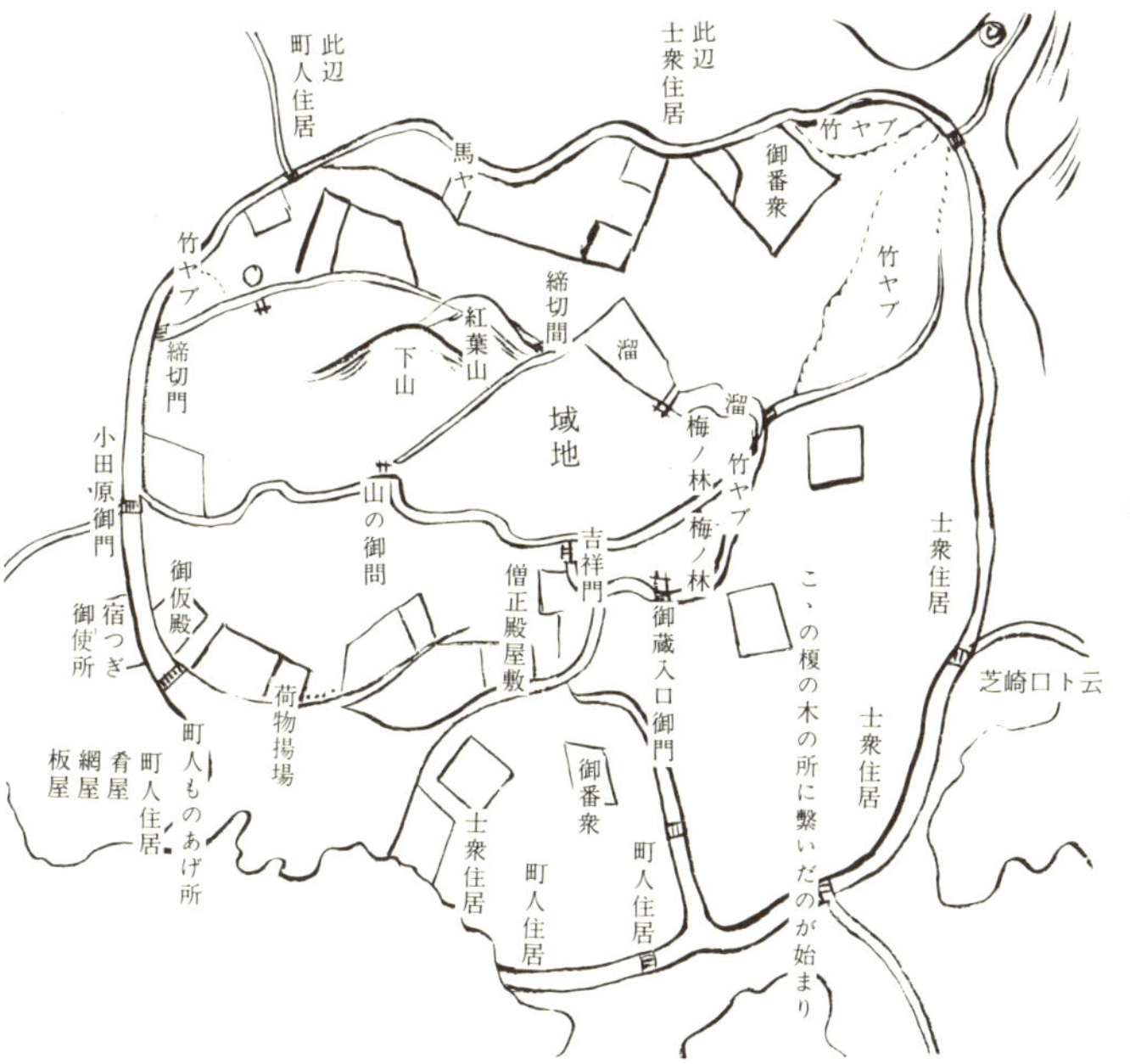

江戸時代初期の牢屋敷のあった地図

へり。

とある。小伝馬町辺の小悪党が捕ったときに、そこの大榎の下につないで置いた習慣から、牢獄の土地選定のときに定められたのであろう。晒しの意味でつないだのか、逃亡や仲間の救出を防ぐ意味で、仮りの牢舎を造っておいたのが始まりで、やがて常盤橋御門外の牢獄が取りこわしになるに及んで、ここが牢屋敷として整備され、徳川三百年間移動することもなく、小伝馬町、伝馬町といっただけで牢屋敷を連想するほどのものになったのである。

幕末の牢屋敷　牢屋敷は度々類焼の災に遭っているが幕末の牢屋敷は、高さ七尺八寸の練塀に忍返しがつけられ、門は西南に面しており、その反対側に裏門があり、外は堀があって石橋がかかっていた。

表は五十二間二尺、奥行五十間、総坪数二千六百七十七坪あって、現在大安寺のあるところは、牢屋敷の南東に当り、もとの首斬場であった。大安寺門内の左側の観音立像のところが、土壇場跡といわれている。

牢屋敷の正門右側の塀に沿って牢屋同心鍵役、小頭の組屋敷があり、病檻が二カ所あった。

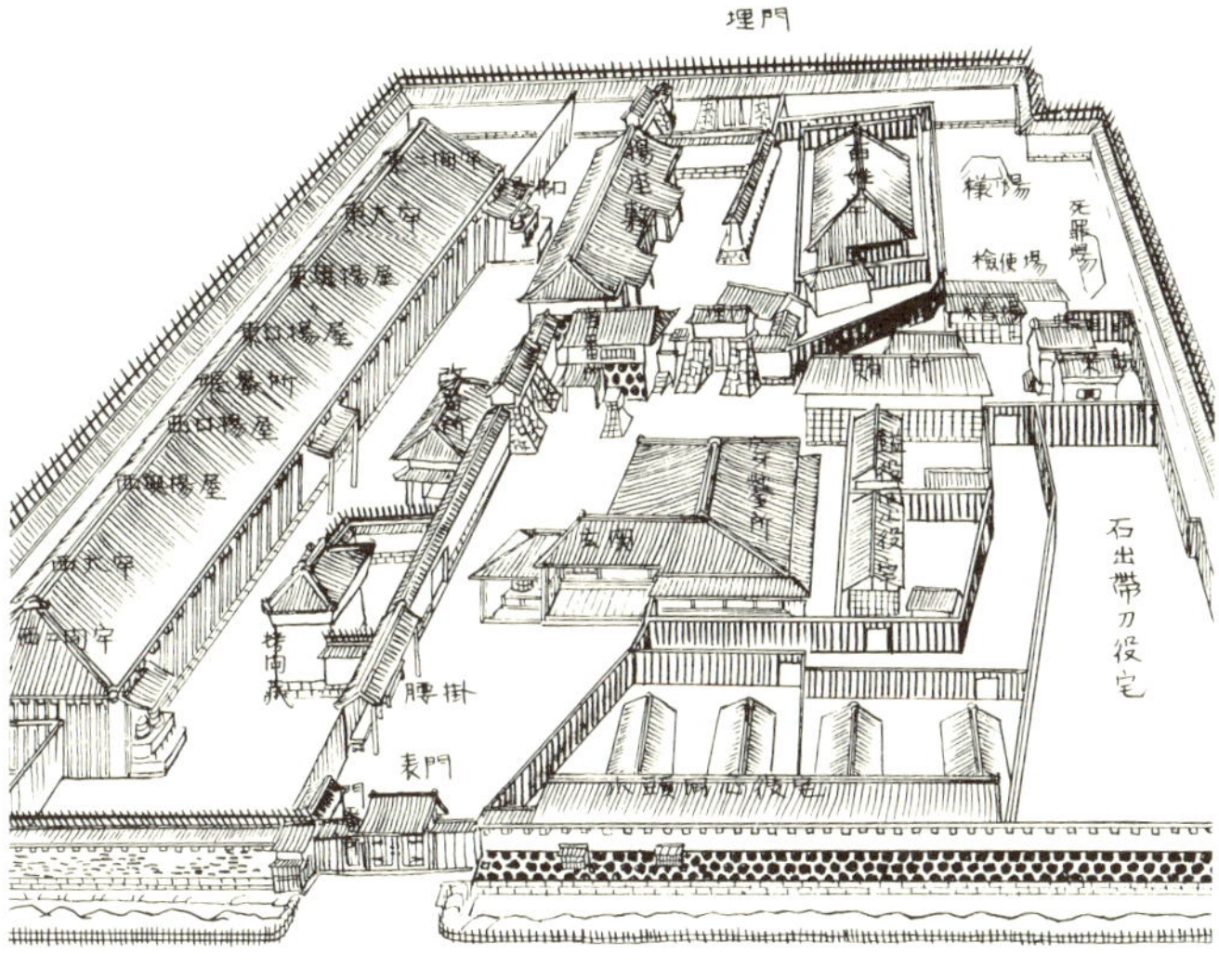

牢屋敷の見取図

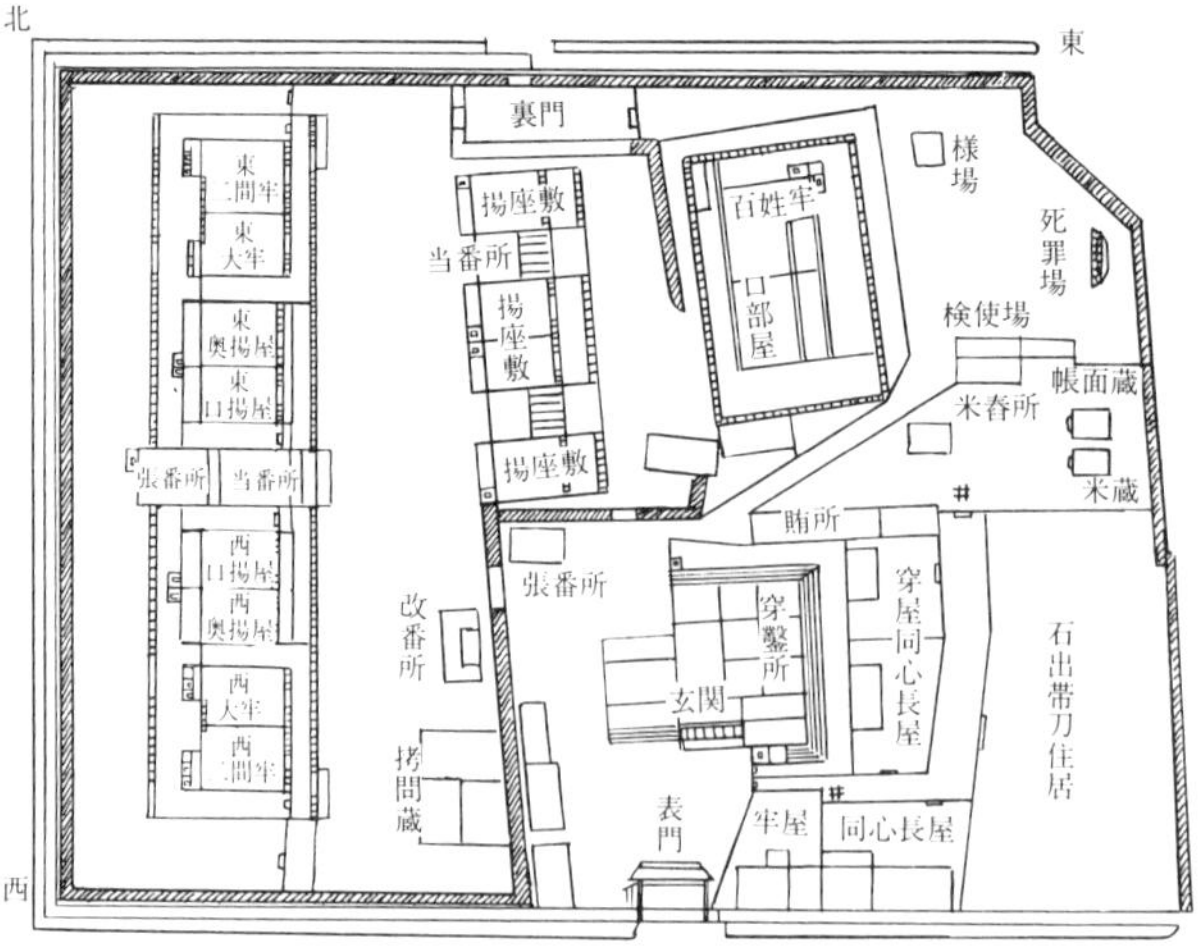

牢屋敷の平面図

牢獄の中は大牢・二間牢・女牢（揚り屋）・揚り屋・揚り座敷・百姓牢に分れ、未決囚、既決囚打込みで、過怠牢・永牢の区別があった。

(1) 牢屋の種類

無宿牢

「牢獄秘録」に、

一　大牢は宿有之者、二間牢は宿無之者、依之俗に無宿牢と言ふ也。

と記され、一般人は、大牢に入れ、二間牢は、無宿者に限られて入れられた。

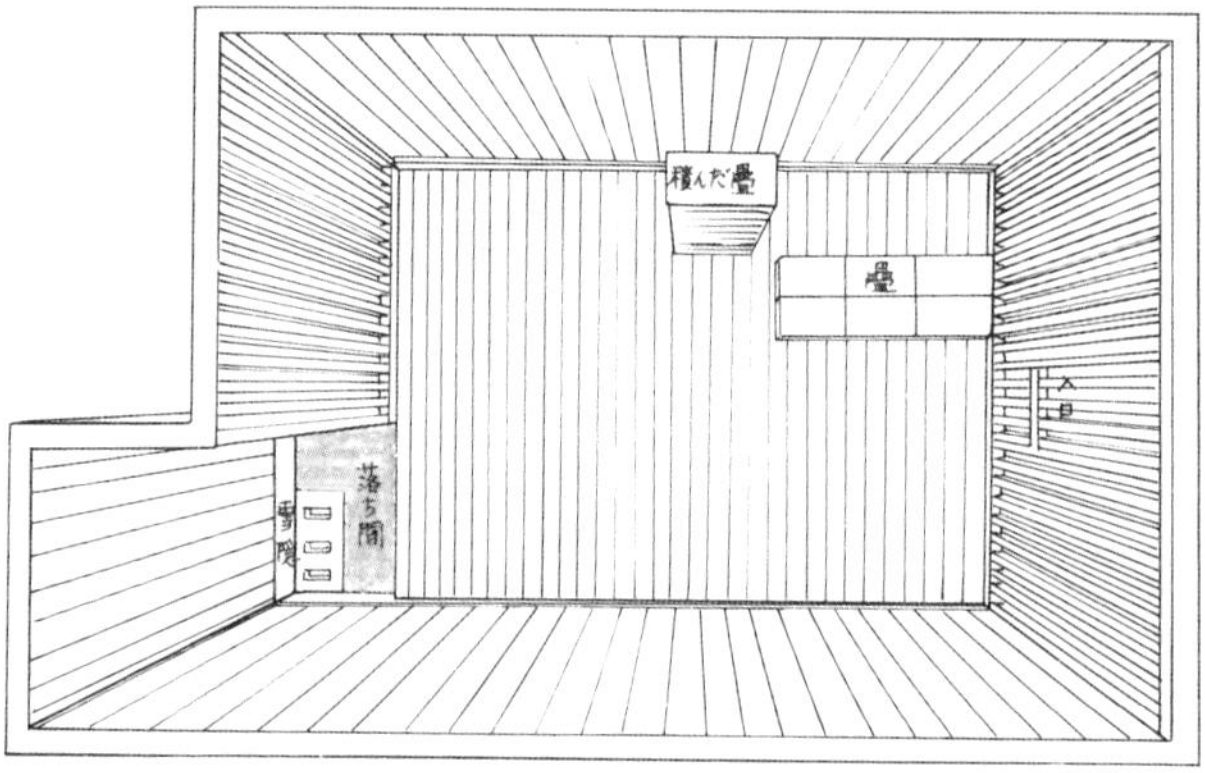

大牢

無宿者　無宿者とは宿無し、住所不定の者をいうのではない。人別帳から除かれた原籍のない者を指して無宿者といった。無宿は良民、賎民のなかにはいらない。

当時無宿と帳外無宿　無宿には当時無宿と帳外無宿の二種類がある。

帳外無宿は戸籍を削られたもので、国の名をかぶせて、何州無宿という。当時無宿は一定の住所を持たないものも含まれていた。また非人下手などにされた者は原籍は消されるが賎民の人別帳にはのる。人別帳にのってもこれは無宿の部であるから当時無宿とされた。

ゆえに江戸時代には無宿というものが多かった。不行跡の子は一軒の家に親子で暮していても無宿にされたりした。旅から旅の旅烏だけが無宿ではなかった。この時代には寄留籍がなかったので遠国から江戸に働きに来た雇人も人別帳にのらず、出奔した者でもその地に籍があっても、江戸では無宿の扱いであった。

しかし、雇人などは仮人別を作って名主以下の戸籍簿とし、町奉行所には届けてなかったが、無宿者としては扱わなかったから無宿牢には入れなかった。

「類例秘録」によると、

牢内を仕切り、百姓町人と入込みにならぬ様にする意味で無宿牢を作ったのである。

大　牢

一般庶民の入る牢で、ここへ入れられる者が一番多いので、その面積も大きかったが、一般庶民と無宿者を一緒に入れるのはまずいので、別に無宿牢が作られたのである。

大牢は、原籍あるものを入れるのであって、何々無宿という囚人が大牢の中で牢内役人を勤めているような小説はおかしいのである。

女　牢

女牢は西口の揚屋にて縁頬あり。最も女の入牢は、人数少なき故に東西に分ちなし。最も数多入牢の時は、遠島部屋（東口の揚り屋）にも入るなり。牢内の言葉、女牢を女部屋と言也。

とあって、男女の牢は区別され、女牢は、身分の低い武士の入れられる級の揚り屋が用いられた。

一　揚り座敷は付ケ人壱カ所四人、揚屋同所四人、最も軽罪者不足の節は両三人にて差置候。

とあるが、揚り座敷、揚り屋には、軽犯罪者で改悛の見込ある者を使役して身の回りの世話をさせたが、西の揚り屋である女牢は、たんに揚り屋を女用の牢としたのであるから、付け人はつかない。

映画にでてくる牢屋は、だいたい両側が牢屋で中央石ダタミの道となっており、牢格子が建物に直接はめこまれているようになっているが、本当は外鞘と内鞘にわかれていて、外鞘は建物の壁がわりで内鞘が牢の格子なのである。そして外鞘と内鞘の間が通行廊下となっている。鞘とは細長い通りの意味である。

内鞘・外鞘は、俗にいう牢格子ではなく、柱が細かく縦に並んで組まれ、入口は三尺ばかりの潜りとなって、これを留口といった。

隅には落間と唱える一段低い板の間があり、そこに雪隠がついていた。

万一多勢の女が入牢して西口の揚り屋が満員になれば、遠島刑を申渡された者が船が入るまで入檻している東口の揚り屋の俗にいう遠島部屋に入れた。

下級武士の入る揚り屋は、西口揚り屋の隣の西奥揚り屋と、遠島部屋の

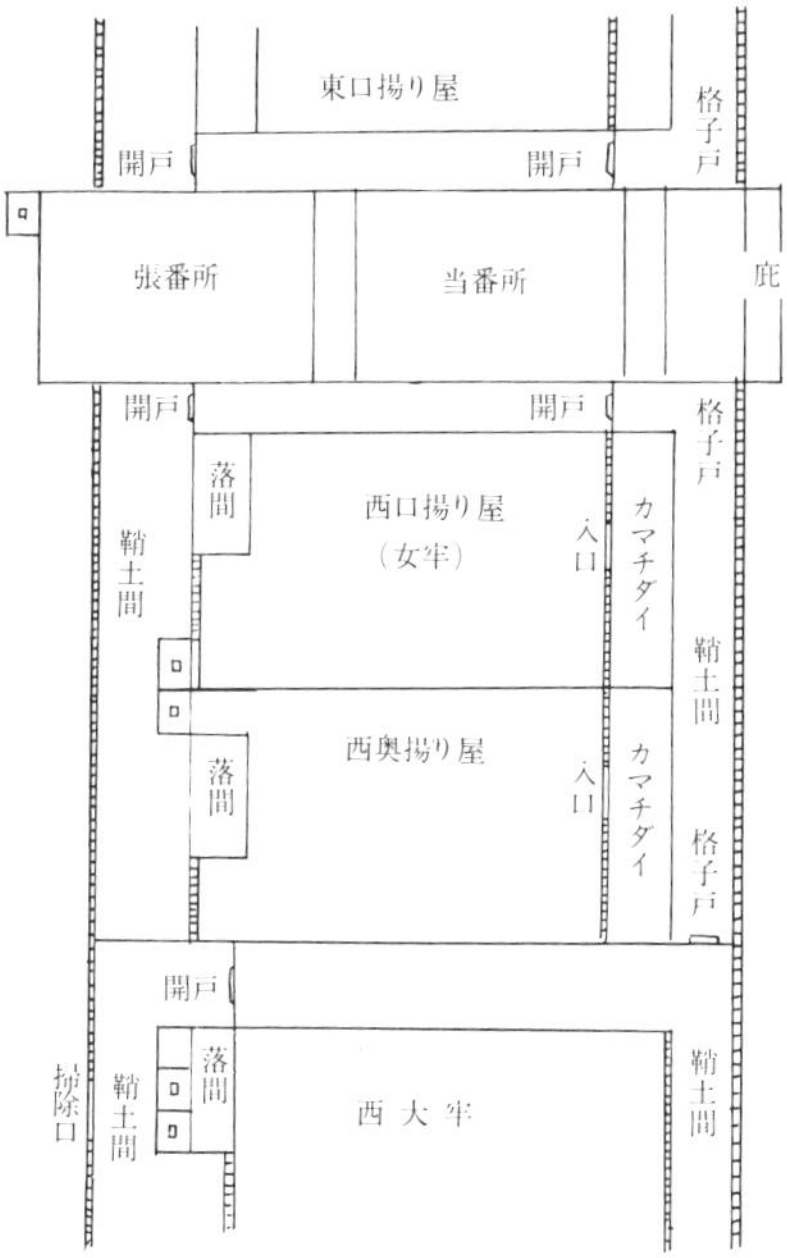

女牢の平面図

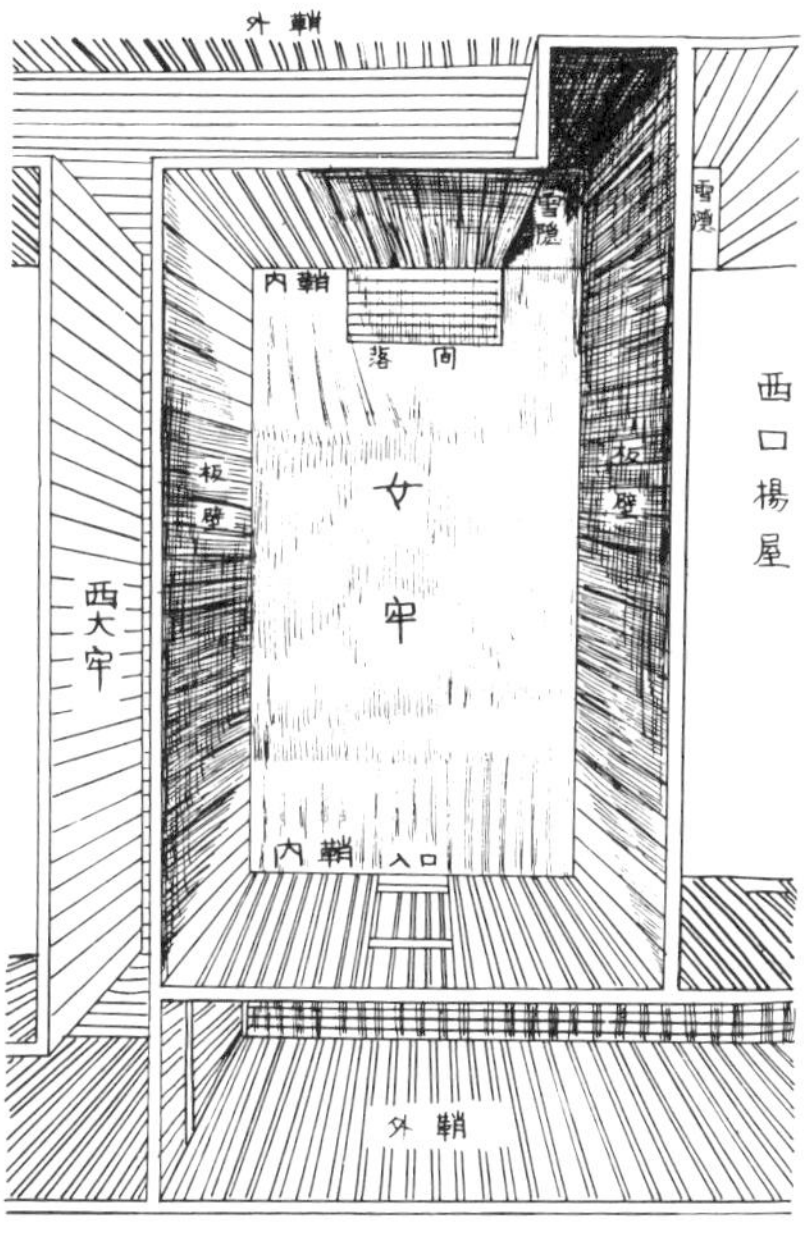

女牢の間取り図

隣りの東奥揚り屋の二カ所で、大牢と二間半牢は揚り屋から鞘土間一つを隔ててあった。

江戸末期伝馬町牢屋の状況

揚り屋と大牢の待遇　揚り屋と大牢とは待遇が大いに違ったらしく、江戸末期に小山春山が捕えられて牢獄に入れられたときの様子が「洋々社談」に記されている。

　旧幕府の時を追想すれば、殆んど隔世の如く、其晩季の弊政を見て概して徳川氏の最後と言合へり。然れども元和以来前古比なき泰平を致すもの其由なきに非ずなり。故に其良法美事僂指する暇あらざるも晩年に至り、陵遅頽壊して衆度の怨苦を招ねきしは台後の有司の罪なりき。

　其一事を挙げて之を言ば囚獄の設けに心を尽くし事是より前に有るまじきなり。余嘗て罪を幕府に得て伝馬町の獄に下るもの両度、一年半の月日を経て頗る景況を悉せり。蓋し邸内に牢舎十余所ある、大なるは六七間、小なるは三四間棟高くして牀厚し。士若は僧侶を置くものを揚屋といゝ、其他平民と婦女を分ちしなり。監察、徒目付、囚獄、奉行等時々臨検して疾病を問い、冤枉を瞼し、飲食汁菜、薬餌に至るまで能く心を用いたり。

　獄舎の外に室と称する広き土間ありて大なる浴槽を置き、冬は一月に三四次、夏は六七次、若しくは八九次囚徒を出して沐浴せしむ。医員両人毎日病者を来診す。又寒暑両度に衣服を給す。然れども有籍者は之を用いず、親戚旧故より贈遺せん事を乞へば輙を監視して之を与ふ。

　但し必らず厳禁して納事を聴さざるものは刀刃と火気とのなり。都べて囚徒を保護するの設けは備はざるなし。

　然るに晩季に及び司管の吏胥大卒斗筲の小人にして囚徒を保護するの念なく、旧法遺規も徒らに虚名を存し、司欲の丁吏は米塩を保重せず窃み、不学の庸医は粗悪にし無識の有司は裁判を速かにせず、至って軽罪の囚徒若しくは竟に無罪に帰する者も舎で忘るが如。

　囚人日日に重積して疾病を生じ斃るゝ者相踵ぐに至る。人或いは言う。獄中に一種の毒薬を与え、之を一服と称し、到れば則ち服せしめ立ちどころに死亡すと。此事は決して事実にあらざるなり。死亡の多き執務の有司等人命を重んぜず。

　旧法を奉守せざるの致す所なり。亡友岡田慎吾と言う者余と共に此の獄にあり、恒に謂て曰ふ。徳川氏の囚徒を保護するの厚きを見て其の隆治を致する偶然ならざるを知り、又其法の遺法の壊るるを見て衰亡の兆を知るに足れりと。余聞きて知言なりと賛したり。其後吉田松陰子の獄中に在て筆記せし回顧録を閲するに江戸獄舎の法規に美を尽せる事を称嘆せり。世人知らず唯だ其の酷虐惨毒なるものと倣すは大いに然らず。

　夫れ囚獄は政事の重んずる所、民命の繋る所にして徳川氏の盛時には良司輩出し大小事柄に心を用い、囚獄の設けも此の如く備はりしが、其の衰ふるに及びては、又此の如き弊害を生ぜしは、歎ず可き事なり。

とある。これは小山春山が大牢の噂の観念で揚り屋の状態を見たからで、揚り屋の待遇と大牢の待遇では大変な違いである。揚り屋が優遇されているので大牢も同様に思ったのであろうが、大牢は誠にひどい所であった。「柳営行事」に記された、仙台の士が身分を隠して投じられた大牢内の様子は次の通りである。

　……伝馬町牢屋は多数打込みなり。維新の初めに当り、仙台国老但木土佐英力上野の覚王院の如きも一旦茲に収容せらる。旧時の囚徒と維新世変に因る新来者と合して牢屋満員なり。右三人の如きは其平素の起居に較べて殊に堪へ難き苦しみなり。是に於いて牢屋司管者に図り、各ゝ金百両宛を出して座席を購う。広さ各ゝ三尺、即ち畳半帖宛なり。其時司管者は言う。畳一帖に十八人迄は詰込得るべしと、如何にして斯く容るを得るやと問う。答えて曰はく、片側九人宛各々膝を開きて起てしめたると一週せしむ。夜眠るときは交互に他の肩に枕すと。但木・板等毎朝箒を借りて其座席を掃く一隅に掃き集めたる虱堆

回向院（「江戸名所図絵」より）

し前項に記載する如く牢死の多きまた怪しむに足らず。

と記しているが、これが大牢の実態で、不衛生であり、牢内の苦しみがいかなるものかがわかる。

回向院や、鈴ガ森の投込寺に埋められる囚人は処刑者を入れても年に二、三千人に達しているのを見てもその虐待振りがわかる。小山春山は揚り屋であったために牢名主もなく待遇が良かったのである。

溜

囚人の病檻を俗に溜といった。牢内で重病になった囚人が入れられる療養所であった。御定書百カ条に、

牢舎申付候者、最初より溜へ遣間敷候、乍併入牢の上重病之者は御仕置伺置候者にても溜へ遣可申事。

但逆罪之者は病気にても溜へ遣申間敷事。

として、入牢したての者、および政府に対する陰謀などの大逆罪には病気になっても溜へは下げないことになっていた。

長牢（長期間牢に入っている者）やたとえ判決待ちの者でも重病になれば溜へ下げるのである。溜は新吉原裏の浅草村千束の車善七のところと、品川の品川寺の北方池上道の畑中の松右衛門のところにあった。

はじめは総二階であったが、享保四年以後は平屋建てとなった。ここに町奉行および火付盗賊改方からの病囚を預っていたが、宝永七年以後は寺社奉行および勘定奉行の病囚をも預るようになった。

病囚は縛って畚へ乗せて、非人が溜へ運んだ。その様子は「徳川刑罰図譜」によく描かれているが、重病人に本縄をかけなくても良いのにと思われるが、囚人の中には食事の量を減らして重病人をよそおい脱走をはかる者がいるので、万一のために縛り上げ、本当の病人にも容赦しなかったのである。

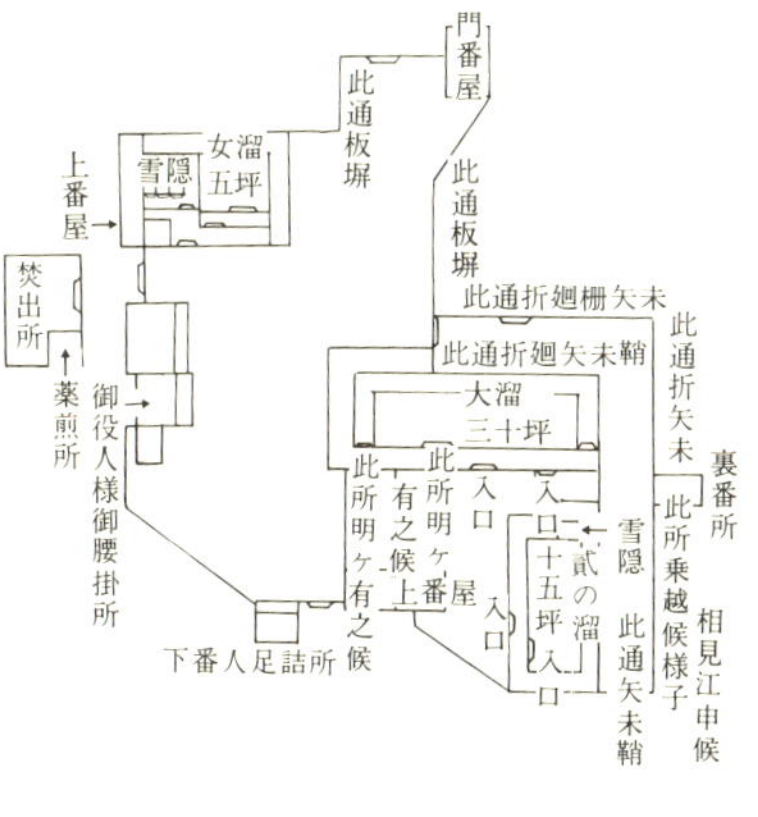

万延元年の品川の溜（「日本近世行刑史稿」より）

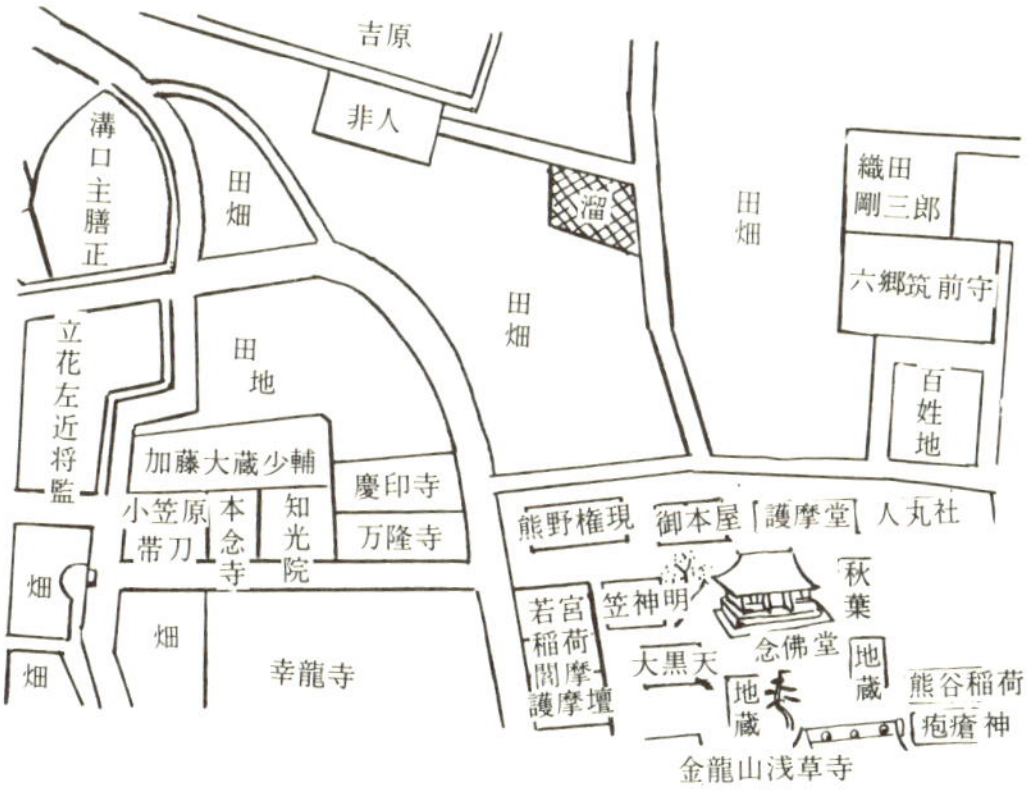

嘉永六年の江戸の切絵図による浅草の溜

溜へ病囚を運ぶ

溜は享保七年から宿なしの者や、行路病者も入れるようになり、それだけで収容人員が一杯となったので、囚人の病人を入れるために設けた溜でありながら囚人の病人はわずかしか入檻できなくなってしまった。

過怠牢と永牢

過怠牢とは、幼年あるいは婦人の犯罪で本刑に処することができない場合に入牢をもって実刑に代えることをいった。男であっても科料（罰金）を収められない者にこれを行なった。一種の換刑である。

永牢はしばしば牢舎の種類と思われるが、過怠牢・永牢ともに刑の名であって、特別の牢舎ではない。また永牢といっても長期間の牢舎入りの意味ではなく、死ぬまで入れられているのをいうのである。恩赦で刑期が縮められてやがて出獄できれば別であるが、江戸時代の獄舎の状況では二十年・三十年と牢舎住いをして生きていることができなかったから、小説にあるように、出獄はしたが永牢の疲れで病気になって……というようなことはまずなかった。無期懲役を永牢というのである。

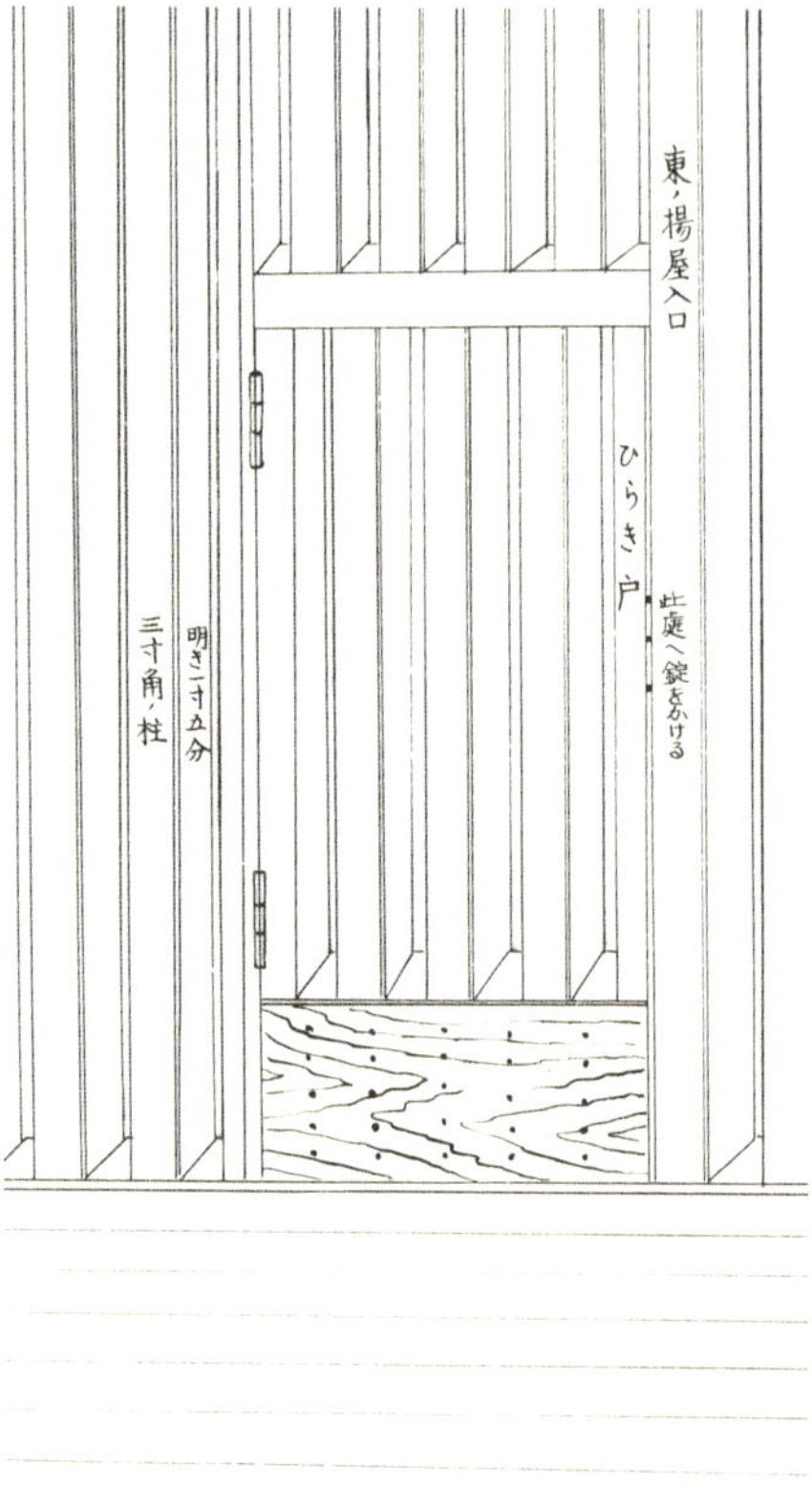

大牢留口（戸前口）

揚り屋

人別帳に記載されている者の入る牢を大牢といい、無宿者の入る牢を二間牢といい、やや身分のある者、および下級御家人、および陪臣の身分ある者の入る牢を揚り屋といった。さらに身分のある者および旗本などの入る所を揚り座敷といった。

揚り屋へ入れられる者は「牢獄秘録」によると、

揚屋へ入候者の事

一 揚り屋は、御目見得以下の御家人、又大名旗本の陪臣、坊主、山伏等を入る事

一 揚り屋へ入候者有之時は、先づ牢屋敷牢庭まで乗物にて舁ぎ入れ、火の番所前にて下る。時に牢番揚り屋入り送り来りし者より囚人の書付請取り番所前にて囚人に向い、誰殿御掛りにて年何十歳なる哉と聞き、則はち右書付に引き合はせ、慥かに請取候趣きを甲し、送りの人を返し、当人は直ちに外鞘に入れ、時に鑑番の差図

にて張番縄を解き、冬にて衣類二三枚有之節は、先づ下着一枚相改め、是を着せ跡一々相改め、夏に候得はじゅばんも単衣も無之故、先づ下帯を相改ため是をしめさせて置き、跡を改ため、髪をほぐし、後前へをり改める。

改め相済みて、牢番揚り屋へ声をかけて揚り屋という。内より名主へハイと答ふ時に鎰番牢入り有り、何之何守殿御懸りにて元何の家来何の何何十歳と言う。時に中より御有難うという。時に揚り屋入口を鎰番差図にて、平当番にあけさせる也。扨入牢相済みて、皆外鞘を出る。

一 食事は朝夕二度。但し、湯とめしにてモツソウなり。汁は手桶にて入れ遣はす。最も揚屋内に人数だけ膳椀入れて有之、香の物は糟漬の大根なり。呑湯水もかぎりありて入れ遣はす。

一 揚り屋へ入候者、死罪の節（以上大牢・二間牢と大差なきゆえ略す）

一 早朝呼び出し、奉行所にて死罪言い渡すは御目見以下にても余程身分の重き者ばかり也。

とある。揚り屋は、このように足軽級、および陪臣の者、身分の低い神官・僧侶の入る所であるが、この揚り屋にも牢名主があったらしい。

女牢の揚り屋の様子 武士・神官・僧侶で揚り屋入りするのは庶民ほど多くないから四ツある揚り屋の内、西口揚り屋は女牢に用い、東口揚り屋は遠島部屋に用いている。

ところが、女牢も男の大牢・二間牢と同じく、牢名主および牢役人の組織があり、牢役人は横暴で女性の集まりだけに陰険淫靡であった。

明治十七年頃に書かれた伊藤橋塘の「佐原喜三郎大阪屋花鳥衜《ちどり》沖白浪」に遊女花鳥が放火して伝馬町牢に入れられた時のことが描写されている。

……さても花鳥は、其筋にて様々のお調を受けるものだから、たゞ知らぬと言い張りつ。上にてもまた放火には押種というて、十分の証拠なければ成敗をなすことの難かるより吟味中入牢とて町奉行所より伝馬町なる石出帯刀どののお預りの牢屋敷へとて送られたり。このとき

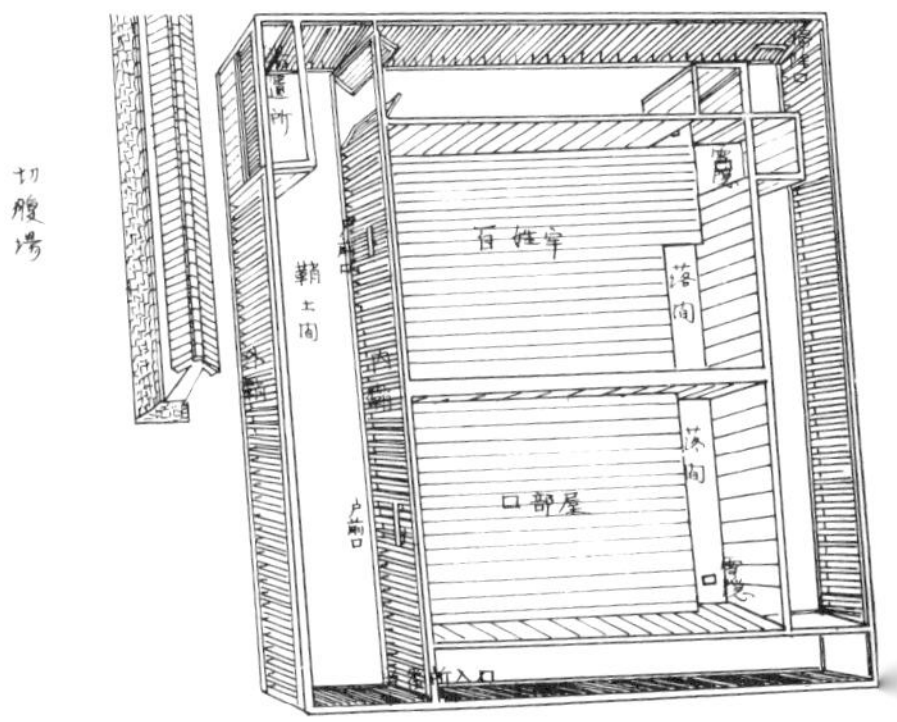

百姓牢

女牢の名主役は、子殺しお亀といへる老婆にてその次の二番役は鮫ケ橋のお豊といえる者にて……かくの如きを首として多くの囚人いる中へ花鳥を送られ行きたりしが、同悪、その気の合いたる者にやお亀、お豊は花鳥を愛し、平常優さしくなすばかりか、或日お亀は花鳥に向い、「和女が来てから、まだ一度も吟味はないが、二三日中には必ずあろうと、わたしは思うが、そのとき和女は三枚まで石を抱いても白状せずば、その褒美として名主役を和女に譲ってあげようが、随分度胸もよさそうだから出来ると思うが、どうだえ」といわれて花鳥は膝を進め、「さう言う訳なら随分とこらえて見ますが、それに付いて何か口伝というような」と問へばお亀は片頬に笑み「口伝と言っても外ではないが、こゝを出る時、持ってる金を口の中へ含んで行き、引き出されて泣き柱へ縛られる時、まず一箇の金を口から出して見せると、石をば膝へ乗せる折、獄卒は役吏の方へ己れの尻を向けてその金を取り、また石をのせる時も今の様に二度三度としていれば金の光りで側の者が自然と石を持ち上げて痛みを少くしてくれる。その時おのれと前歯にて上唇を噛切り血を吐出して気絶した振をすれば、人命は大切故に、そのまゝ下げられ、責は遠退き、向う臑の傷も大分治った頃、今度は此方から吟味を願いでれば上でも呆れ、後には酷い事もせぬ。これが口伝のやうなもの」と詳細に語りし、毒婦の毒計、

花鳥は心得喜び受け、御吟味の日を待つうちに二三日すぎてお呼出のありしに子殺しお亀に教へられたる如くにしなし石を三枚抱きしかども白状せず、下られて来りしにぞ、お亀はかくも有へしと、約束の如く花鳥をば牢名主とし、己れは下隅の隠居となりにけり。ほど経て花鳥は此方より御吟味を願い出たるに上でも今は呆れ果て、酷き事さへなさざるにぞ。花鳥が強気は牢内の評判となり、こういう人が名主になった事なれば、牢は必ず富貴ならんと言いあへる中、天保三年秋七月二十八日江戸町町の隠くし売女刈込ありて、柳橋の芸妓小さん、葭町のお嬢お兼、四日市の常夏などはじめ、有名の私窩子三十八人、牢内へ送られしに、これ等は皆蔓というて夥多の金を陰部に隠くしめいめい持て這入しなれば、牢内俄に富貴になりぬ。

……花鳥はそっと起き出でゝ、四辺を見れば何れも寝入りし容子に、ついでよしといふものの、羽目一重向うは役人の詰所なればと心を用い、そろそろと側に臥たるお嬢お兼の寝息をうかがい、莞爾と笑み、咽喉をしめんとしたるおり、隅の隠居のお亀が起いで「オイオイ咽喉はいけないよ」とひそかに言はれて吃驚し、手を止めたる花鳥の耳へ口を寄せつゝ、お亀は言うよう。「折角島ときまった和女が死骸の咽喉に痕がついたらまた刑状が重るも気の毒、それで止めたも殺すなら、わたしが馴れたる子殺し流、何処へも痕のつかぬよう、こうして仕舞が一番と、私語示すに花鳥は喜こび、お亀は立て濡紙を一枚こしらへ、お兼の顔へ張り付け、腹の上へ乗り、両手を押えておれば音も立てず、しばらく立ちて呼吸の息も絶えて冷たくなりにければ……。

船にて島へ送られて行くという慣例なれば、どのみちとも此八月には行くであろうと、他人もいゝまた自分でも思えば花鳥は牢内の富貴な内にと、衣類その他十分仕度を整えて待つうちに早くも八月の中旬となり翌日をも知れねば立振舞の饗応せんと、酒とさかなを求めしが、もとより禁ずるところなれば酒は冬向役付の囚徒が、夜夜抱きて眠る湯たんぽの中に入れて運び、さかなは汚き芥桶の中に浸し隠して布を覆い、それにて運こび、所狭きまでならべて酒宴を開きしが、此時は、酒と肴で六百出せば気儘と唄いし頃にてあれど牢内は金一分出して二百の物をようよう求める位なるに今この花鳥の立振舞に多くの酒肴を取り寄せたる、その富貴こそおもうべし……。

とある。女牢にも牢内組織があったことが知られるし、揚り屋にも牢内組織が作られていた。

揚り座敷

揚り座敷へ入れられる者は、旗本・御目見以上、身分の高い神官・僧侶で、牢屋敷北側裏門近くにあった。

「牢獄秘録」に、

一 揚り座敷へ入候節の事

一 揚り座敷へ入られ候ものは、乗物にて揚り座敷前まで来り。こゝに下り立つ処に牢屋同心鎰番こゝに誰殿御懸りにて年何才なるやときく。時に此者を送り来りし者（揚り屋入りと同じゆえ略す）扨又当人は揚り座敷板の間へ上げ、下男親分此処にて衣類を改む。扨大牢の内軽き科人、両人を付人とて此揚り座敷へ入れる也。(此科人此所まで手段にて張番腰縄を押へ連れて揚り座敷の前にて手錠とり入れ候也）此付人食事等の節、給仕致し候事也。総じて揚り座敷の世話は此付人致し候事也。此付人十五日に一度、二十日に一度ぐらいかわりあう事也。扨又夜

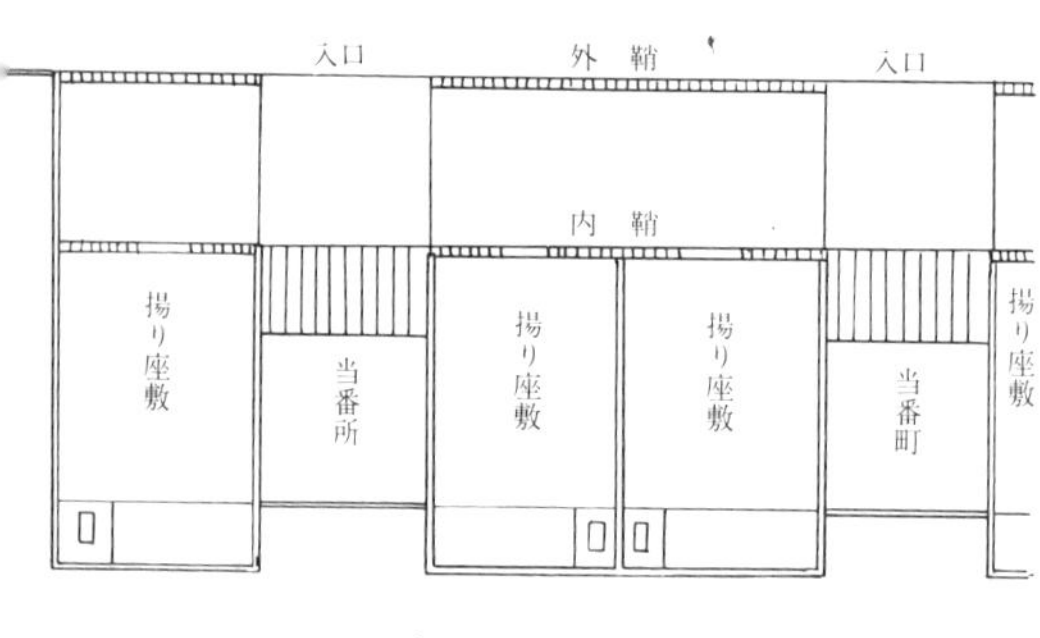

揚り座敷平面図

大番屋の取調べ

に入って牢屋同心、平当番の者蒲団一枚持参り明日は届物にて蒲団可参間先づ今晩は是をかけて寝られよと言って、貸遣し候事也。最翌日宿本より蒲団、紙、手拭等送り届候事也。但此蒲団薬部屋懸りの下男相改ため、表をほどき中を改ため、揚り座敷へ入れ遣す也。曽谷伯庵入牢の節如斯。

一　揚り座敷へ入り候人は御旗本御目見以上の面々也、朝夕の食事本膳にして、坪・平付也、此給仕大牢の科人致す事也。但食事一日に両度づつ也。

一　揚り座敷の者、牢死にて死骸宿元へ帰し候者に候得は則ち夜に入り、牢内裏門より乗物持参り揚り座敷の前まで入れ置く、右の死骸は付人揚り座敷の出口まで出し、是より張番請取其者請取に来り候乗物かきに渡し、乗物に入れさせる也。

とある。揚り座敷は多人数の時でない限り、一部屋一人を収容し、待遇は悪くないし、食事も本膳で軽犯罪人が付添って用を足してくれた。

(2) 入　牢

大番屋での取調べの結果、疑いが晴れれば当然釈放されるが、だいたい自身番から大番屋へ連行された者で、容疑の晴れるような者はほとんどないといって良かった。大番屋では与力・同心がかなり苛酷に扱って取調べるから、たいていのものはあらまし罪状を申立てるし、また容疑あって自白しなくても頑固に否認してその態度から容疑濃厚と見られるから、町奉行所で本格的取調べとし裁判処刑の必要を生じてくる。そのためにいきなり町奉行所へ連れて来ても、前々からの裁判が詰っているので、直ちに裁判にもって行けないし、仮に収檻する所もない。仮牢は取調べに召喚した者をわずかの時間収容する所であるからここへは入れられない。

そこで伝馬町牢屋敷へ送って取調べのお呼出しがあるまで待たせるのである。

入牢ときまると、同心が町奉行所に行き、西の内紙に入牢証文を作ってもらい、これを持参して容疑者を牢屋敷に送りこむのである。

容疑者の連行　自身番、または大番屋から同心が容疑者を連行して行くと、牢屋

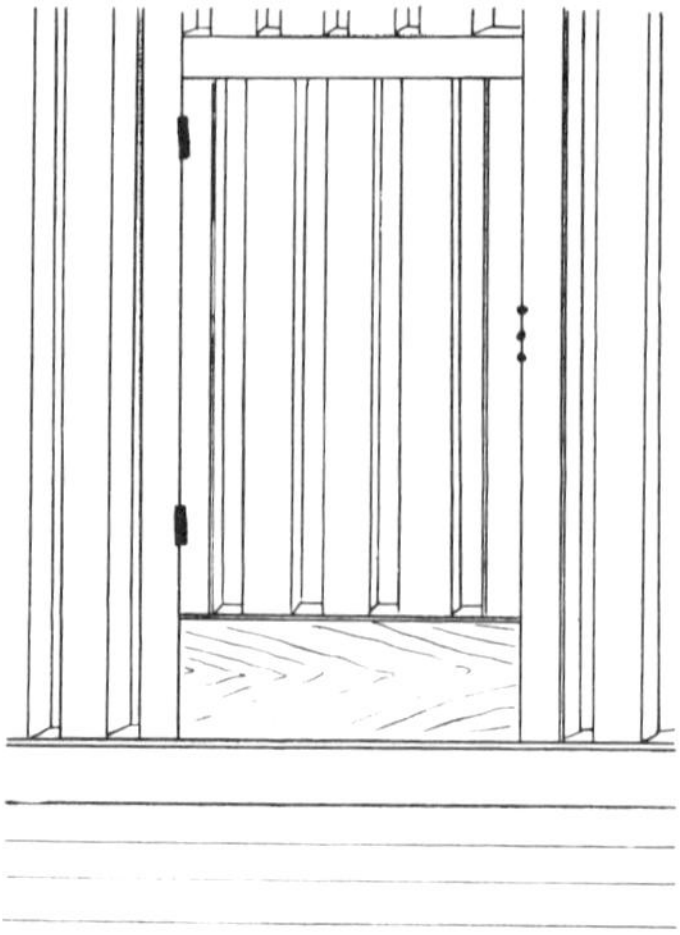

揚り屋溜口

敷表門の所にいる乞食が、遠くからこれを認めて門番の方に向って、

「牢入り――ィ」

と触れ込む。この声で、牢屋敷の広間（牢屋敷の玄関を特に広間と呼ぶ）に詰めていた平当番（牢屋同心）が立ち出でて張番に知らせる。

証文引合せ　同心と容疑者は表門から入り、牢庭火之番所（畳二枚敷の番所）の前に来て、容疑者の縄尻を小者に取らせて引据へ同心は火之番所に入って、鍵役に入牢証文を渡す。鍵役は証文を受取り証文の文面を読んで容疑者を引合せて受取り、それから牢舎の外鞘へ入れる。この時同心一人、同心下役一人、鍵役・平当番二、三人、張番（牢屋下男）が一緒で、外へ手をまわして外鞘の入口を閉める。

衣類改め　そこで鍵役が容疑者に向って、

「御牢内、御法度の品これ有り、まず金銀、刃物、書物、火道具類は相成らぬぞ」

といい、張番に差図して、縄を解かせ、衣類から改めて、下帯、草履、帯などをまるめこませ、それを容疑者にかかえさせて留口（牢の入口）から丸裸のまま入れるのである。

容疑者が女の場合には女牢付人が改めた。女牢付人は乞食の女房が一月交替で勤めるもので、乞食の女房といっても往来にいるような汚いもので

入牢者の護送

はなかった。乞食の女房は女牢の中に暮す一種の監視役である。

この改めのとき衣類に金銀が縫いつけてあっても張番や女牢付人は知らぬ顔でその衣類を容疑者に渡してやった。ここで鍵役が、

「もし持参していたら差し出せ」

と念を押すと、初めての入牢で気の小さい正直者は、驚いて差出してしまうのであるが、取上げられたあげく、牢内に入ってから、囚人達に散々の目に遭わされる。牢内に金銭は不要のはずであるが、地獄の沙汰も金次第の諺の生まれた通り、牢内では逆に金銭が物をいい、金銭を持込まない者は惨めな目に遭い、時によると作つくりに遭って殺されてしまう。

そのために入牢者はいろいろと苦心して金を所持した。口に含ませたり、飲み込んだり、綿に包んで肛門につめたり、女性は陰部に多額の金をかくしたりした。これらの金は牢屋敷内の役人のふところをうるおすのであるから、口で厳しくいっても見て見ぬふりをして持込みを黙認し、あっさり白状して金を差出されると刑が決まるまで保管せねばならぬので役人の収入にならないから、しらを切って持込む方が歓迎された。

このような順序で入牢するのであるから捕ってから早くて二日、長引くと一週間くらいかかるので、定町廻同心は一つの事件で入牢させるのに随分時間がかかっている。

入牢の様子

入牢の様子は前項で記したように町奉行所の同心が小者に容疑者の縄尻をとらせて牢屋敷の表門より入る。自身番・大番屋から送りこまれるものと、町内預けになっている者が刑の宣告を受けるために入牢させられるも

のと、地方から送られて来るものとある。護送囚人は唐丸籠に入れられてかつがれて来る。唐丸籠は軍鶏を入れる籠で左図のように囚人を入れ、その上を筵で包み、名札をつける。

そして非人がこれをかついで運ぶのである。

容疑者、囚人の縛り方と縄の色はいろいろとあり、「牢獄秘録」によると、

北町奉行所は白縄、南町奉行所は紺縄、御勘定奉行関係は三ツダリ白縄、火付盗賊改役本役は白細引である

と記してあり、これを印《しるし》縄といった。

入牢の手順としきたり　町奉行所から送られて来た容疑者は、牢庭火之番所の前の砂利を敷いたところに引き据えられる。この時同心が鍵役に容疑者の入牢証文を渡す。この書付には、

町奉行誰殿懸りの何州、何郡、何村、

何年何歳

と認めてある。鍵役は、

「其方は誰殿御懸りにて出処は何処、年は何歳か」

ときく。容疑者が答えて、書面に間違いないことを確認した上で、

「相違なく確かに受取る」

といって町奉行所同心と小者を帰らせた。

それから容疑者を外鞘に入れ、前に述べた如く衣類を調べて、牢の中に入れるのであるが、御勘定奉行の手から送られて来た容疑者は外鞘の内へ入れて、改め衣類も調べる。容疑者の改めが終ると、鍵役が「大牢」と呼ぶ。大牢内より「へい」と牢名主が答える。続いて鍵役が「牢入りがある。何殿御懸り住所、氏名、年齢、何々一件の者」という。牢名主は「おありがとうございます」と答え、留口の開くのを待つ。鍵役に追いたてられて衣類を抱えて褌一つの裸体で留口からころがり込むと、中の囚人がさあこいと引きずり込んで、両方から尻を叩いた。数人が入牢するときには一人ずつ、サアコイ、サアコイと掛声して、両方から尻を叩く。この中に入墨者があると、鍵役が追込むときに入墨者何人というから、牢名主は「入墨サアコイ、マケテヤルゾ」といい、入墨者から入らせ尻を叩くのは止めにした。

尻を叩かれた新入りは裸のままでしゃがんで着物を頭からかぶせられて夜までそうしていなければならない。入牢はだいたい夕刻からであるから、さほどの時間ではないが、寒中であると板の間（本当は全部畳敷きであるが普段は畳を積上げて、役付きの囚人しか畳の上にすわらない）からのつ

唐丸籠で護送の囚人

牢庭火之番所で入牢者を受取る

入牢者にキメ板を食わす

めたさが身に浸みて、洩らしてしまうことがある。そうなると大変な目に遭う。

こうして容疑者が牢内に入ってしまうと平当番が留口を閉める。

女の容疑者も外鞘内で検査してから入れるが、繻子、縮緬、羽二重の衣類は禁じられていたので、検査の女牢付人は何でも絹といって通した。女で乳飲児のあるときは子供も一緒に入れ、臨月の女であると付添の女も入れた。

牢内の様子

牢内では毎朝四時頃、平当番一人、張番一人が来て、「今日の買物」と呼んで歩く。

すると各牢内からキメ板に糸、針、甘酒の類を書いて出すと、二百文に該当する分だけ買いととのえてくれる。買物は糸、針、ひめのり、手拭、半紙、元結、櫛、髪の油だけは許されていたが、墨、筆、硯、鋏、碁、将棋、煙草、酒、菓子などがそろっていた。これをそろえるために金銭持込みが必要なのであった。張番にたのんで買ってもらうには酒一本でも大根一本でも、何でも一分であった。

新入りの持ち込む蔓は牢内名主に差し出され、隅の隠居が一番役から受取って名主の畳を積んだ座のうしろに釣下げられた笊の中に保管した。この金で日々の買物をしたのである。かなりの額に溜ると牢名主から五番役までが割取った。

牢名主が出牢するとき、この金を衣類へ縫込んで出るし、お呼出しのときは町奉行所仮牢のところで横目にたのんで自宅に送金してもらった。

容疑者は入牢の時にいろいろと苦心して金銭を持込み、なかには飲込んでいく。するとそれを排泄するまでは大事にされた。排泄物は目笊でこして金銭を取出した。新入りに蔓がないことがわかると、裸のまま土間へおろし、牢内隅にあるぬか味噌桶から、その上ずみの水を全身になすりつけて一晩中放置した。こうすると身体にはれ物ができたり、寒中では半死半生となってしまったりした。このほかに背割りといって大勢で打叩いた。はなはだしいときには大便を食わせた。こうした私刑はだいたいは無宿牢で行なわれたようである。

喧嘩した双方が入牢のときは別々に分けて入れた。

大牢内の囚人

牢内の囚人で遺恨ある者が入ってくると半殺しの目に遭わされたし、「南選要集」によると、手先などが罪を犯して入牢したときは、二番役の差図で、わざと向通りの平囚人から訴えさせる。「もし二番役さん。こいつは岡ッ引で、こいつのために縛られ憂き目を見せられやした。何分よろしくお願いたしやす」といわせる。二番役はこれを牢名主に伝え、承諾を受けると、「詰の本番」と怒鳴る。本詰が「オオ」と答えると、「この新入りに御馳走をとらせろ」という。二番役の命を受けて本詰は手伝いの一人に椀を渡す。手伝いは厠から大便を山盛りにして、「お膳が出来ました」と持って来る。本番は裸の岡ッ引の下帯を外ずして褌にかけさせ、すわらせて左右から両手を押へつける。顔をあお向けにさせ、本詰の助の者が名主からキメ板を借りて後ろに立ち、岡ッ引に杉箸を持せた。「これ神妙に戴けよ、遠慮するとお替りをつけるぞ。それ早くいただけ」というのを合図に背を一撃する。思わず岡ッ引が口をあけたときにその御馳走を口中に詰めこむ。一椀がすむと「お替り」といい三椀まで食べさせられるが、隅の隠居が、「お客も十分の様だからお替りは止めてやれ」といえば一椀で済む。その上で牢役人一人一人に挨拶まわりをさせられた。

女牢でも似たようなことが行なわれた。だいたい女の身で牢入りとなるようなものは性悪の毒婦達であるから、そのいじめ方も淫靡で残虐であった。

揚り屋へ入れられる容疑者は一般町人よりやや身分の上の者であったから、牢屋敷の牢庭まで乗物で入り、火之番小屋の前で降りる。平番が書類を受取り改めることは同様で、それから外鞘の中へ入れて、衣類、髪、下帯まで改めてから、牢番が「揚り屋」と呼ぶ。内から牢名主が「ヘイ」と答えて入牢する迄は大牢と同じで、ここではキメ板の私刑などはない。

揚り座敷へ入れられる者は士分でも御目見以上とその格の者であるから乗物で揚り座敷前まで来て、揚り座敷板の間で改めてから入れた。

この時に大牢内から軽罪の者を二人付人として入れる。名の如く座敷になっていて寝る時も蒲団が持込めた。座敷牢の広さは二間半に三間である。

(3) 牢内の生活

牢内の食事　牢内では朝五ツ時（午前八時）になると食事が運ばれた。「牢屋敷一件留」に、

……右食事の儀は朝五時夕七時（午後四時）入遣申候仕立方は賄役同心二人にて隔月に相詰賄所下男部屋頭一人食秤役下男一人、飯番下男四人都合六人にて取扱候儀に有之前日夕方賄役之者致見分米斗立磨仕掛致候迄見届当日暁より下男焚立致し朝五時盛双《もっそう》へ盛立候節賄役見分秤に掛け目方相改盛相に盛候儘荷い桶へ入れ牢内へ持運牢番所前にて鍵役牢番立合相改入遣、汁之儀味噌掛目相改賄役より部屋頭まで渡置翌朝出来上り之節濃薄汁之実等賄役見分之上荷ひ桶へ入候儘、牢内へ入遣、牢内にて盛分候仕末に御座候且賄役之者牢内見廻り病人得食相預候者相尋粥雑吸等好之品入遣且又揚座敷之者は膳椀飯継不不遣揚屋惣役人之方へも又椀折敷杓子、桶等入遣其外平囚人之分は箸斗にて盛相之儘為給申候夕食事之儀は朝食事相済遣湯等迄入遣候。

とあり、揚り屋惣牢（大牢）囚人一人に付き玄米搗五合で、白米にすると一割減の四合五勺であった。これを朝夕二度に分け、一回に二合二勺五才、盛立ての目方正味八十五匁あたりであった。椀は盛相といって差渡し四寸、高さ三寸であった。それが文化十四年十二月には差渡し、三寸、深さ二寸六分に減じた。これに盛った飯を俗に盛相飯といい、臭い飯と称した。

女囚人は玄米二合五勺で男子の半分の量、揚り座敷は玄米三合で、いずれも白米にすると一割の搗き減りがあった。百姓囚人は玄米五合を、つき麦三合、白米二合二勺五才に換え、計五合二勺五才とした。副食は味噌汁と糖漬の大根であった。

七ツ半時　七ツ半時（午後五時）に牢内の巡回がある。このとき大牢の中で一人が大声で「寺社御勘定御役人」というと、一同が「エェイ」と叫ぶ。これを関の声を上げるといった。

朝四ツ時　朝四ツ時（午前十時）になると惣牢見廻りがあり、このほか毎

牢内の巡視

揚り屋囚人の呼出し

日一度ずつ御徒目付が巡視するが、時間は決まっていなかった。

御徒目付巡視　このときは牢屋同心が各牢に知らせて歩く。御徒目付は外鞘の内を巡回する。牢内名主は御徒目付が牢の前を通りかかった時に、「御無湯も行き届きまして有難き仕合はせ」という。おむゆとは御呑湯の意味である。御徒目付が「何ぞ申し立てること、これなきや」ということがある。このときうっかり牢役人の苦情でもいったら、牢役人は牢替させられ、その代り苦情をいった者はほかの牢役人に残酷な私刑を受けて、時には殺されてしまうから、御徒目付の質問に、うっかりすがって本当のことはいえなかった。

牢内改め　五、六日に一度ずつ牢内改めがあり、外鞘内を囚獄石出帯刀、牢見廻同心、牢屋同心、鍵役、平当番が出席して囚人はことごとく外鞘内に追立てる。そして平当番三、四人、張番六、七人が牢内へ入って、牢内法度の品の有無を調べた。しかし、刃物・火付具のないかぎりは、ほかの禁制品は見逃した。

囚人の呼出し　毎日誰かしらが吟味に呼出され、将軍の忌日以外には誰かしらが処刑のために引出されて消えて行った。

　これらの呼出しは朝飯前に牢屋同心が、たとえば「大牢」と声をかける。これは呼出される囚人が大牢でも、女牢でも、揚り屋でも同じである。牢屋同心が「御呼出しがある。何時、何町何何誰」という。そして朝食後に張番と牢屋同心が牢の中に入って呼出された者を連出し、外鞘内で縄をかけた。この時牢屋同心は脇差をさして見分している。呼出し囚人は衣類を改められ、外鞘の外牢庭で畚に乗せられる。

　お仕置で呼出すときは鍵番が「大牢」と声をかけ内より牢名主が「ヘイ」というと「御仕置者があり、何何守殿御懸りにて何州何村無宿の何某何歳」と鍵役がいいかけると「名主おりましたア」と引きとり、続いて「何州何村無宿何某何歳何月何日入牢のほかに同所同名はございません」と答えながら、牢内板へキメ板を打ちかける。

　これは朝食前に平当番同心がキメ板へ御仕置者をくわしく書付けて牢内名主に渡しておくから、この場合キメ板を読みながら答えることができるのである。すると内の囚人が二人で、お仕置になる囚人を両手を捕えて、シッシッといって留口へ押出す。

牢名主がお仕置を受ける場合には、自分でキメ板に書かれているのを読み上げて、「ほかに同所同名はおりません。私でござります」といって留口から出た。留口外には牢屋同心、牢役人三、四人が控えており、張番が脇から押えて切縄をかけてから揚り屋前の縁頬に腰かけさせた。

鍵役は「大牢、二間牢、ほかに御沙汰はない」というと、各牢名主は「エエイ」と答え、囚人一同が「エエイ」と叫んだ。

夕方七ツ時　夕方七ツ時（午後四時）になると夕食が出る。朝とだいたい同じである。この知らせがあると牢内一度に「おありがとう」という。これも鬨の声のように聞えた。

夜六ツ時　夜六ツ時（午後六時）になると平当番一人、張番一人（提灯持ち）、テンマ（手間という意味の雇人）一人が拍子木を打って牢内夜回りが始まる。これは時間を切って明六ツ時（午前六時）まで行なわれた。

牢内の寝床　牢内は昼でも日の光の射込まない暗い場所で、俗にいう暗い所であるから、夜は火の気もなく、まったく真の闇である。この床の上に平囚人は畳一帖に六人詰、八人詰、十人詰、十二人詰と区別されて寝かされたから身動き一つできなかった。

「牢獄秘録」に、

……牢内名主始め役人共は畳一畳に一人宛、三番役、四番役などは一畳に二人づつ居る事也。又新入りの者は向う通りとて、一畳に七人八人位も置事也。最も牢内の板の間は有之共、畳を積み置いて、入牢人数二畳を引き詰め置く事也。最も名主の気性にて、夜間は科人共を寛かに寝かせ候もあり、しきりに六ツカ敷申すも有り、また届物等追追来り候得ば、追々繰上げ、一畳に四人位も居る処へ遣す也。夜具蒲団等届物にて参候得ば則ち着せ候事なり。

とある如く、窮屈きわまりなく身動き一つできなかった。

作造り　前述のように板敷は空いているのに畳の上に無理に詰めこむので、人員加剰のため、「作造り」と称する人員減らしが闇を利用して行なわれた。

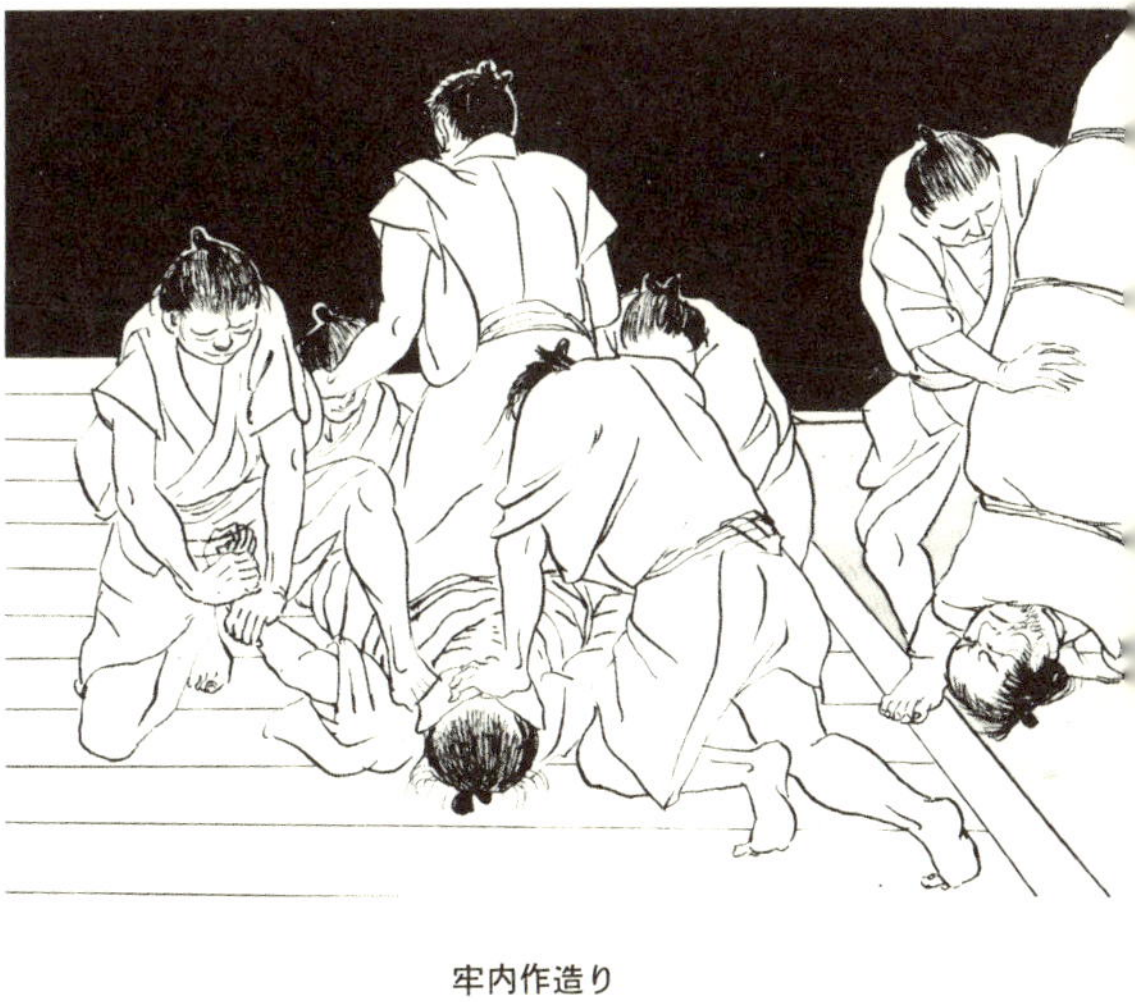

牢内作造り

作造りとは座席を少しでも広くするために、同囚を暗殺することをいうので、はなはだしいときには一夜に三人も四人もが片付けられたから、平囚人は夜も安心できなかった。

囚人の入湯と結髪　二十日に一度ぐらいに外鞘の内側に張出した所があって、そこに大きい風呂桶があり、囚人に入湯させた。牢屋台所で湯をわかし桶で運びこむのであるが、五、六人ずつ順に入れた。

また毎年七月に一度囚人一同に月代を剃り、結髪させた。その時は牢庭に囚獄石出帯刀が腰をかけ町同心一人、牢屋同心・牢役・平当番など二十五、六人、張番十人が出て、牢庭に筵を敷き、囚人三十人ぐらいずつ手錠をかけて引出して行なった。これは江戸中の結髪床が家主付添いで出張して無料奉仕をしたのである。

普段は囚人同志で髪を結い、牢名主と一番役は一月に一回位は月剃をしてもらった。

(4) 牢内の組織

奉行所から牢内へ戻った囚人は、牢名主に自白したかどうかをきかれる。自白したとなると意気地のない奴と軽べつされ、自白してなければ強気であるとしてほめられた。

牢役人 牢内は娑婆よりも厳しい階級があって、地獄のような所であった。牢内には牢内役人（牢役人）という組織があって、平囚人は物凄くいためつけられた。この組織は公許のものではないが、牢内に自然と発生した不文律で、町奉行所の「牢内掟の事」の中にも認められている所もあるから、牢役人の専横は別として組織は承認されていたのであろう。

牢内掟

一 囚人に無高下座席、上席下席と不相隔込合不申候差置色々座を定め間敷旨牢内法度書にも有之、且牢内畳を積み置き平囚人を片寄押すくめ置申間敷旨並名主外一牢にて十二人づゝの外品役名を付候法度に有之候。

と記され、法度だといましめていることは、かげで行なわれていることを証明するもので、畳も五日に一回の牢内見回りの時には敷き並べるが、それ以外は積上げており平囚人が一畳に七、八人もすわるようになっている。牢名主は常に畳を十枚重ねて見張畳と称してその上にすわっていた。

牢内掟に許されている範囲の十二人の牢役人というのは、

一、名主　壱人
一、添役　壱人　病人其外労り手当申付候
一、角役　壱人　戸口前に罷囚人出入心付候
一、貳番役　壱人　右同断

右四人之儀は戸前番より唱戸前開閉の節乱心者又は不法者等駈出候節差押候之者に付死を変じ候者差置留候とは不取締役六箇年は前寅年牢屋見廻り与力より申立死刑以上遠島以下より軽重之儀吟味掛り迄問合候上軽罪之有者より申付候。

一、三番役　壱人　病人労り薬品等取次為用申候
一、四番役　壱人　衣類等間違無之様取斗申候
一、五番役　壱人　盛相相改申候（右三人を中座より唱申候）
一、本番　壱人　食事運び為給申候
一、本助役　壱人　盛相其外洗候て出申候
一、五番口番　壱人　食事取引仕候
一、詰之番　壱人　雪隠之番仕候
一、同助番　壱人　雪隠之番仕候並病人介抱仕候

右八人は名主まで申立鍵役共より申付候儀に御座候右十二人之内にて夜中数人づゝ立番仕鞘番草履番より唱一人は格子際一人は雪隠前落間際に罷り在り牢番鍵役等相廻候節声をかけ候得ば相替儀無之旨相営み候儀に御座候。

一、揚座敷は付人壱箇所四人揚屋同断四人最も軽罪之者不足の節は両三人にて差置候。

右三奉行挂宿在囚人軽罪のもの相選み申付候儀に御座候。

牢名主は悪党らしくお頭《かしら》などともいい、このほか多額の金子を持込んだものを穴の隠居・大隠居・隅の隠居・若隠居・親方・帳代・客座などに区分した。

畳は奉行その他の見回りのときに敷き、普段は中通り落間の前後に畳をあげ名主のいる後口の方に高く積み上げて畳揚げ通道といい、畳のかげを穴と称して金銭その他の法度品をかくしておいた。

詰（ツメ） 雪隠または雪隠へ行くことをツメといい大便は大ヅメ、小便は小ヅメといった。ツメの隠居とは雪隠のそばにいる隠居役で、詰の番は雪隠番のことである。

牢内には水を入れた四斗樽が五、六個もあり、糖味噌漬の樽まであって、人の臭いとこれらの臭いが混濁して陰湿で病気になる者が多かった。

囚人の衣類　囚人の衣類は木綿の袷、単衣などが支給されたのであるが、名主以下向通りの者にまで常に自分の着物を用い、いわゆる御仕着せはあまり着なかった。

ただし、新入りで蔓なしの者は着ていたものを取上げられて、御仕着せか、着古した着物が与えられた。

「牢屋敷一件留」に、

……衣類は囚人共着あまり候を入牢の節鍵役牢番立合相改め染め色縞柄等に至るまで衣服帳委しく記し置き、呼出しの度に右帳面と引合せ改め出入致させ紛れざるよう銘々当人へ為着置猶また身寄の者より届物相頼み衣類布団相届候はば書役牢番立合戸前へ当人呼出届物許状品書読聞直に当人へ為着置且相牢囚人衣類貸借決而致間敷御仕置に出で候者之類貰い候とも着し申間敷出牢者之衣類其外一切留申間敷旨牢法度書にも有之古き衣類着替等曽て不為致呼出之節度々落着等之節其者衣類相改右帳面に引合出入為致候且無宿囚人に御仕着願之趣屋敷より掛りの御役割へ申遣候頃は夏は細着帷子冬は木綿布子相渡宿在牢人にても貧窮者にて難届旨申出候者へは是又御仕着被下着破肌薄之者へは又々被下候儀に有之者杯は牢屋御入用小買物流用之内にて為御手当貸布団遣候儀に有之候最も衣類懐中改相済候得は早速衣類為置候様先年御吟味之上被仰付候。

但揚屋敷者は夜着布団枕蚊屋等相届揚屋以下之者は枕蚊屋不相成布団は相届申候牢舎格之者は縮緬之衣類其外不相当之品置参申候得ば取り上げ掛り御役所へ差出届物御仕着不為相願申候。

牢内役人の座席の位置

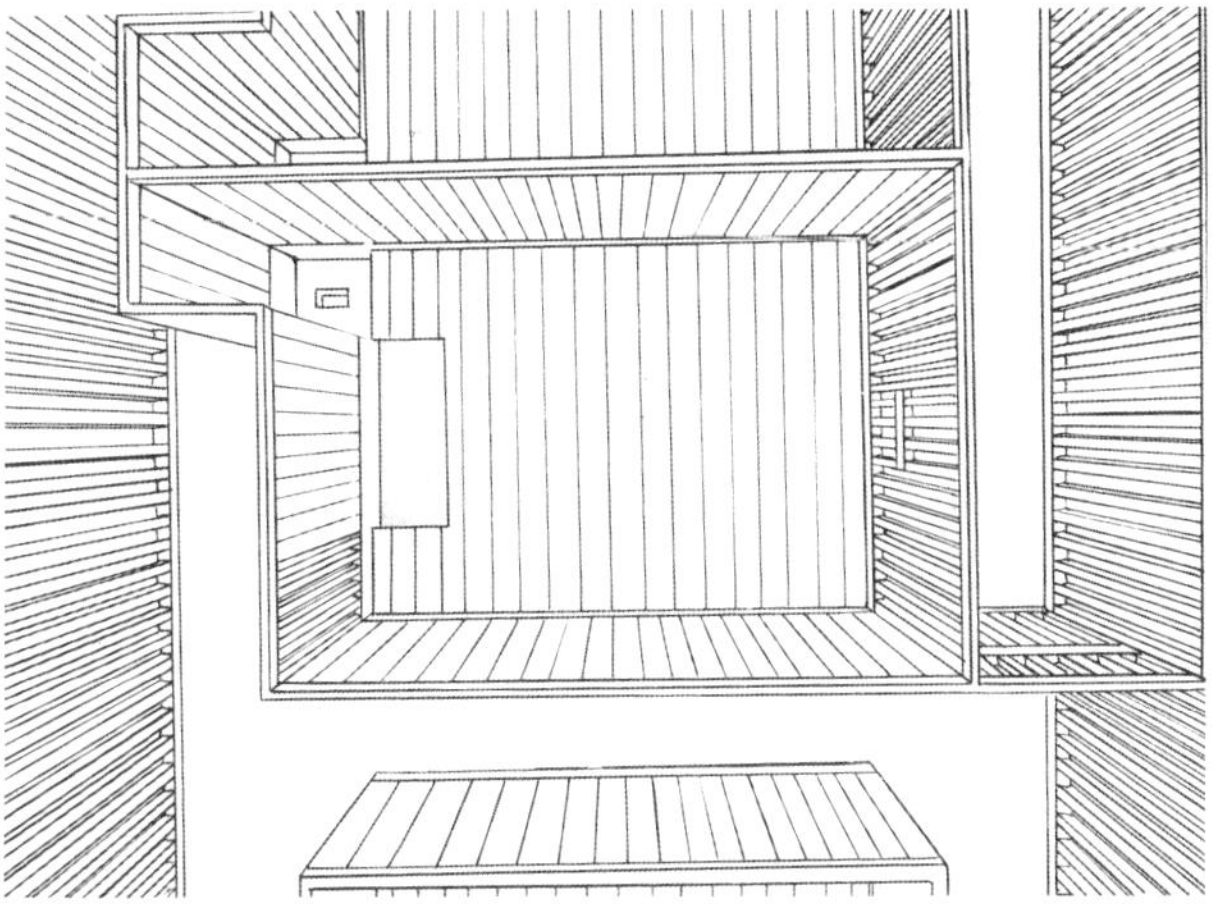
大牢の見取図

とあり、出牢のとき、吟味の折などに、着て来たときの着物を渡してやり、普段は汚い衣類を着せられていた。この着物を保管するのが四番役で、畳を積んだ後ろにかくしておいた。名主はこれらの着物を順次着ているから、決して御仕着せを請求したことはない。

牢内の夏と冬　夏は高温で臭気がはなはだしいので一牢にうちわを四、五本ずつ貸したが、これは牢名主以下の主だったものが用いるのみであった。暑気の激しい三伏のころには四ッ（午前十時）から七ッ時（午後四時）までは一日おきに外鞘と内鞘の間にむしろを敷いて涼を入れさせた。

　厳冬のころは二人に一個の割合で湯たんぽを与えた。湯たんぽは瓦瓶に熱湯五合をつめたものであった。

囚人への届物

囚人への差入れを届物といった。「牢獄秘録」に届物の事として、

一　届物遣候事　俗に牢見舞といひて町人共入牢有之ば牢内へ飯、肴等見舞に遣し候事也。牢内にては之を届け物という。御科を蒙りて入牢の者へ見舞と言う法は無き由なり。依之右届物目録証人も届物と認る也。

一　届物持参の者は、先づ牢屋敷玄関脇にさしかけ有之処へ、品々差置き広間番いたし候役人へ、御届物何々と相認め、何町何某店誰、牢内誰へ、居合候平当番の者張番に申付、品々を請取牢屋へ運ばせ、牢内に有之入者持参り（張番が大笊を持参する）飯も肴も是へ明けさせて牢内へ遣す也。

　但平当番此の認め有之目録証文を持て外鞘へ来り目録の通り読み上げ、右届物持参候科人を、牢内中へ呼出し置右の段一々申聞せ、誰々よりの届物と申し渡す。其の者御有難う御座りますと答う。時に張番の者共、届物の品々牢内へ遣す也。是れまで入り来りし飯、或は半切り、又は四斗樽、又は餅屋の荷ないし、しょうゆ樽の入物餅屋の荷ないは格別、外の入りし飯入物類に候得ば留置き、張番の余徳になる也。

一　届物の飯は只の飯は不相成、只の飯ならば上に菜を少し振りかけ候得ば菜飯の積り故不苦、只の飯は牢内より被下たりし故に不相成趣也。依之届物の飯は先づ赤の飯（ささぎ・あつき）、茶飯、なめし、海苔めしの類宜しく最も持参いたし牢屋同心請取之て張番に申付け、大笊へ明けさせ、見廻同心、牢屋同心、平当番三、四人立合にて是を改め、其の時張番此の飯を十文字に割いて、中に何も無之を相改め牢内に入遣す、又むすび（ゴマをつける）ならば二ッ三ッ中を割り改め、跡はそのまま入れ遣す。

一　届物の内に赤飯並にとうがらしは法度なり。赤飯と餅の類は牢内にてもたれ候品故、熱病になるとて法度なり、持行候へば随分中へ入れ遣すといへども持参の人へ以来は不相成趣を申聞かせる。

一　届物は蕎麦なども遣す也。これはのび候もの故、鉄砲町の辺にてそば屋へ申付、四斗樽へ入れ、つゆは手桶に入れて送る事なり。

とあるように、食物はかなり自由に届けられ、蒲団なども差入れを許されていた。

　牢内の者が宿元へ届物をたのむときは、

一　牢内の者、我が宿へ何ぞ届物を頼む時は小さく紙へかきて、張番に渡す。但張番渡候時、平当番に知れては不相成事故、御呼出しにて出候ものへ、此書付持せ置なり。張番縄を懸ける時に内々手より手へ渡すこと也。

とある。この牢内の届物のために牢屋敷門前には、手拭・塵紙・食物などの差入屋が軒を並べていた。

　また牢内で金をためて家へ仕送りする牢名主もいた。

一　出牢の者は名主等も勤め居るもの故、金子溜め置き、衣類の背中に縫込で持出す也。又御呼出の節、町奉行仮牢の処にて横目に頼み金子等宿へ送ることもあるなり。

妊婦の入牢と入牢中の妊娠

「牢獄秘録」に、

一　懐胎にて入牢致し候女は、臨月に至り牢内にて出産させ候事也。かかる時は付人女房世話致し遣事也。

とあり、女囚が臨月になると、女囚の親姉妹などを一緒に入牢させて世話をさせた。出産すると、

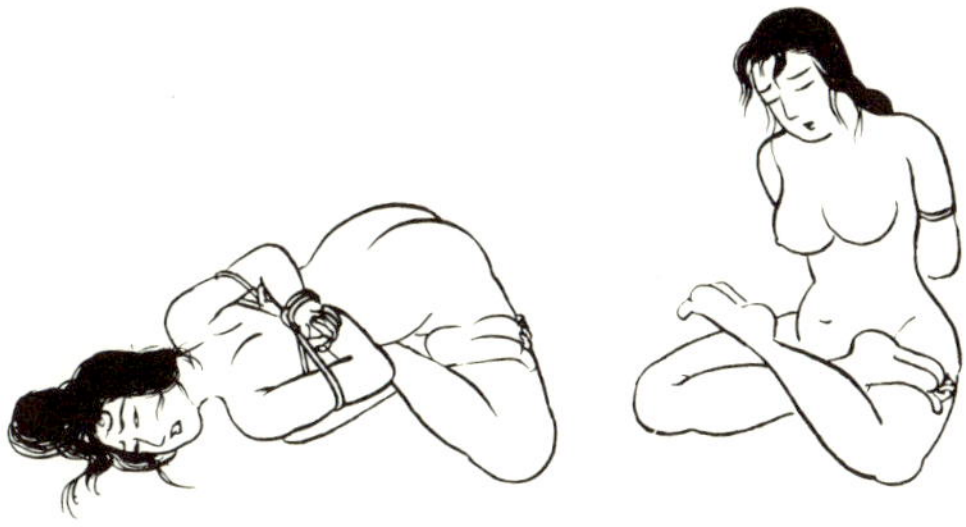
座禅ころがし

一　乳のみ子有之女入牢の時は此の子も同じく入牢させる事也。右も入牢の時此の子も相改める事也。

とあって、牢内出産はもちろん、女囚が乳飲児持ちであれば、乳離れするまで一緒に置いた。オムツの洗濯や、世話はどうやったのか、これに関する記録はない。ただし女囚は妊娠中と、乳飲児のいる間は拷問はしない。

又永牢中妊娠した例がある「政談秘書」三に、

　文化十二年丑年六月十日、吟味方与力原善右衛門へ左の通問合せ、即下札にて挨拶申来る。

　其身後家にて罪有之永牢申付候処右後家懐妊の儀相聞之候。若し出産も有之候はば右母子如何取計可然筋に御座候。

　但後家は永牢三月申付、又懐妊は六月に到り相分候得は永牢申付候はば少し義と被存候、最相手のものは相知れ不申候。

　右の趣兼て心得罷在度、御問合せ申上候以上。

六月十三日

秋葉対馬守家来高橋木工

この問合せに対して吟味与力原善右衛門は次の回答をしている。

　御書面永牢の女、懐妊の例は相弁じ申さず御吟味中の女、牢内にて致出産候儀は相覚へ罷在候。相牢に女囚人無之節は女非人付人を入れ置き、女囚人一人は不差置候事にて出産の手当には付添人の非人女を世話致し、出生の子は乳離れ候までは母子共に牢内に差置き、母病死に候得は非人に為取遣し候事に相心得罷在候得共、得と取調べ不申候ては急度御挨拶は致し兼候。心得方御尋ねに付下ケ札にて得御意候。

とあって、返答に困っている。女囚が牢内で出産したら、子供は乳離れするまで一緒に置き、母親が死亡したら非人に遣わして育てさせる。しかし、男っ気のない女牢で妊娠するというのは全くおかしな話であるが、これは時折あったようである。男と関係があって、直ぐに入牢したものにはこうした例があるが、永牢の後家が妊娠したとなると、少々面倒であるが、これは牢役人の責任らしい。

　囚人を取調べる時は数人で調べるから女囚を犯すことはできないが、取調べと称して下ッ端役人が目をつけた女囚を引っ張り出して密かに楽しんだ例もあったらしい。

座禅ころがし　牢屋役人の間でいう座禅ころがしという女の縛り方がある。女を裸にして両手を後手に縛り、足をあぐらに組ませる。両足首をそれぞれ大腿部のつけ根に乗せるようにして座禅を組んだ形にすると足はほどけない。この形で前に倒すと、ひたいと両膝の三点で体を支えた形となり、暴れる事も顔を上げて相手を見ることもできず尻を浮かした形のままになってしまう。

　後ろから犯され易い形になるので、下劣の張番や平同心に時にこの形にされることがあった。このようなことで妊娠事件が起きることは容易に想像される。そして妊娠しても、上役の気の付かぬ内に、腹を蹴ったり、ほかの女囚の嫉妬から私刑を受けたりしたら流産してしまうから、そうなると病気をいい立ててうやむやになってしまう。

　昭和三十八年九月二日付の読売新聞の朝刊に兵庫県の現職の警官が大阪拘置所に収容されている女囚を偽の神戸地検姫路支部作成の移監依頼状を出して検察庁、拘置所、警察署長をだましてホテルへ連れ込んで泊った事件があった。こうした例は現代では日本警察史始って以来の珍事であるが、江戸時代の下劣の牢役人の中には、宿直の夜などに、これぞと目をつけて置いた女囚を張番所に引っ張り出して鬱を散じたらしい。久しく性に餓えている女囚もこれに応じたことと思われる。篠田鉱造著の「幕末百話」には元同心の話の中に、宿直の夜の退屈しのぎに女囚を引っ張り出して責め、

「手前隠すに事欠いてとんでもねえ所に隠しやがったのだろう」といって悪戯することが載っているが、江戸時代の下級役人であったら、こうしたことぐらいは行なわれたであろう。

　また女囚達も性欲に餓えて同性愛におちたり、自慰の道具を手作りにしたものを用いたりして、牢内検査の折に随分、いかがわしいものが発見されて没収されるのであるから、引っ張り出されて慰み物にされても苦情はいわなかったのであろう。

在牢中出火の場合の処置

　大火があって牢屋敷に火がかかって来たらどう処置をするか。牢内では火事の事を赤猫がおどるといって、切りほどきが行なわれて一時でも解放されるのを非常によろこんだ。

　「牢獄秘録」に、

一　近火の節は石出帯刀鍵役を呼び手当者（死罪、遠島の重科を宣告された者）を心付候様に申付る。時に鍵役外鞘に入り、死罪遠島重科の人を一人づゝ外鞘へ呼出し、張番是に縛をかけ、其の後に牢庭に引出す。此処に乞食人足畚にさし添へ待居る。乞食横目科人三四人に一人宛位のあてに差添る也。依之其人足共に差添之控え居る死罪、遠島重科の外は皆縄なしに逃す。

一　近火の節揚り屋科人重科（死罪・遠島）乗物の手当兼々拵えありて、日雇請負人より重科の乗物かき、是も平日当直、早速に来る也。

とあり、重罪は、一人一人縛って安全な場所に移すが、軽罪は三日を限って切放して、三日目までに回向院へ戻って来れば罪一等を減じることになっていた。もし三日たっても戻らず、他日捕えられると逆に重罪となって死罪とされた。

　牢屋敷が類焼すればなおさら切りほどきが行なわれた。

一　出火の節、牢内の科人、皆々勝手次第に逃し候由、伝ふ事ありといへ共、是は大昔の事也。

　当時は入墨百敲位にて軽き科人は火の節勝手に立退かせ、消火の後帰牢の者は其罪一段軽く相成候。如何様なる近火にても遠島死罪の重科の者は矢張本縄に懸け、モッコウにのせ乞食にかつがせいだすなり。最も平日牢外乞食小屋頭を長兵衛という。

一　牢内に大概重科は総牢にて多き時三十五六人位、少き時は二十四五人位のものなり。

一　牢内の総人数大牢は八九十人、二間牢八九十人、揚屋三四十人、少き時二十四五人、女牢多き時は二十人位のもの也。東西の総牢の人数四五百人、少き時三百人位のもの也。右の手当にて手当の重科人は少きもの也。

一　牢屋敷へ火懸り候へば打はなし本所回向院まで立退かせ申候。火鎮り候て可立帰旨、石出帯刀申付候、其場より逃去り候者は捕え次第死罪なり。罪なき者（軽罪）も死罪申付候。立帰り候者は死罪は遠島、遠島は追放、一段づゝ罪を軽く被仰付候。

　毎度火事の節切りはなし候へば大方立帰り申候也。

万治四年「武蔵鐙」に描れた明暦大火の折の切りほどき

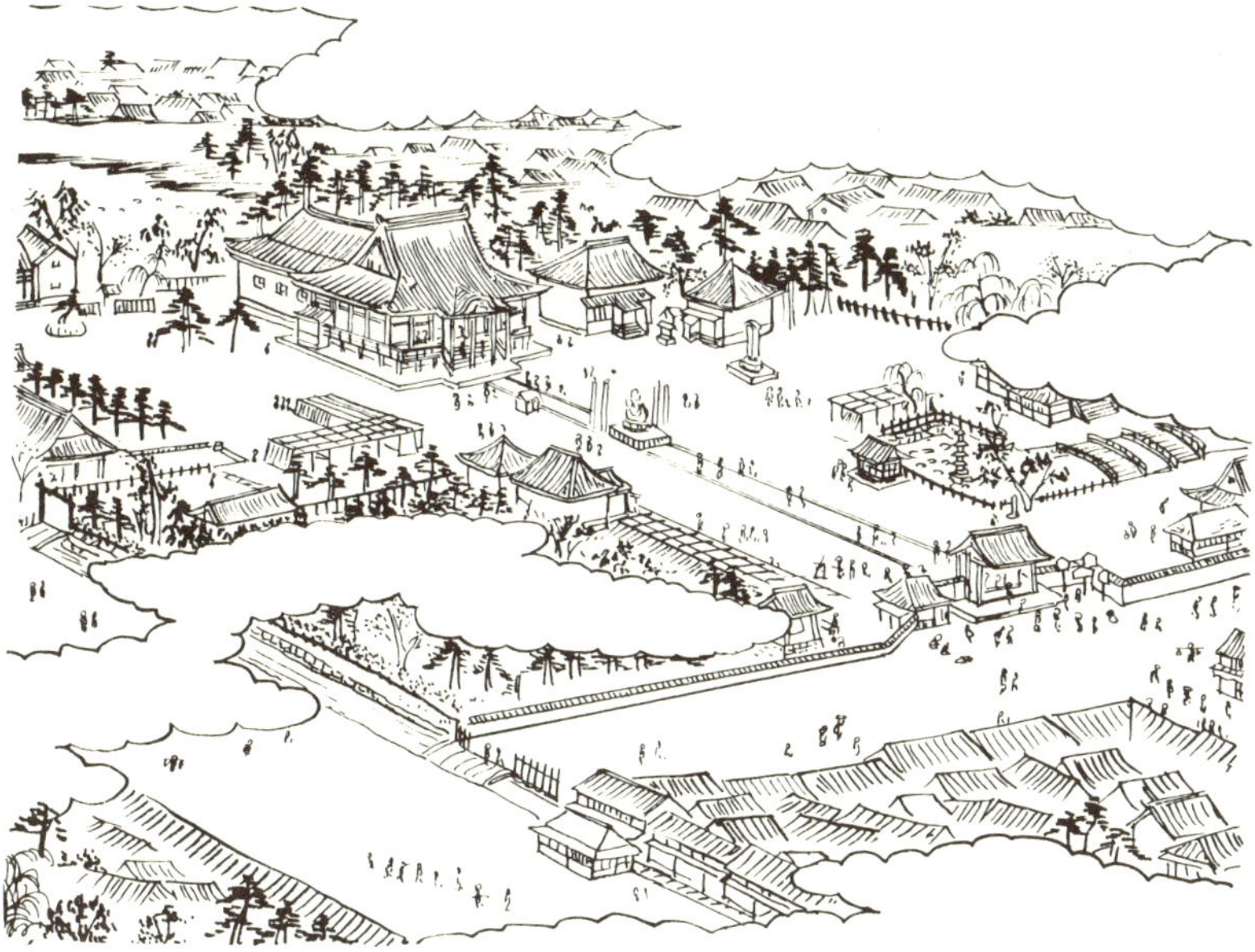
「江戸名所図絵」の回向院

とあるが、死罪に当る者は切りほどかないことは前に述べた通りである。

囚人は火事を天の恵みとして大変に喜ぶ。少しでも娑婆の空気に触れられるし、親類、友達に会うこともできるからである。三日の猶予があるから、ゆっくりと牢内の垢を流して、畳の上の柔らかい蒲団にのびのびと寝ることもできるし自由に飲食いもできる。しかしそれだけに浮世の未練にひかされて三日目には戻り難い気持ちがする。しかし、親戚縁類でも早く回向院へ送りこまねば本人が死罪にされてしまうし、連累となるから、たいていは監視つきで回向院へ集まっていった。

期日内に戻れば罪一等軽くなるから、たとえば百敲きでも五十敲きになり、中追放は江戸払いになる。

火事は囚人にとって助けであり、赤猫の踊ることは縁起が良いとされていた。

鍵役が各牢の鍵をあけると、牢名主はキメ板を小脇にかいこんで、ほかの者は手桶をたたきこわして木の板としたものを持って牢庭に集合する。石出帯刀が申渡しをすると二番牢が先頭となり、牢名主、頭、隠居をかこんで、ひとまず回向院の境内に立退く。境内には掛りの役人が出張していて、囚人の頭数をしらべ一人一人名前を控えて三日以内に浅草溜りへ戻るよう申渡す。

中には三日たっても戻らず、後で捕われて死罪にされた例があり、「牢獄秘録」に、

死罪　南新堀甚兵衛店
　　　市左衛門召使与兵衛

右与兵衛儀、小盗に付入牢の処、牢屋焼失の節欠落（戻ってこないこと）候につき前の牢屋焼失の節欠落ものは遠島に成候故、此度も遠島と伺候処、向後も此類死罪可仕旨被仰出候。

　　享保三戊年二月二十二日

とあり、以後の見せしめのために死罪となり、切りほどきで帰らぬ者は、以後死罪となった。

破牢と縄抜け

脱獄には牢破りと牢抜けとがある。牢破りとは牢屋の柱を切り破目板をこわして出るのであるが、牢屋敷は頑丈にできているからなかなかこわせないし、幾重にも区画があるから、完全に破りおおせた者は一人もいない。

牢抜けは縄抜けといって、お呼出しの途中縄を脱して逃亡するもので、これはよくあった。

牢破り、牢抜けともに発覚すれば死罪であり、かくまった者、破牢の手引きした者も同罪であった。

浅草溜の破牢事件はあった。幕末に占学の大家高島嘉右衛門が若い頃軽罪で入牢し病気になり浅草の溜に入れられていた。文久二年八月のことである。高島は浅草溜の一番牢の名主副役をしていたが、重罪の囚人四人が来て、破牢の相談を持ちかけたが、高島は応じなかった。四人は二十両の金を出して張番に酒を買ってもらい、月代がのびてつらいから鋏を買って来てくれと頼んだ。鋏は蟹といって禁制品であるが、張番は四人の気前良いのにつられて鋏を買って与えた。すぐ返すようにいったが四人は返さずに、鋏を二つに切って、桶をこわして棒とし手槍にこしらえた。そして桶のたがを利用してその先に結びつけ、八月十四日の午後十時頃に新入りがあって留口が開かれた時に、四人は飛出して鋏で作った槍で張番達を突殺して、さらに外に逃れようとしたが、鞘土間の鍵がかかっていて出られず、騒ぎを知った役人によって再び牢内に追込まれた。死地に追いやられた四人は牢内の者を道連れとするため囚人達を突きまくって二人は自殺した。高島嘉右衛門は、畳を積んだ後に吊してある大笊の中に潜んで命が助かったという。

牢内の懲罰

牢内でも牢内の掟にそむくと懲罰が加えられた。新入りに対しては特に厳しく、水を飲ませないで生塩を食わせたり、大勢でなぐったりする。声を上げて喚くと張番が飛んで来るが、「牢法にそむきましたから仕置しています」というと、張番は、「牢法にそむくとは不埒な奴、きびしく仕置しろ」といって、新入りの正当性は認めないのが常で、時には逆に手錠をかけたりした。目明し・岡ッ引が入牢した折の私刑は前項でも記したが、時には大勢で押えつけておいて、一人が睾丸を蹴上げて殺してしまうこともある。収容人員が多いと作造りと称する圧殺もあり、蒲団巻きにして一晩逆さに立てかけておくと死んでしまう。

御目付見廻りの時に新入りが牢名主の非道を訴えられると牢名主は別の牢へ入れられて手枷足枷を打たれるが、訴えた者もその夜の内に暗殺されてしまう。

女牢でも嫉妬された女囚は寄ってたかってたたかれ、恥ずかしい私刑に遭う。

牢内での病気

一　牢内の病気とは、みな牢疫病なり。これ数年人々をこめ置候故に自然と人の身の臭気こもりて、此の臭気を鼻に入れ候故、皆牢疫病になるという。

と「牢獄秘録」にあるが、四方を閉じこめて日光の直射なく、空気の流通の悪い陰惨な牢屋のことであるから弱い者はすぐ病気になるし、その上食物が粗悪であったから病人は多かった。強壮の者でも衰弱して病気になり、親切に介抱してくれる者もない。牢医者はいても薬をくれるだけで、よほどの重病でなければ溜へ下げてくれない。重病になると邪魔者扱いをして圧殺されてしまう。

ゆえに江戸時代の牢獄には病死と称するものがはなはだ多かった。

牢内の病死・変死

多くの牢死者の処置はどういうふうに扱われていたであろうか。未決重罪人であるとその者が病死されると取調べが中断されてしまうので、大事にして溜へ下げて療養させた。

「牢獄秘録」によると、

一　牢死致し候程の病人は、牢内にて落間に置き、牢死の旨を名主より申出る。牢内の者留口までこもに乗せ、口元へ出す。張番之切場（斬首場）へ持行き爰に置く、検使来り死骸を改め乞食へ渡す。此の死骸アンカ（幅二尺五寸、縦五尺余、高さ一尺七八寸ばかりのものを竹で組んで琉球表で包み戸板大の釣台にのせたもの）に乗せ千住へ捨てに行く也。但し裏門より持出す。

一　牢死の者軽き科にても町奉行御勘定奉行懸りの者は、宿へ死骸を不引渡、乞食に相渡し取捨るなり（ただし乞食の手より金子遣し貰い得候は、勝手次第なり。最も千住へ行て相談する事なり）本役が役懸りは其宿より死骸貰ひに出候得ば、随分引渡してくれ候事也。

一　牢内にて役人牢死致し候得ば其の死骸死したる畳の上に置て、落間へは置かずといふ。

とあり、原則としては、どんな軽罪でも死骸は牢屋敷からは引渡さなかった。死骸取捨てという原則で、あとは乞食が金をもらって死骸引渡しをしようが何をしようが一切、政府は知らぬという態度であった。また一般囚人は死ぬと落間へ放置されるが、牢役人のみはその死んだ場所の畳の上に置くというのであるから、死んでも区別される悲惨さであった。

囚人が自殺したらどういうことになるか。大牢・二間牢ではそんなことはないが揚り座敷で自殺されると、付人は手落ちとしてもうすぐ出獄できるにもかかわらず、罰として二年位刑期が永引いた。

平当番は御切米召放し（失職）で五十日位の牢舎入りとなる。自殺は変死として扱われたが、本当の変死も多かった。

牢内の懲罰の項で述べたように私刑で殺された者は二、三日放置しておいてから、変死者が出ましたと当番に届ける。当番の同心は牢屋医師に命じて検死させる。これは一目で殺されたとわかっても医者は、「いかにも急病死だ」といって帰りかけるのを、御隠居が「お手洗《ちょうず》をさしあげます」といって紙に捻った二分金を袖に入れる。それで万事闇から闇へ葬られてしまうのである。

だいたい江戸時代には常に三、四百人の囚人が牢に入れられており、毎日数人ずつ新入りがあり、数人ずつ処刑と変死があったのである。女郎・囚人の投込寺に入れられる数が一年に三千人を超すが、この内の三分の一は処刑者と牢死といわれる変死であるから、平均すると一日一人位の割合で病死が出たことになる。

牢内での毒殺

江戸時代には牢内での病死、変死があまりにも多いので、牢内で一服盛るのだと噂されているが、その事実はなかった。「牢獄秘録」に、牢内で毒薬の話のこととして次のように記してある。

一　牢内にて一ぷくとて毒薬を呑ませ殺し候は、此の者存命に得候ば殊の外障りなる故殺すよし世間一統の咄なれど、これは跡方もなき嘘言にて牢内に左様なる事決して無之、此の毒薬有之と言う人は、実状知らぬ者の言い初めしなりといへども、此のそらごと当時世間の人知らぬという者なし。誠に毒薬有と思い居る事こそ愚かなる業なり。また牢死する者多きは数年来牢にこもり居て、風も通らぬ処にて或は熱病に死しても其儘に捨て置く故、自然人の臭気、牢内の板にも柱にもうつりてわるぐさく、此の臭気を嗅ぎ候事は牢内一同の事故、初牢の者は此の臭気に当りて疫病となる。これ牢疫病と言う也。この疫病にとりつかれしもの牢死の時は牢屋敷にて一服盛られしという也。これ実説なり。疑うべからず。

一　牢内は南の方格子にて両脇（西・東）羽目板、うしろの方は下の方格子の上に羽目板を打ちつけ、上の方に格子あり、これより北風吹き入る也。

冬は此の上の格子に紙を貼り、夏はこの格子の紙を破り、夏冬しのぐと言へども牢内を吹きぬく風なき故に人の臭気消ゆる事なし。

江戸時代のこととて牢内の臭気で病気になると信じられていたのである。臭気もさることながら、日光も射さず、掃除も行き届かず不衛生で虱蚤の巣となっている中に閉じこめられているのであるから、病気になるのは当然である。しかも拷問や牢内掟で身心共にいためつけられているのであるから、ちょっとした風邪でも大病となり、暗殺も行なわれるのであるから毒殺されたのであろうと世間で疑うのも無理ではなかった。

(5) 人足寄場

寛政二年（一七九〇）に火付盗賊改役の長谷川平蔵が老中松平越中守定信に建議して、佃島と石川島の中間にあった砂洲を埋立てて人足寄場を設けた。

石川島の人足寄場と呼ばれたこともあるし佃島の人足寄場ともいわれた。ここには放免に先立って無宿者を送り生業を与えて更生させるのを目的とした。

人足寄場の体裁

寄場には町奉行の目代として南北両町奉行所与力二騎が隔日交替に出役して見廻役を勤め、同心も出役した。

初め長谷川平蔵は火付盗賊改本役兼人足寄場扱いであったが、寛政四年（一七九二）六月に老年のゆえをもって退役し、御徒目付の村田鉄太郎が人足寄場奉行として勤めるようになった。

格は御大工頭並で役高二百俵二十人扶持であった。天保十三年（一八四二）になると人足寄場元締三人（小普請世話役格で五十俵三人扶持）、手業掛り三人、見張役鍵番役三人、舂場掛り三人、蛎殻灰製所掛り一人、畑掛り一人、油絞掛り八人、以上二十俵二人扶持、新見張番二人、門詰八人などの下役が設けられ、一日に元締一人、鍵役以外は隔日宿直で勤めるようになった。

寄場人足は柿色に白の水玉模様、人足のなかから選ばれた世話役は花色に白の水玉模様の御仕着せを着せられていたので彼等を俗に水玉人足といった。彼等は元締、その下役、見廻町方同心、詰切町方同心、立合いの小人目付列座の中で、名前・年齢・生国・罪状・父母の有無・職業の口書をとられ、爪印の後、寄場の御条目を読みきかせ、お仕着せを着換えさせられて役付に引渡された。

女の無宿者や、江戸払いの者は一時収容して別囲いとし、女には人足の衣類などの洗濯や、縫物をさせたが、享和七年（一八〇七）に廃止された。

「宝暦現来集」に、

「一番部屋より六番部屋迄、罪の軽重にて部屋を分置かせ其内老人病人等は一部に入れ置事也」

とあるから、この本の書かれた天保二年（一八三一）には、有罪の者が送られて来るようになっていたことがわかる。

人足の各部屋には何人かの世話役がおり、夜は世話役一人、平人足二人

一話一言所載石川島人足寄場図

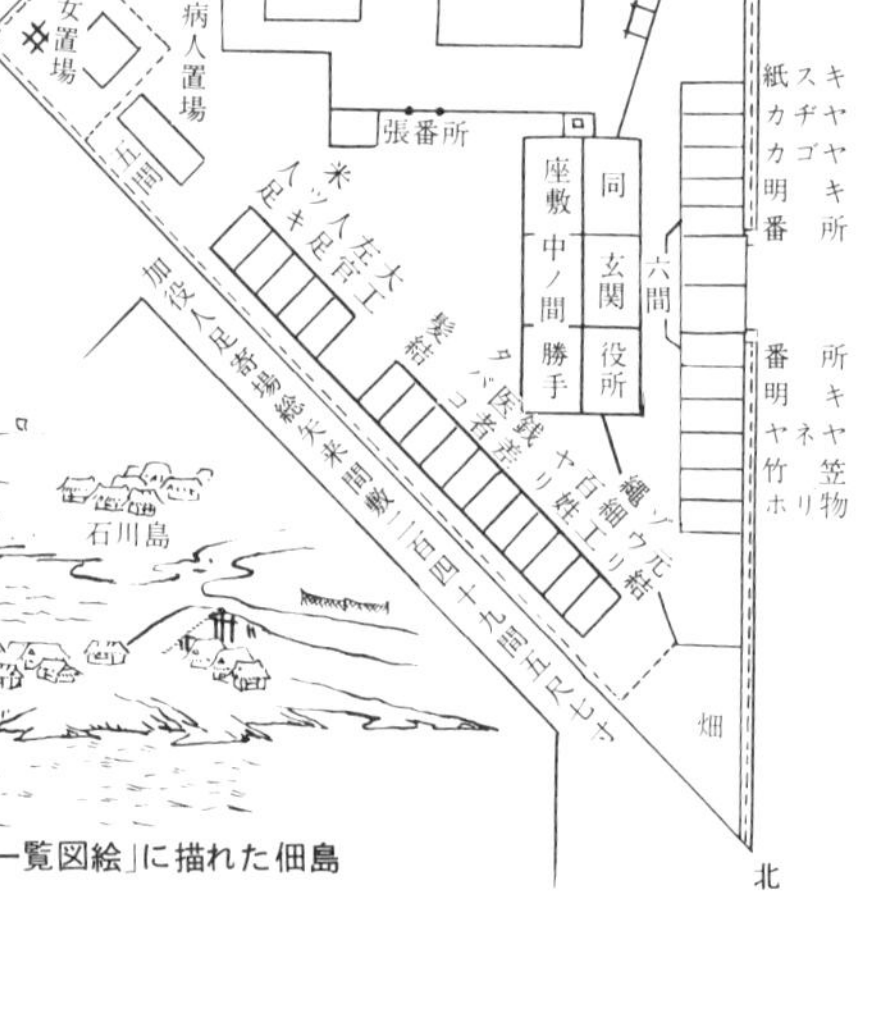

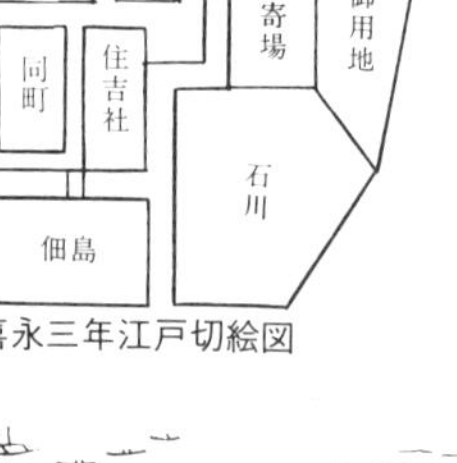

喜永三年江戸切絵図

天明元年「鶴岡蘆水筆隅田川両岸一覧図絵」に描れた佃島

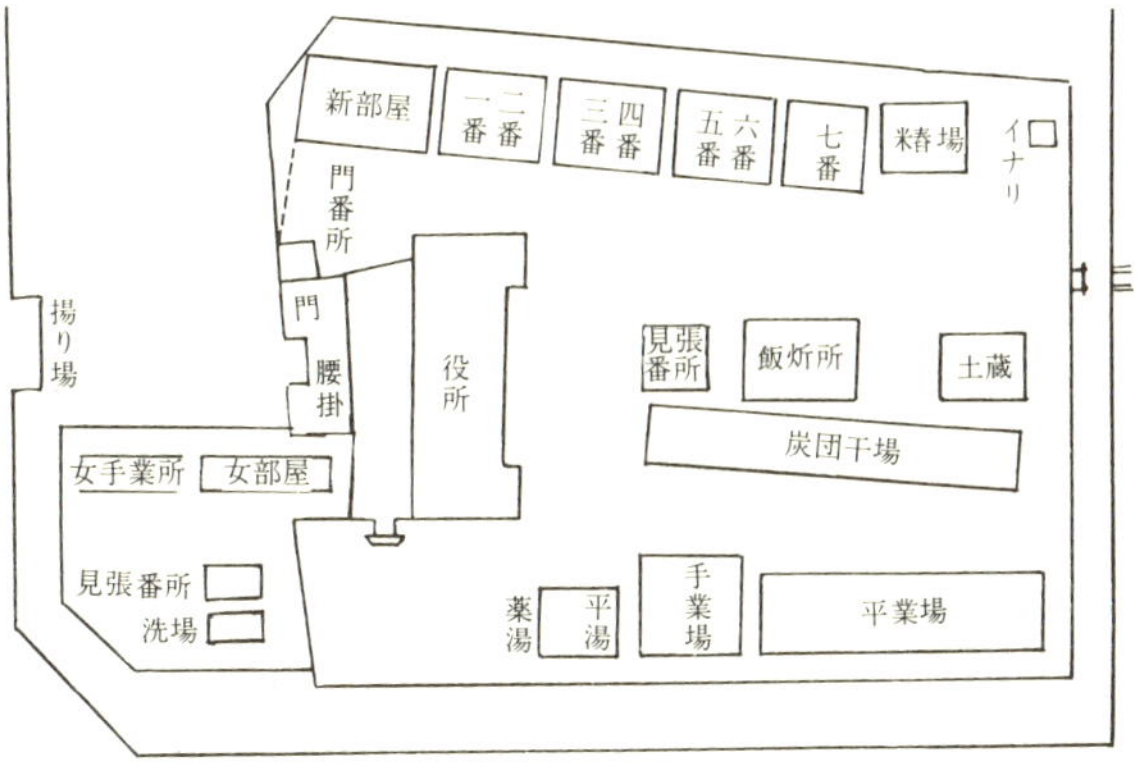

人足寄場の配置図

が不寝番についた。

人足寄場での労務　島の中には人足の長屋のほかに二棟の細工小屋があり手職があればそれをやらせ、なければ米搗、たどん作り、藁細工製造をやらせ、また諸大名や旗本の建築現場から運ばれてきた桧材の切れはしで、桶やたらいを作り、これらは役人が江戸の商人に卸した。

寄場人足は島の道三橋まで車を持って行くと木切れを集めて来た大茶舟が来ている。舟の艫には御用と書いた幟が立っている。人足は木切れを車に積換えて細工場に戻るのであるが車両につき役人が三人ついて人足を監視した。このほか反古紙から鼠半切などの再生紙を作らせたが、値段が安いので島紙といって江戸庶民に喜ばれた。

人足寄場人足の労働

炭団は紀州熊野産の堅炭で作ったからこれも火持ちよく火力が強いので歓迎された。

また蛎蛤の殻を砕いて胡粉を作らせたり、逃亡の心配のないものは島から出して川浚いをやらせ、百姓は常陸の寄場に送って農耕をさせた。天保十二年（一八四一）からは油絞りも行なった。

人足寄場での生活　役付人足は夜は、縁なしの琉球畳の上で、平人は、寝子駄という藁縄を編んだ筵の上で寝た。朝五ツ（午前八時）から夕方七ツ（午後四時）まで働き、売上げの三分の二を毎月二度の勘定で受取った。改悛の情いちじるしい者には三貫文、五貫文、七貫文とその働きによって与えた。また積立ててあった賃銀の三分の一の金を渡して国許へ帰したり、店を持たせたりした。ただしこれは身寄りの者から慈悲願いを出した形式にして、その願いが許可されて釈放したという形式になっていた。

改悛させて生業を与えるための厚生施設であったから、三日毎に柴田鳩翁の高弟中沢道二に心学の講義をさせた。

冬は炬達を用い、婦人には鉄漿《かね》をつけることを許した。夜具は柿色布の蒲団一枚で食事は朝夕味噌汁に米麦合せて一升、七合、五合の段階があった。

人足寄場の経費は、初めは年額米五百俵、金五百両であるが、弘化二年（一八四五）には米七百四十二石、金二千十九両に上っている。これは人足が増えたからで、寛政の初めの頃は百三十人位であったのが弘化二年には五百八人にもなっている。

寄場から脱走すると死罪であった。これは寛政十二年（一八〇〇）四月に情状によって罪することに変り、重くて死罪、入墨、敲放しと軽重をつけるようになった。

盗みも同じである。博奕を打ったもの、徒党をくわだてた者も死罪であったが遠島となり、役人の命に従わぬものは町奉行所に引渡すというように改められ、一般の犯罪者に対する罰よりも穏容であったのは、あくまで厚生目的であったからであろう。

重い病気になると溜に移したが、これでは罪囚扱いであるとして、小石川の養生所に移すようになった。また死亡者は有宿者は引受人に引渡し、無宿者は寄場下役一人、世話役一人が付添って千往の回向院墓地に埋葬した。

このように厚生に留意し、特別の扱いであった寄場も、囚人の労務刑の場所として利用される率が多くなり、次第に牢内と同じ悪弊を生じ、文化二年（一八〇五）からは追放刑の者まで収容するに及んではほとんど服役所となり、寄場入りした者は苦しむようになった。

(6) 溜

囚人が重病になると溜へ下げられる。囚人の療養所であるが、入牢したての者や主殺し、親殺、政府に対する陰謀などの大逆罪はどんな重病でも溜へは下げなかった。また十五歳未満の幼年者が遠島刑に処せられると十五歳まで溜にあずけられた。

溜は貞享四年（一六八七）に車善七と松右衛門が町奉行所から病因をあずかったことから始まり、そして行路病者や無宿者の病人もあずかるようになり元禄二年（一六八九）に車善七が幕府から新吉原裏の千束村に九百坪余の土地を拝領して自費で一の溜・二の溜・女溜の五十二坪の棟を作った。又同十三年（一七〇〇）には品川の松右衛門が品川寺の北方、池上道の畑中に五百二十三坪の土地を拝領して自費で二間半に七間の総二階の一棟の溜を作ったが、享保四年以後には平屋建てとなった。ここは町奉行および火付盗賊改方からの病因をあずかっていたが宝永七年（一七一〇）以後は寺社奉行や勘定奉行扱いの病囚もあずかるようになった。

病囚は縛られたまま畚に乗せられて非人にかつがれて運ばれて来た。その取扱いはひどく、途中で休憩する時などは畚ごと道端に投げ出した。わざと食事を減らして重病人をよそおって溜へ下げられる途中に脱走しようとする者があるので、本当の病囚であっても容赦なく手荒く扱ったので、溜につくまでに病囚は気息えんえんとしてしまった。

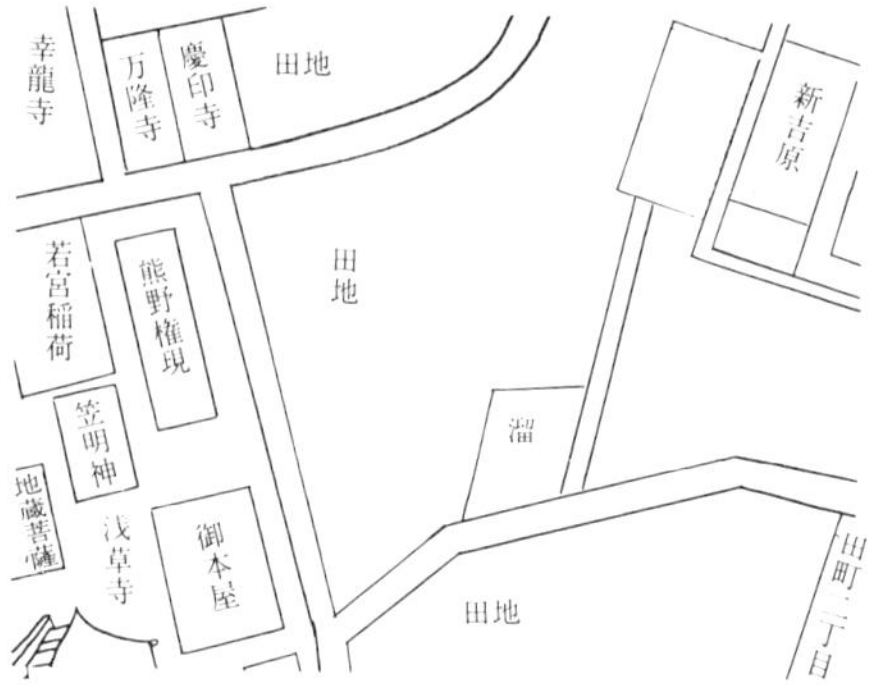

嘉永三年絵図による浅草溜の位置

溜は総板敷に畳を敷き、内にかまどがあって昼夜共に煮炊きができ、湯・茶・煙草・薬は自由に飲めた。風呂も毎日入れるし、寒中は焚火が許され、夜は有明行燈がともされていたので牢獄にくらべたら極楽であったが、ここへ収容されるまでにはかなりの重病になるまで放っておかれたので、直る者は少なかった。

享保七年から、宿無しの行路病者も入れるようになったので、収容人員が増え、よほどの重病の囚人でないと入れないようになった。

また行路病者と打込みであるから良くなった囚人は逃出せる機会が多いので、少しよくなると直ちに牢獄へ戻されたりした。

(7) 江戸時代の犯罪者の死亡数

江戸時代の犯罪人の刑死・牢死の実数はほとんどつかみ得ない。しかし

一例として武陽隠士著の「世事見聞録」七の巻「非命に死せる者の事」の条に、

先づ御当地（江戸府内のこと）御仕置のものは、死刑以上三百人に及び、牢死人年々千人以上といふ。また首縊り・身投げ・自殺・そのほか変死のもの千人以上、行き倒れと唱ふるもの千人以上といふ。大坂も死刑以上百人に及び、牢死人三四百人、変死二百人程といふ。京都も死刑以上五六十人、牢死人二百人程、変死人、行き倒れ三百人に及ぶといふ。また東海道筋も変死、行き倒れ千人以上といふ。そのほか国々右に准じ、非命に死するもの古来に十倍せり。（中略）享保の頃までは牢死人は至て稀れなる事にありしと見ゆ、今は（文化文政頃）制外となりて数千人に及ぶなり。畢竟は罪科人多く、入牢のもの多く込み合ふゆゑ、病気を発するなり。礫なども前には三ケ年に一度位の事にてありけるが、新金銀の御製作始まりてより、一ケ年の内に十人その余もある由

と訳され、あくまで推定の莫然とした数であるが、江戸だけで死罪になる者が年に三百人以上、牢死する者千人以上というのは慄然とせざるを得ない。

瀧川政次郎氏著の「日本行刑史」に拠っても、

一日平均六七百人の収容人員しか持たない小伝馬町牢屋敷において、獄死者一年平均千五六百人を出すに至った。この多人数の牢死者を出した原因が、牢名主制の採用と牢屋下男の薄給にあることは前述の通りであるが、幕末期における牢屋役人の腐敗堕落もまたその原因の大なるものである。

と記され、江戸末期に近づくにしたがって刑死者、牢死人が増加したことは窺える。

3　江戸町役人

江戸時代の江戸・大坂・京都などの大都市には割合に整った自治制が施かれており、町奉行の管理下におかれていた。公吏的な町役人がいて、上から伝達された行政事務の執行と、極く軽い公事訴訟の取裁き、祭礼行事、消防、衛生、公費の徴収から、家事審判所的なことまで調停処理した。

これらは幕府から俸禄をもらって行なうのではなく、格として名誉職として無給で勤めた。これを俗に町役人といい武士ではないが、名主であると苗字帯刀が許されていた。

その最上級を町年寄（京都では年寄、大坂では惣年寄、長崎では乙名）といい、次に地主、また名主（京都では町代、大坂では町年町）それから家主で、末端の町内事務は自身番で処理した。

このうち報酬を受けていたのは自身番の書記である番人で、月に一両から一両二分位をもらっていた。これは幕府から支払われた金ではなく、町内自弁の給料であった。給料をもらっている番人は町役人ではなく、町の自治制から生じた費用によって賄われた雇人である。

町役人と町奉行所とのつながりは大変密接で、何かというにかかり合い人になるのであった。

町年寄

町年寄の地位と職務　町年寄は江戸では三名が定員である。樽屋藤右衛門、奈良屋市右衛門、喜多村彦右衛門で、いずれも家康に従って三河から江戸に来た由緒ある家柄である。家格は苗字帯刀・熨斗目の着用が許され世襲であった。町年寄の役は月番制で、当番にあたった町年寄は町奉行所に出頭して、町触れなどを受取り、これに右之通被仰出と加筆署名して名主に

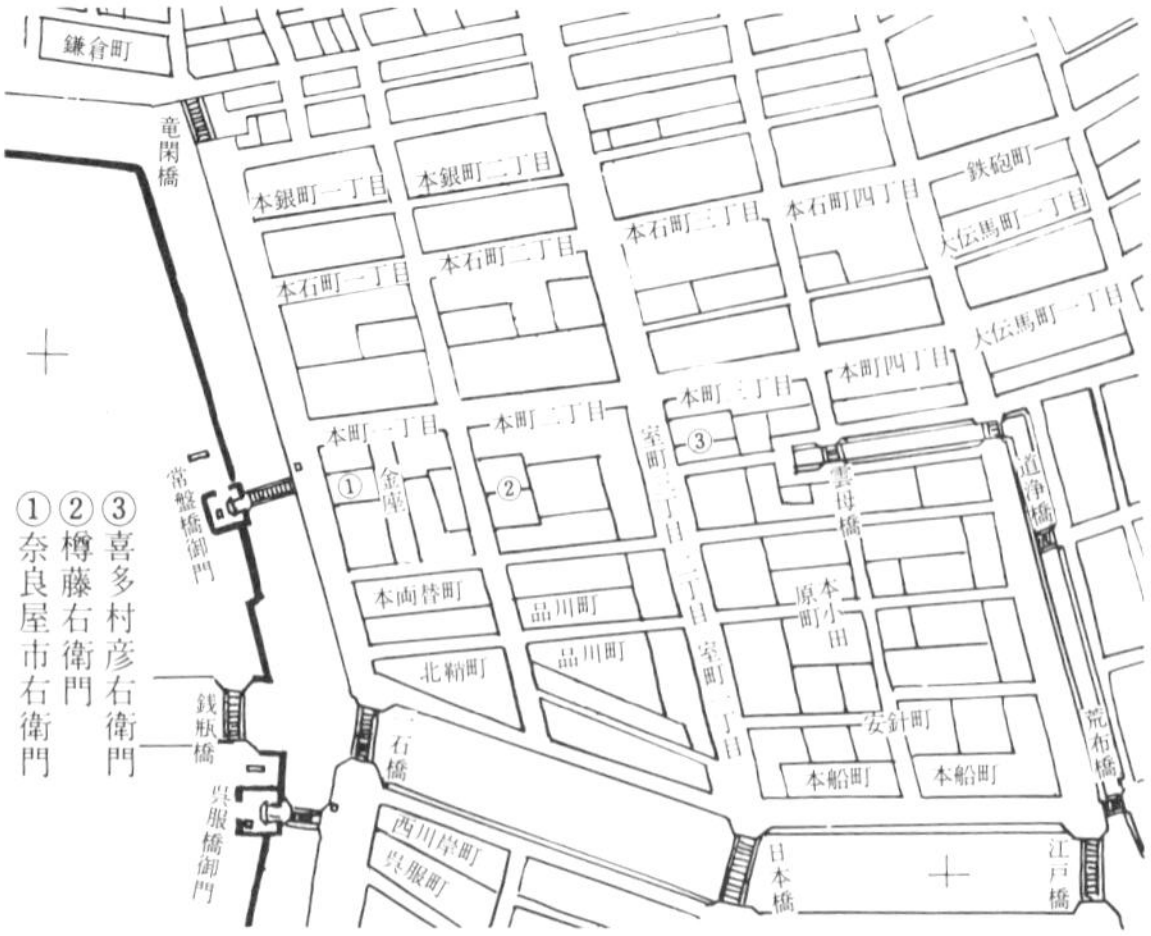

町年寄居宅の位置

分配するのである。

三家とも年頭には扇箱、その他の大礼には進物を将軍に献上して謁をたまわるのであるから、町奉行所与力などよりは格は上である。

収入としては、その地代と、年の暮の晦銭や絲割符の権利金が入るので年に五百両以上になった。

慶応四年（一八六八）には地割役の樽屋三右衛門を加えて四人の町年寄とした。

御役所　これらの居宅を俗に御役所といい、長屋門の構えであった。

奈良屋市右衛門の居宅は本町一丁目南側で百八十坪、樽屋藤右衛門の居宅は本町二丁目南側にあって百六十坪、喜多村彦右衛門は本町三丁目西南角で百六十坪の家屋で、これらは町年寄三人が皆本町に集まっているのは江戸における重要さを示すものである。

江戸の大商人の店構え

名主と地主

江戸の町は地主によって支配されていたが、その主だったものを名主といった。

名主・地主の地位と職務　江戸時代には町年寄、名主、地主の承認なしには勝手に地所を買って地主になることはできなかったから謄記所の役も兼ねていたことになる。他国からの渡り者が金を積んで地所を買う場合はなかなか手続きが面倒で不審な金持ちであると直ちに内偵され秘めた悪事前歴はすぐあらわれてしまう。

また町年寄の申渡しに服従しない者は江戸に居住できない規定になっていた。

名主にも階級があって、家康入国の頃からの名主を草創《くさわけ》名主といい、次が寛永頃までの古町名主、それから平名主、門前名主の順である。

収入としては町屋敷売買の書類書替料が百両に付二両、礼銀二枚をとることになっており、このほか役料がわずかに入ったが、これらは名主によって異なった。

地主とは土地を所有している者のことである。

名主・地主は町年寄の下に属して町触れを受取り、これを家主に配布した。名主・地主というのは一町に一人か二人位が普通であるが、中には数町も受持つ名主もあった。極く軽い民事裁判的処理し、極く軽い制裁権を持っていた。ただしあくまで江戸府内の庶民に対してであって、名主の居宅も一種の役所であった。

そこで事務処理のために雇人を置いて用を弁じさせた。これを町代といい、町内の費用で雇った雑務役であった。

地主は町内の費用を負担した。地主の寄合いが町会であって、ここで町務を評議した。

地主は広い土地を所有しており、表通りには商家を貸し、裏通りには長屋を建てたりして、店子に貸した。

こうした地主を居付家主といい町役人であり借家人からは旦那として立てられた。借家は時には特定の人に差配させることがあり、これを俗に差配、または家主・大家などといった。

家主

家主の地位と職務　現在、家主・大家というと貸家の所有者のことであるが、江戸時代では貸家の差配するものを家主・大家といったのである。ゆえに家主・大家は地主に雇われている者で、地主の代理人であった。

家主はいえぬしと呼ぶのが正しいが、普通はヤヌシといっている。古くは家守と書いてヤモリといったが、これが最も正確な称呼であろう。

この地主から委託されて差配となった雇人は、江戸だけでだいたい二万人はいたということである。家主は一人の地主に専属しているものと、二、三人の地主の貸家を併せて差配するのとあった。

たいていは世襲で勤め、店子に関しては一切の責任と権利を持っていた。軽い犯罪で町名主や町奉行の手をわずらわしたくないものや、夫婦喧嘩、仲間喧嘩のさばき

位はつけた。

店子が町奉行所へ呼ばれる時には、家主は必ず付添わなければならなかった。そして、その付添いの日当を店子からとった。本来なら地主所有の店子のことであるから地主が付添うのであるが、煩雑なので地主は面倒臭がるので差配としての家主が代理したのである。

したがって家主は店子の面倒を見るのに忙しく、落語にあるように大家といへば親も同然、店子といへば子も同然といわれるような封建的親子関係のつながりがあった。

つまり嫁のやりとりにも家主の許しが必要であったし、すべてのことに家主を無視した行為は許されなかった。

店子が家を借りるときに必要なのは所有者である地主の許可ではなく、差配である大家の承諾であった。

店子と家賃　地主は家賃を取上げてその上りで生活するというのではない

日本橋木挽町裏長屋

から、当時の家賃は頗る安価であった。長屋を建てるのは空地のままにしておいたのでは不用心であったから長屋を建てて大勢に住まわせるのであるから家賃はあまりあてにしない。

家主は家賃を集めて、まとめて地主に渡す。地主はその中から家主へ給料を支払った。だいたい年に二十両ぐらいで、そのほかの余徳が十両ばかり、そして自分は家賃を払わなくて良かった。

店子が数年も家賃を滞らせても、家主自身の損にはならないから、無理に追立てをくわせることもなかった。「あの借家人はこれこれの事情で家賃が滞っております」と家主が地主に報告すれば、地主も鷹揚なところを見せるために「そうかい、それでは払えるようになるまで面倒を見ておやり」ということになる。別に大家が温情家であったり、その店子に代って家賃滞納を埋めてやったわけではない。こうした大らかな状態であるから落語に語られるように何年も家賃を滞らす者が出ても、別の不都合なことのない限り追立てはくわせなかった。

借家人は契約の時に樽代といった名儀で二朱から一分位を包んで家主に贈り、盆暮にはまた何かと付届をした。家賃を滞らせても家主への付届をする。つまり借家人は地主とつながっていたのではなく家主とつながっていたのである。「家賃もはらえぬのに心付けをする律義な男だ」と妙な所で褒める。

江戸時代の下肥　借家人の下肥は家主の権利であった。長屋には一軒ごとに雪隠はなく、前図でわかるように共同井戸の側に雪隠が並んでおり、長屋の人々はそこで用を足した。その溜った下肥は江戸時代では大切な肥料であるので、百姓は江戸府内の者から買いとったのである。ゆえに差配している長屋の糞尿は家主の所有と認められ、百姓は毎年十二月十七日、十八日の浅草の市に買物しに出ながら来年度の肥料代として三、四十両を前払いして行くのである。

江戸時代の貸家　江戸時代の貸家は一軒建てのものから長屋まであり、草双紙に描かれている九尺二間（間口二・七メートル、奥行三・六メートル）のものから二間三間のものまであった。九尺二間は約六畳（三坪）の大きさで四・五畳の畳敷きに、一畳の土間、三尺四方の台所という最少限の住居で、これが五、六間一続きの長屋になっている。こういうのを棟割長屋というが押入れもなく、間口一間の障子戸と雨戸で戸袋もない。奥は下が壁で上が窓、左右も荒壁である。物が置けないから棚を吊った。

やや広いので間口二間、奥行三間あり四畳半と二畳、土間一畳、台所一畳といった所で、これらが中央溝、溝板を敷いた道をはさんで両側にあり、長屋の両入口には木戸があり、中央、または一方の入口の所に共同井戸と共同雪隠が並んであった。雪隠は長屋の大きさによって異なるが三ッか五ッが並んでおり、高さ三尺の片扉がそれぞれについていたから、用を足している時には頭が見えた。

長屋の住人　こうした所に住む人は、日雇、大道商人、浪人、町家の雇人などで、障子には油を引いて、住人の名をマークとしたものを描いてあった。

落語に出てくる八ツあん、熊さんなどの階級の住む所で、夫婦喧嘩も痴語の睦言も壁一つ隔てた隣へ筒抜けであるから、それだけにお互いに気心が知合い、長屋中で溝浚いも井戸替えも皆協力して行なった。

家主はこうした長屋の一隅に住んで、無知な連中の手紙の代筆から、取りもち、仲裁まで行なうのであるから、顔役であって弁口も立ち、時には頑固者、時には人情家でなければならなかった。

また長屋の家主でなく、表通りの一軒建の貸家をいくつも差配する家主になると、そう面倒な連中を相手にするわけではないから、商人の隠居の仕事として勤め、また自身番に詰めたりする。

自身番

自身番と辻番　江戸の市街で町役人の詰める所を自身番といって各町内に一つずつあった。このほかに武家屋敷地には辻番というのがある。辻番と自身番はよく間違えられるが、本質は同じでも、組織と系統が違う。

辻番は武家屋敷の区域であって、その受持ちは武家である。そして町人をも取締ることができる。ただし処分する決定権はなく、町人は町奉行所に引渡し、武士はその所属する藩や主人に引渡す。

自身番は町民の住んでいる町内だけであり、町民以下のものを取締った。そしてその自身番の置かれている町内のみの自治制のために設けられたのであるが、町奉行所の監督下におかれた。定町廻同心と密接な関係があるので、往々にして現在の巡査派出所のように思われ、はなはだしいものは岡ッ引のたむろする所と考えている。自身番は町内の町会所兼警防団詰所のような所であり、岡ッ引は町内の自治制には認められていないのが建前であるから、犯人が連行された折に岡ッ引が一緒に入って来ることはあっても、ここが岡ッ引の休息所ではあり得ないのである。自身番所は町役人の詰める所で、役所の派出所のような所である。

自身番は一町に一カ所単位であるが、町数が増えたので（慶長年間の町数は約三百、明暦年間の町数約五百、天保年間の町数一千六百七十九町）二、三カ町で共同の自身番を設けたので、だいたい三百カ所程度であった。

自身番の形式　自身番はたいてい東西の往来に面し四ッ辻の南側角にあるのが普通であった。北の角には木戸番屋、そして隣りの町との境界の町木戸があった。

建物は九尺二間ということにきめられていたが、実際には狭いので二間に三間位のものが多かった。

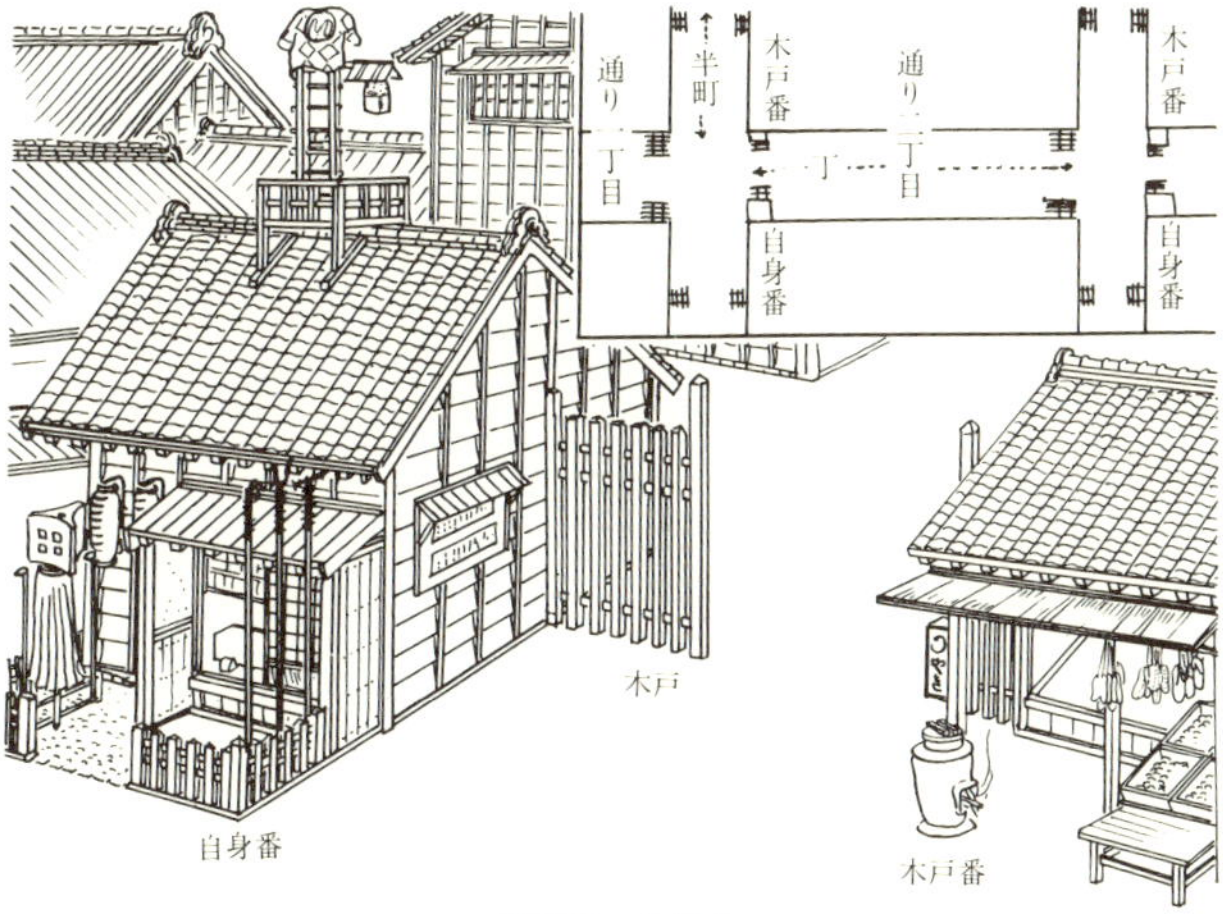

自身番の外構え

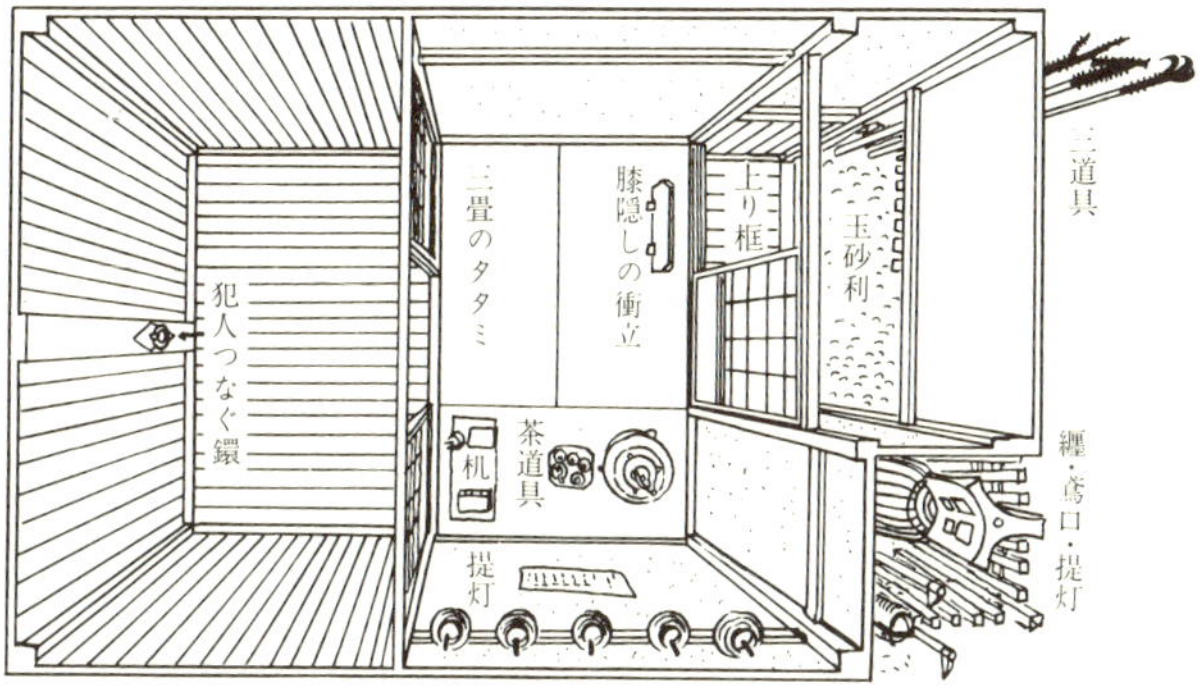
外壁に掲示板がある

自身番の内部の配置

享保十五年（一七三〇）正月の町触れに、「自身番が大きく、畳も上等であるから琉球畳にせよ、夜番のときには炉をやめて火鉢にせよ、費用を節約せよ」と達せられたが、なかなか規定通りの自身番はなかった。九尺二間を例にとると、表は腰高障子で引違え二枚、一枚に自身番もう一枚には何々町と筆太に書き、入口の柱には短冊型の柱行灯がかけてある。

内には三尺張り出しの式台があり、庇がついているのもあった。前面三尺通りに玉砂利が敷かれ、駒つなぎ柵がめぐらされている。左三尺の板壁には町内の火消道具の纏・提灯・鳶口が並び、右側の駒つなぎ柵の前には、突棒・さす又・袖搦みの三道具が立てかけてあった。

内側は上って三畳の畳敷きで、火鉢・茶飲道具が置かれ、さらに腰高障子で区切って三畳の板の間の奥があった。板の間は窓なしで板張りの壁とし、鴨居に町内の提灯が並べて

自身番の内部の様子

あり、板壁中央に鉄の環が打たれていた。

外側の下見板壁には掲示板があり、後に梯子を立てかけて屋根へ上れるようになっている。棟には四方手すりのある物見台があり、それにまた梯子が立てられ半鐘が吊るされ、梯子の先端には火消人足の着る刺子半纏がかけてあった。

どの町内もだいたいこうした形式の自身番である。

自身番には家主二人、番人一人、店番二人の計五人が詰めて五人番といった。

中には略して三人番というのがあったが、三畳に五人詰めるのでは、右図を見てもわかる通り窮屈である。九尺二間が規定でも、二、三町が共同で町費をまかなえば設備も余裕をもって二間三間になる。夜中も詰めているのであるから、ごろ寝のできるくらいの余地も必要であり、また町内のちょっとした相談ごとの寄合える広さも考えねばならぬので、規定は九尺二間でも、座敷は六畳から八畳が必要であったのである。また奥の板の間は町役人の休息所であるが板の間であるから、寝ころぶこともできず、町内の事件の容疑者を連行して来て、定町廻同心が取調べる場所として使われた。座敷との境は腰高障子で、頑丈な格子でないから容疑者が暴れて逃げるおそれがあるので、ここへ連込むと縛ってしまう。容疑のある者で神妙にしている者はやたらに縛ることはできないから、岡ッ引などが容疑者をここに連込むと、岡ッ引自身が煙草盆を蹴ってひっくり返し、容疑者がこのように暴れたから取りしずめのために縛ったとするのである。そして板壁の鉄環につないでおくのである。ゆえにこの板の間は一種の取調べの留置場であった。


自身番の職務と役割　自身番では書役を使って三年目ごとに提出する人口統計、町入用の割付の計算、人別帳の整備、奉行所からの書類の受付などをした。ゆえに自身番に立寄る役人は町奉行所の定町廻同心だけでなく、町会所掛り、赦帳選要方人別調掛同心、町年寄などであり、また遠国から尋ねて来る者などであった。書役は地主から月に五貫七百文の給料をもらっていた。

犯人を一時留置したり、取調べたり、また夜の警戒をするなどというのが自身番の仕事ではなく、事務上のことが主なのである。もし町内に事件が起き、家主の叱責注意で済まぬときは、自身番から名主に届け、それで済まぬ時は町奉行所に届けるのであるが、犯罪の場合は、町奉行所に届けて定町廻同心に来てもらい、犯人を捕えてもらって自身番に連行して一応取調べる。

定町廻同心は受持ち区域を回るときは必ず各町の自身番に立寄る。

自身番の前に立つと、「番人」と声をかける。時には略して「番」という。(落語の「番番」と呼ぶと犬のワンワンと聞き違えて、内で酒盛りをやっていた夜の詰人が「シッシッ」といって追い、役人とわかって平あやまり

にあやまる条りはこれである）

呼ばれると中から、「ハハーア」と返事をする。「町内に何事もないか」ときくと「ヘェエ」と答えるのがしきたりで、どの自身番も同じであった。この時町内で何かあれば申立てるのであって、その折は、家主が事情を説明した。犯罪事件であれば、同心は事情聴取のうえ、犯罪現場に行き、また犯罪人がいれば、家主を案内させて自身で召捕りに行く。小犯罪であれば小者を派遣して犯人を連行させる。閉籠りなどの手強い相手の場合には、町奉行所に連絡して捕物出役を仰いだ。（捕物出役の項132ページ参照）こうした捕物の際の足場に自身番が用いられた。

犯人が連行されると、奥の板の間に入れて家主立合いのもとに取調べるが、取調べてみて大した犯罪でなく許せるものは説諭の上に釈放し、罪が重そうなら大番屋送りとした。取調べに手間どると少々手荒く扱って撲ることはあったが、たいていは緋房の十手を前にして調べられるとあっさり白状した。

しかしあくまで白状しないで夜になると取調べが続行することもできないし、大番屋に送ることもできないから、翌日まで此処に留置するのであるが、その際には犯人を縛って縄のあまりを後ろの羽目板に打ってある鉄の鐶につないで置く。

食事は自身番で与えねばならぬし、用便にも連出して足させねばならなかった。

そして犯人を自身番が預るときには次のような預書を自身番で書いて同心に渡した。

差上げ申す一札の事

何町誰店
何右衛門
何歳

右の者御吟味の筋これあり御廻り先にて召捕られ、私共へ途中御預け遊ばされ、慥かに預り奉り候、万一取逃し候ば何様の曲事にも仰付らるべく候後日のため一札差上申し候

仍て件の如し

年　月　日

自身番内での取調べ

自身番へ差紙を出す同心

何町
月行事誰印
五人組誰印

そうして犯人を預った自身番屋では夜でも寝られない。翌日同心が引取りに来るまでは落付かなかった。

また町奉行所や、大番屋から遠い所にある自身番では、同心が犯人を連行する途中の休憩所としても利用され、引廻刑の道順になっている自身番は処刑人の休息所にも用いられた。

事件があって町内の者が町奉行所へ出頭せねばならぬ時には町奉行所から前日に封じ紙（差紙）が来るが、羽織袴の同心が大きな状箱をかついだ中間を連れて、その町の自身番へやって来る。状箱に差紙を入れて来るのであるが、差紙が二通の時は一通は状箱に入れ、もう一通は同心が懐中して来る。夜であれば奉行の紋の入った箱提灯を持って来た。この差紙は、町奉行所からの出頭命令で、時には名主の所へ直接来ることもあったが、町内の事件ではほとんど自身番に来た。定番はこれを受取って、町内の指定された者の家主に渡し、家主は指定された者に知らせる。

町木戸と木戸番屋

木戸番の職務　自身番は町と町の境にあって、道路の片側であるが、その反対側に木戸番屋があって、その間にある町木戸を管理していた。木戸番は住込みで町の費用から給料が支払われていた。

木戸番の勤めは木戸の番と夜警が主で、時には自身番の使走りもした。冬から春へかけては夜四ツ（午後十時）限りで木戸を閉め、その後はそばの潜り戸から出入りさせ、町内の者の出入りに注意した。もし怪しい者が出入りすれば柏子木を打って、次の町の木戸に知らせた。

捕物のときには各町内の木戸を閉めたから犯人が遠くへ逃げるということはできなかった。火事を見つければ自身番屋の屋根に上って半鐘を打って町の人々に知らせた。町内または近隣が火事の場合には消火作業をする人々のために木戸番は炊出しをして握り飯を作ったりして笊に入れて運んだ。この際の米や薪の費用は町で持った。

夜は柏子木を打って夜警をしながら時刻を告げ、将軍がお成りの日は、金棒を突いて町内に触歩いた。夜の勤めが主であるから昼はたいてい寝ているが、女房がいると、夏は金魚、冬は焼芋を入口に置いて売り、また草鞋・団炭・渋団扇などの荒物を売り結構生活ができた。

木戸番は犯人捕縛の手伝いもするので岡ッ引と同じになり、六尺棒を持ち、楠流の十手といって長さ一尺八寸ほど（約五十五センチ）に四寸（十二センチ）ほどを藤で巻いた柄のものを持ち、早縄を懐にしていた。

これを真似たわけではないが、町内の自警上から江戸の木戸番も捕物の折の案内、手伝いをし、少しは手練も見せた。

木戸番の夜回り

4　江戸庶民の消防組織

町火消の起源　江戸の消防隊は、寛永十八年（一六四一）の大火後にできた大名火消があり、将軍からの命令が出たので奉書火消といった。

明暦三年（一六五七）の大火の翌年の万治元年に、江戸伝馬役の高野新右衛門の支配所に初めて火消人足を出す申合せができ、南伝馬町三カ町で三十人、桶町で十七人、鍛冶町で十五人、南槇町と五郎兵衛町でそれぞれ九人宛、畳町・塗町・鞘町・柳町・炭町で七人宛、北紺屋町・大鋸《おが》町・鈴木町・本材木町の五・六・七・八丁目と因幡町・具足町はそれぞれ六人宛となって二十一カ所で百六十九人の消火人足が常備された。一町ごとに桶二ッ、各家ごとに釣瓶と梯子を用意し、月行事と家持二人が火消人足を指揮するようになった。このほかに定火消として伝通院前・麹町・飯田町・お茶の水の四カ所に火消屋敷を作り一組に与力六騎、同心三十人、火消人足七十人が作られた。

こうして江戸は割合早くから消火設備に留意されていたが、人口が増えるに従って火災もますます多くなり、享保元年（一七一六）正月元旦に竜の口から出火して大火災を起してより二年迄に三回も大火事があったので、八代将軍吉宗は江戸を四区分して大名に消火指揮をさせるようにする一方、就任したての町奉行大岡越前守が各町名主から上申された町火消の案を採用したので、町火消は町奉行の支配に属することになった。武家の火消であると武家地のみ消火に熱心で町家はいつもおろそかにされたからで、町名主達は町を火災から守るために町抱えの火消を望んでいたのである。

江戸時代の消防活動　この組織は風上の二町と風脇の二町が各町民から三十人ずつ計百八十人が出て、延焼しないように家を崩し空地を作るという破壊消防隊であり、はなはだ原始的なものであった。ゆえに当時の消防隊は鋸・かけや・鳶口を持ち、鳶口は家を引きかけて崩す道具、かけやは物を打砕く道具、大鋸は棟などを挽きこわす道具で、このほかに風向きを変えるための大団扇などがあり、今日から見ると消火というより破壊であった。

こうした方法であるから大火事となることが多かったのである。

いろは四十七組　大岡越前守は、これらの町火消の組織を享保五年に改革して、いろは四十七組にし、深川を南組五組、中組六組、本所は北組五組の合わせて十六組とし、合計六十一組とした。いろは四十七組のうち「へ」「ひ」「ら」の名称は悪いとして万・千・百・本と名付けた。各組はそれぞ

江戸時代町火消の出動

上・町火消四十七組の纏

下・江戸時代の火消道具

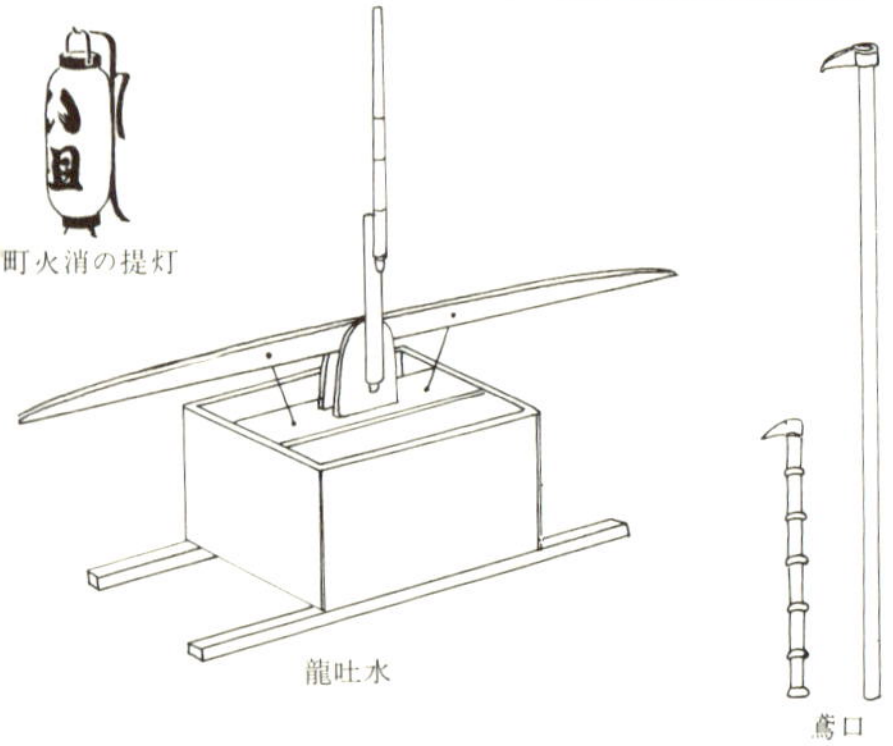

れに特徴のある纏いを持ち、町の目印としては小旗二本を立てさせ、提灯には組名を入れさせた。

こうした町の消防団ができたために自身番の屋根には火の見梯子がつけられた。初めの頃は板木をさげてこれをたたいて合図としたが、後には半鐘となった。

竜吐水　寛延年間に竜吐水という手押ポンプが発明されたが六両二分もするのでなかなか行渡らず、けっきょく明和元年（一七六四）に万・よ・い・は・う・せ・も・め・ゑ・ま・や・く・ゐの十三組に配置し、やがて各組に行渡った。

火消人足の地位と勤務

火事場へ出勤するのは、その町の名主および地主が指揮者となっていたが、馴れないので火消人足が代わるようになり、普段は町内の土木建築の雑用に雇われていたので、いつしか町の半抱え、町抱えとなり、町費で生活するようになり、また金持商人、名主のところへ出入りして雑用を勤め、そこの従僕を兼ねて町の顔役となっていった。鳶人足といわれるのは火事には鳶口を持って駆けつけるからであり、普段は人足として土木建築の雑用を勤めたからである。

一番上を頭取、次が組頭、纏持ち、梯子持ち、平人、人足という順で、頭取は人望ある老人で、組頭は手腕のある者が勤め、纏持はトウベンといって粋な勇肌のものが勤めた。

火事場の指揮は頭取によってなされ、消口の持場は纏によって代表された。

それで消口争いはしばしばなされ、猛火に接近して各組の纏持ちが集まってそこに纏を立てると平人、人足が纏持ちに水を浴びて持場を保つようにし、火を消すよりも纏持ちをそこに維持させるのに努力をした。たえられなくなった纏持ちはそこから下りるが、火に焼かれそうになっても消口持場に纏を立てて頑張っている纏持ちを誉れの者としたから、自然消口争いとなり、火事の消火より、持場争いで各組が喧嘩となった。

火之見櫓

寛政九年（一七九七）に火消装束も規定され、火事場の喧嘩は厳禁されたが、功を争うあまりに、呼火、継火までしたので文政七年（一八二四）町奉行榊原主計頭から戒告が出ている。

呼火とは消口にいながら消さずに、消口の方に火が向くようにすることで継火は火が近寄らないのに、火の粉が降って来てそこからまた発火したようにすることで消口争いの非合法の手段であった。

こうして町火消が町奉行の支配下に入ったから出火となると、町奉行はたとえ老中と用談中でも中座して火事装束に身を固めて火事現場に駆けつけ、町火消の総指揮に当らねばならなかった。（町奉行の出火の折の項19ページ参照）

また月番の町火消人足改めの与力二騎、同心四人は火事装束で火事場に駆けつけると、これらの町火消の消口争いや、庶民の防火進退を指揮しなければならなかった。

火事場にはこのほか定火消、大名火消も出勤し、また火事の火の元を見て将軍に報告する小姓や、御小納戸が馬で駆け回るし、火事場見廻役、火事場目付、火付盗賊改使番が、それぞれ部下を引率して集まるので、その混雑はひと通りではなかった。与力はそれらに連絡したり、各町の町火消を指揮するのであるから大役である。

こうした混雑した火事場には火事場泥棒や、いろいろの犯罪が起きるので定町廻同心、臨時廻同心も出動して警戒し、挙動不審のものをどしどしと取締っていた。

享保五年改正の町火消の区域分担は、

一番組は、い・は・に・よ・万で筋違門から神田、両国橋、日本橋北側付近まで

二番組は、ろ・せ・も・め・す・百・千で日本橋南側から浜松町霊岸町付近まで

三番組は、あ・さ・き・ゆ・み組で目黒付近から白金、高縄、芝金杉まで

四番組の、こ・え・し・ゑと五番組のや・ま・け・ふ組は麹町、四谷、赤坂、青山、渋谷、麻布、西久保まで

六番組の、ゐ・の・お組と、七番組のな・む・う組は、早稲田、高田馬場、大塚、小石川一帯まで

八番組の、ほ・わ・か・た組は湯島、本郷、外神田、蔵前より浅草門まで

九番組は、れ・そ・つ・ね組で谷中、巣鴨、千駄木付近まで

十番組は、と・ち・り・ぬ・る・を組で三輪金杉、坂本、新鳥越、今戸、北寺町、浅草黒舟町まで

南組は深川小名木川より南
中組は小名木川より北の深川
北組は本所の大部分であった。

5　高札場

江戸府内には江戸庶民のための触れ、禁令を示すための高札場というものがあった。一種の掲示板置場である。高札場はいくつもあったが、大きい高札場は常盤橋門外、筋違橋門内、浅草御門、芝車町、札の辻、日本橋の六カ所であった。このほか三十五カ所もあった。

高札の立てられる場所はいずれも人の往来が頻繁で、重要の地点が選ばれていたが、なかでも日本橋は江戸の中心として最も必要の場所であった。日本橋の高札場は橋の南詰の西側で晒場とは通りをへだてて相対していた。

日本橋が架けられたのは慶長八年（一五九八）で、ここに高札場が初めて立てられたらしい記録は「北條五代記」にある慶長十一年十二月八日で、武州江戸日本橋に永楽銭通用停止の高札を立てたと記してある。

翌慶長十二年二月十三日に、江戸本丸と西の丸との間で勧進能が行なわれたが、その時も日本橋高札場にその案内の高札が立てられた。

高札場は江戸幕府の法令を掲示するのが主で、往来する者は注意して読まねばならぬことになっており、高札に記された法令は知りませんでしたでは通らぬことになっていた。

高札の用材は梅、杉、桧が使われ、永いこと掲示したので、古くなると字が読めなくなるとまた書き改めた。前に記した重要な六カ所の高札場は石垣が築かれ、柵をめぐらして屋根がつけられていた。古くは唯橋畔に立てただけであった。

延長元年（一七四四）の修繕のときの図によって屋根つきとなったことが窺われる。

七枚の高札

「享保選要集」に七枚の高札が左上図のように立っている。高札の例をあげると、

㈠の高札　延享元年に立てられた高札の㈠は親子兄弟に関するもので

定

一、親子兄弟夫婦を始め諸親類にしたしく下人等に至る迄これをあわれむべし

　臣人ある輩はおのおの其奉公に精を出すべき事

一、家業を専にし懈《おこた》る事なく万事其分限に過べからざる事

一、博奕の類一切に禁制之事

一、喧嘩口論を慎み、若其事ある時濫りに出合べからず、手負たるものかくし置べからざる事

一、鉄砲猥に打べからず、若違犯のものあらば届出るべし、隠置他所よりあらはるるにおいては其罪重かるべき事

一、盗賊悪党の類あらば申出べし、急度はうび下さるべき事

一、死罪に行はるる者ある時馳集すべからざる事

一、人身売買かたく停止す、但男女下人或は永年季或は譜代に召置事は相対に任ずべき事

付譜代の下人又は其所に往来る輩他所に罷越、妻女もち有付候もの呼返べからず、但し罪科あるものは制外之事。

右条々可相守之若相背は可被行罪科者也

正徳元年五月　日　　奉行

と記され、延享元年に書き改められるまでは、一番はじめの項は親子兄弟夫婦始め…と記した所を、「忠孝をはげまし夫婦兄弟親類むつまじく…」と書いてあったのである。

㈡の高札

定

たとい同類といふとも申出るにおいては其罪をゆるされ、急度御
褒美下さるべき事
一、似せ金銀売買一切停止す。若し似せ金銀あらば金座銀座江つかわし相改むべし、はづしの金銀も是また金座銀座江つかはし相改むべき事
付惣じて似せものすべかざる事
一、寛永之新銭金子壱両に四貫文、壱分には壱貫文たるべし、御料私領共に年貢収納等にも御定のごとたるべき事
一、新銭之事銭座之外一切鋳出べからざる事
一、新作の慥かならざる書物商売すべからざる事
一、諸職人いゝ含せ、作料手間賃等高値にすべからず、諸商売物或者一所に買置しめうりし或はいひ含て高値にすべからざる事

日本橋の高札場

一、何事によらず誓約をなし、徒党を結ぶべからざる事
右条々可相守之若於相背は可被行罪科者也
正徳元年五月　日　　奉行

㈢の高札　禁猟の高札で、

定

一、在々に而若鉄砲打候者有之候はば申出べし、並御留場之内にて鳥を取申もの捕候者見出し候ば早々に申出づべし、急度御褒美可被下置者也
享保六年二月　　奉行

とあり、これによって上総国から訴出て銀三百枚を賜った者がある。

㈣の高札　切支丹禁制の高札で、

定

きりしたん宗門は累年御禁制なり、自然不審成者これあらば申出づべし
御ほうびとして
ばてれんの訴人　銀五百枚
いるまんの訴人　銀三百枚
立かえり者の訴人　同断
同宿並宗門の人　銀百枚
右之通下さるべし、たとひ同宿同宗之内たりといふとも申出る品により銀五百枚下さるべし、かくし置他所よりあらはるにおゐては、其名主五人組まで一類共に可被行罪科者也
正徳元年五月　　奉行

㈤の高札

定

一、駄賃並人足荷物の次弟
御伝馬並駄賃の荷物一駄、重サ四拾貫目、歩もちの荷物壱人、重サ五貫目、長持壱丁、重サ三拾五貫目。
但、人足壱人重サ五貫目より積り三拾貫目之荷物は六人して持

べし。それより軽き荷物は貫目に従がいて人数を減ずべし。此外いづれの荷物もこれに準ずべし

乗物壱丁　　次人足六人

山乗物壱丁　　次人足四人

一、御朱印伝馬人足之御書付之外に多く出すべからざる事

一、道中次人足次馬の数、たとい国持大名たりとも其家中共東海道は一日に五拾人、五十疋に過べからず、此外の伝馬道は二十五疋に限べし、但江戸・京・大坂の外道中において人馬共に追捕すべからざる事

一、御伝馬駄賃之荷物は其町の馬残らず出すべし、若駄賃馬おほく入時は在々所よりやとひ、たとひ風雨之節といふとも、荷物遅々なき様に相はからふべき事

一、人馬之賃御定之外増銭を取におゐては牢舎せしめ其町の問屋年寄は過料として島目五貫文づゝ人馬役は家を壱軒より百文宛出すべき事

付往還の輩無盡の儀を申かけ、又は往還の者に対して非分の事あるべからざる事

右条々可相守之若於相背者可為曲事者也

正徳元年五月　　奉行

六・七の高札　(六)の高札は里程による賃銭のことであり、(七)は火事に関する高札であった。

定

一、火を付る者をしらば早々に申出づべくし、若しかくし置におゐては罪重かるべし、たとひ同類たりといふとも申出におゐては其罪を許され急度御褒美可被下事

一、火を付る者を見付ばこれを捕えて早々申出べし、見のがしにすべからざる事

付あやしきものあらばせんさくをとげて早々奉行所に召連来るべき事

一、火事出来の時みだりに馳集すべからず、但役人差図之者は各別たるべき事

一、火事場に下々相越理不盡に通るにおゐては御法度之旨申きかせ通すべからず、承引なきものは搦め捕るべし、万一異儀に及ばば討据たるべき事

一、火事場其他いづれの所にても金銀諸色ひろひとらば奉行所まで持参すべし、若隠置他所よりあらはるるにおゐては其罪重かるべしたとひ同類たりとも申出る輩は其罪をゆるされ御褒美下さるべき事

一、火事の節、地車だいはち車にて荷物を積みのくべからず、鑓、長刀、脇差等ぬき身にすべかざる事

一、車長持停止す。たとひあつらへ候ものありとも造べからず。一切に商売すべからざる事

右条々可相守之若於相背は可被行罪科者也

正徳元年五月　　奉行

以上の七枚は日本橋ほかの五ケ所にも同様の形式で立てられた。

享保年間に日本橋に立てられた目安箱設置の高札は、

覚

ちかきころは度々所々へけみよう（仮名）ならび住所等これなきすてぶみいたし法外の事共もこれあり候これによって評定所において当八日より毎月二日十一日廿一日、評定所そとの腰掛のうちに箱出置候間、書付持参の者右之はこへ入申候べぐ候刻限の儀は昼九時までのうち指出すべく候。かくの如く場所さだめ候之は、ほかえすそぶみ候共取りあげ無之候間、其おもむきを存べく候右之通一同に承知候ため、此所にたて札候もの也。

一、御仕置筋之儀に付御為になるべきしなの事

一、諸役人をはじめ私曲ひぶん有之事

一、訴訟有之時、役人せんぎをとげず、永々捨おくにおいては、直訴すべきむね相ことわり候うえ出べき事右の類直訴すべき事

内藤新宿の高札場（広重筆）

一、自分のためによろしき儀あるいは私のいこんを以て人の事悪申まじき事
一、何事によらず自分たしかにしらざる儀を人にたのまれ直訴いたすまじき事
一、訴訟の儀、その筋の役所にいまだ申出ざるうち、此両やう申出まじき事
一、惣じてありていを申さず、すこしにても事を取つくろひきよつかきのせまじき事
右之類は取上なし、かきものはすなわちやきすつべし、もっともたくみの事しなによって罪科行はるべし。かきものはかたく封じ持来るべし、訴人の名並宿書付これなくばこれまた取上ざるものなり
閏七月廿五日　　　　奉行
とある。
高札に書かれたものは江戸市民の心得であり、必要な法律であったが、文盲の町民には読めないので、なお町役人より町々に伝達されていた。

Ⅳ 拷問

囚人の呼出し

犯罪容疑で牢屋敷へ送られた者は、牢内で取調べの呼出しがあるまで待っていなければならない。町奉行所の取調べのないうちは、たとえ自身番・大番屋で自白しても容疑者であって、未決囚ではない。町奉行所で一度調べられて初めて未決囚になるのである。

牢屋には、容疑者と未決囚、永牢・過怠牢と付添とが入れられていた。容疑者が入牢している間に捕えられた者の犯罪証拠を町奉行所側の同心が揃え、書類を作成して吟味与力の方へ提出しておく。

与力は、順にそれを処理するために容疑者を牢屋敷から呼出して取調べ、自白すれば、奉行にもう一度裁判してもらって処理に運ぶが、数回取調べても、証拠歴然たるにもかかわらず自白しないと老中に伺いを立てて責問い・拷問にもっていく。

拷問は牢屋敷で行なう

拷問は牢屋敷内で行ない、吟味与力が町奉行所から出張して来て立合った。町奉行所には拷問の設備がないからである。

古くは重軽罪の別なく白状しなければ拷問にかけたが、元文五年になって、

「関所破り、謀書、謀反、其の他重き悪事致し、証拠慥かに候得共白状いたさず候者の外は拷問は其時々評議の上可申付候事」

と改正され、また寛保三年には「人殺、火付、盗賊」の三種は拷問してもよいことになった。

だいたい死刑以上の刑に該当する容疑者で自白しない者が拷問されるのであった。古くは駿河責・糞責・鉛責などありとあらゆる責めがなされたが、享保以後笞打ち・石抱・海老責・釣責の四種に限られるようになった。

そして拷問は幕府の公式の命令によって行なうもので、濫りに行なうものではなく、また、御徒目付・御小人目付が陪席して、吟味に立合うのであるから、勝手の責め方はできなかった。

拷問前の与力の態度

「江戸町奉行事蹟問答」に、

吟味席にて責問することとなし、只詞を以、厳責糺問することあれども、其席にて打敲きはせずに、責問すべきものと見込ば其理由を奉行へ告け、御目付へ達し日限を極め牢屋敷へ出張す。其節は主任与力と立合、一人同心引連出張す。御徒目付・御小人目付も見廻として来り、立合なり。

牢屋敷内にも兼て二タ間吟味席設あり。依て此席へ着座すること奉行所吟味席と同じ。責具其席にあり。各座に至るを見て牢屋の鍵役下より出来りて呼出しものを問ふ。与力呼出帳を渡す。鍵役は牢より囚人を呼出し来り。打役と唱候囚獄の同心並牢屋敷医師・下番付添厳重に警固して本人を外手鎖を懸け、掛りの面前に引出す。侍分並白衣にて椽側へ出す。夫より与力は立合へ一礼して後ち、本人の姓名を呼、年を問ふ。本人答ふ。夫より吟味に懸り、扨今日は兼て尋問せし廉々、白状せざる上は責問するなり。故に此席に呼出したる間、其意を得て責問の痛を免かれんことを欲せば有躰に申すべし。何様に申陳じ候ても証拠一件幷引合し申候。其の他これまで取調の廉々を以其方の罪科は疑い入るることなし。心得違するも苦に堪兼て、終には罪に服し、刑に被行候までの事にて遁るべき道なし。立合役々の前にて更に吟味を遂候間、申抜きあらば何様にも申立よ。決て役人より無罪なる者を強て押付、科におとし入るゝに非ず。能く決心して申立べしと懇々と説諭し、順々これまで尋問手続を運び、追々証拠を挙て尋問し、本人申披きの詞尽き終に黙して答弁せず。

立合与力も見込あれば詞を添て尋問す。若し本人不服なるかこれ冤罪なるか、証拠不充分なる時は立合の保護の職権あり。これまで町奉行所限りにて与力予審中、御目付立合もなきものなるに、当日は始めてこの事を聴く御目付なれば、若し違法なる吟味の仕方と認る時は職権を以て吟味を中止し、探索を遂げ罪人保護の道は十分備りあるなり。

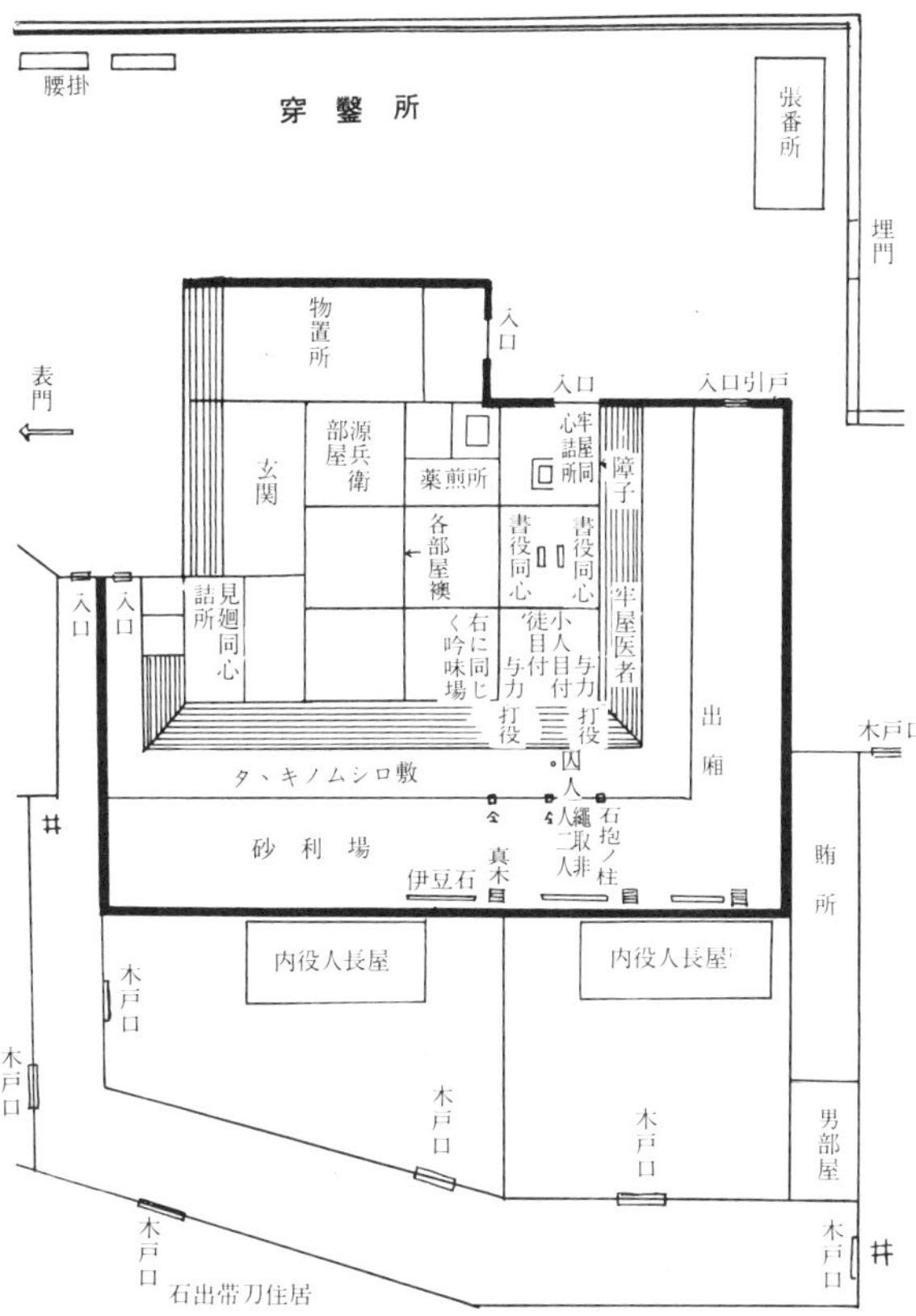

牢屋敷内穿鑿所平面図

然るに追々主任吟味掛り与力弁論尋問するに、立合役々口啄を入ることもなく、却て手ぬるく思ふまでに気込なり。夫までに主任与力は己れの見込違にてはなきやと、再三再四、様々に尋問を替へて本人の意中を探る。最早打殺し候とても過ちなしと見込据、立合役々へも一応異存なきやを問うて本人へ決心を示し、一層威丈高に成て、高声叱責し其罪を問う時は、恐れて口を抜くこともあり、或はこらえる丈こらへて見んと思ひ煩うもあり、中には役人の責問のために死するも決て白状するまじと決心し、何を問うても只知らずとのみ答、早く打てと言はぬ計りの体を示すものあり。

と記してあるように、拷問にかかるのは決死の心を固めたものが多い。いかなる責苦に遭っても自白しなければ役人の見込違いとして許されると思う者、自白すれば他人にまで連累が及ぶゆえに、自分一人で背負って責苦を受けようと思う者、また、牢内で仲間から励まされていて自白したら軽べつされるから意地にも自白すまいと覚悟した者などである。

吟味与力は犯人のこうした心理を巧みに把んで自白に持って行かせるのが手腕で拷問にまでもって行くのは吟味が上手とはいえないのである。

拷問の時の与力の心得

佐久間長敬著の「吟味の口伝」には、

(一) 拷問は濫りに行うものにあらずして、御詮議方第一厚く心掛け勤向に候凡そ罪人を調るに古言にもある如く其罪を憎み其人を憎まずと申す如くよくこれを服膺し必ず己を思うて罪に落すべからず。又他よりの助言ありても惑はずして自分の心に愧ざる様心掛け能く能く愛憎の念を去り、明鏡の如く心をすまして裁判致すべく候。左すれば囚人の悪事は此方の心の鏡に写り、彼を一言の下に恐怖狼狽せしめ、答弁躊躇せしむべく候。其時彼れ沈黙して答なく、何か工夫して遁辞を設けんとするものなれば、其折を透さす責め問うべし、必ず口を抜く者にて候。此方よりさぐりの詞、彼の心に適中せざる時は速やかに返答し、或はむっと憤り面色に現る者なり。是前の反対なればなり。故によく囚人の顔を見詰て吟味するが肝要に候。雑人と雖も罵詈讒謗の語気を以て吟味すまじく候。彼れの相手になり申し争う体になるは甚だ拙し。我職掌の範囲を守り候て威格を失うことなく、又慈悲の心、自然と彼れの心に感じ責られながらも余儀なしと思はしむるが専一に候、彼れ我を敵視して此方を恨み候様になすべからず候。

（二） 吟味中、折には激声を発し、叱咤することあれども始めより大音を発するは宜しからず候、末には声かれて聴苦し、緩急よく度を計りいよいよという時押掛り問詰べし。応答数回に及び候得ばすくなくも三とき位は掛るもの故、其心得にて致すべく候。又不馴の内は始の内より、大音をあげ責問致し候故、末には調子変りて間の抜け、我却って弱くなり候。

（三） 拷問せざれば白状すまじと見極め候ものは、同役衆にも見込相談致し、吟味の様子に注意を頼み、又は人を替て吟味致し、同役にも同様の見極に候はば其次第を逐一奉行衆に申し立て直々吟味あらんことを請うべし。己吟味の節白状せざるもの同役或は奉行の吟味に白状しては己の職務立ちがたしと思い迷いて却て他の批判を招く事に候。若し自分の吟味仕方悪しき事なきやと再三熟考致し、夫れにても他人の調べにて白状するは、決して恥にては之無候。我慢をして大切に取扱ふべき事に候。

（四） 拷問にかくべき者は享保七年大岡越前守殿勤役中より、人殺、火付、盗賊と定り、元文五年水野備前守殿御勤中より、関所破り、謀書謀判を相加へ申候、右の分悪事証拠慥に候とも、白状致さざるもの並同類の内白状致せしも、本人白状致さず候時に候。

詮議者の内、或事は決せずして外の悪事は分明に相知れ、其科にて死刑に処せらるべき者は一方の罪にて死刑に極り候者故、拷問に掛け候も厭ふ事にこれ無く候。

（五） 右の外にも拷問すべき者は奉行衆評議の上、申し上ぐべきとの事、享保七年大岡越前守殿の頃より相極り申候拷問口問いの節、立合の者は吟味の様子、申口、得と承り届け候様に申付可と享保三年大岡越前守殿御勤役中と延享二年、島長門守殿御勤役中に御老中方よりも御沙汰之有其節より必ず吟味与力一人にて致すことなく、同役立合にて、御目付方も臨席申候。

（六） 拷問の内、火付は証拠少きものにて最上の難獄に候、多く幼者愚者にて毎度掛役人失策致せし先例もある故注意最も肝要に候。火付は聊かの端諸より目ざされ、罪人を極るものにて証拠至て弱く得候ば、必ず深入して誤るまじく候。去りとて手ぬるき仕方なれば罪人皆のがれ候故に、第一証拠跡、当日の模様、平日の挙動、本人の性質、或は捕縛役人を除き、外々の探索を命じ、或は牢内の探偵等手に手を盡し申すべく候。

捕縛の同心、場所口書をのみ証拠に致し吟味詰るは甚だ危く候。第一に問詰たる吟味仕方、或は手段にて引出さんと試み候は悪く候。威しの吟味もあしく候、幼者愚者はいづれへも寄付くものにて、比方は威丈詞少く、彼れが言が儘にして聞取り熟考して始めて仮口書へ拇印せしめ、再三探索に手を盡し候て、弥々詮なきを以て吟味をつめ口書完結せしむべし、取急ぎ吟味候時は冤罪に落し申候。

（七） 罪人を鞫問するに、人情に入るべからず。悪事は人情の外れ、普通の人情を以て考ふる時は、斯る事は迚も致す間敷と悪人の心になり考へ見るべし。又人殺しの如きは殺す程のことなきに殺すことあり。是は罪人の恐怖より起り思慮なく殺すことにて例へば家に盗賊入り追迫られ余儀なく人を疵け殺すことあり。是れ初より殺す心得にては無く、窃かに盗に入り追迫られて終に己の身殺害にも逢うべきかと思はず人を殺すに至り候。又盗賊或は不義にて人家へ忍び入り見付けられ後難を恐れて終に殺すこともあり。是等は皆事の意外に出て、通常にては考え当らざる儀に候。依て右殺したる刃もの切口等は第一の証拠にて深く考えて工夫すべし。

（八） 鞫問に順序を追て向ふべからず。呼び出さるる前より工夫思案致し来ること罪人の常なれば、此方から突然意外に問いかけ、彼の心算を齟齬せしめ、彼れ問はれけんと思ふ所を思はず、脇道より責立候へば、直実ならざるものは自然と苦心し、聊かの事迄も狐疑して一々さわやかに答弁ならぬ者に候。是心中に私ありて、工夫致す故に候。若しも直の者一点の疑心なければ何を尋ねられ候ても、一向平気にて答うべきは答え、知らざるは知らずと申し候。数回尋問候ても事実なれば前後不揃い無く候得共、若し偽りの申し立に候はば、答弁も其都度に相違致し候。何事もなき事にても力を入れて苦しむものに候。斯る内には偽りの申立には必ず押処出来て申し抜け詰り終に知らず知らず白状いたし候。

（九） 吟味中罪人の申し口は転動狼狽致し彼の肺肝をつくが如く星を打たれ候時は気昇り、顔色血走り、或は青くなり、声ふるへ、挙動一々変じ、額に冷汗を流し、身体自然にふるへ候。尚問詰候は、せき込み、言紛らはさんとあせり候。此時が肝要にて、ゆるみなく責め問い、遁辞に工夫をなさしめざる様に致すべく候。併し平押にのみ押詰候て却て激昂させ責め殺さるるとも白状すまじと決心する事あれば、其機を見抜き候は、横道より責め問うべし。横道とは或は妻子、父母の事など引き出し彼が愛情の情に引かされ候様に仕向け、彼が決心を他に転じ、慈悲恩愛の詞を以て諭し、強情に募るは却て自分の不為なる事を情愛に照し利解説得する時は、如何なる悪人にても泣き出すものにて候。

（十） 囚人に対してはつとめて詞を正しく片落なき様心掛け候は勿論、甲乙二人の者を吟味するに甲の答弁を助け、乙を責るが如きことありては、此方へ疑ひをかけ心中に不平を懐かしむるは此方の不功者なり。心中あくまで公儀に基き吟味するものと法に依って吟味するものとの別を明らかにして聊私念私意をさし挟む間敷候。十分に証拠揃いあれば打敲きせずとも彼自分と気を失い、血を吐くに至る者なり。

（十一） 風聞書、探索書等想像を以て文を巧みに書きたてたる者又二三人より同意の探索書出たる時など最も注意すべき事にて候。何故なれば文意の巧者に迷いて信用し、探索する者同じ筋にて聞紀したる時は二三人の探索書も同様になることあればなり。

（十二） 拷問の節は立合役も医者もあれば其時間を計らい、当然の仕方を行って万一死するとも此方の不調法にあらねば十分胆を据えてなすべし。胆力なく候ては、吟味仕方弱くなり申すべし。最も求めて手厳しくなし死に至らしむるは無慈悲の至り愧べく候。

（十三） 昔或吟味の役人かねて上手と言はれし者、或日感ずるところありて家に帰り、役服の儘にて下男を呼出し、汝は我手許の金子を盗取り不届なりと問ひしに下男は驚き、其覚なき旨申披きしに段々理非を詰責問ひ、或は憤り、或は諭せしかば、終に下男申し開き尽き服罪せり。依て役人大変驚き我は是まで如何なる囚人にても白状させずという事なかりしに今全く覚えなき下男我調べを受け伏罪せしを見れば是迄冤罪を出し候事多かるべしと只今思い当れり。余り此方の詞強く少しもゆるみなく責め問へば愚人は終に開口し罪に落る事、此の僕の如し、恐るべき事なりとて其役人は自分と職を辞し隠居せしという事あり。去れば吟味方程大事のものこれ無し。口問ですら斯くの如くなれば拷問などには尚更に候。

（十四） 女の責問は最も注意すべき事に候。都て女の身にて拷問に掛べき程の罪科を犯すは中々の強悪にて候へば一言にて其悪心あるかなきかは分候。我等も度々女の囚人を手がけしが其内一人の女密夫と申し談じ夫を殺し、密夫は既に白状候も、女白状せず拷問にかけ縛り上げて一打打たせしに忽ちに癪気さし込み絶息したり。余儀なく其日を延し再び出役せしに比度も左様なり。斯ること再三なれば斯ては吟味はかどらずと思い、工夫して打ちを止め直ちに石を抱せしに、いつもの調子と違ひ候へば殊の外苦痛の体にて直ちに白状致し候。尚牢内へ探りを入れしに女のいうには打ちなれば直ぐにも絶息する工夫を覚え、度々の責問を逃れ、其内出火でもあれば切放され命助かることもあるべしと楽しみ居りしに、石を抱かされては気絶する訳にも行かず、死ぬ程の苦痛をせし故、残念ながら白状したりと相牢の者に語りしよし。又或女を拷問致し候処一打たたかせしに、忽ち後へ倒れかゝり両足をひろげ陰部を憚りもなく現し、其失態に困らせん謀みに候故、是も打を止め、石にせし処、堪え難く白状致し候。又よく大小便をなし、一時の責苦を逃んとする者など多くあり。別て釣しにかけ候ときは注意致すべく候へば小便をかけられんとする事あり候。

右は我が経験と古老よりの口伝とを書綴り子孫の為に遺し置くものなり。

戊午のとし八月

このほかに与力の手引書としては御代官川崎平左衛門に所属した岡本弥一郎著の「検使楷梯」があり、それには検使につき品々心得方のことなどが例をあげて詳記してある。

穿鑿所

穿鑿所で行なう責問いは、笞打ちと、石抱きで、これを牢問いといっている。（牢問いの中に拷問蔵で行なう海老責を含める説もある）

穿鑿所の体裁　穿鑿所は199ページの図のようなもので、牢屋敷正門を入って右奥にあり東向の白洲つきの所である。

八畳敷が二間あり、中仕切唐紙襖となっている。奥の八畳には時折奉行が来て襖ごしに取調べの様子をきくことがあった。前の座敷には与力二人が白洲に向ってすわり、その後ろに御徒目付・御小人目付がすわり、次の間に書役同心が二人向合ってすわった。吟味掛与力・御徒目付は継上下姿で刀を後ろに置く、御小人目付と鍵役同心は羽織袴である。

前の座敷には三尺幅板縁が右側から折回して、こうした座敷が三ツある前を通してあり、薄べりがしいてある。前出庇下は六尺通りたたきでその上にむしろを敷いて囚人をすわらせる。御目見以上であれば吟味与力と座敷に同座向合い、御目見以下は縁にすわった。

これが吟味場で、三つ並んでおり白洲は共通である。六尺通りたたきと白洲の間に庇受けの柱が並んでおり、この柱に囚人は石抱きの時に縛りつけられるので泣柱といっている。

白洲の後は板塀で、外は牢屋同心の長屋である。白洲の塀際には伊豆石、真木（算盤板）、太縄、箒尻が並んで置いてある。

折回と縁の中程には牢屋医者が囚人の拷問の苦痛の状況判断に立合っているために着座している。

囚人は非人に縄尻をとられてすわる。

老中の伺いを立てて拷問の許可がおりてここに呼出されても、いきなり拷問にはかからない。念のためにもう一度説諭して自白をうながし、囚人が聴入れない時に初めて拷問にかかるのであることは「江戸町奉行事蹟問答」に記されている通りである。

「拷問実記」という本によると、

先づ始めに掛り与力が、其の姓名を呼び曰く今日は何々守殿（老中）御指図にて当席に於て吟味を遂ぐるにつき詞を改めて尋問する間其意を得て申すべしと申し渡し、又曰く兼々奉行より再応の論諭有りしも用いず証拠現然たるに、身分柄不似合（武士の場合）の心得にて、公儀を恐れずして申し陳じ罷在る故、拷問すべしとの命を受け、今日役

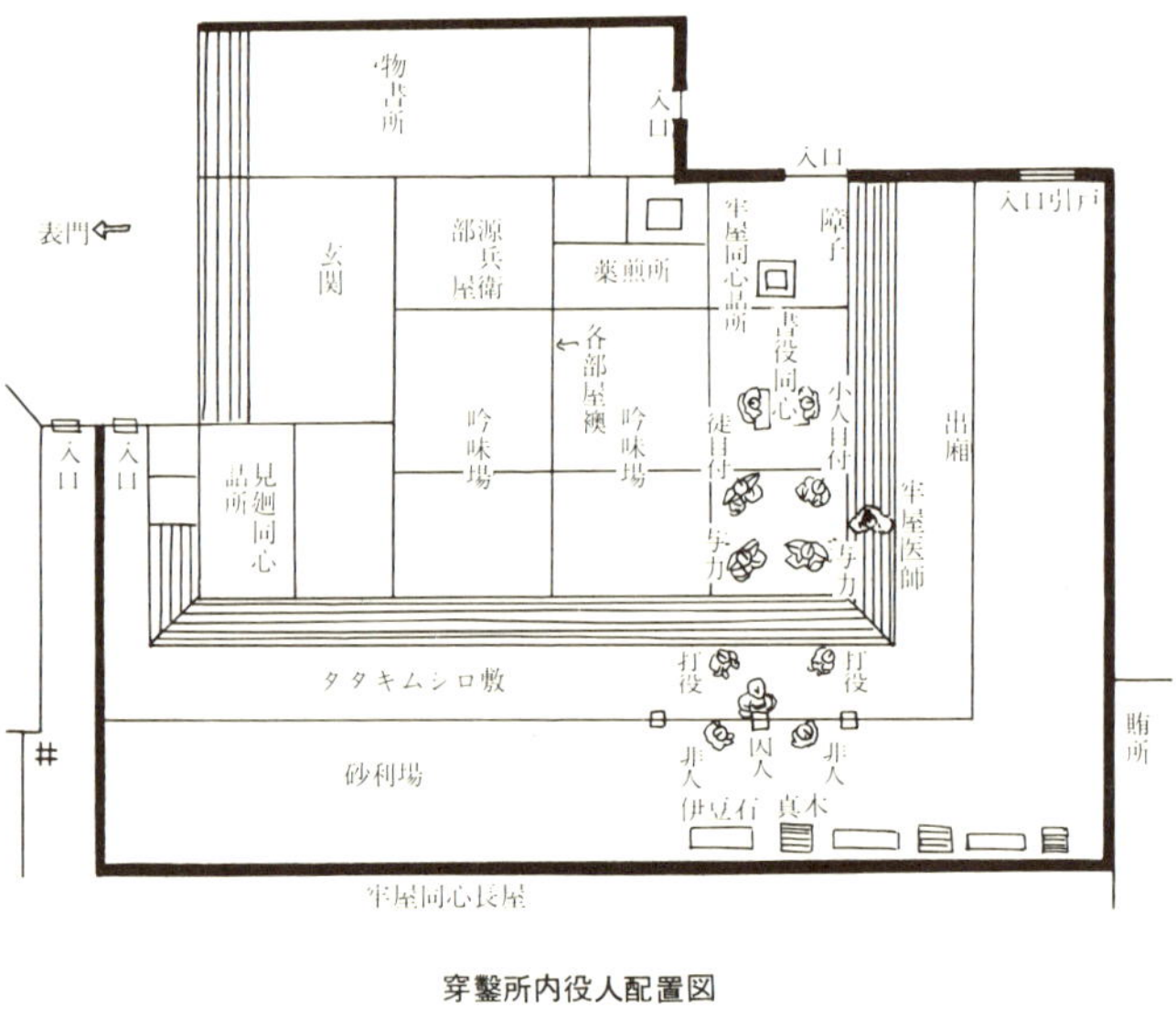

穿鑿所内役人配置図

「徳川刑罰図譜」による笞打ち図（縄が前後に引き分けていない）

々出張せしなり。出場に至り深く心得違い致し申し陳じ罷り在る上は是非なく拷問すべし。恐れ入ったる事にはなきや、身分柄わきまえ先非を悔い有体に白状伏罪すべし。責問の吟味を受くることなげかはしき次第なり、など再応丁寧に申し渡し而して尚深く申し陳ずる有様なれば語気を荒げて叱責し、いよいよ是までという時に至り、立合役々にも最早是非もなし、拷問すべきやと一応の得釈をなす。異存なければ拷問にかけるなり。

とあり、「法曹後鑑」では笞打ち・石抱きを牢問いといっている。

「拷問実記」の笞打ち図（図の細縄は誤り）

笞打ち

拷問にも順序があり、最初は笞打ちから始まる。

「拷問実記」に、

一、拷問に至れば、身分の差別なく打役、囚人の手鎖を外し、諸肌脱がせ、下男と共に太縄にて縛り、左右の腕先は背後の肩まで順々としめ上げ、其縄先を前後に引き分け、下男二人これを引つめ囚人の動かざる様になす。これのみにても囚人は苦痛甚だしという。

一、夫より打役は、先づ一方より箒尻即ち拷問杖にて囚人の肩を力を

「徳川刑罰図譜」の笞打ち図（衣服の上から縛るは誤り）

極めて打敲く、又左右より打役二人にて打違ひに敲くことあり、皮肉破れ、血はしり出る。血出れば下男は砂を疵口にふり掛け血どめをなし、又其下を打つ。

一、右の如くして或は打ち、或いは問ひ大概打つこと百五六十にして尚白状せざれば止む。是第一回の拷問なり。

一、要するにきびしく縛り上げられた時、其苦痛に得堪えずして大声をあげ泣き叫ぶ囚人は打にかゝると間もなく白状に及ぶ。されども口を堅く閉ぢ縛られながらもびくともせず眼をねむって自若たる奴は是れ剛胆非凡の者なれば皮肉破るとも仲々白状せざる者なり。又おかしきは囚人銘々の癖ありて、或いは題目、或は南無阿弥陀仏を唱え、甚だしきは不動経、観音経など誦する者あり、斯る輩は必ず白状するものなり。

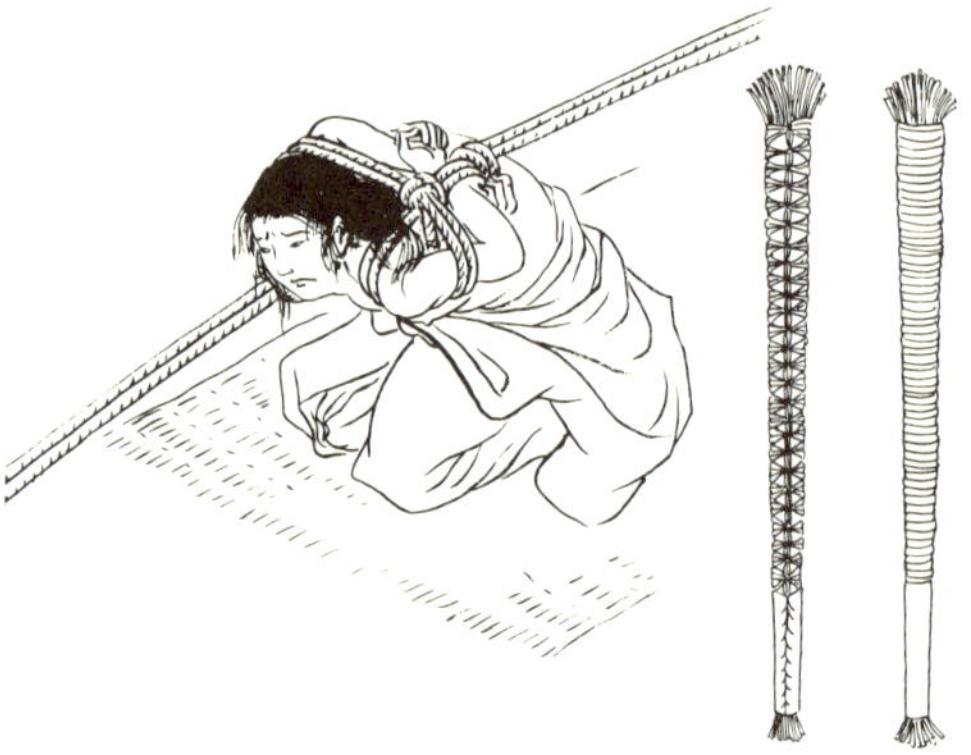

笞打ち（縄のかけ方と笞の形式）

笞打ちの縛り方　「拷問実記」の図で縄を細縄として描いているのは誤りであり「徳川刑罰図譜」では太縄を後ろから引いているのも誤りである。また衣服の上から縛るのも誤りである。敲きの刑は裸にして打つのであるから、笞打ちも同じである。ただし婦人は敲きの時に裸体には風紀上できないから、婦人の敲きの刑は行なわれなかったが笞打ちの拷問は行なわれた。

その折は諸肌を脱がせて縛り上げるから随分役人も困ったことと思う。こうした点を見抜いた性悪女になると、たたかれると藻掻いて仰のけに倒れ、内股や内股の奥をわざと露出させて、役人の目のやり場に困らせて拷問を中止させたりするのである。そのために太縄で縛り下男が前後から強く引張合って囚人が倒れないようにするのである。そうすると、わざと小便を洩らして中止にもって行かせるというのであるから、「吟味の口伝」にあるように婦人の拷問は大変に難しかった。

この縛り方は「江戸町奉行事蹟問答」によると、

はだを脱せ、太き麻縄にて箱と唱る縛り方をなす。左右の腕はくくりて背にまわす。

とあり、箱という縛り方であった。

笞　笞は「拷問実記」によると、

長さ一尺九寸囲り三寸の真竹二本、麻苧に包み、上を観世捻にて巻

きつめ、握白革

とあり、他書には、

　上の径曲尺で七分、下の径曲尺で四分二厘、長さ一尺八寸の竹を麻を以て堅に包み観世捻を以て巻きしめ、一巻ごとに背で交結して刀の柄糸を巻くようにし、握りは長さ五寸を白革で包む

とある。また、ひご竹を数十本麻で包み、観世捻で巻きしめ、握りを白革で包むともいわれ、あるいは、竹筒の先の方をささらのように割って麻で包み、観世捻で巻いたものともいわれている。

拷問に堪える手段　囚人が拷問にかかる予告があると牢名主は、かねて用意の梅干の肉を囚人の口中に含ませ、決して白状するなと励まして出させる。

牢屋内の囚人の介抱

　拷問中に咽喉がかわくのを防ぎ、呼吸をととのえるのに効果があるといわれる。また気絶する方法なども教える。

笞打ち後の荒療治　笞打ちも百五、六十回打つなどということはごくまれで白状する者は十数回で苦痛に堪えかねて自白するし、自白しない者でも五十回以上打たれると気絶してしまうから中止する。

　気絶すると牢屋医師が拷問中止を命じ、気付薬と水を飲ませ、脈を見てから畚にのせて牢内へ連込む。

　牢内に戻されると牢名主が白状したかどうかを尋ね、白状したと答えればどんなに傷ついていても放りっぱなしにされる。どうせ処刑されることにきまったのと同じであるし、牢内のつら汚しなのである。

　白状しなかったと答えれば、牢内中の者が、その者を裸にして、手取り足取りして揉みやわらげ、酒を全身に吹きかける。そうされると苦しがって泣いたりうめいたりするが、この荒治療が、拷問で受けた苦痛を早くとり去り回復を早める方法なのである。

　囚人は回復するまでは再び呼出されて拷問されないから数日は寝ていられるし、また時によっては牢屋医師から薬が与えられた。

　この荒療治を数回受けると囚人の身体は意外に頑健となり、次の拷問に堪えられるようになるといわれている。

石抱き

　第一回拷問で白状しなければ、囚人の身体の回復を待って再び笞打ちにかけるが、笞打ちではどうしようもないことがわかると第二段階の石抱き拷問にかける。

「拷問実記」によると、

一、前の笞打拷問にて、白状せざるときは直ちに石抱きにかゝるなり。

一、石抱拷問は真木又算盤板と称する三角形の台を庇受柱の前に据え、囚人を其上に座せしめ（尻をまくり）縛りたる儘、体は柱にくくり付け膝の上に石を五枚のせ、尚白状せざれば十枚にも致る。其石は五枚にて頤の辺まで届く。見る間に囚人段々口より泡を吐き鼻水を垂らす故、薬を石の上にのせ、首を受けしむ。石は落ちざる様右太縄にて縛り、柱にくくり置く。下男付添い注意す。其様左の如し（206ページ下図）

一、右石抱は、最初五六枚も積めば大抵の奴は多く気絶などするを以て、之にとどめ、尚白状せざれば日を隔て又拷問にかけて一枚を増し、尚白状せざれば又一枚を増すにて、最初一日に十枚を抱か

「江戸刑罰実録」の石抱き牢問い（石抱きと笞打は併用しない）

しむる事まれなり。

とある。この石は伊豆石といって特別に堅くて重い伊豆産の石で長さ三尺（九一センチ）、幅一尺（三十三センチ）、厚さ三寸（九センチ）、目方十三貫（四八・七五粁）もある石である。

十露盤板　十露盤板（算盤板）というのは三角に削った材木を五本並べ、三寸貫きへ打ちつけたものである。この三角板の上にすわらせられただけでもすねは痛くてたまらぬのに、さらに膝の上に六十五貫（二四二・七五キロ）もの重量でおされるのではたまらない。たいていは二、三枚積んだだけで音をあげて白状するそうである。この石抱きは、火付盗賊改役本役の横田権十郎が考案したと伝えられている。

一、斯く五枚積、七枚積、十積て時を経れば、総身悉く蒼白に変じ、口鼻より泡を吐き、又は血を吐くに至る。斯くとも尚ひるまざる

「拷問実録」の石抱き図（薦を敷いて石に縄をかけないのは誤り）

時は、下男左右より力を極めて石を動かし、サァどうだどうだとせむるなり。脛の肉はめりめりと真木にくひ込まれ、実に骨も砕くるばかり、其苦痛如何計りぞや。

一、時間は大抵三、四時間（正式には一刻二時間ときめられている）なれども剛情の者には之より増ることあり。大抵の囚人は六七枚にして、或は絶息し、或は寝るごとくいびきをなし、殆ど精神恍惚たる者の如し。又横着者は仮に死せし真似などして時間の立つを待つあり、中には眼を細くして役人を打眺むるもあり、斯る場合には役人無言にて、只囚人の息遣いを窺い石の数を増す。囚人の絶命せざるを度合とする。

一、又絶命するや否やの度合を見るは囚人の足先より色自然に変じ来り、追々上進して腰股に至る。其色蒼白、若し腹部に至れば、立合の医師注意をなす。

一、此時よすも為すも、主任与力の胆力一にあげて、囚人の生命は実に風前の灯、草上の露よりもはかなく、一歩を誤れば死に致す。実に大切というよりおそろしき役柄なり。

一、斯て最早これまでと見込むときは、打役に命じて石を卸さしむ。下男も非人も打寄りて総掛りにて速やかに取片付をなし、囚人を釣台にのせ仰向に臥て医師は気付けと冷水を与えて牢内に舁き送るなり。非人これをなす。

とある。「江戸町奉行事蹟問答」にも、

先づ五枚をのせ、追々重ねて十枚に至る。ためしに三枚を動し責む。囚人苦痛甚し追々足より肉白くなり、腰より下腹に至る。其時付添医師容体を検し、最早絶命すべしと内意を告ぐ掛り与力見計立合人へ一応挨拶して石を下ろさしむ。

とあり、この責に遭うと十日位は足腰が立たなくなるが、

囚人惣掛りにて入口より本人受取り板間へ畳を敷、これを寝かし、全身をさすり、筋などの屈身をなさしめ、腕を引、足を引様々に介抱するなり。其痛み、中々甚敷と雖も、如此すれば跡々の苦痛、速に全快するという。

女囚の石抱き

こうしたことで、これを繰返して行くと次第に拷問なれがしてくる。十も積む。百三十貫（四八七・五キロ）の重量でとても人間業とは思えないが江戸時代にはこれに堪えた囚人が数人あった。

ものすごい苦痛なので、世俗にも「たとえ石を抱かされてもいわない」という諺があるが、どんな苦痛を受けても約束した以上は口外しないという意味に用いられたのである。

女囚と石抱き拷問　女の囚人で石を抱かされた者はめったにいないが、中には数人おり、三枚位抱かされると、色目を使って役人にあわれみを見せたり、はなはだしいのは糞尿を洩らしたりする。こうした場合、女に限っ

て中止されてしまう。

ゆえに女性を責めるのは難しく、幕末の火付盗賊改加役の「女の責方心得書」に、

一、女の責方種々有之候へ共通常女と申候者は拷問の時に臨み、二三度打据候ば大声に泣叫び態と苦痛甚敷体を装い、役人のあわれみを乞い責をまぬかれんとするもの多く御座候。故に何程泣叫び涙を流し候共決して哀れと思うべからず。中に莫連女などは前を態と曝し責を止めさせせんとする女も有之候様の輩は尚膝を緊く細引にて縛り随分強く責候様に致す可く候。

とあるが、女性で石抱きにあった女の記録は、江戸時代初期には御代官三河八蔵妻トミというのが石を三枚まで抱かされて気絶し、まれに見る強情女だと「牢獄秘録」に記してある。「徳川刑罰図譜」の石抱きでは、打役が箒尻で打っているが、石抱きと笞打ちは同時に行なわれない。

「拷問実記」では下男が石を押えてゆり動かしているが、これは行なわれていた。

しかし、「拷問実記」「徳川刑罰図譜」ともに石の両側を縄で結んでいないのは誤りである。この点「徳隣厳秘録」の図は正しい。また石の上に藁を敷いて顎をのせるようにして、苦痛のあまり泡を吐いたり涎を流すのを受けたりしたのである。

海老責

石抱きを数回行なっても白状しなければ、次は海老責にかけられる。海老責は天和三年に火付盗賊改の中山勘解由が発明したと伝えられているが、明治初年の記録では箱責といっている。えびのように折りまげられて縛るから海老責というともいわれ、そうして縛られているとえびのように赤くなるからだともいわれている。箱責といったのは折り曲げられて箱に詰められた形に見えるからであろう。ある古老はマリ責ともいっていた。けだし毬のように丸く縛られたからであろう。

この海老責と釣り責は拷問蔵で行なわれ、これを拷問といい、前の笞打ち・石抱きは牢問いといって区別した。

拷問蔵は大牢の棟の向い側、牢舎囲い土塀のそばにあり、二間に二間半の塗籠めの土蔵で、奥に二坪の座敷があり、残りは白洲となっていた。

「江戸町奉行事蹟問答」に、

海老責拷問は、前席（穿鑿所）にて執行せず。拷問部屋と唱一室あり、立合並吟味の体前々替ることなし。

とあり「法曹後鑑」に、

但し海老の致し方はこれあり候得共右体仕義先は無之儀に御座候。

とあるごとく、よくよくの者でないと行なわない拷問で、慎重を期さねば生命にかかわる危険な責であった。

「徳川刑罰図譜」による海老責
（海老責と笞打は併用しない。穿鑿所で行う図は誤り）

「拷問実記」の海老責

出役の人々は前回よりは少なく、まず穿鑿所へ囚人を連出し、白状せねば次の海老責拷問にかける旨を述べて、一応訓戒しそれでも尚服罪しない者を拷問蔵へ連れて行く。拷問蔵は暗くて陰惨で鬼気迫る所である。ここの白洲に引きすえて、もう一度訓戒して承服を求めるが、それでもきかぬと手鎖を外してあぐらを組ませて海老責にかけるのである。

「拷問実記」によると、

一、前の笞打、石抱きにても尚白状せざれば海老責にかけるなり。海老責は拷問蔵にて行うと前に言へり。

一、扨て海老責は笞打ち又は石抱きの責問後、数日経て身体元に復したる後にあらねばなさず図の如く手を背後になして体を屈げ、両足を頤に密着せしむるまでくくるなり。斯て凡そ三、四時間（正式には一刻二時間）も置く。

一、斯く縛られてやがて半時も立つ間は総身真赤になり、冷汗流れ出づ。夫れより一時も過れば、次第に紫色に変じ又暗蒼色になり、尚放て置けば蒼色になる。既に蒼色に変る時は早や死に近づきたれば縛をとく。然れども斯くまで堪ふるものはいと稀なり。

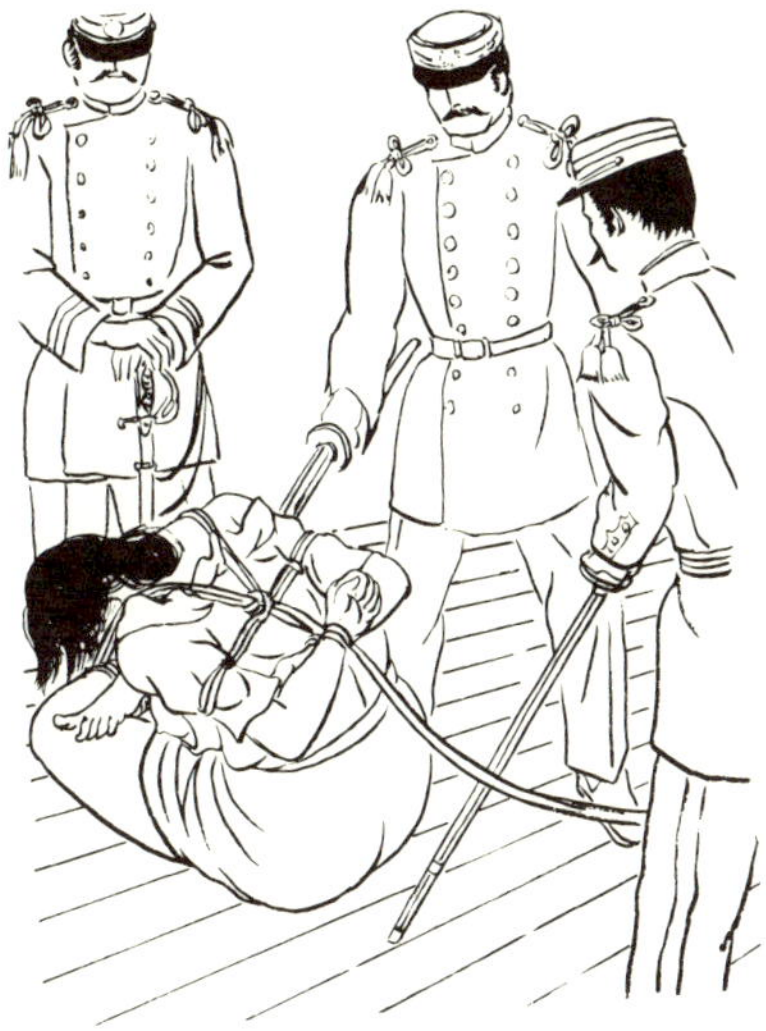

海老責に遭った福井カネ

とあるが、この縛り方をされると全身の血行がとまってしまうから、牢屋医師も、主任与力と共に、少しの油断もなく囚人を見守る。衰弱した者だと三十分位で参ってしまうから身体が丈夫でないとこの責にはかけられない。

「徳川刑罰図譜」には背後の泣き柱（穿鑿所の白洲にある囚人をくくり付ける柱）に縛りつけているが、これでは穿鑿所で行なわれたことになるから誤りであって、海老責は柱には縛りつけない。また、海老責の囚人を箒尻で打っているが、火付盗賊改の役宅のように手荒いところなら別であるが、正式の拷問にはこうしたことは行なわれず、海老責のまま放置しておくのである。「拷問実記」の図の方が正しいのである。下帯一つの裸にしてむしろの上に縛ったままで放置するのである。女であれば腰巻でよく股を包込んで陰部があらわれないようにする。これは露出を防ぐばかりでなく、大・小便を漏らす時の予防である。

海老責の縛り方　縛り方は、まず両手を後ろにして高手小手に縛り別の縄であぐらをかかせた足のくるぶしあたりから上を束ねて縛り、縄のあまりを両脛の裏からしぼり上げて行く。そして力をこめてしめ上げ、組んだ足があごに近づくまで引しめて背後の腕に縛りとめる。青細引が喰い入ってその苦痛はたとえようもないから一刻以内でも失神してしまう。

「旧事諮問録」の評定所の話の中に、

海老責というのがあります。梁に吊し上げて顔が肛門につくようにしたのであります。

と、幕末の評定所留役を勤めた小俣景徳氏が答えているが、これは誤りである。評定所留役は記録掛りで拷問に立会う役ではないから実際に海老責を目撃していないから聞きかじりの知識である。

明治四年（一八七一）に広沢真臣参議が暗殺されたとき、その愛妾福井カネが暗殺者を手引きしたという疑いで刑部省の手に捕われ数々の拷問に遭ったが、自白しないので遂にこの海老責にかけられた。度重なる海老責に馴れてしまったので、次第に激しくなり、海老責にした上で尻を打ちたたいたり、一日に三度ずつも海老責にされ遂に自白した。審理で、拷問による冤罪の自白として三年後に釈放されたが、明治時代に入っても海老責は行なわれていたのである。

石抱き、笞打ちははなはだしく肉体を損傷するが、この海老責は肉体の損傷はないが肉体を圧迫して苦痛であるだけなので、数度海老責を繰返されると耐久力が出てきて馴れてしまうそうである。

ゆえに火付盗賊改役宅で行なう海老責は、さらに苦痛を増させるために海老責の体の下に算盤板を置いたり、顔を下に下半身を上にした逆さにして、いわゆる逆さ海老責という方法も行なった。こうした場合に拷問される者が妙齢の婦人であるとしばしば度を越した行為があったことは「女の責方心得書」の図に窺われるところである。

また婦人は海老責にされると直ちに失神したふりをする者があるので、それを確かめるためにも下腹部に手を触れることもあった。

この責は、肉体がしびれるほどの苦痛であるが、拷問なれした婦人はすぐに恍惚とした状態になって、目を上づらせて宙天を眺め、苦痛の表情がなく、痴呆症のように口を開けて、何をきいても耳に入らぬことがあり、そうした場合にはこの拷問を続けることは無駄であるから直ちに中止するそうである。婦人の中にはこの責に遭うとうっとりとして精神がこうふんし、ある部分から分泌物を漏らしながら失神するので、時折り笞で打ったりして気が付くようにして苦痛を味あわせるのであるが、またもうろうとして逆に苦痛を悦虐として味わっている者もあったという。

前記の福井カネがその例である。

男性でもこれと同じ状態に入る者があり、木鼠吉五郎は、この海老責に馴れて恍惚状態となってしまうので、拷問掛りも手を焼き、何度も老中に察斗詰を願出たが許可がないので、石抱き海老責、海老責笞打ちと二種類の責を同時に行なったが異状心理になってしまったために自白することがなく、ついに察斗詰の許可がおりて獄門の刑を執行して終結した。

この責は大いに内臓を苦しめ、縛をとかれて牢内に戻されても全く身体の自由が利かず、発熱して幾日も苦痛でうめくそうであるが馴れると、苦痛は半日位でなくなってしまうそうである。

釣責

海老責でも自白しないと次は釣責が行なわれる。

「拷問実記」に、

一、前の海老責にても尚白状せざるときは釣にかく。

一、其の釣しかたは、手を後にくくりつけ、梁に引揚るなれば、縄次第に皮肉にくひ込み、其苦痛最も堪へがたしという。図を見て知るべし（211ページ）斯く置くこと二三時（正式には一刻二時間）に至れば足の爪先より血塩したたることもあり。

とある。拷問蔵には、向う柱があり、それに梁が渡され梁の中ほどに環が打ってある。

釣責の縛り方　囚人はまず背後に両手をねじあげ、その上から紙を巻き、さらに藁で巻いてから縛りあげる。そして余りの縄を胸に回して縛り胸を固定して吊す。こうしないと腕がねじれ上って肩から腕の骨がおれてしまうからである。紙と藁で巻いた上から縛るのは、直接だと縄が喰い込んで解くときに皮肉が破れるからである。

また婦人には胸へ縄をかけるときに乳房の上へはかけてはならなかった。婦人の乳房は急所であって、その上へ縄をかけて緊め上げたらそれだけで絶息してしまうからである。

「拷問実記」のように着物は上半身脱がせるのが正しい。このようにして縛ってから、縄を梁の環に通して、囚人を地上三寸六分（約十一センチ）ほど離して吊上げ、縄のあまりはさらに向こう柱の上下の環を通し、下の環に結びつけて置く。

ものすごい苦痛らしく、やがて失神してしまう。その苦痛でまた意識を取戻す。ということを繰返して、二時間以上はもたない。小説に書かれているように一晩中吊しておくなぞとは、思いもよらぬことであった。

「徳川刑罰図譜」では釣責と笞打ちとを併用しているが、これも誤りである。また着物を上半身脱がせるが、女性だと腰巻一枚にして足首をそれ

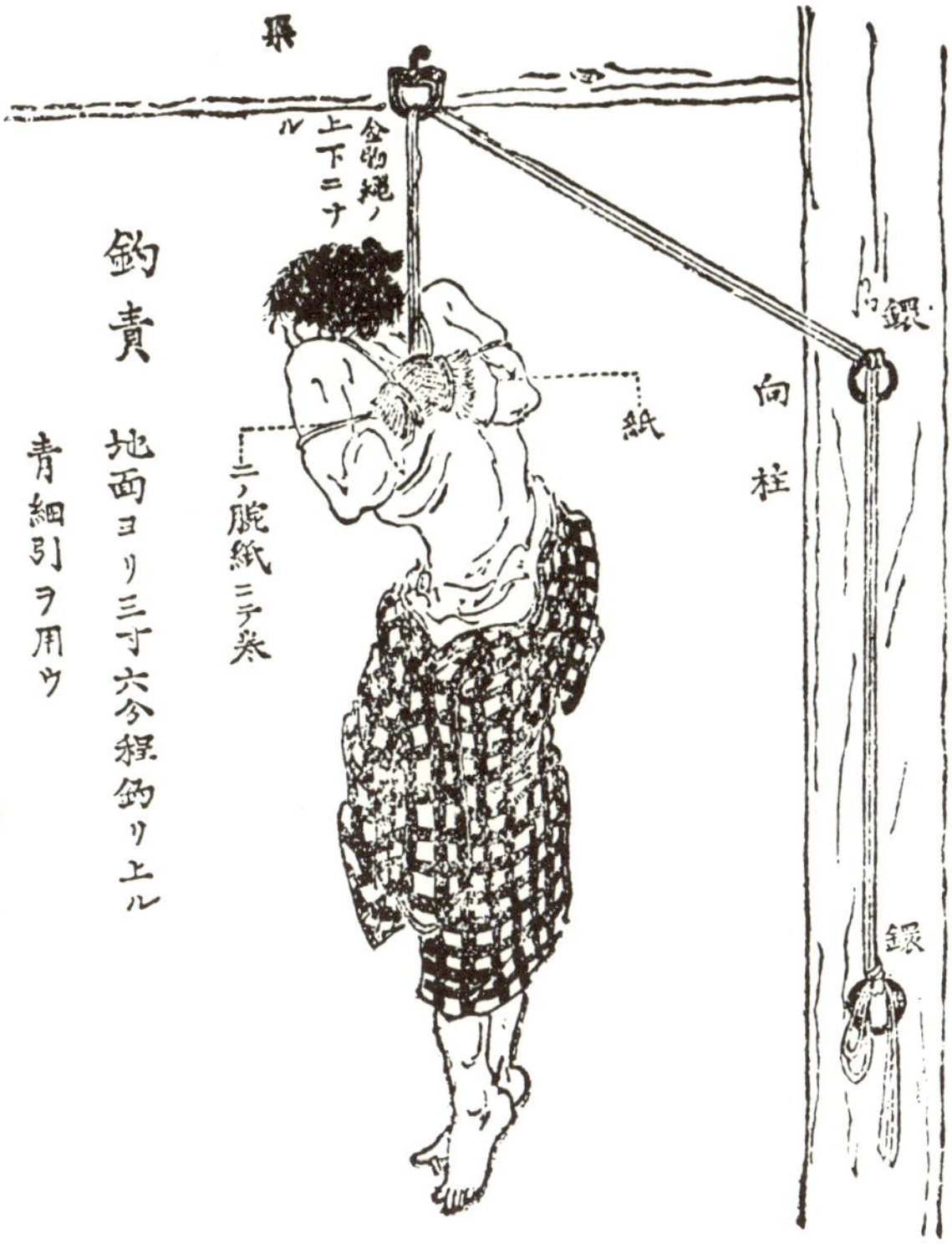

上・釣責
右・「牢獄秘録」による釣責

「徳川刑罰図譜」による釣責（上部肌脱ぎでないのは誤り）

「刑罰秘録」に描かれた釣責

で包みこんでから縛る。そうしないと苦痛のあまりに足をばたつかせて見苦しく、時には内股を露出したりする。

佐久間長敬の「吟味の口伝」に、

別して釣しにかけ候時は、注意致すべく候へば、小便をかけられんとすること之あり候。

と記し、「江戸町奉行事蹟問答」にも、

苦痛に堪へかね、身をもがき釣れながら廻ることあり。其節小便をたれながら廻ることありて、介抱のもの近寄ことあたわず。甚だ見苦しく、掛り役人も赤面し不体裁につき、能く注意し、囚人の下帯(腰巻)堅く締置せよと云しことあり。

とある。

この釣責も牢屋医師が注意していて、危険となると直ちに中止を命じ、介抱して牢内に送りこむ。この釣責を数回行なわれたが自白せずに、遂に察斗詰にされたのは入墨者の木鼠吉五郎である。

正式でない拷問

御定書百カ条によって拷問は、笞打ち・石抱き・海老責・釣責の四種とされ、立合役人数人の監視のもとに行なわれるようになっており、これ以外の拷問は禁止されていた。

しかし、自身番や大番屋では自白を強要するあまりに、縛り上げて足枷をはめたり、鎖で縛ったり、後ろ海老に縛上げたりして苦しめたことは「徳川刑罰図譜」に見られるところであり、また縛った縄目に棒を通してねじると縄がしまって苦しんだり、あるいは竹刀で撲ったりして、これも一種の拷問であることが知られる。

つまり御定書百カ条で規定された四種の拷問というのは牢屋敷で行なう拷問であって、ほかの場所で自白を強要するための責め方は拷問と認めていなかった。現在でいえば長時間尋問して、容疑者をねむらせなければ拷問になるが、こうした程度は江戸時代では責・拷問の部類には入らなかった。

石抱き釣責(左)と石抱き海老責(右)

また、苦痛激しい拷問が四種に定められていても、火付盗賊改本役宅で強制的に自白をしいるための拷問は、定められた四種以外の方法であっても、幕府はこれを黙認していた。

加役・本役 加役の加役とは御先手組頭が火付盗賊改役を加役することで、本役と、臨時の加役と、加役の加役とがあり、町奉行所以外の権限を持っていて、非違の糺弾検挙をどしどし行なう役所である。

ここの与力・同心は武士・町人の別なく怪しい者および犯罪者は場所にかまわず検挙し、取調べは町奉行所のように複雑な手順を踏まずに、熾烈苛酷で自白強要のために手段を選ばなかった。

そのために責殺されていても黙許されていたから、時には身に覚えのない者でも自白を強いられて処刑される者もあり、加役宅から漏れる悲声は返って治世上警告的で宜しいといわれていた。

ゆえに当時の人々は火付盗賊改に捕われることを大変おそれ、捕わったが最後、拷問で責殺されるが、自白して処刑されるかで、無事に火付盗賊改の門をくぐって出たものはないといわれていた。
　火付盗賊改には御仕置伺帳が、ただ一冊引継ぎ書類として残っているだけで、適当に処理されていたことがわかる。
　江戸時代末期の火付盗賊改の石子亀之助の書き残したといわれる「女の責方心得書」によると、

雪責（右）・いぶし責（左）・食物責（中）

　南北町奉行所の拷問庫（小伝馬町の牢屋敷の拷問蔵のこと）にて用い候海老責とは別々色々御座候が、図の如く（右図）女を縛り、おろ柱を負せ三角板は普通五側に候へ共、女の身分強弱の度を見計い数を増減致候事可然候。手足に細引喰込み泣叫び候へば、一層強く締め上げ手加減致す事堅く無用に候。

と記し、石抱きに用いる算盤板の上に、海老責の女囚をのせ、

　それより石を抱かせ申し候。石は伊豆石の外は何にても苦しからず責は一時を限度と致し候。

とあって、石抱きと海老責を併用している。ただし、公式の伊豆石でなく、どんな石でもよく、大変な拷問である。

　石抱き吊し責と申候もの苦痛はなはだしきものに御座候。図の如く（右図）に致し置打叩責候ば大抵白状仕り候。此責方烈敷打叩ば目口より血を吹出し候事も有之候故手当方万端用意有之可候。

とあり、ただの釣責でも苦痛はなはだしいのに、背に重い石をのせ、さらに笞で打ちたたくというのであるから短時間で自白してしまう。
　こうした苛酷の拷問であるから、町奉行所の取調べで手を焼いた囚人はその顚末書と共に囚人を加役屋敷に送ったこともあった。そして加役屋敷独特の拷問にかけて、白状させ、口書爪印と囚人を町奉行所の方に送り返されたのであるが、なかには加役屋敷へ送りこまれたきりで囚人は戻らず書類だけ届けられることもあった。

　但し加役屋敷に於ては責殺し候共差支御座無く候。女の泣声等従来諸人の耳に入り候方反って御治世の御為と存奉候。

とあり、取違いも、責殺しの失敗も認められていた。女罪人の泣叫ぶ声が外に漏れたほうが、世をいましめる意味でよいという考え方であるからたまらない。

いぶし責　さらにいぶし責も行なったらしく、

　女の前を現はさざる程固く結び吊し上げ烟を以ていぶし責に仕り候。仕方は可成松葉などがよろしく候。桐の葉は用ふべからずと申伝候。これも煙にむせび泣致候とも容赦なく打を入れ擲き候所は女の内股を

くぐり脛足首等を叩く可く候。縄手足に食ひ込み候ば無理にとらんと致し候へば皮破れそれより蛆を生じ候に付、暑中には此責を用いぬ事無用に御座候。

雪責　冬には雪責も行なわれたらしい。

雪責と申候は衣類を剥ぎ取り雪中に括り付け折檻致すものにて、当時江戸に於ては吉原等に多く用い候。女の唇の色濃き紫色に相成り、歯を打ち合せ目の下に黒味を帯候節を度とし、責方を休み候べくそれ以上は生命に及び候。但責殺さんと致候は格別に候。

食物責　食物責のことも記されている。

武家、奥向の女中方にて都合により叩き責難致場合は打合せの上喰物責可然候。喰物責申候は罪人に一切飲食を与え不申空腹に致置或は手枷・足枷等を加へ苦痛を与え眼前に山海の珍味を並べ置く事に御座候。此責方は若き腰元等にて大殿の意に及ばざる者等に用い申候。

また婦人は、拷問中に髪のこわれ方で苦痛の度合をはかることまで記してある。

女の髪の結ひ方にて責方異り申候。丸髷・銀杏返し・桃割等町家の女の髪は元結の掛方弱く候へば、武家の女中の髪は油多く用い候に付髪のこわれも随って遅く御座候。御守殿髷と申候高島田等は元結数多く候。随分丈夫に結び居候故責方にも心得可有之候事。

若年の少女の髪は結綿等は忽ち壊れ申候。総じて女を責候時は髷の根の元結切れ散し髪と相成候時は一層哀れに相見え候に付、此時憐愍の心を起す可らず髪を乱し泣き叫び候共一層強く責候へば大抵白状致すものに御座候。但し普通の場合元結切れ候時は一刻程責を休み手当を加え再び責致候様致可候。

とある。

このほかに相手が妙齢の婦人であると猥褻的な責方をして、恥ずかしさのあまり自白してしまうことがあり、これは昭和の終戦時頃まで行なわれていたから、まして江戸時代においては相当のことが行なわれたらしい。特に隠すところにこと欠いてとんだ所に隠したのであろうと探りを入れたり、くすぐり責にするのは婦人にとっては大変な刺激であるという弱点につけ込んでの責であった。（篠田鑛造著「幕末百話」）

木馬責　また京都町奉行所支配の京都六角の牢獄では、三角板の太い材木にまたがらせて苦しめる木馬責という残酷な拷問道具があった。「京都御役所向大概覚書」には木馬二カ所とあるから行なわれていたのであろう。

木馬責は火付盗賊改役宅でも行なわれたもので、馬具の鞍鐙一切を装着しておく木馬という木の枠で胴は三角の材木とし、脚が四本ある形のものである。

これに婦人を裸体にして後手に縛り木馬にまたがせるので、股が裂けるほどの苦しみで、さらに両足首に重石を結びつけて苦しみを増させたりした。

「善庵随筆」、「古事類苑」、「徒然草諸抄大成」などにも記され、拷器は今の木馬（キムマ）とある。

室町時代末期頃から行なわれた拷問で、武家屋敷にはたいてい一つや二つの木馬があるので、それを利用したことから、特別に木馬拷器が作られたのであろう。

「月堂見聞集」にも大坂で木馬責を行なった記録がある。

拷問中に死亡した場合

拷問は死罪以上の罪に該当する囚人に対して行なわれるのであるから、役人の過去や故意の殺意のない限り、たとえ責殺しても役人の責任となることはなかった。

町奉行支配で行なう拷問は、老中に伺いを立てその許可を得ているのであるから幕府の命令として行なうので万一囚人が拷問中死亡しても、止むを得ないことであり、また永く閉じこめられて身体の弱っている者が多いのであるから死亡者もかなりあった。そうした折には死亡の委細を主任与力・立合与力連名で奉行に届け、審理の書類は罪の内容を認めたものとして処罰したことにして済ませた。奉行は囚人の死亡の委細を老中に提出し

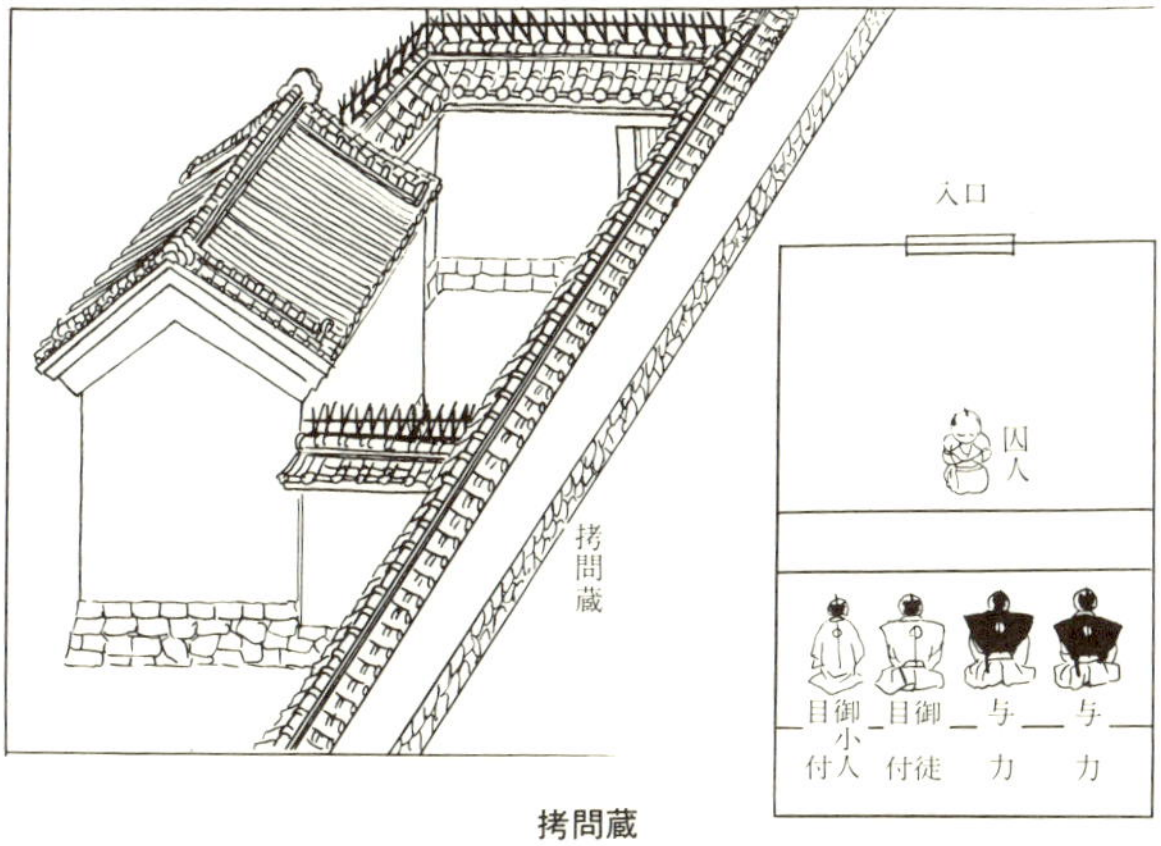

拷問蔵

た。

拷問の折には御徒目付・御小人目付が立合って、その時の状況を御目付に書類として提出してあるから、町奉行から提出の囚人死亡顚末書と、御徒目付・御小人目付の提出書類の内容と一致しておれば老中はこれを容認し、奉行に決済書が送られ、その事件の囚人の処置は落着する。

御徒目付と御小人目付は拷問される囚人の監察をするばかりではなく、むしろ役人達の監察が主であるから、役人達がいい加減に感情を混ぜた拷問はできなかったのである。

ただし火付盗賊改役宅には監察の役人が出張しなかったので勝手な拷問ができたのである。そのため火付盗賊改役は、自分の成績を上げるために少しでも挙動不審の者と認めると直ちに逮捕連行し、拷問してしまう。町奉行の方からも依頼された囚人の拷問で死亡した場合には、その委細を書類にして町奉行に提出すれば、町奉行はそれを老中に提出して済んだ。

町奉行から火付盗賊改役に拷問を依頼する囚人は、公儀に関係した事件のものでなく、ただ単なる極悪の犯罪人に限られていた。公儀に関係している囚人であると万一責殺されると、証拠が消えてしまうから、これはあくまで町奉行関係の牢屋敷で拷問し死亡せしめないようにした。

また公儀関係の犯罪は評定所で裁かれ、時には自白なしでも老中の裁可で処罰できた。

拷問で責殺された例

前項のように拷問中に責殺された例はすこぶる多いが、江戸時代初期の例が「明良洪範」続篇巻三に所載されている。

或時佐野の郷の悪党を召捕る。此者大力無双の者にて、与力・同心捕方に向いし者怪我せぬものなし。其中二人大怪我にて命も危き程也。此者いかなる拷問にかけても白状せず。然るに大隅守（町奉行渡辺大隅守）殿へ直きならば白状すべしと言。

是によって大隅守同心に内意を申し聞け厳重に縄を掛けさせ、手は勿論足迄厳しく縛りて白洲へ引き出しければ彼の悪党、大隅守をハタと睨み、大隅守に白状せんと言いしは偽りにて実は面会しなば縄を引切り、大隅守を打殺してくれんと思いしに早くもその機を察し、かく厳重に縄を掛けられては吾が大力も是には及ばざれば打殺す事ならず。此上は何も申事は無し、いかなる拷問をもせらるべしと言て目を閉ぢ、其後は一言も言わずして、ついに拷問にて責殺さりける。

拷問中白状した場合

場所口書　拷問中白状したときは、直ちに責を止め、医師は気付薬を与え、水を飲ませる。それから陳述を聞いて白状書を作る。これを場所口書といった。口書は念のために本人に読みきかせ、異議なきを確かめた上で、拇印を押させる。そして囚人を牢屋に戻し、与力は口書を持って町奉行所に戻る。これが町奉行所から委任された火付盗賊改役宅であれば、火付盗賊改の作製した口書が与力に渡され、与力はそれを受取って町奉行所に戻るのである。

この口書によって例繰方が擬律し、御用部屋手付が刑律処断の案文を作って奉行に提出する。奉行は午前十時までに登城し、これを老中に提出する。老中は目を通して許可できるものは御側御用取次に渡す。御側御用取次は、その書類に大奉書を十六切にした紙に、「伺の通りたるべく候」と書いて挟み、お小姓頭取に渡しておく。この札を御下知札といった。この書類は将軍の御手すきの折に御小姓頭取が提出する。

将軍が裁下すれば、その御下知札を挟んだまま老中に戻される。

老中はその書類を表の役人に通じておき、他日登城した町奉行の手に戻る。

町奉行は奉行所に戻って、歴代将軍の忌日以外の日を選んで吟味与力に処刑宣告をさせ、同時に処刑するのである。

このようにたとえ白状してもすぐに刑が執行されるのではなく、日が滞延するのは拷問された囚人の身体が快復するのを待つ意味もあるが、生命を少しでも長く引延してやりたい気持ちからである。

しかし、囚人にとっては処刑が引きのばされているのは、辛い牢内の生活を味あわなくてはならぬし、拷問による心身の損傷で苦しむ日々が長いだけであるから、白状して予測される処刑がきまった以上、一刻も早くあの世へ行きたい気持ちだそうである。

察斗詰

海老責・釣責まで行なわれるような強情な囚人はごくまれであり、それ迄にたいてい白状してしまうのであるが、それでも白状しない者は、罪状明白の起訴状と、数通の伺書と内談書を老中に提出して、老中に罪状に相当する刑を裁決してもらう。これを察斗詰という。

この刑をいい渡されたものは江戸時代には数人おり、中でも有名な者は播州無宿の入墨吉五郎で、俗に木鼠吉五郎という男である。

遠州屋忠蔵方で旅人に扮した子分四、五人でゆすり恐喝をしたのがもとで捕えられ、天保五年から足かけ三年の間二十八回の拷問記録の上自白しないので、ついに察斗詰となった。

天保五年七月二十一日に捕えられ、北町奉行榊原主計頭掛りの取調べのもとに牢屋敷穿鑿所内で、

八月十一日　笞打ちと石抱き
九月十六日　笞打ちと石抱き
九月十九日　笞打ちと石抱き

と、短期間に笞打ちと石抱きを同日に併せて行なわれ、十月二十一日に白状した。普通は笞打ちをしたら数日経ってから石抱きをするのであるが、したたか者なので笞打ちをして痛めつけてから直ぐに石抱きを行なった。

そのために初めのうちは身体の回復が遅く、だいたい一カ月の休養期間をおいて拷問した。それでも第四回でついに苦痛にたえ兼ねて自白したので、牢舎に下げられたが、それから三日たった十月二十四日の嵐の夜に、拷問で痛めつけられた身体でありながら脱獄してしまった。翌天保六年三月に、情婦おりんと潜伏中を再び捕縛されて、牢屋敷に入れられ、

四月九日　笞打ちと石抱き八枚
四月十一日　笞打ちと石抱き八枚
四月十三日　笞打ちと石抱き八枚

と、一日おきに三百九十キロもある石を抱かされたが、異常に抵抗力のついた吉五郎は屈しなかった。北町奉行所の吟味与力東條八太郎も呆れてしまい、町奉行を通じて老中に伺書を提出した。

播州無宿大坂入墨吉五郎儀、再拷問にも相決し申さず候得共尚此上追々拷問仕り候はば終には責問のため死に及び候より外御座なく、止事を得ざる儀には候得共、数十度牢問いの上、拷問に及び候儀に付、例書の趣きにより、何とか上への御内慮、御伺方も御座あるべく候哉。去年御察斗詰に相成候見込を以て御伺い書草稿取調べ御覧に入れ候得共、右は近来絶えて例之れ無く容易ならぬ儀に付、御聞請も如何御座あるべく哉との御沙汰の趣御最至極に存じ奉り候。然しながら右の廉を除きては外に御処置もこれなき儀と存じ奉り候得共、午年夏以来の儀にて此上拷問度重り候とも中々白状仕るべき体相見え申さす候間、是迄の次第を以て評議仕候はば外にも良案も御座あるべく哉。私より

相談掛け候のみにては、区々相成申べく候に付、此上は取調方と談判仕り申し上げ候様同役共へ仰せ渡され御座候はば、存付候品もこれあるべく存じ奉り候。之依比段申上候。以上被仰度

未四月

東條八太郎

随分吟味与力としては情けない上申書で、吟味下手と見られたのか老中からは不許可となったので、今度は松浦作十郎に再吟味が命ぜられた。松浦作十郎は最初から笞打ち・石抱き数度に及んだが吉五郎は自白しないので、今度は拷問蔵に入れて海老責にしたが、駄目であった。拷問馴れしてしまったのと、役人をすっかりなめてしまったから意地になって頑張ったので松浦作十郎もサジを投げて、これも老中に御伺書を提出した。

播州無宿吉五郎、同類の者共数人之有。右はいづれも入墨御仕置相成候者に付、同人召捕へられ候当座は、御当地逃去候儀と存候得共、当時に至り候ては、立廻候哉も計り難く右同類の者召捕候はば当人決心仕るべきための一助にも相成るべく哉に付、此節の処にて取調候様廻方へ御渡され候ては、如何御座あるべく哉心付候に付、此段中止候。吉五郎儀。入墨後の盗にて死罪逃れ難き者に候処、右体申し立てず、数度牢問い其上海老責並に拷問再度までに及び候共、陳じ罷在り、盗の証拠顕然に候上は、察斗詰にて振れ候儀御座あるまじくと存じ候。

松浦作十郎

この伺書も老中は却下した。十数回にわたる拷問といっても、まだ最後の釣責にまで行かないで、与力の方で音を上げる態度が良くなかったからであろう。

そこで町奉行は今度は冷徹無比をもって鳴る吟味方与力谷村源左衛門が吟味を命ぜられた。

笞打ち・石抱き九枚（四三八・七五キロ）、さらに海老責・釣責まで行なったが、吉五郎はそのころには絶息する手をおぼえ、いくら責ても苦痛に酔って、揚句のはてには絶息してしまうので自白が得られなくなった。さすがの鬼与力の谷村源左衛門も方法がなく老中に御伺書を提出した。

播州無宿吉五郎儀。数度の責問の上、拷問両度に及び候処、白状仕らず候に付東條八太郎申上候書面御下なされ、心付儀も御座候はば申上げべく旨仰渡され候。

此儀右吉五郎儀牢問の節理害申し聞け候得共仮令責問て死に及び候共、白状の上御仕置相成候儀は難渋仕候旨申し心を定め居り候様子に之有、自体丈夫の生い立に相見え、度々責問いに逢い右に馴固りて候哉にて此上牢問致候共、其時は絶え入り候程に御座候ても、間もなく復し候容体にて、容易に白状仕る間敷哉と存じ奉られず候。外に白状致させ申すべき手段御座無く右様稀成骨柄にて殊に先達て牢抜け相企て候儀も之有り。此上自然牢内入良を生じ申すべく哉も計り難く享和酉元年根岸肥前守殿御掛の無宿小助は拷問にも及ばれず候得共、今般吉五郎は拷問迄も両度仰付られ候儀に付、旁、御内慮、御伺い相成候はば然るべく哉に存じ奉候以上

四月二十八日

谷村源左衛門

四月九日から二十八日まで吟味与力の変ること三人、拷問はほとんど毎日続行されたが、文中にあるように責問いに馴固まり、最後は気絶することを覚えたから、鬼与力谷村源左衛門がいくら拷問掛りをしった激励しても駄目であった。そのために伺書を出し、こういう状態では牢内の見せしめにならないから、何とか老中の許可をもって察斗詰にしてほしいといい、以前の事件の時には拷問をしないでも察斗詰にしたではないかと愚痴り、吟味方与力は皆音をあげたところを示している。

老中は、こうした伺書に意地になったのか、吉五郎の異常さに興味をもって、拷問をやれるだけやって見ろという態度からこの伺書も却下されてしまった。

そこで残酷無比の与力と悪名高い吟味方与力の中島嘉右衛門に吟味の命が下った。

吉五郎はたびたび海老責にされたが、この拷問は肉体の損傷がないので、拷問されるたびに馴れて抵抗力を増すので、こたえなかった。そこで拷問

は一刻二時間と定められ、特に海老責は二時間を過ぎると生命の危険があるというにもかかわらず四時間も続行されても、死亡せずに気絶した。しかし、当日の拷問はこれで終ったのではなく、縄をといて少し休憩させると続いて縄で身体が見えなくなるくらい縛上げた上で笞打ちを行ない、そのあとで石抱きにして八枚の石をのせたが、吉五郎は死生の線をさまよって恍惚として被虐を味わっているのであるから真剣に様子を見ている与力の方が参ってしまう。

吟味与力がたびたび代って伺書も数回提出しているので老中も町奉行所の手腕を見守っているのであるから、今さら火付盗賊改役宅へ送って拷問を委託するわけにも行かない。老中の方では拷問一本やりで白状させるようなことでなく、何とか頭を使って見ろというのであろうが、吟味与力の方は、名案もつきたとみえて拷問以外のことをしない。だいたい拷問にまでもって行くのは吟味方の取調べ方の下手な証拠で、連続拷問によって、異常肉体と異常心理のものを育ててしまったのである。当時は現在ほど心理学が発達していないから、ただ威嚇と責め問いが一番効果的であると考えていたのである。

恍惚境から気絶するのは熟練するとたやすいのであって、気絶すれば拷問中止という規則があり、また気絶のまま放置しておけば死亡してしまい、それでは行過ぎ行為になるから役人も中止させる。

中島嘉右衛門も御伺書を提出した。

播州無宿吉五郎儀。是迄度々牢問の様子見請候処。此者何カ度拷問仰せ付けられ候へ共、相決すとの見込御座なく一体引合の証拠顕然の処、中紛し其上牢抜け企て条一条に携り候者に付、御察斗詰を以て御仕置仰付らるべく候積り御内慮御伺い御座候方と存じ奉り候。

中島嘉右衛門

伺書も次第に簡単になって来て、証拠が充分であるから、これ以上自白を強要しないでも察斗詰を許可して下さい。と次第に露骨になって来た。老中の方でも吟味与力がそんな無能では御治政にかかわると思っているから、これも却下された。町奉行所でも困ってしまい、三好三次郎という吟味方与力に命じたが、これもうまく行かずに伺書を提出して却下されたので、最後に米倉作次郎の吟味となった。

天保七年四月二十一日に吉五郎を釣責にしたところ、さすがに吉五郎も連続の拷問で身体の調子悪く、約半時一時間で絶息。翌日再び全裸で釣責にしたところ今度は五時間も我慢して絶息した。この間吟味方与力も五時間ねばらねばならぬので与力の方が緊張で参ってしまう。米倉作次郎は御伺書が却下されたら御役御免を願うつもりで提出した。

播州無宿吉五郎儀。拷問の節も申し候は、此上何程責問之有候共白状いたす間敷由にて、当人死を極め罷り在り候様子にて既に両度も拷問仰せ付けられ候ても決し難く儀にも候故御察斗の積を以て御仕置御内慮御伺相成候ても然るべく哉に存じ奉り候。

申四月　　　　米倉作次郎

町奉行もこの御伺書と共に閣老手付の祐筆にまで内談し、その内談書をつけて提出した。

老中も評議の上、ついに察斗詰の裁下がおり天保七年申五月二十三日に死刑となった。この間実に足かけ三年二十八回の大拷問が行なわれ、一回の拷問も二種以上の拷問や、時間延長があったが、吉五郎は体がますます頑健となり、恍惚状態となる方法を知ったので、これでは毎日拷問しても自白は得られなかったと思われる。

V

刑罰

1　刑の内容と宣告

刑種の内容

正刑・属刑・閏刑　刑罰には正刑と属刑と閏刑の三種がある。属刑とは付加刑で正刑に付加されたものである。それが生命刑と身体刑、自由刑、労役刑、追放刑、財産刑、恥辱刑、貶黜刑、叱責刑とに分かれ、さらにその一つ一つに軽重の区分があった。

たとえば生命刑というのは生命を奪う刑であるが、その方法が種々あって、その方法によって罪の軽重がきめられている。同じに瞬間的に生命を奪う斬首にしても、ただの斬首と斬首した上で晒首にするのでは、殺される瞬間の苦痛は同じでも、晒首の方が恥辱刑が加わったことになる。また労役刑を財産刑に変えることもあるし、生命刑に財産刑、恥辱刑が付加されることもある。

刑種は大別すると、王朝時代の笞・杖・徒・流・死の五種をそのまま踏襲しているが、細別すると千差万別になる。

先例と同じケースの罪状であっても、動機と状情によって同じ断罪とはかぎらない。それは町奉行の考えによるのである。

そして断罪とは、罪を犯した囚人に将軍のおぼしめしによって罪の清算をさせる基準を公表明示することで、それを執行させるのが目的であるから、宣告は、有難くお受けするように仕向けられていた。

斬首のうえ晒首（獄門）にされるはずのところ、お上の特別のお情けによって斬首と宣告されれば、情深い、おとりはからいとして有難く感銘しなければならなかった。

武士の場合、町人のように打首でなく武士らしく切腹を命ぜられれば、武士の体面を保った待遇をしてくれたということで有難くお受けするのであった。殺されるのに殺される方法を有難がらねばならぬところに当時の人々が恥を重んじたことが窺われる。

後々の証拠の意味もあったが、宣告を有難くお受けしたという意味から爪印受書が必要であった。

最もさんざん取調べられ罪状明白となり自分自身もそれを認めた以上、有難く処刑をお受けしようが、しまいが、役人の一方的処理法によって処刑を押しつけられるのであるから、囚人の立場からすれば処刑から逃れられない立場の者に勝手に宣告されていることになる。しかし死を潔くする思想から、ほとんどの罪人が宣告に対して有難き仕合せと言い、また、ほかから強制していわしむる。冤罪で処刑される者は死の瞬間まで有難き仕合せなぞとはいわなかった。

そして江戸時代の罪に対する宣告は宣告が終ると直ちに刑の執行であって、宣告されても、執行が遅れるのは遠島刑の者だけで、これは流人船が入航するまで、遠島部屋（牢屋敷西口揚り屋）へ収容されるのである。

宣告直後に刑を執行するのであるから、宣告するには町奉行所から諸方の関係場所に処罪の準備の手配がなされ、万端ととのってから宣告するのである。遠島までは奉行が町奉行所に呼出した罪人に宣告し、死罪以上は検使与力が牢屋敷に出役し、罪人を牢庭に呼出して宣告する。

ゆえに与力は宣告者であると共に処罪の検使の役も勤める。

刑種と刑の執行については、次項で順々に説くことにする。

刑の宣告

囚人が白状したからといって奉行がその場で即断するのでないことは前にも述べた通りである。口書爪印が済めば、囚人は牢屋へ下って、宣告を受るまで日を送る。

この間に例繰方が罪状によって過去の仕置類に照らして擬律し、用部屋手付が書類を作成し、奉行の手を通じて老中に提出される。その手続きは前項で述べた通りである。こうしたことによって数日が費やされ、裁決を

「徳川刑罰図譜」の牢屋敷送りの図

うけて奉行の手に書類が戻っても、直ちに刑の執行を命じるとは限らない。

奉行によっては、その罪人の様子により、宣告させるのをためらって日数をかけることもあり、書類が戻って来た翌日にはもう刑を執行させてしまうのもある。

手限り　奉行が宣告するのは「手限り」といった。軽罪の者で、町奉行所の白洲に罪人を呼出して宣告する。

その折の奉行の服装は継上下で吟味席の奥中央にあり、左右に与力・目安方が麻上下で陪席する。白洲には蹲居同心が二人で囚人に向合った。

目付立合の吟味であった場合には、この折も徒目付・小人目付が陪席した。徒目付は麻上下、小人目付は羽織袴である。

死刑の場合には検使与力が麻上下姿で牢屋敷に出役し、牢屋見廻同心・石出帯刀・鍵役同心などの立合で宣告した。

どちらの場合にも罪人に断罪状を読みきかせ、かねて用意の受書に爪印を捺させ、名主・家主・差添人にも連判させた。

刑の執行は宣告後であるが、死刑には八日・十日・十二日・十四日・十七日・二十二日などの歴代将軍の忌日は行なわず、また臨時の大祭とその前夜は避けるのが例となっていた。

旗本御目見以上の武士格のもの、位ある神官・僧侶は吟味を座敷で行なったように、宣告も座敷で行なわれた。御目見以下の武士およびその格の神官・僧侶は上縁（畳椽）にすわらされ、武士は紋付麻裃、僧侶は無地の時服であった。寺格のある僧侶、社格のある神官もこれに準じた。

揚り屋入りの者は座敷より一段低い落椽で宣告を受けた。

一般庶民は羽掻縄をかけられて、宣告を受けた。足軽と家持町人は羽織袴、地借町人は羽織に白衣、店借町人と百姓は白衣であった。

ただし預け者は右に同じく、牢舎者は足軽以下一般庶民は白衣染網（横目網）をかけ、小手は許し、足はホダ（足枷）をし、手鎖である。手鎖は懐中でした。

2 刑罰の種類

正刑・属刑・閏刑

呵責

正刑中最も軽いのは呵責である。これは叱り、急度叱りの二種あった。叱りといっても罪人の不心得を諄々とさとすのであるが、刑種であるから形式的にはやかましかった。町奉行所の手をわずらわさないもののは、町役人が行なう叱りと、同心が自身番で行なう叱りとがある。これらは、酔っぱらいで諸人に迷惑をかけた者や、極く軽いかっぱらいなどで自身番に一晩位留置しておき翌日、同心が諄々といいきかせて釈放するのも叱りである。

しかし町奉行所吟味の上に決定した叱りは刑種であるから、町名主・家主・差添人同道で叱責を受け、請書に署名する。呵責は説諭の上書類だけ送検する現在の書類送検と同じで、二度繰返すと重い罪科になるぞとうんとおどかされるのである。

自身番での呵責

呵責刑申渡し

押込

正刑である。一室内に閉じこめ、門には戸をたて外からの接見、音信を禁じた。士・庶の別なく科したもので、俗に座敷牢といったのもこれにあたる。

二十日・三十日・五十日・百日の軽重があり、牢格子を作って部屋にはめこむ場合もあり、土蔵・倉庫を利用したものもあった。

押込

これらは軽罪であるから付加刑はない。無宿人には押込める家がないからこの刑はなく、その代りに過怠牢とする。

預かり

預かりの刑は町奉行所の刑種にはない。町内預かりといって予審中に町内のどこかに住まわせて、町内中で監視させて入牢に代えたもので、預かりの刑はだいたい士分以上、およびそれに準ずる婦人に対しての刑である。

預かりと永預かりの二種がある。禁錮刑で中古の配流に似ていた。閏刑である。預かりは恩赦に浴せるが、永預かりは恩赦がない。

大名預かり、町預かり、親類預かり、非人小屋預かりがあり、一種の永牢生活で、非人預かりは恥辱刑も含まれていた。

閉門

武士に科する閏刑である。町人の押込に似ているが、これは門扉に竹棹を十文字に打ちつけて封印し、奴婢の出入を禁じ、屋は雨戸をたて、窓もふさいで内に蟄居させる刑で、五十日、百日の二種があった。

閉門を命ぜられると御役はやめられるから御役に対する手当ては入らなくなるが、世禄は失われないから生活はできる。与力・同心などのように一代抱えの者には閉門はなく、閉門を受ける位に相当する罪科であれば職を召上げられ失職となるのである。

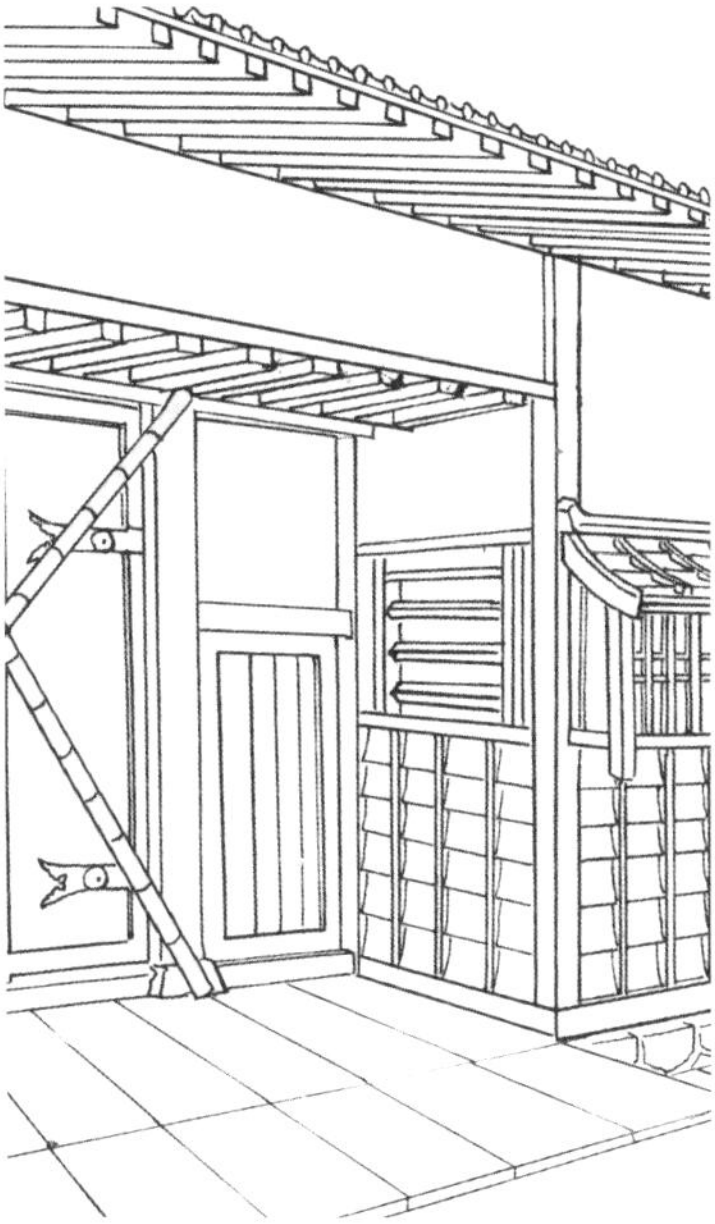

閉門

逼《ひっ》塞《そく》

武士・僧侶・神官に科する閏刑である。閉門に似ているが、それよりやや軽い刑で、遠慮、慎、逼塞の三種に分れていた。よく閉門と混同されるが、逼塞は門扉に竹を打ちつけない。門戸を閉じているだけで、屋内の雨戸・窓はあけてもよく、奴婢は裏門から出入した。遠慮は夜目立たないように外出することは黙認されていた。また友人親戚の来訪は許されていた。慎は三十日間ときまっており、謹慎して反省せよという意味である。逼塞は五十日であった。

蟄居

武士の閏刑である。蟄居、隠居、永隠居の三種があった。蟄《ちっ》居《きょ》は、閉門と同じく一室内に蟄居させられるが、家族は門の出入りが自由であって本人だけの刑で、家族には関係がない。ゆえに閉門・預かりとも異なる。

隠居は役をおりて隠居させられ、世禄は子供が相続した。罪科によって命じられ、籠《こめ》隠居・蟄居隠居の別があり、隠居させられてしかも蟄居していなければならないものもあった。永蟄居は終身蟄居で解除がない。

戸締

庶民に対する閏刑で、武士の逼塞に相当する。釘で門戸を打ちつけ閉ざした。

戸締

二十日・三十日・百日の区別があり、閉戸ともいった。商人であると営業にさしさわり、店の信用にもかかわる。軽い罰であるが痛手を蒙むる刑であった。

過料

財産刑である。八代将軍吉宗のときに始められた庶民に科する閏刑で、軽過料、重過料、応分過料、小門過料、村過料などがあった。今日の罰金刑で、労役刑の代りに用いることもあり、付加刑としても行なわれた。支払う能力のない者は手鎖の日数に変ることもあった。

軽過料は三貫から五貫文まで、重過料は十貫文である。応分過料は財産相応とし、三日をかぎって追徴し、その額に満たない時は身代限りとした。

身代限り

科人の持っている財産のすべてをもってつぐなわせるのである。戦国時代の一銭切に似ている。闕所にも似ているがそれとも異なる。

闕所

士・庶を問わず科する属刑である。罪人の所有物を没収する刑であるが、身代限りとは違う。たいてい流罪、追放などの刑に付加するもので、家財だけを没収するものと、田畑を没収するものと、田畑家屋敷、家財を没収するものとがあった。主刑が追放であった場合に、大赦にあってゆるされても、付加刑の闕所はゆるされない。

闕所の始末をするのは町奉行所の闕所方で、闕所財産の競売に立合うのは闕所奉行が行なう。

改易

士以上の者に対する閏刑である。士籍を削り、その采地家屋敷を没収するものと、その幾分かを削るものと、削減して封を移すものの四種あった。大名・旗本に科する刑で、采地家屋敷を没収されるものを浪人させられるという。

これにも二種類あって食邑—禄を没収されるのと、家財だけは運出せるのとある。幾分か禄を削られるのは、現代の減俸処分と同じである。

大名の懲罰には改易国替がある。これは表高の石高は削減しないが、削減されたと同じように、実収高の少ない所へ国替させるのである。

永のお暇の中には士籍まで削られるのがあり、これは一般庶民にされてしまうのである。こうした場合、その土地にはいづらくなって遠国へ移って浪士と称するが、浪士とは失職した武士をいい、浪人は百姓・町人でも失職したものは浪人というのである。

追院

僧侶に科する閏刑で、宮、僧籍を剥奪して寺に戻ることを禁じた。追放に似ているが地域を限っていない。

心中のやりそこないがよくこの刑をうけた。心中未遂の僧侶には晒刑の付加刑があった。

退院

これも僧侶に科する閏刑で、僧籍を剥奪して寺から追出すのである。

構え

僧侶に科する閏刑で、追院より重い。これには一派構えと、宗門構えの二種類があった。

一派構えはその宗門に属しているうちの一派から除名されるが、宗門に属していることはできた。

宗門構えは、その宗門から除名されてしまうのである。

晒し

僧侶に科する閏刑である。市中（日本橋の畔の晒場）に拘縛して三日間晒してから、その属する所

女犯の僧侶の晒し

の本寺に下げて寺法によって処分させた。晒しは閏刑として晒刑だけで済むものと、追院、退院、構の閏刑に付加刑として適用されることがあった。

　女犯未遂あたりであると晒しの上寺法で処分されたが、女犯で捕えられると晒しの上、追院、退院、構えとされた。

手鎖

一般庶民に科せられた閏刑である。三十日・五十日・百日の種類があった。

　両手を鎖、または手錠で縛し、与力がこれを封印して、家の中で謹慎させたが、この封印をとったり、手鎖をこわしたりしたら罪が重くなる。時々与力がこれをあらために来るが手加減があって厳重にはめたり、またはゆるくはめたりした。武士の閉門に当るが、庶民の間では閉戸のほかに犯人を慎しませる方法がないので、この方法が用いられたのである。

　手鎖は付加刑としても用いられ、また過料を償えない者にも過怠手鎖として換刑処分に用いた。過料銭三貫目以上五貫文以下は三十日、十貫文は五十日、財産相応の十貫文以上は百日であった。

手鎖の刑

剃髪

婦人に科する閏刑である。駆落ち・不義などの軽罪に科したもので、頭髪を剃落して親属にさげた。

奴

奴といっても、男の武家奉公人ではない。奴隷の意味の奴である。そしてこれは婦人に科する閏刑である。本籍を除き、請う者に下渡して奴婢とするのである。ただし非人手下ではない。奴に下げられた婦人は無給で一生酷使された。使用者がやさしければ良いが、苛酷であると随分つらい目に遭った。一種の労役刑である。親兄弟の罪科の連座か、情死未遂か、隠し淫売の者がこの刑を受けた。

　男の奴は古くはあったが、江戸時代にはなかった。

剃髪刑

敲き

敲きは拷問でも行なったが、庶民の軽罪者にも罰として行なった。江戸初期にはこの刑はなかったが、享保五年（一七二〇）四月十二日に八代将軍吉宗の時に戸田山城守が初めてこれを行ない、延享四年（一七四七）三月十一日、馬場讃岐守もこれを行なったが、一度廃止され、寛延

牢屋敷門前の敲き刑

「徳川刑罰図譜」による敲き刑

二年（一七四九）能勢肥後守が再び行なってから、後期まで引続いて行なわれた。ただし、武士・僧侶・神官・婦人には行なわれなかった。婦女子にも行なわれたように思われているが、それは笞打ちの責問いで、刑としての敲きではない。

牢庭敲き

入牢者が破牢、または不穏の企てなどをしたことが露見した場合には、ほかの囚人への見せしめのために、特に牢庭内で敲き刑が行なわれ、罪科が重くなった。

つまり牢内規則の違反行為に対しての懲罰として行なわれたのであった。検使与力、目付も立合って普通の敲きとまったく同じであるが、牢庭埋門内で行なわれた。

五十・百の二種あるが、入牢者への見せしめであるから、力をこめて打ち敲いた。

過怠牢舎

女子および男子十五歳未満の者に換刑として過怠牢を申付た。敲き刑の一打を一日として敲き五十であれば五十日、重敲き百に該当すれば百日の牢舎である。

入墨

入墨は盗犯に加えられる属刑で、正刑の敲き刑、追放刑などの付加刑として行なわれた。つまり前科者としての証拠に入墨をするもので、勇み肌の者が皮膚に彫るのは入墨とはいわない。

彫物といって、背中など一面に彫ったものは自慢であるが、これを入墨といったら叱られる。入墨は敲刑・追放刑の付加刑として行

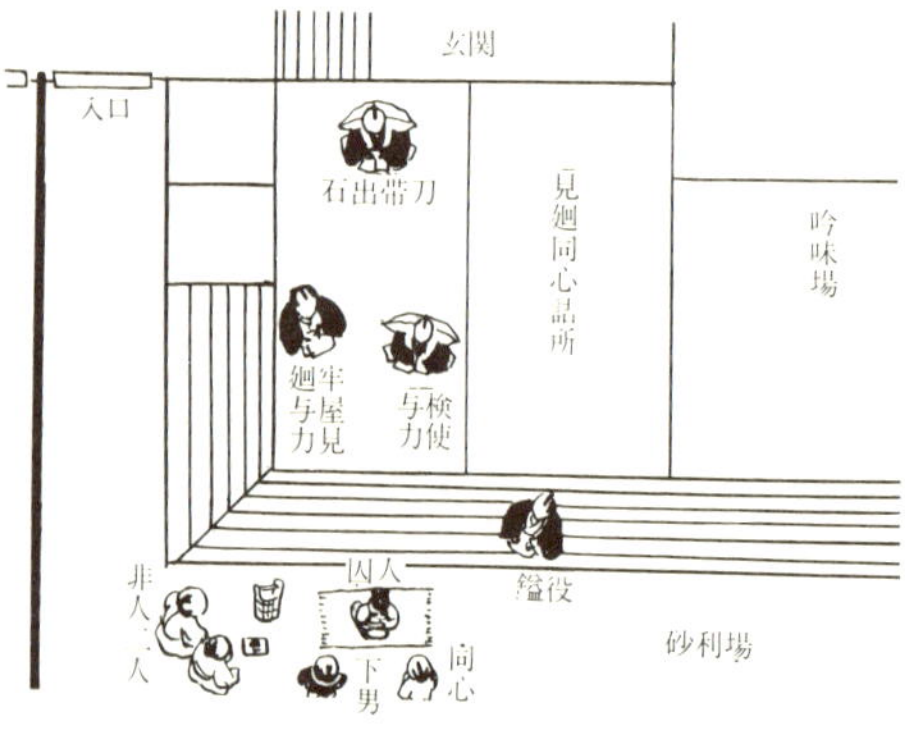

入墨申渡しの図

「徳川刑罰図譜」による入墨刑

入墨刑の執行

なわれる前科者の証明だからである。

また入墨は囚人と非人では違っていたし、地域によっても異なり、どこで入墨の刑を受けたという証拠になっていた。たとえば紀州では腕に悪の字、筑後では十文字、ひたいに線条、点条、三度目はひたいに犬の字などがある。

入墨の刑は明治三年九月二十五日の墨刑廃止の法令が出るまで行なわれた。

付記■入墨のこと　入墨は古代先住民族の一部が行なっていた飾りであったが、王朝時代黥の刑として採用され、一時中絶したが、享保の御定書に再び刑として用いられるようになった。

刑の入墨でなく、下層階級の者が背中や腕に模様や文字などを入墨して誇りあうようになり、入墨の技術は大いに進歩した。俗にこれを彫物といった。

入墨という言葉は入墨の刑と混同されるから、ほりものといって決して入墨とはいわなかった。この場合は見事な彫物ですねというべきであった。彫物師はその技術を誇る職人であった。

関西では入れぼくろといった。背中一杯の入れぼくろというのは、おか

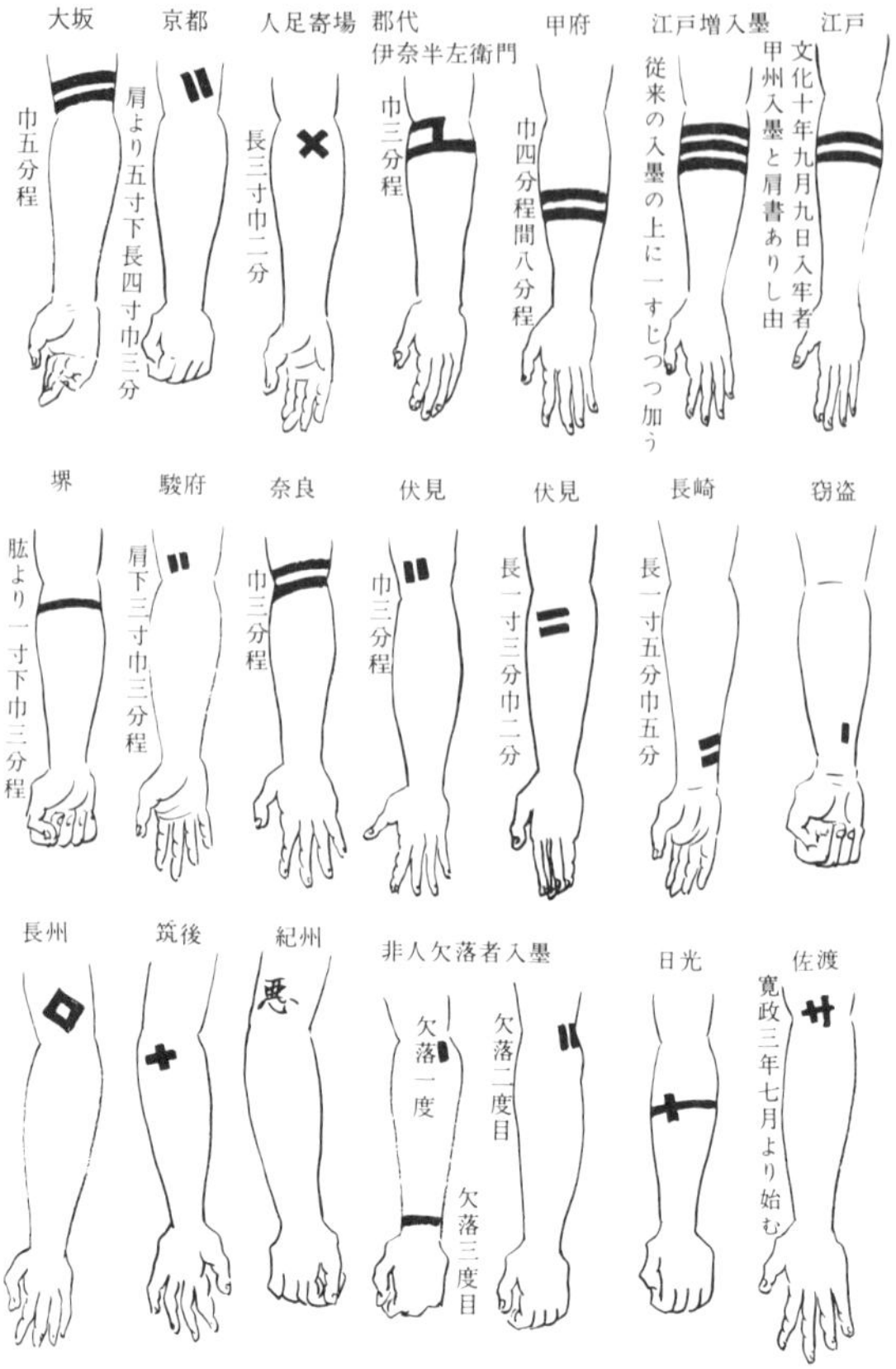

各地の入墨刑の種類

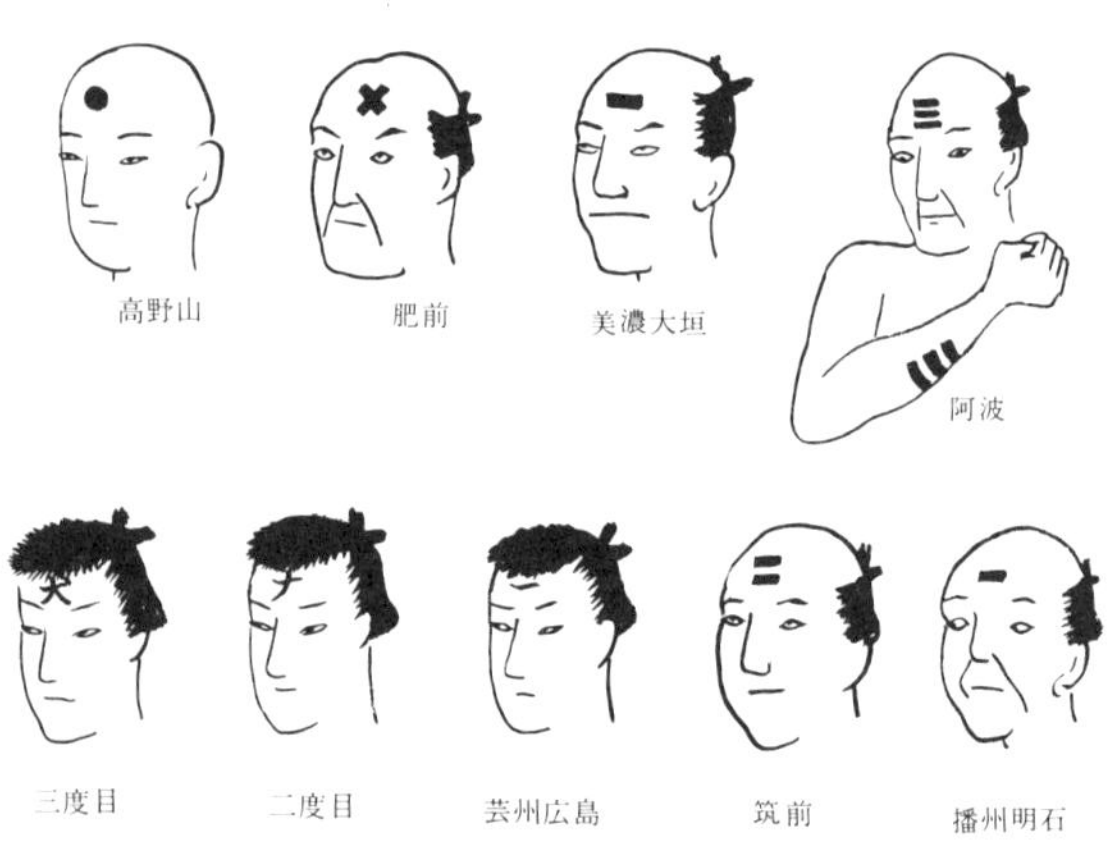

額に入墨を行なった種類

しくきこえるが、入墨と区別した言葉である。

追放

追放は罪の軽重によって罪人の住所、町村住国、犯罪地、三都（江戸・京都・大坂）および公領の土地を追いだされる刑である。そしてその刑を受けたものは、再びそこへ住むことができなかった。所払い、江戸十里四方払、軽追放、中追放、重追放の六種があった。

追放刑には、そこに住むことはできないが、旅行中として通行するのはかまわないという抜道があり、草鞋履きの旅姿で歩いているぶんには咎めを受けなかったのである。

江戸払いとは、品川、板橋、千住、本所、深川、四谷、大木戸以内に住むことを禁じ、それ以外の地へ追放する。

京都では洛内、大坂は三街、奈良は市街とまわりの村、長崎は長崎市中を禁じている。

江戸十里四方追放とは、日本橋を起点として五里半径と、犯罪者が村の者であれば、その村も含まれた。

京都の場合では山城国外に追放、大坂では摂津、河内の両国外に追放、奈良は大和国、長崎は長崎市街を取囲む郷外に追放となっていた。

この刑には属刑として欠所が付加された。

非人手下

農民や町人、および浪人、神官、僧侶の籍を剥奪された者に与える恥辱刑で、非人の身分におとされ、非人頭の支配に属するようになる刑で、これを非人手下といった。

溜預かりの制

追放刑を受けた浪人（浪士ではない）、庶民は無宿となった。八代将軍吉宗は追放刑をできるだけ制限したが、御定書からは削らなかった。そこで安永七年（一七七八）に再犯のおそれある者は、懲らしめのために佐渡の金山に送り水替人足として使役した。

佐渡金山で労働する囚人

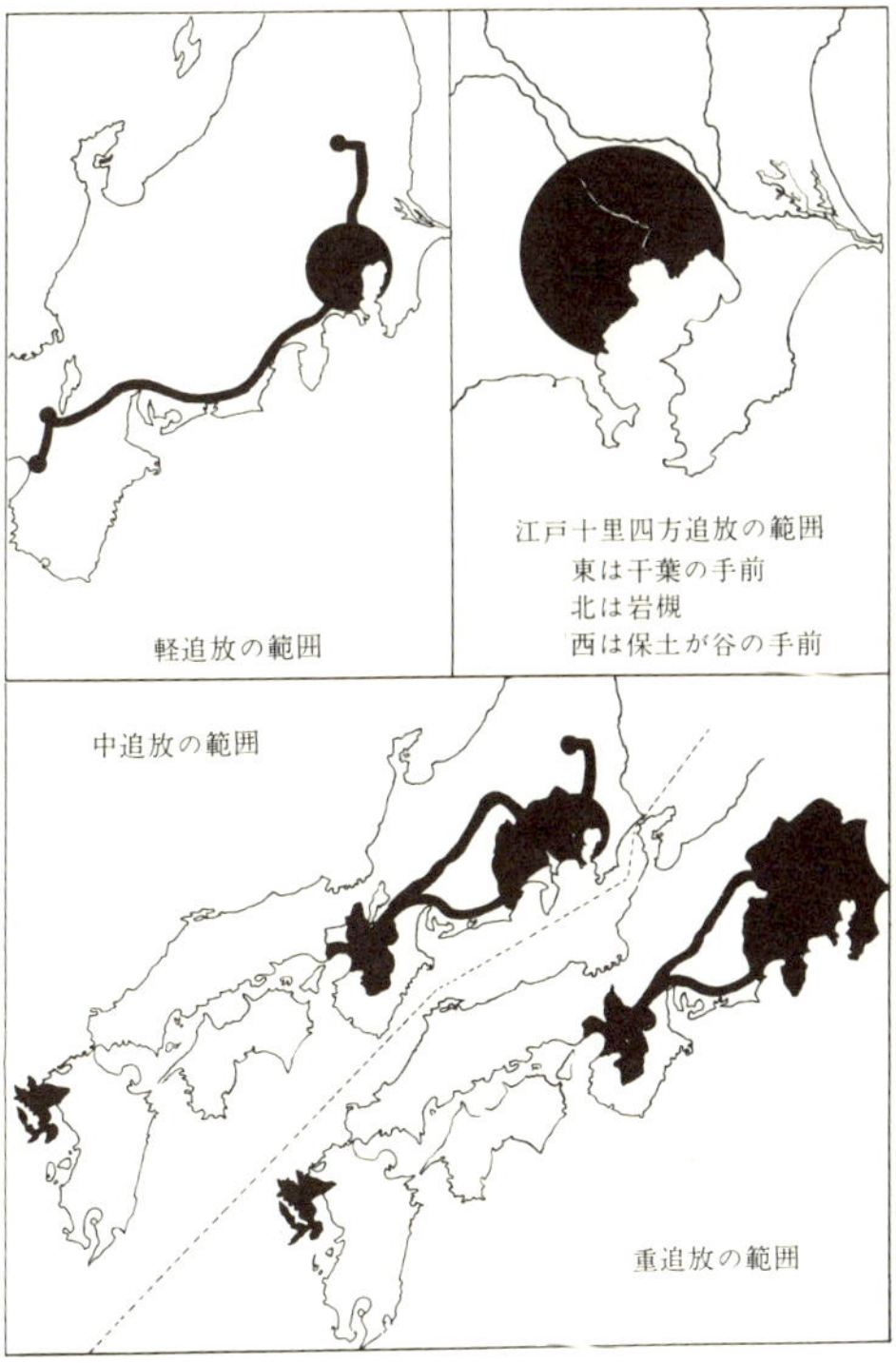

追放の区域

これより天明八年（一七八八）には敲き、入墨の刑の者まで釈放しないで溜預けを申付けて佐渡へ送ることを行なった。追放には恩赦がないが、溜預けには恩赦があり、許されて戻ることもできた。

遠島

遠島は正刑であって、士、庶民、男女の別なく行なわれた。

遠島に該当する罪は、人殺之致手引候者、差図致し人を殺し候者、人殺しの手伝致候者、寺持の僧の女犯、渡船乗船溺死有之候ば其船頭水主、などとあり、この刑の宣告の手続きはすべて追放と同じである。ただ出帆まで牢内におかれた。八丈島・三宅島の通い船は回船が少なく、遠島の判決がおりても、船が来るまでの長期間を牢内で待たねばならなかった。

重罪者が永代橋から、軽罪者は万年橋の柾木稲荷の桟橋から小船を出したといわれている。流人船には船尾に白木綿の幟が立っており、それに仮名で「るにんせん」と書いてあるのは重罪者が乗る船で、漢字で流人船と書いてあるのは軽罪者の乗る船として区別されていた。

追放刑の執行

「徳川刑罰図譜」による永代橋より送られる流人

流人船

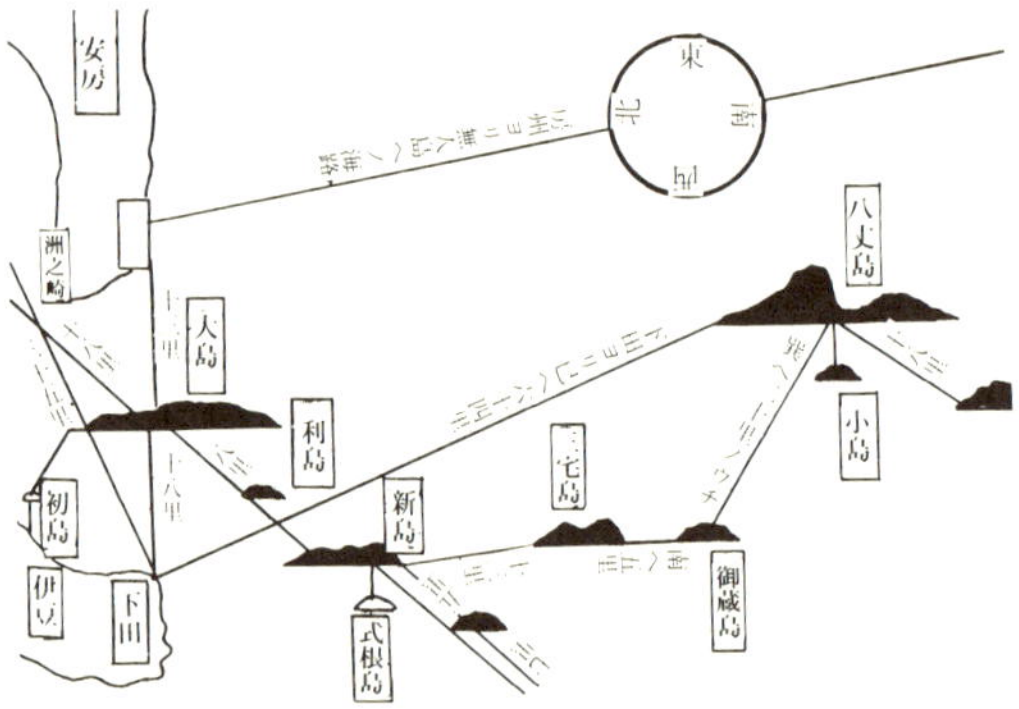

遠島（伊豆七島）

流人船は初め幕府の御用船を使っていたが、後には各島の持船を用いた。

流人船は、まず浦賀番所へ行く。ここは海の番所であった。それから伊豆の下田か網代へ回航して順風を待つ。そして新島まで約四十キロの航海で新島へ流される者をおろし、三宅島へ向った。それから御蔵島、八丈島と順次におろして行く。

島についた流罪人は島役人に引き渡されるが、その時の様子は島によって多少異なっていた。

晒刑

晒の刑は正刑ではなく属刑である。磔・火焙り・鋸引きなどの付加刑として用いられ、また僧侶には閏刑としても行なわれた。

閏刑としては女犯の僧、心中未遂の者に行なわれ、三日間晒されてから本刑を受けることになっていた。

心中未遂の晒

僧侶の寺法による追放

主人を傷つけたものを厳密にいうと主殺しでは晒の上鋸引、未遂は晒の上磔となる。

情死による晒刑 情死は歴史的に見て随分古くからあり、相愛の男女が、社会から受け入れられない状態となると、誰でも自然に考えつく行為であるらしい。

情死未遂者は日本橋へ三日さらされて、のちに非人手下になったのは原田伊太夫と遊女尾上の例などをはじめ随分あるが、親戚縁類が裕福であると非人頭に金を出して、一定の儀式（足洗い）を経、一般人に復させることがあった。これには相当の金がかかった。

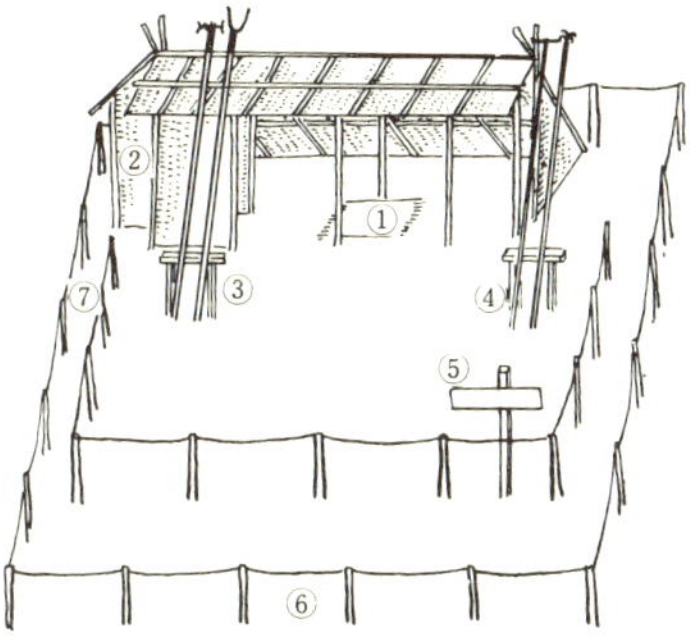

番人小屋間口5間
奥行1丈
屋根菰葺囲莚張
大縄張間口7間
奥行6間

①囚人を縛っておく柱
②囚人雪隠
③非人番人
④谷の者番人
⑤捨札
⑥囚人出入口
⑦番人出入口

晒場の配置図

吉原遊女の晒

僧侶に対する晒刑 僧侶が晒刑を行なわれた記録は非常に多く、僧侶は俗塵を離れた者として一つの格をもっているにもかかわらず、色欲を持つことを憎まれて厳しく検挙されたことを物語るものである。

晒らしの方法 晒の場所は日本橋高札場と相対した所であった。

新吉原の晒刑も有名なもので、逃亡した遊女が捕えられて来ると、大門脇の常夜燈に縛りつけて三日晒した。

刑そのほかの付加刑としての晒 晒刑は、女犯の僧侶・心中未遂だけでなく、別の刑にも付加刑として晒を科することがあった。

正保五年（一六四八）二月の町触に、

振売札なしの者、跡々申付候ごとく、当人は三日さらし、其上三十日の籠舎。

とある。鑑札なしの振売（110ページ参照）が捕るとやはり晒された。

死刑

斬首　死刑には下手人、死罪、獄門、磔、鋸引き、火焙りの六種と、武士の切腹とがあった。

最も軽い刑が下手人である。これはよく加害者のことを下手人といっているが、間違いである。

下手人、死罪、獄門は皆首をはねられる。しかし斬首されてから、死骸を様（ためし）斬りの恥辱刑を受けないのが下手人である。様切りにされたり死骸とり捨てにされるのが死罪、首を獄門台に晒す恥辱刑が付加されるのが獄門である。被刑人の苦痛はいずれも一瞬できまり、死に至ることは同じであるが、死後の恥辱刑によって軽重がつけられていた。

斬首の役人　打首の役人は牢屋同心が勤める規定で、ことに身分ある罪人を斬るときは、必ず同心が勤めなければならぬことになっていた。打首役を命ぜられた同心は刀の磨き代として金二分が支給された。この金は町奉行所保管の闕所金で賄った。しかし同心のなかには斬首に馴れておらず、はなはだ下手の者があった。

そこで打首の役は同心のほかに、非公式であるが麹町平河町の浪人山田浅右衛門が累世世襲して勤めることが多かった。

斬首役人の斬首修練　町方同心常に斬首の練習をしておくというのは、牢屋同心の誤りである。町方同心は捕縛の練習はしたが打首の練習はしなかった。

斬首は首を斬りとばすのは普通の腕前であって、これでは血が前へ飛び、罪人の衣服および斬り手にもかかる。

上手の者になると、咽喉の皮一枚を残して斬るといわれる。こうすると首の重みで首が前にたれ下り、血が噴出さないで胴体から充分に血を流し出させることができるといわれている。

牢内の迷信　死刑に処せられる者があると、その牢内の囚人一同が、前日

「徳川刑罰図譜」による山田浅右衛門の様斬り

の夕方から南無妙法蓮華経とお題目を唱えたという。これは日蓮上人が由比ガ浜で処刑される折りに、助命の恩典がくだった故事から出たものであった。

また飯粒を丸めて乾燥させて作った数珠を、死罪の囚人に持たせてやる習慣もあった。

下手人

下手人とは人殺しをして、情状酌量された者が首を斬られる刑で、死刑の中では一番軽い罪とされていた。

刑の執行手続きは死罪と同じであるが、死罪は夜間の斬首であるが、下手人は昼間の斬首であり、その死骸は様斬りにされないで引取人に下げ渡されるから埋葬することもできた。ただし首を斬る刑を執行されたのであるから、首を胴につぎ足すことは禁じられていた。

また下手人には闕所の付加刑はないが死罪には財産官没の付加刑がつけられていた。

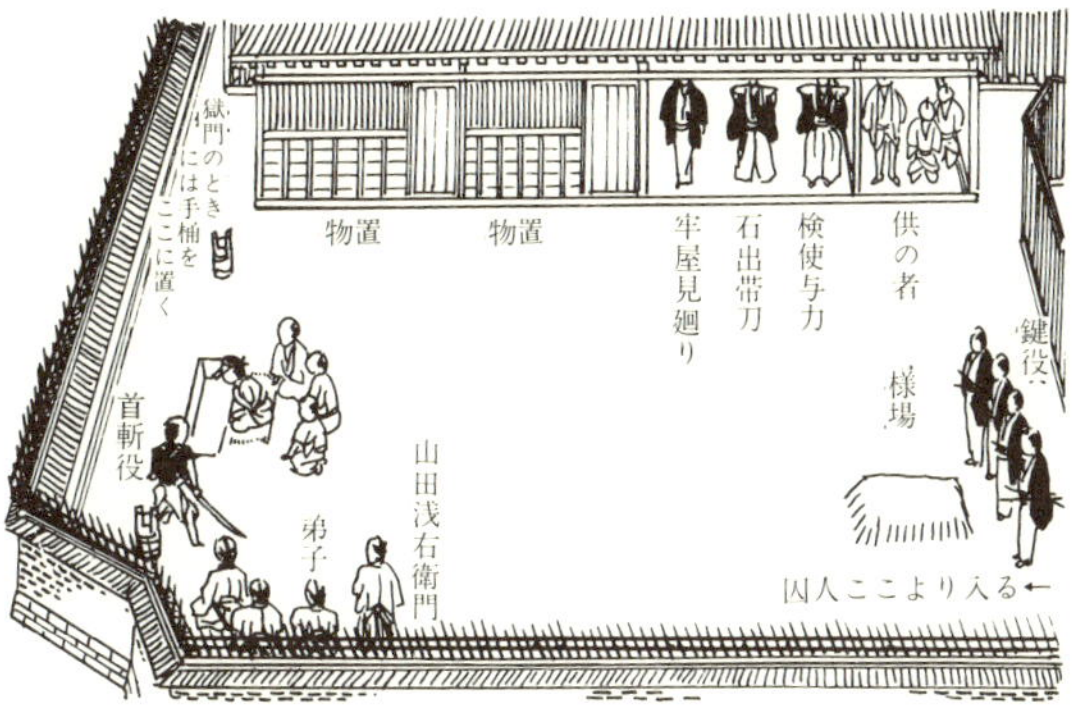

牢屋敷内刑場

斬首のときに、士であれば目隠しを行なわないことになっていた。

死罪

下手人と同じく斬首の刑であるが、下手人よりは重く、獄門より軽いものを死罪といった。

「お定書百カ条」に、地頭に対し強訴した者、一揆結党の主導者（寛保元年極）、金十両以上品物で十両以上と見積れるものを持逃した奉公人（寛保二年極）、人妻を強姦した者（寛保二年）妾の場合も同じである、忍び入らなくても盗むつもりで人を傷つけた者、盗人の手引きした者……などのこまかい犯罪例に分けられており、この死罪に当る罪人が一番多かった。

斬首の場所は牢屋敷内東北隅である。受刑者が牢の前を通るとき、各牢の名主代は戸前口に立って名残りと称して哀別のことばをかけた。これは習慣になっていて、ひとしお哀れをもよおす一場面であった。

切口入場で、受刑者は半紙を二ツ折りにしてその間に藁縄の細いものを挟んだもので目隠しをされる。この紙を面紙《めんがみ》といった。

「徳川刑罰図譜」では、首斬役が、羽織・袴姿であるが、これは誤まり

囚人を斬首する同心

斬罪仕置

で、打役同心は羽織・着流しである。

ドイツ人のケンプェルがオランダ商館付医員として江戸参府に加わったが、彼の著書「日本誌」には、鈴が森の刑場前を通ったとき、

その死体や首は皆くさって靡爛している。犬や鳥に食いちらされた胴、首、手足が重なり合っている。一見ぞっとするような不愉快な戦慄すべき光景であった。

と記している。江戸へ入る街道の入口である鈴が森と千住は、庶民への見せしめ警告にこのような刑場があったのであるが、常時物凄い光景を呈していたのである。

市ケ谷刑務所内で斬首される高橋お伝

三段斬り　これは江戸の処刑場では行なわなかったが、加賀藩で行なった死罪の方法である。右図のように両手を上にして縛って吊るしあげ、斬り手はまず胴を斬る。よほどの手練の者でないと胴は両断できないから、両断しそこなうと受刑者は苦しがって暴れ、次が斬りにくくなって醜態を呈する。見事に両断すると、首の重みで残った胴が上に上って首が下にさがる。そこをすかさず首をはねるので身体が三つにわかれるので三段斬りと称したが、胴を斬りはらった刀を燕返しにして首をはねることは大変難しいことであった。

様斬り《ためし》　様切り、試し斬りとも書くが、これは死罪人の胴体を斬って刀剣の斬れ味の利鈍をためすことをいう。

山野勘十郎の後をついで二代目山田浅右衛門が将軍家刀剣の御様御用を勤めるようになってから、死罪人に限ってこれの用にあてることになったのである。

腑分け　死罪の女性は様斬りには供されなかったが、医師の申出があると解剖の材料にされた。解剖のことを当時の言葉で腑分けといった。

腑分けで有名であったのは、明和八年（一七七一）三月四日に杉田玄白ほか数人の医師の願いで、千住小塚原で通称青茶婆という五十歳になるもらい子殺しの咎で死罪になった女を腑分けしたことである。

執刀は老人の非人が行ない内臓をひらいて見せた。杉田玄白はクルムスの「解剖図譜」の正確なことを知り、この書の翻訳をほかの三人の医師と共に行なって「解体新書」全四巻を完成し、日本医学界に多大の貢献をした。

明治十二年（一八七九）にも死罪婦人の解剖の風習は残っていて、山田浅右衛門が斬損なって醜態を演じた死罪人高橋お伝は、処刑後、警視庁第五病院に屍体を送られて、二月一日より四日間にわたって細密に解剖に供された。

三段斬り

様斬り

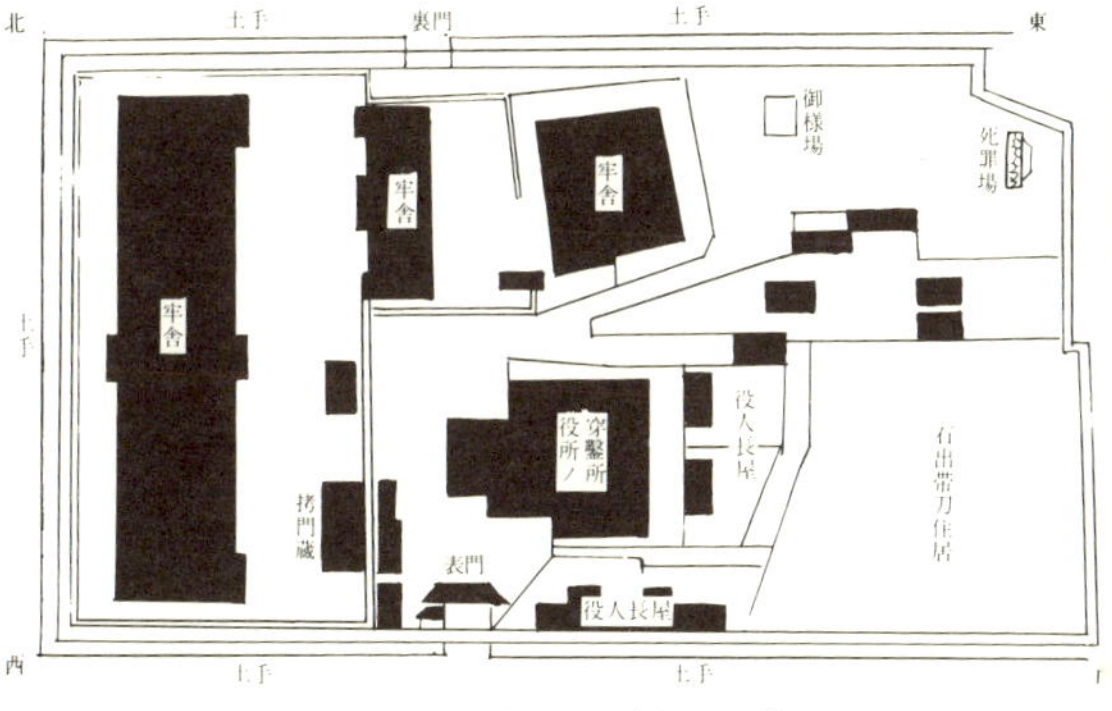

小伝馬町牢屋敷内の様斬り場の位置

間刑場に晒すという恥辱刑が付加され、その後で取捨てられた。

獄門

獄門の刑は死罪よりも重く、斬首されてから、その首を三日間刑場に晒すという恥辱刑が付加され、その後で取捨てられた。

獄門のうちでも、とくに重いものは引回しの属刑が付加された。また武士でも特に重罪を犯したものには獄門の刑があった。

獄門の刑は斬首までは死罪とまったく同じであるが、首を非人が水で洗い、俵に入れて青竹を貫ぬいて運び、獄門検使の手によって晒される。

獄門台の寸法は首掛けの長さ四尺、幅八寸、厚さ二寸、足四寸角、長さ六尺のうち、土中に二尺うめる。材質は栂である。六尺高いところに晒されると俗にいうが地上四尺である。板の裏から五寸釘を二本ならべて打ち出し、これに首をさした。

獄門二首のときは板の長さ六尺、三人のときは八尺とされていたが、一首一台となってからは、この制は廃された。

晒している期間は正確にいえば三日二夜である。捨札はそのまま三十日間立てられていた。

引廻しの属刑

引廻しは死刑の中で重いものに付加刑として科するもので、下手人にはなく、死罪にはまれに行なわれた。獄門・磔・火焙りにはだいたい付加刑として引廻しがつきもので

腑分け

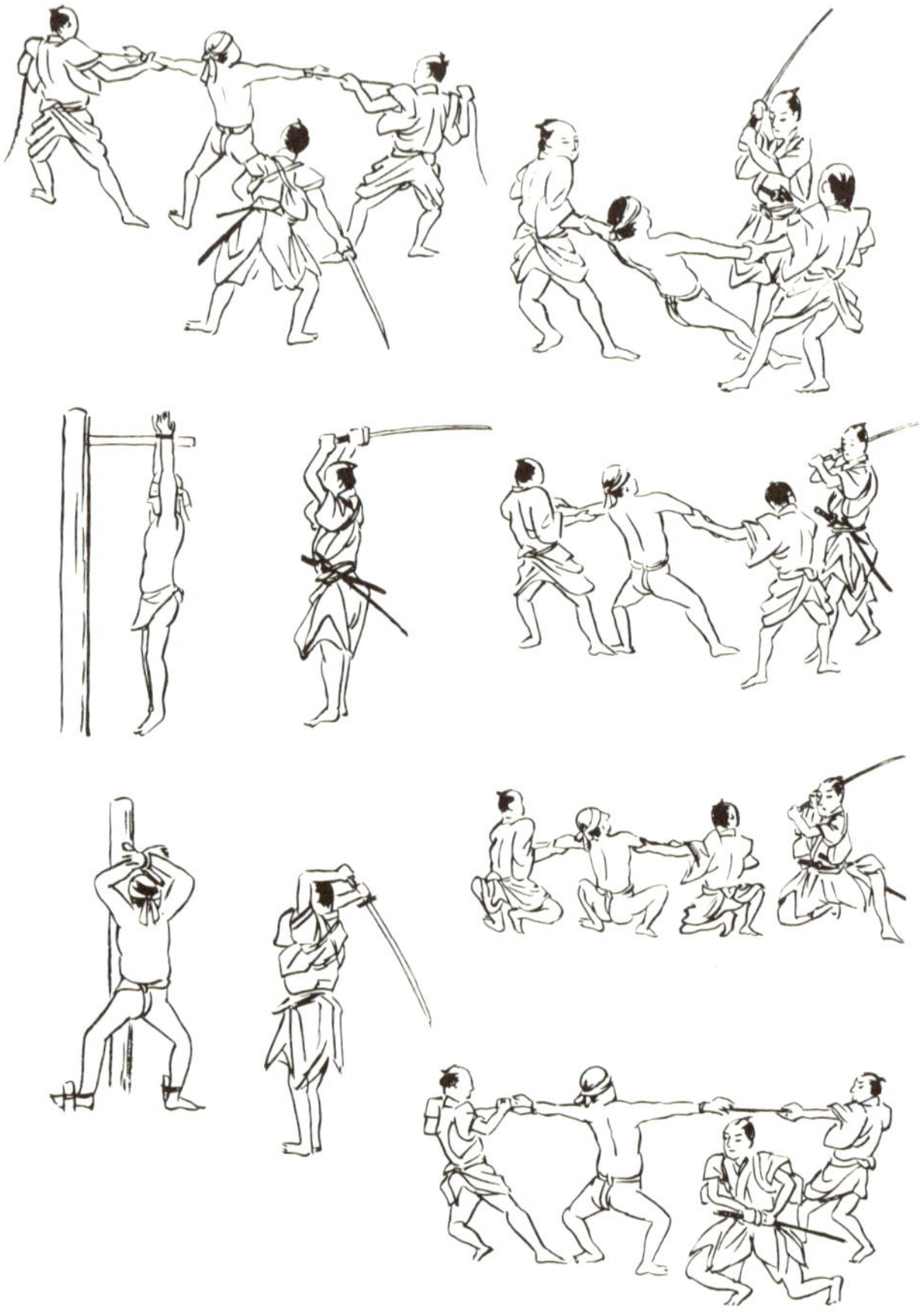

死罰人の斬り方

幕末に外国人がエッチングで描いた獄門の図

獄門にするために首を洗う非人

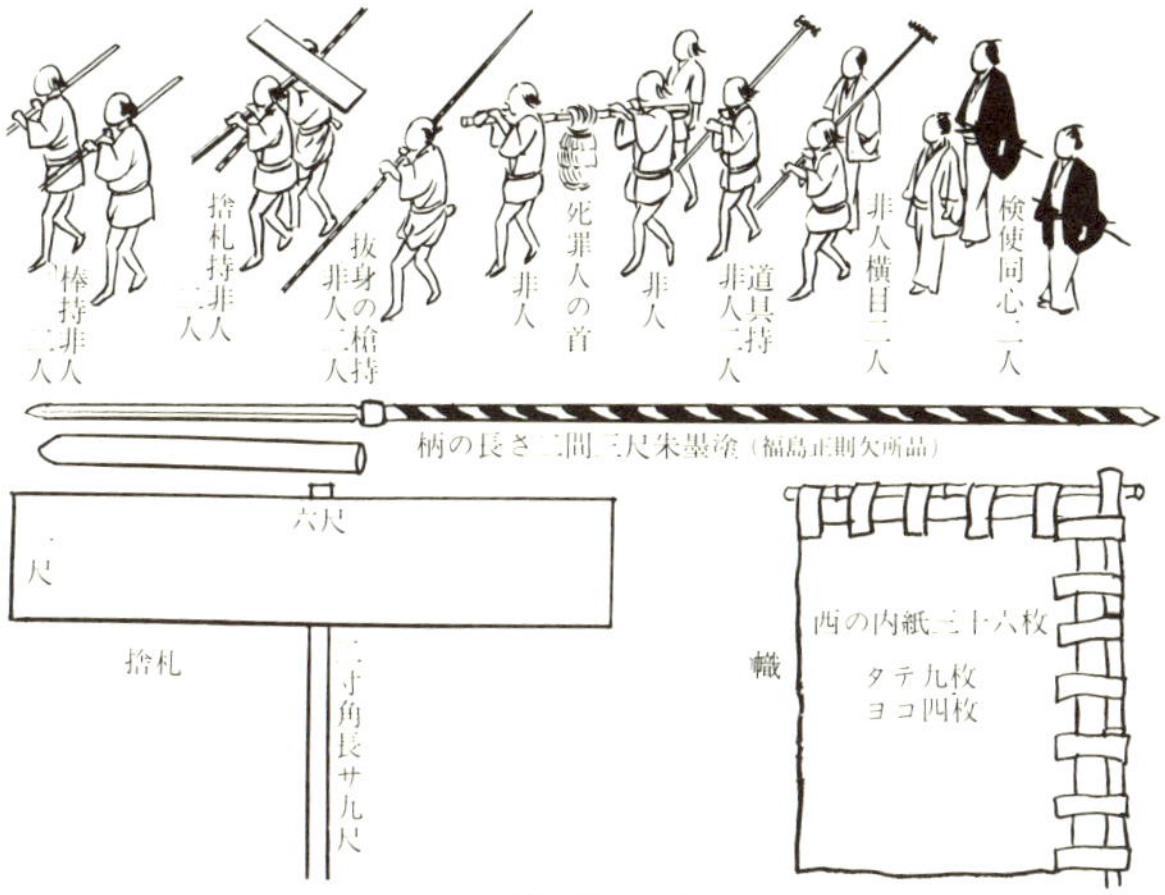

獄門首運搬の図

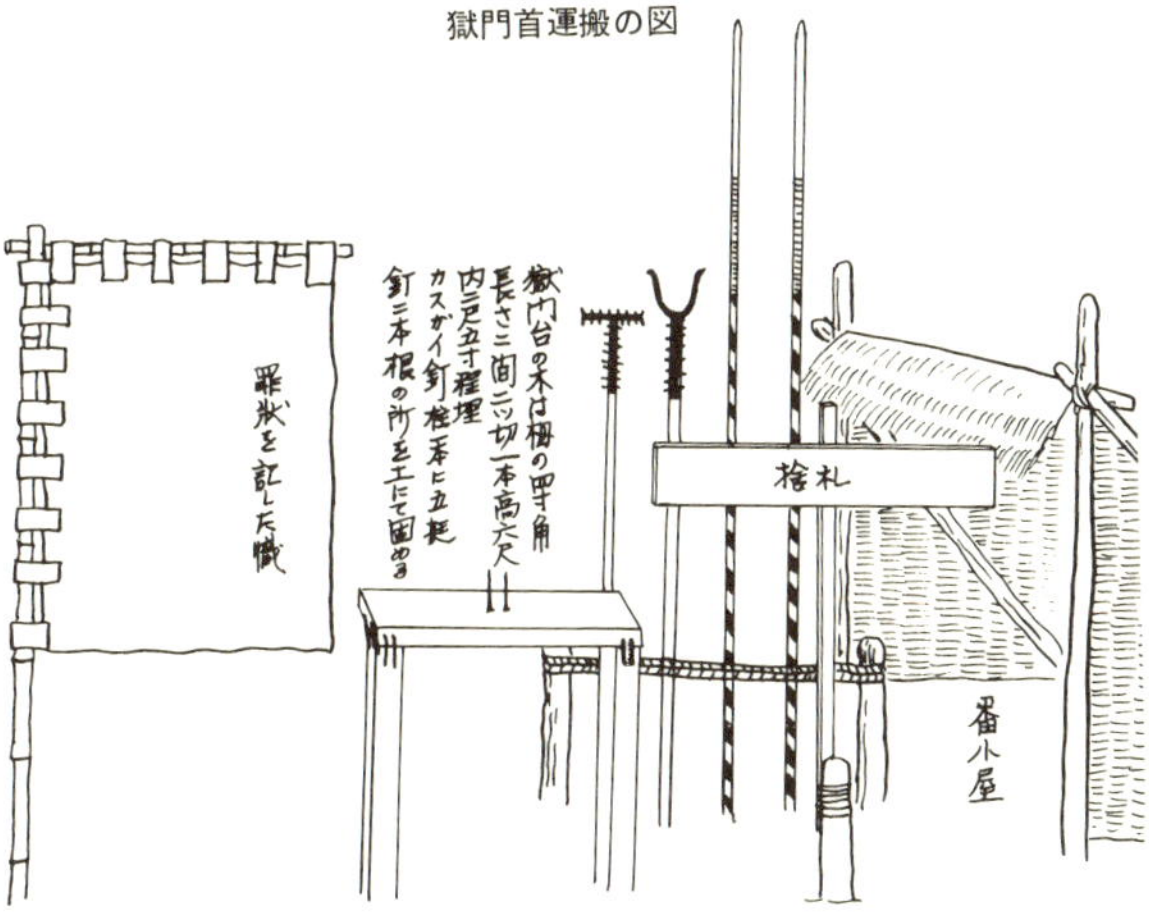

獄門首

あった。

死罪で引廻しにされるもの

　物を盗るとらないは別として、前の悪事も入れて五度以上他人の家、土蔵へ侵入したもの（寛保二年極）、似せ薬を売ったもの、放火未遂、元地主を殺した大家（寛保二年極）、主人の親戚を傷つけたもの、辻斬りしたもの（寛保元年極）、辻番所で巡回区域で一両以上の金品を拾って着服したもの、書状を途中で開封したり、金子の封印を破った飛脚は金高によらぬ（延享元年極）。

引廻しの上獄門となるもの　金子を受取って貰い子を捨てた者、本夫に傷つけた姦夫（寛保元年極）、主人の妻と密通した者（寛保三年極）、殺人して盗んだ者、剥取強盗、片輪者を殺して所持品を盗んだ者、金高に高下なし（寛保二年極追加）、謀書謀判した者（寛保一年極）、毒薬を売った者（寛保七年極）、似せ秤をこしらえた者（寛保二年極）、舅・伯父・伯母・兄姉を殺した者、支配人・請人・名主を殺した者（寛保二年極）。

引廻しの上磔となるもの　金が目的の貰い子殺し、本夫を殺した姦婦、似

「徳川刑罰図譜」による引廻し

せ金銀づくり、主人に傷つけた者（寛保元年極）、親殺し。

引廻し

引廻しにも軽重二種あって、軽いのは日本橋・江戸橋間、重いのは江戸城の外郭を引回した。すなわち日本橋・両国・筋違橋・四谷御門・赤坂御門に捨札を立て、これに御仕置場へ行く道順が加わった。

引廻しの属刑のない者でも、裸馬に乗せられて牢屋敷裏門から刑場に行くのである。垂馬に堪えられないほど衰弱した者は畚に乗せられて行った。

引廻しは恥辱刑であるが、被刑人にとっては反って娑婆の見収めができると喜んでいたという。

磔刑

刑に処せられる者は、だいたい次のような犯罪者であった。

関所破りおよびその案内人、姦通したうえにその本夫を殺害した女、主人およびその妻、または息子を傷害した者、親を殺した者、既婚の婦人に艶書を送った者、女を誘拐して遊女に売った者、金銀を贋造した者、師匠を殺した者、親を打擲しまた傷つけた者、主人または親を誣告した者、などである。

武士の場合は、養父を殺した御家人、公儀に対しての大逆罪などで、武士は滅多に磔にはならなかった。

江戸は小塚原と鈴が森の刑場であったが、地方では状況によっては悪事を犯した場所を刑場とした。博徒の国定村の忠治が関所破りをしたので大戸の関所脇で磔刑になった。引回しの属刑がなくても、牢屋敷から刑場までの道中は引廻しと同じであった。

磔柱は長さ二間の栂の木で下三尺を土中に埋めて立てる。両手を開いて縛るために上方に横木が一本あり、これで十の字になるのであるが、男は足を開いて大の字に縛るから下にも足首を縛る横木がありキの形になる。また開いた股のところにも木を打って股を支える。

横木は二寸角である。女は足を開かず直立させるため、足もとに直径一尺の半円形の受台を打つ。古くは女も大の字に縛られたが、江戸幕府法では十の字に縛った。幡物といった古言のように大の字にはりつけるのが正しいのである。磔、張付とも書く。

「徳川刑罰図譜」による磔刑

「徳川刑罰図譜」による磔刑のあとかたづけ

火罪

火罪とは俗にいう火焙りの刑のことをいうのである。火焙りという言葉のように焼殺すというより窒息死させるのであり、一説には火罪柱に取りつけるとき絞殺して、火焙りで死亡したように見せたともいわれている。

江戸時代初期の切支丹信徒の火罪は本当に火で焼殺したから、火がかけられると随分あばれたらしい。時代が降ると形式だけは残酷でも罪人の苦痛を減らすように考慮されたのであろう。

この刑は放火犯に限られたのは「目には目を以て償ない、歯には歯を以て対する」という考えからである。

放火といっても他人にそそのかされて放火した者は死罪であって、そそのかした方が放火しなくても火罪であった。

つまり放火の意志があって、それが行動に移されれば火罪なのである。

磔刑の様子

磔刑場の配置

火罪の罪柱は栂の五寸角、長さ二間のもので土中に三尺埋められ、上部に輪竹と釣竹がついていた。受刑人は後ろ手に縛り細腰、高股、足首を柱にしばりつける。太縄には泥を塗りこめ焼切れるのを防ぐようになっていた。

太縄の上からさらに縄をかけた。ここで最初からかけてあった首縄を切り、そのあと太縄を二重にして柱へ首を固定して縛る。この時に首が絞められて死ぬともいわれているが、この縄にも泥が塗りこめられる。それから茅の薪を四面から積んで覆うようにする。これを竃づくりといった。

その上へ茅を一把ずつ結んだまま二重・三重に積みあげ、中ほどから上には茅を散らしてかける。こうして下の方は薪でかためると、受刑人の姿はほとんど見えない。

三日晒してのちは獄門と同じく埋棄された。

女囚の引廻し

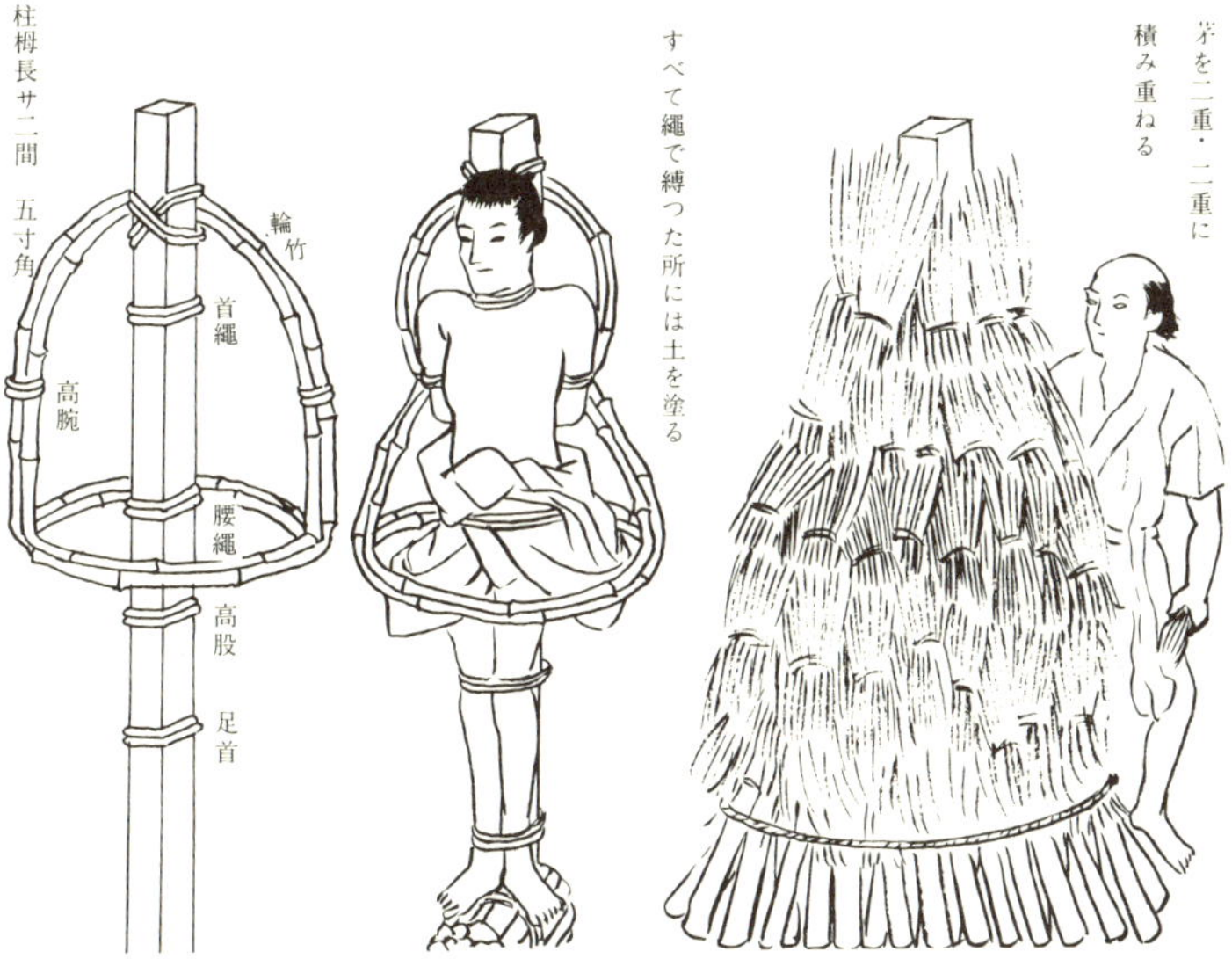

火罪の様子

「徳川刑罰図譜」による火焙りの刑

「徳川刑罰図譜」による火焙り刑のあとかたずけ

鋸挽き

これは最も残酷の刑であったので、主殺し以上、大逆罪に適用された。古くは本当に鋸で首を挽き切ったもので、室町時代後期から、豊臣時代頃には盛んに行なわれた。

上・右・「徳川刑罰図譜」による鋸挽き晒

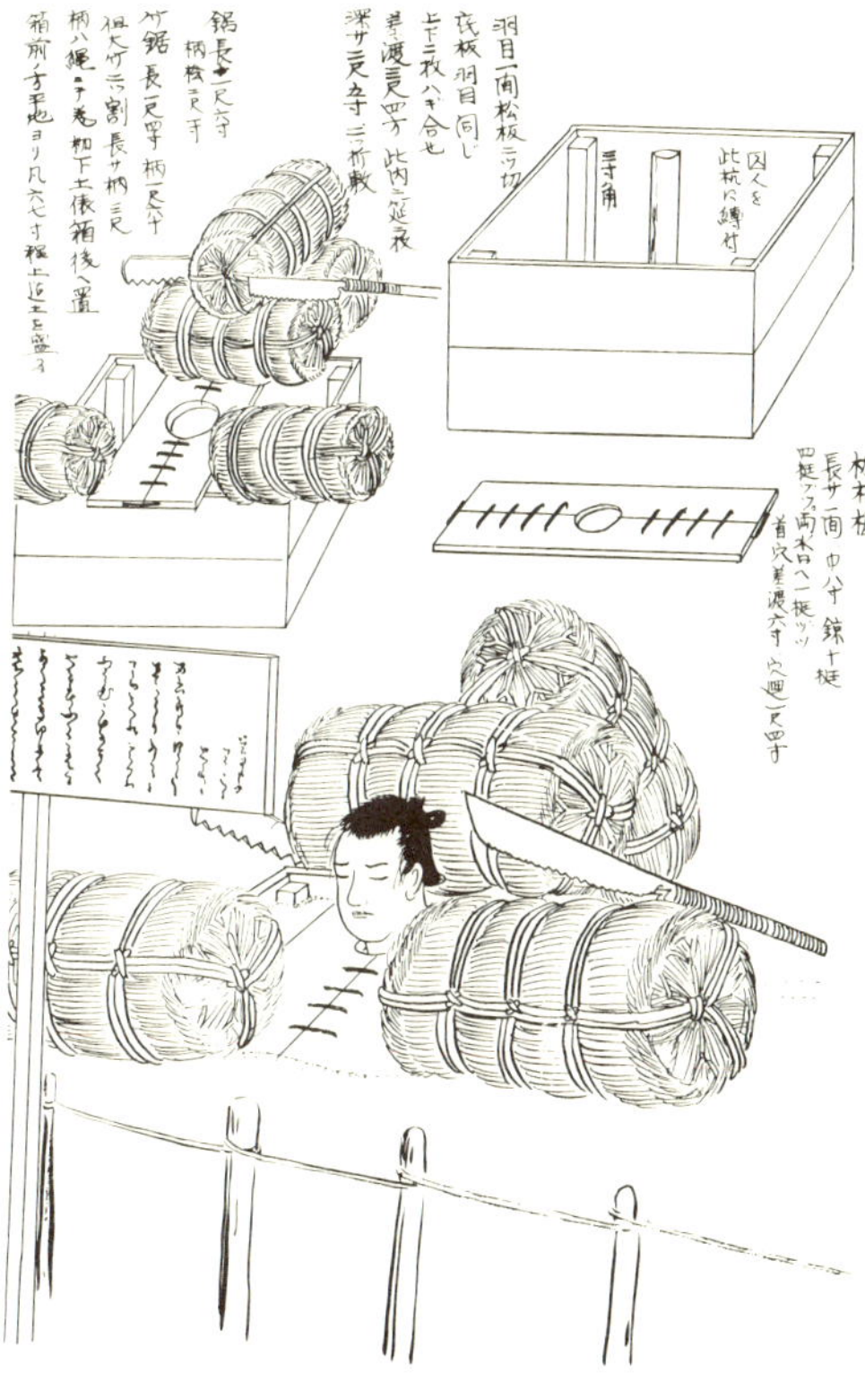

鎌倉時代に、源頼朝は父の義朝を殺した長田忠致親子を土八付（土磔、地面に磔として晒す）のうえ鋸挽きとした。

織田信長は信長を狙撃した杉谷善住坊を鋸挽きとし、また信長の伯母を横取りした上に武田方に裏切った秋山晴近を逆さ磔にしたうえに鋸挽きとした。徳川家康も武田勝頼に内通した大賀弥四郎を念志ガ原で土中に埋めて晒したうえ鋸挽きとした。

これらは本当に鋸で首を挽いて殺したのであるが、江戸時代に入ってからは、これらの形式を残して晒しものとし、本当に首を挽き切った例はない。

目的とするのは鋸挽き刑に相当する罪であるという表示のための晒し刑にすぎず、最後は磔刑になるのである。

鋸挽きの晒しは日本橋畔の晒し場である。この刑は一日引廻しの属刑がつき、二日間晒し、磔刑の上三日晒すのであった。

切腹

江戸幕府法では世禄を受ける武士の罰は厳しかったが、死刑にされる場合でも重くて斬首、たいていは自裁といって自ら割腹自殺をとげる方法が用いられた。ただし陪臣、浪士は別である。

武士の自裁は割腹自殺であって、ほかに方法を用いなかった。

割腹は切腹といって古くより行なわれた自殺法で、武士が武士の体面を保って自殺する方法であり、その方法を許すことは武士の面目であった。

切腹検使の配置図

古くは当人をして本当に切腹自殺をさせたのであるが、それでは長く苦しむので介錯人が首を刎ねるようになった。しかしそれでも切腹すると苦しがって見苦しくなったり、斬首しにくいので、切腹の真似をやらせて、その間に首を斬るようにした。斬首の刑と同じであるが外見は切腹の態なのである。

江戸時代も泰平になると戦場で切腹することもなくなったので切腹の仕方を心得る武士も少なくなり、赤穂浪士のなかにも切腹のやり方を知らない者もあったほどである。

江戸時代中期になると、扇子を紙で巻いて短刀のように見せておき、切腹する武士がそれへ手と首を伸したところを介錯人が首を刎ねるということを行なった。これを扇子腹といっている。

切腹場は牢屋敷裏門に近く、揚り座敷と百姓牢との間にある空地に設けられた。左右と後の三方は白木綿の幕を張りめぐらす。この幕は四幅で物

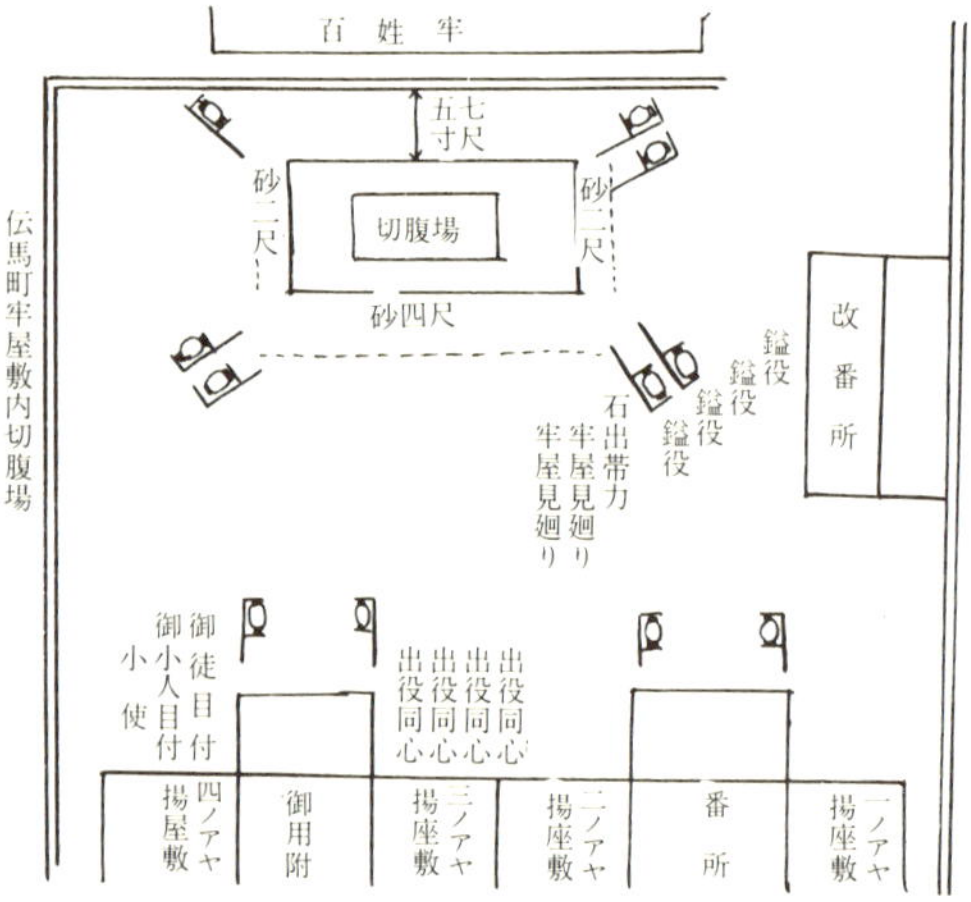

切腹場の配置図

「徳川刑罰図譜」による切腹

見をつけない。そして後ろの幕は逆に左右より食い逆いにして切腹する者の入口とした。切腹場の幕の外右側にはむしろを敷き、普通の幕を張って、棺桶と白張り四枚折りの屏風半双を置いた。そこに介錯人、介添人、死骸とりかたづけの人足足軽七、八人、目付役、徒目付が控えていた。

切腹場には砂を敷き、その上に縁なしの畳二帖を敷いた。畳の上には浅葱色の木綿布団（五幅）を敷き、さらにその上に小砂利を蒔いた。受刑の武士はこの畳の上に西に向かってすわるのである。

検使は切腹人が大名か旗本の場合には正使大目付、副使目付、付属の徒目付、同心六人、旗本以下の場合には正使目付一人、副使使番一人、徒目付二人、同心四人がつく。

正・副使は切腹場に面した正面に正使を右、副使を左にして着席し、徒目付二人は左右に着席し、検使について来た同心は蹲居する。

切腹の様相　切腹の故実から見ると、自ら刀をとって腹を十文字、また一文字に裂くのであって、通常は小刀をもって行なうのであるが、場合によっては大刀でも行なった。まず刀を左脇下に突立て、右方に引きまわし、次に胸下を刺して心臓を貫き、上向きの手を握りかえして柄頭を握り、刀にまかせて下方に押下げて臍まで裂く。それでも気が絶えねば咽喉を貫くのである。しかし自殺者はただ咽喉を突くだけでも恐怖で失敗するというくらいであるから、十文字に腹を裂いた上に咽喉を貫くことはなかなか難しい行為であった。

こうした法は介錯人がいない場合で割腹しても死にきれない時に行なった法である。幕末の折、新撰組隊士吉村貫一郎は鳥羽・伏見の戦で敗れ、もとの主家の藩邸に逃げこんだが、辱かしめられ、一人で割腹自殺をはかったが介錯人がいなかったので数時間苦しみもだえて死亡した。

捨札の例

捨札とは受刑人を晒場に置くときや処刑執行後一カ月間其場所に立てておく高札で罪状を記したものであり、不浄品であるから用済みとなると焼捨ててしまったもので、現在遺物は一つもない。獄門・火罪・磔・鋸挽きの刑の折に用い、引廻しには非人がこれを掲げ持って先頭を歩いた。

3 刑場

刑を執行する場所を刑場と呼んでおり、これは死罪以上の刑の者を処刑し、または処刑した後を晒した。

ただし、晒場や敲き刑執行の牢屋敷門前は刑場とはいわない。

牢屋敷の切り場、千住小塚原（普通浅草の刑場と呼んでいる）品川の鈴が森が刑場として有名で、そのほか板橋にもあった。

牢屋敷内では斬首のみを行ない、小塚原と鈴が森は磔・獄門・火焙りの場所であるが、幕末にはイギリス人殺害の罪で清水清吉が、神奈川県戸部の暗坂《くらやみざか》で英国人立合いのもとで斬首された。暗坂は神奈川の処刑場である。

このように処刑場は二種あるが、わかりやすくいうと、牢屋敷内の刑場は切り場といい、小塚原・鈴が森を刑場といっている。

なぜ小塚原と鈴が森が刑場に選ばれたかというと、江戸に入る東西の入口で、宿場があり往還が激しかったから、江戸幕府の警告・威嚇主義から人目につく所を選んだのである。処刑人の捨札はこのほかに、両国、板橋、新宿という江戸に入る街道の入口にも立てられた。

小塚原刑場

小塚原は千住村の荒果てた原で千住の宿のかたわらにあり、浅草の地域に属していたので浅草の仕置場といった。浅草・小塚原・千住小塚原などといい、略してコツといった。

小塚原のコツと骨のコツと相通じるから骨が原ともいった。

しかし本来は牛頭天王社があったので牛頭が原といったのが正しいのである。刑場のそばには宿場があり、私娼の遊廓があって賑わい、この遊廓をもコツと略称していた。

火刑・磔・鋸挽き・獄門の場所であるが統計的には磔が最も多く、浅草の磔場などともいわれていた。

ここは処刑後の死骸を本所の回向院に埋棄して、小塚原へは埋棄しなかった。

処刑人が本所回向院（現在国宝山無縁寺）へ埋棄されるようになったのは明暦三年（一六五七）正月の江戸の大火事（俗にいう振袖火事）以後のことである。明暦の大火の焼死者十万八千余人を回向院に埋めてから引取り手のない死人の埋場所となり、やがて牢死・刑死人も埋棄するようになったのである。そのうちに人家が立込んで、本所回向院に埋葬する余地がなくなったので、牢死・刑死人は千住に埋棄するようになった。そこで小塚原にも一寺を建立して寛文七年（一六六七）に回向院とし、また慈善有志の人々が被刑者追善供養のため地蔵尊や、南無妙法蓮華経の石塔を建て、処刑場としての体裁がととのった。

ここに埋棄された者は一年に一千人に達したといわれるから、この刑場が廃止された明治十四年までは寺の説明によると二十万人がここに埋棄されたことになる。

処刑場で執行された残酷な刑がどのような警告になったかはとにかくとして、いかにその頃の人達の好奇心をそそったかは、近くに料理屋や遊廓ができて人々が多く集まったことでも知られる。

刑場を含めて、千住回向院の地域は千坪あまりであったが、明治二十年（一六八七）時の政府は表通り三百余坪を払下げ、七百坪の境内となった。昭和になって人家がいよいよ建てこんで、地蔵尊とお題目の石碑のあたりのわずかの地域となってしまった。

地蔵尊は青銅製で四メートル位で台座蓮華の表面横は約三メートルの大きさである。

ここで処刑された人達で有名なのは南部藩士下斗米将真浪人して相馬大作と称した男、同じく関亮助、鼡小僧次郎吉、橋本佐内、吉田松陰、島抜け毒婦で女郎上りの花鳥、明治の原田きぬこと夜嵐お絹などである。

「徳川刑罰図譜」に描かれた獄門首（獄門台に首二つのせる時は本図よりも長い板を用いる）

鈴が森刑場

鈴が森の刑場は品川の宿のかたわらにあり、東海道ぞいの往還の激しいところで、当時は海に面していた。小塚原と同じく江戸開府以来の刑場であった。

受刑人は地域によって小塚原と鈴が森へ分けられた。

鈴が森では、ここで処刑した火罪・磔・獄門・鋸挽きの遺骸を埋棄したが、牢死・下手人の死体は埋めなかった。それでも一年に千人以上の者が処刑されていたから、江戸時代に死罪以上の者は一年に二千人以上あったことになり、江戸幕府の法がいかに厳しかったかが窺われる。

松林を背にして前は波打際の刑場は荒涼として凄まじいところであったといわれている。ドイツ人のケンプェルの著した「日本誌」には、その惨鼻な光景が記されているが、外国人にとっては随分野蛮な処刑と目に映ったであろう。

現在では人家が櫛比してわずかの地域が処刑場の痕跡を止めているが、処刑者を埋棄したあたりは現在国道となっており、道路工事の折に、この地域から無数の白骨が発掘され、その地域には砕かれた骨片によって、ちょうど貝塚のように白い地帯になっており、これを数俵のたわらにつめて近くの寺へ埋葬したが未だ付近には多くの骨があるという。

そのほかの刑場

明治初年のころは、鈴が森、小塚原は流石に外国人の目にふれるのを憚って廃止されたが、市ケ谷刑務所内の杉の森林の中に刑場が設けられていた。森の中に黒板塀で五十間四方を作り、その中央に土壇場があった。土壇場は畳一帖位の面積を二尺ほど掘りさげて漆喰固めとし、まわりは木の枠であったがその木の枠は執刀人が斬り損なって食い込んだ痕が、ザクザクになっていたというから、明治十四年に斬首廃止になるまでに随分多くの人が斬首されていたのであろう。

当時の斬首は、懲治監の囚人を並べて死罪執行を見させていましめとしたので、高橋お伝が斬られた時に目撃した囚人の記録も残っている。

このほかに幕末には板橋の宿場でも斬首があり、元新撰組局長近藤勇がここで斬られているが、幕末ごろまでは刑場としては用いておらず、ただ磔・獄門・鋸挽き・火焙りの処刑人の捨札が立てられた所である。

最近ここをもって古くより刑場として用いたとする説があるが、江戸時代の地図にも、「新篇武蔵風土記考」、「御府内備考」にも記されておらず、高札場のことは記されている。

近藤勇がここで斬首されたので刑場跡として誤まられたのである。

このほかに切支丹屋敷内の刑場などがあった。

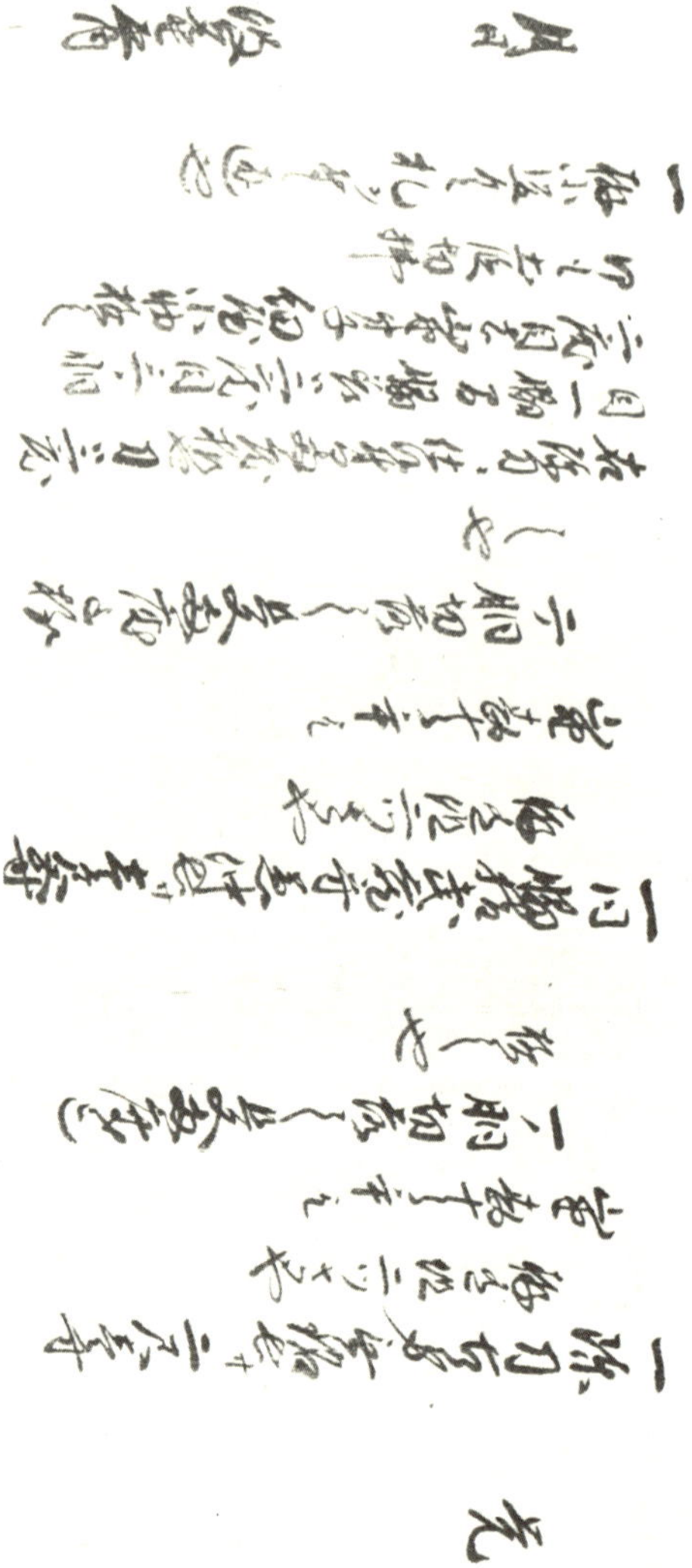

山野勘十郎による
様斬の証明書の覚

Ⅵ　江戸町奉行所補説

1 捕物用具と捕縄

(1) 捕物用具の種類

奈良時代に犯罪人を追捕したのは刑部省の下役であった。

平安時代初期以降に検非違使が設けられ、読んで字の如く非違を検察したのであった。これはまた犯人の検索探査もした。

検非違使は廷尉といって大尉から小尉までで五位の官人であり、長官であったのでその下に随兵がおかれ、これが直接犯人追捕の任に当ったが、後には随兵の郎党や検非違使の下部がこれに当った。随兵は江戸時代の与力の役に当り、郎党、下部は同心の役に当った。また検非違使は軽犯罪者の罪をゆるして放免という手先に使ったが、これも江戸時代の岡ッ引・目明しに当っている。

やがて武士の台頭によって武士が政権の座についたので司法警事の権も掌揮した。そのために武士の平常用いている武器は追捕の用具としても用いられたが、できるだけ相手を殺傷しないで捕える武器は熊手であった。軍記物に記されているように、逃げる敵を追いながら大手をひろげて「いざ手捕りにせむ」と叫んだのは、捕具らしいものがまだ考えられていないので、相手を捕えるのには組打ちしか方法がなかったのである。

そして熊手は、それの長柄武器であって相手を引きかけて倒したり、城攻め舟戦に用いるもので、本来は相手を仕留るための前提の補助武器であったが、熊手は殺傷を目的としなかっただけに、捕具として用いることには適していた。

鎌倉時代末期頃から室町時代の戦乱に明け暮れた頃の武士の間では、組打ちの術、捕縛の術はすこぶる発達し、やがて後の小具足術、柔らの術となるのであるが、これは戦場における必要なわざであった。室町時代迄の功名手柄には組打ちによって敵首を獲ることを良しとしている家もあり、弓・槍の術におとらず修練すべきものであった。また敵を生捕りにすることも必要であったのである。

戦場で必要としたこれらの技術が、江戸時代に入って犯人捕縛の術として大成されたのであるが、捕縛に用いる補助武器も捕具として発達して来ている。

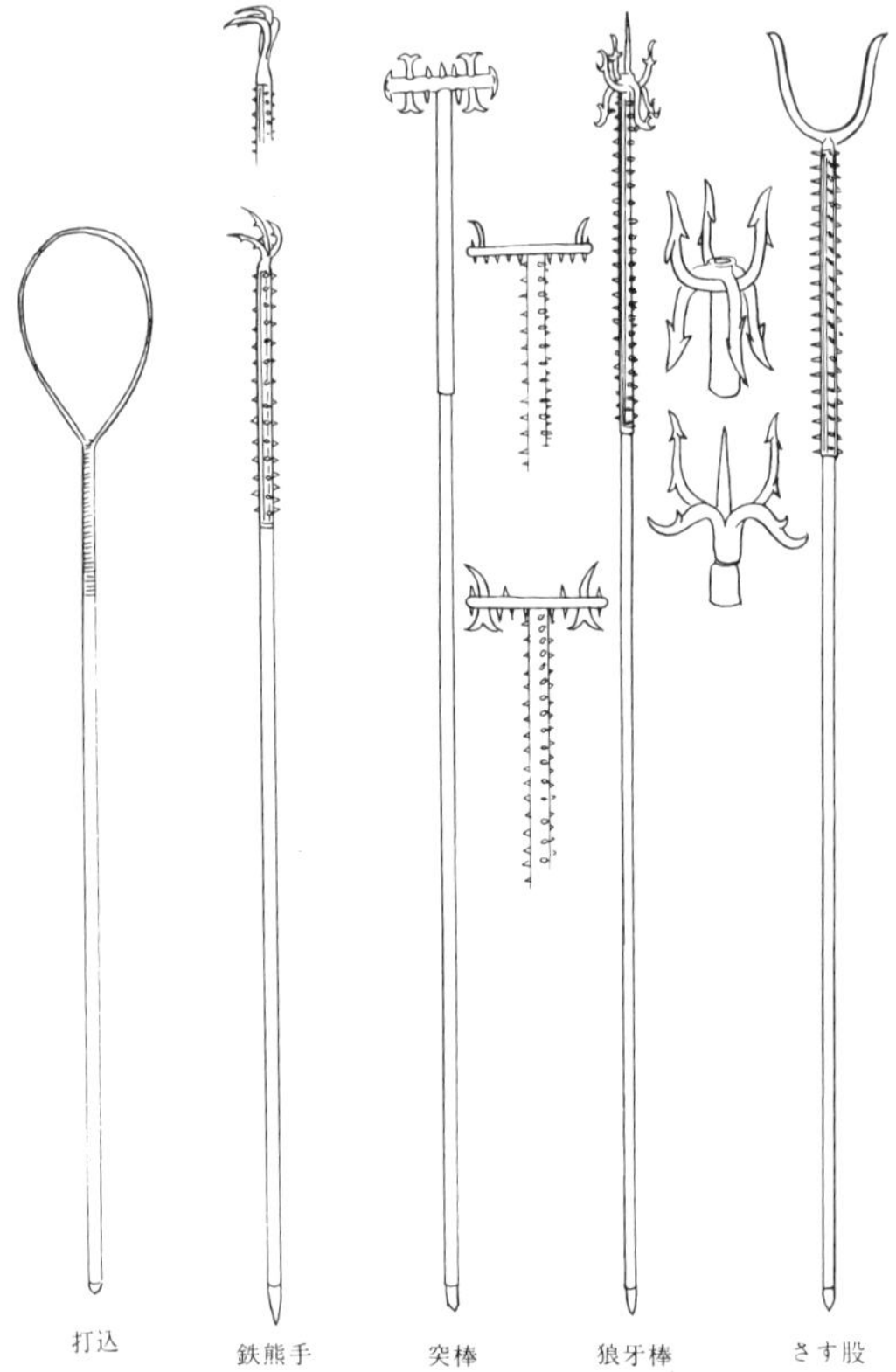

捕具のいろいろ

「徳川刑罰図譜」による打込・六尺棒などを用いた捕縛の図

三ツ道具

三種類の捕具の長柄類を三ツ道具といい、江戸時代にはその形式が定まったが、その始めは室町時代末期頃からであろうと思われる。

突棒、さす股、袖がらみの三形式は捕具補助器として完成されたもので、戦場用のものではない。

突棒　突棒とは九尺から二間位の柄の先に鈎や刺のついた鉄具がつけられ、槍の太刀打ちに当る所にも斬折られたり握まれたりしないように鉄板を伏せ、たくさんの刺を植えたもので、熊手に似ており、機能的には熊手の役もするが、これで相手の衣服や、髪をからめて相手の行動の自由を奪ったり、攻撃を受けとめたりした。

さす股　さす股も同じような形であるが、先端が蟇股状になっており、これで相手の衣服をからめたり、咽喉・腕・足を押えつけ、またねじたりした。

袖がらみ　袖がらみも柄は突棒と同じであるが、先端にT字形の刺のある金具がつけられ、これで相手の攻撃を受けとめ、また袖をからめて相手の行動の自由を奪ったりした。

これらは「室町殿物語」などに出て来るから、永禄頃には現われたと思うが、果たしてその頃のものが江戸時代のものと同じであったかどうかは不明である。

琴柱という名称が用いられているが、これがさす股の原始型であろう。

熊手

熊手のことを竜吒《りゅうた》といっているが、竜が爪を立てた形に似ているので名付けられたというが、竜吒と熊手は自ずと別である。

熊手の先の爪状のものだけを竜吒といって、これに縄、または鎖をつけて、投げて、物を引きかけたものを竜吒といい、熊手は古くより熊手といって別物である。それがいつしか混同されて熊手も竜吒といったのは、江戸時代の小具足術の伝書の誤りからである。

熊手は、平安時代末期頃から戦場の補助武器であったが、室町時代の末期頃から捕物に多く用いられ、その鈎も上方両方につけ、棘を植えて突棒に発達したのである。しかし江戸時代には熊手と突棒とは使用立場を異にしている。もちろん、熊手は捕物にも用いるが、純然たる捕物道具ではない。

熊手に似た補助武器に舟戦用に幾つかの種類がある。

鎖竜《くさりりゅう》吒《た》

熊手の先端の金具にだいたい十二尺位の鎖をつけたもので、元には鉄丸をつけた。

鎖鎌のように相手に竜吒を投げつけて相手にからめば、鎖を引いて近接せしめ、相手が抵抗すれば手元の鉄丸を飛ばして刀をからめたり、打ったりしたもので、捕物には便利なものであった。普通の竜吒は縄であるので、せっかく相手に引っかけても縄を斬りはらわれるおそれがあるが、鎖竜吒は切断できないばかりか、末の方の鉄丸が武器となるのである。

打込み

打込みは首拭輪といい、相手の首にはめて引倒す捕具で、水早長左衛門が創始したといわれている。あまり捕物に用いられていないが、実際には便利であった。

六尺棒

樫の木の六尺の長さの棒で、棒術は室町時代末期以来武器としてその使用法がすこぶる発達したが、防具にも適切で、また限った部分を攻撃すれば相手を殺傷することなしに相手の攻撃を止めさせ捕えることができた。

室町時代末期頃には警固の者に持たせたりして広く普及し、江戸時代には門番・辻番・番太・同心などが用いて捕具兼武器とした。

平安朝時代の検非違使に使われている火長の持つ杖がその原始的用具であろう。

そのほかの捕具

このほかに捕物用具としては、梯子、網、戸板、竹のたが、大八車、目つぶしなど、何でも用いられたが、古武道の捕具としては、鼻捻、万力、十手の三種が最も利用されている。

十手

十手の起源は種々伝えられている。楠木多聞兵衛正成創案といい伝えられている鉢割りの発達したものが十手であるという説は一応うなずけるようであるが、鉢割り自体が楠木正成時代のものではなく、江戸時代のものであるからこの説は正しくない。

鉢割りの本当の効用は、いまだに不明である。敵を組みしいてから鉢割りを用いるというのではあまりにおかしな話である。これは十手の形式が発達していく過程において護身用の鉢割りと称する形式のものが作られ、鉢割りという名称は、ビールのセンを抜くように用い方によっては鉢も割れる位の効用があるというので、後につけられたものであろう。江戸初期頃までの古記録には鉢割りという名称は一つも見当らないし、これに該当する武器・捕具もないのである。

鉢割りは十手からヒントを得た護身用具であるからこそ、脇差仕立に、柄、鞘を用い、また異国好みにして赤塗、木彫りの外装としたのであろう。十手は古くはジッテ、ジッテイともいい、実手とも書かれるが、術手・術挺を思わせ、一種の捕物技法の名称であろう。

十手の鈎は相手の攻撃の大刀をここで受けるためのもののように考えがちであるが、ものすごい勢いで斬りつけられたら鈎で受けても鈎は斬り落されるであろうし、また斬り落されなくても勢いあまって拳が斬られてしまうから、刀刃を受けるのが目的の鈎ではあるまい。

刀刃を受けるのは、その棒の方であって、棒の上をすべった刃が鈎で留って、その折に十手をねじて刃をねじ押えるのであろう。ゆえに十手で受

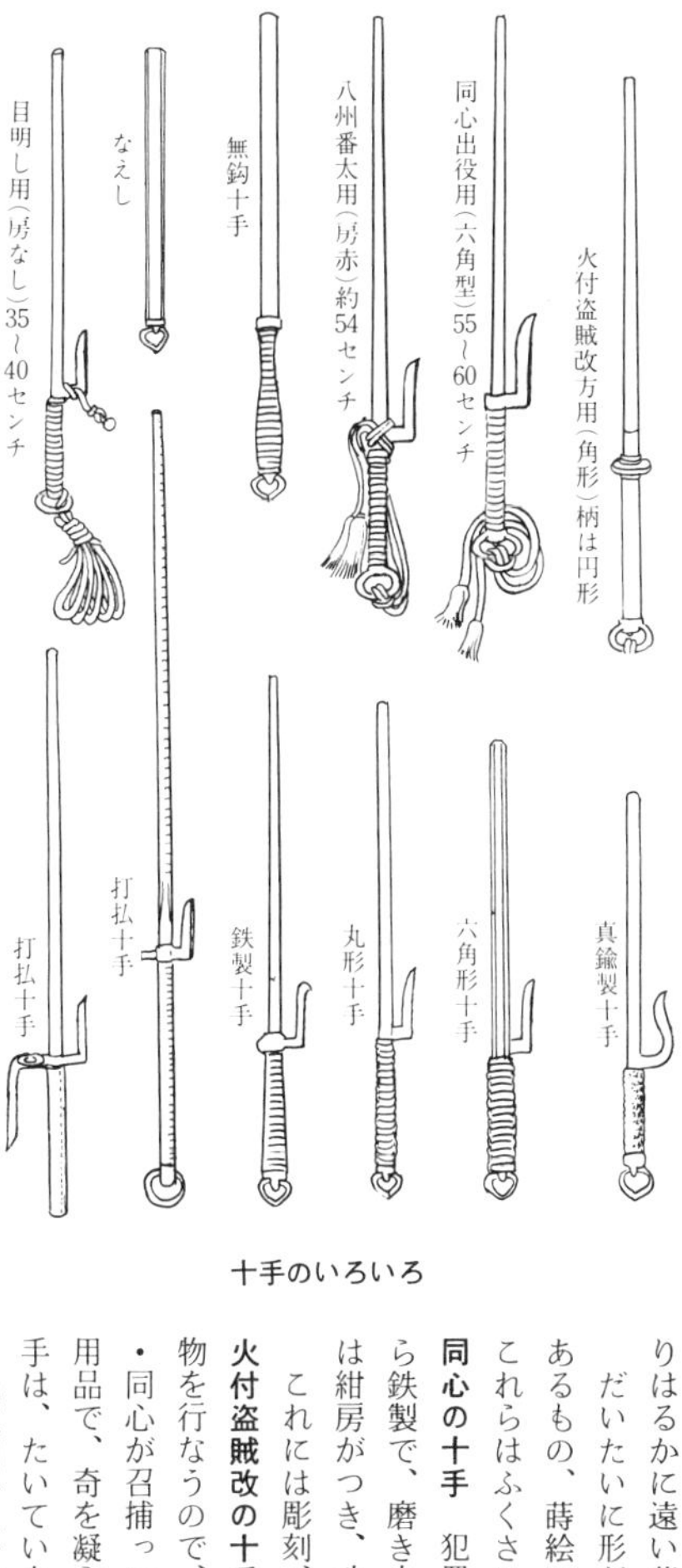

十手のいろいろ

け身になっていたら相手に斬られてしまうから、相手を殺傷しない程度の攻撃武器として用いるので、打撃武器として用いる方が有効である。

相手が刀を抜こうとする先に相手の臂を打ち、そのほかを打ちすえ、または十手で咽喉を攻め、腕を攻める。時には柄の紐を伸ばして鎖分銅のように用いるなど相手の機先を制して用いるのが十手の基本で、敵刃を受けるためのものではあるまい。もちろん敵刃を受ける場合もあり得る。

町奉行所の同心は犯罪人捕縛を専門としたから捕縛術と十手術は充分に修練をしていた。十手は捕物に用いるばかりでなく護身用具としても用いたから、江戸時代の十手の形式は好みによって数百種類にのぼっている。しかしその中で大別すると次のようになる。

与力の十手　与力も江戸時代初期は率先して捕物を行なって、しばしば功名争いが起きる位であったから実用としての堅牢な十手を用いたが、中期頃から捕物出役に出る与力は、同心そのほかの指揮者となったので、十手も実用を離れて装飾的なものとなった。これを指揮十手といい、時には検察の職にある者の身分証明の道具にも用いられ、同心の持つ実用の十手よりはるかに遠い華奢なものとなってしまった。

だいたいに形が小型で、朱漆塗りにしたもの、彫刻がしてあるもの、蒔絵の描かれたもの、真鍮製のものなどである。これらはふくさに包むか、錦の十手袋に入れて懐中した。

同心の十手　犯罪人追捕に当る同心の十手は実用品であるから鉄製で、磨き出したもので長さ一尺五寸位あり、緋房または紺房がつき、功によって恩賞ものには紫房が許されている。

これには彫刻、漆塗りなどは行なわない。

火付盗賊改の十手　火付盗賊改は、町奉行と違って、自ら捕物を行なうので、十手を常用したが、たいていは同行の与力・同心が召捕ってしまうので、町奉行所の与力と同じく非実用品で、奇を凝らしたものが多い。現在残っている変り型十手は、たいてい火付盗賊改の所持したもののようである。

元文四年（一七三九）頃の火付盗賊改の別所孫左衛門は、うの木の材でこしらえた十手を黒く漆で塗ったものを懐中に所持していたといわれる。形式的に所持していた証拠である。

八州取締役出役の十手　房付きの十手は町奉行所の与力・同心以上の者に用いられるのであるが、町奉行所同心より低い地位の八州廻出役の十手は、同心の恩賞物の十手のように紫房が許されていた。これは身分は低いが重い役で広い権限を持っていたからである。与力に倣って銀磨きに唐草彫りなどをした立派なものであった。

八州廻道案内の十手　本来であると八州取締役自身が犯人を召しとるのであるが、たいていは八州取締役は与力のごとく指揮者となり、小者・足軽道案内が召捕りに回ったので、これらも十手所持が許されていた。

小者・足軽は、一尺五寸の同心の十手と同じもので、緋房が許されていた。

道案内の目明し・番太などは本当に実用品の頑丈な十手で長さも一尺八寸もあり、四寸の柄には籐が巻きしめてあり、これを楠木流の十手といった。

江戸の岡ッ引の十手　江戸の町奉行の同心が手先に使っている岡ッ引きは

本来、探索聞きこみが主であるので御用聞きというので十手は持てないのが本当であった。しかし捕物の手伝いの折には借し与えたが、捕物のたびに貸出すのは不便なので、預けっぱなしにしておいたので、いわゆる十手捕縄を預かる御用聞きなる語が生じたのであるが、同心が持つような緋房付きではなく、単なる素十手である。それを柄の所を紺布、または赤布で巻きしめたもので、映画で見るような房付は許されなかった。まして岡ッ引の下の下ッ引きあたりは十手が許されていないのであるが、岡ッ引の親分になると、手製の十手を用意して子分にも貸与えた。十手は別に私物として作ってはいけないという規則もなかったので、岡ッ引たちは自分で鍛冶に頼んで作らせながら十手を預かったと称しているのである。

このほかに京都町奉行所の十手と、遠国奉行の十手と、藩の十手とそれぞれ異なるものがあり、また十手に鍔を設けたもの棒の中に分銅鎖を仕込んだもの、刀仕立てのもの、双鈎のもの、また二尺一寸のもの九寸位のものまであり、鉄鞭に鈎つけたものもあった。

(2) 捕《とり》縄《なわ》

捕具のうちに十手についで重要なものは捕縄である。捕縄には、いわゆる縄と細引きとがあり、使い方も結び方もいろいろの方法があった。

捕縄の発達

縄、細引きは三河国（静岡県）宝蔵寺産の麻が良しとされていた。この麻を米酢で一時間ほど煮てからそれを乾燥させ、これを砧で打ち、しなやかにして組編んだものである。

縛るというのは相手が抵抗できないように束縛することで、だいたい手を緊縛して手の行動を奪うが、時には足も縛り、また身体のほかの部分をも動けぬように縛ることもある。

しかし、手の緊縛によって抵抗は不可能となるから手を縛ることが一番多い。

これには手を前に組合わせて縛るのと、上膊部だけ縛るのとあるが、手を後ろにして縛る方法が一番広く用いられ、世界でも共通している。

しかし、縛り方が悪いとほどいてしまうことがあるので、縛り方は古くより研究されている。平安時代・鎌倉時代にはすでに首縄、上膊部の縄を用いて後手に縛ることが絵巻物によって描かれ、蛛蜘手・十文字の縛り方まで発達している。さらに地獄草紙などには逆海老の形の縛り方まで描かれているからいろいろの方法がすでに行なわれていたことが知られる。

武士が戦場で敵を生捕ったり、犯罪人追捕を命ぜられたりするので、武士間にも捕縛術が発達したが、室町時代の末頃から、敵を縛るのに身分による区別の縛り方が行なわれ、それが江戸時代にも伝えられて、身分、男女、長幼によって縄のかけ方が異なるようになり約四十種に及び、さらに流儀を生じるほど発達したのである。

縛るというのは犯罪容疑として濃厚なもの、入牢の者、自白した者、また戦場で捕虜としたもの、私刑として縛ったものに対して行なう法であり、また名称であって、取調べ以前の容疑者には適用されない。

取調べ以前の容疑者を縛るには、縛った結び目をつけぬ方法で、縛るとはいわず、巻く、からげる、とりしめる、といった。

結果は同じであるが、結びとめるのが縛るのであり、結びのないのは縛ったうちに入らないから、相手に侮辱を与えていないという解釈であった。いわゆる縄目の恥は縛った方にいうことで、同じく縛っても結び目をつけなければ縛られたのではなく、現代語でいう束縛で、行動の自由を奪ったのに過ぎないのである。

町奉行所の用いる縄　町奉行所の平の者の用いる縄は赤、青、白、黒の色ものを四季によって用いたともいわれ、また四季によって縛るときの向きを変えたといわれるが、捕縛術としての故実であって実際においてはそんなことにかまってはいられない。

しかし、北町奉行所は白、南町奉行所と牢屋敷は紺、勘定奉行所は三番白縄、火付盗賊改と寺社奉行所は白細引きとなっていた。

縄の種類

縄は使うむきによって名がつけられており、本縄、早縄、鍵縄、切縄などがある。これは縄のかけ方でなく縄の種類である。

早縄　同心・岡ッ引の持つ二尋半（一尋は約一メートル五十センチ）の縄のことで、この縄で容疑者をからげて連行した。

本縄　十三尋、十一尋、九尋、七尋、五尋の五通りあって、容疑者が犯罪人であると確定すると初めて本縄をかけた。長さの違いは身分、長幼、男女によって縛り方が異なるからである。

鍵縄　同心のところで下男がわりに働いている手先たちが使ったもので、縄の先に鈎がついている。それを相手の着物の下前や左襟にひっかけて一本縄でぐるぐる巻きにした。非常に手早くやらねばならぬので熟練を要したという。

早縄のかけ方

緊急臨時の場合の縄のかけ方

切縄　藁を二筋でなった縄で、死罪以上の者にかけるのを切縄といった。腕は腕、足は足と別の縄でかけるから切縄といったという説と、斬罪以上のものがかけられるので切縄といったとも唱えられている。

　また囚人も身分によって縛のかけ方が異なり、大牢・二間牢に入れられている者は外鞘内の土間でうしろ手に縛る。

　揚り屋入りの者は揚り屋縁頬へ連れ出して張番縄をかける。これは両方の小手をゆるめて縛った。

　病人・怪我人など肘の関節のまがらないものは、片手だけ後ろにした片手縄を用いた。

　このほか手を縛らず腰だけ縛った腰縄もある。

縄のかけ方

緊急臨時の場合　一尺余りの有合わせの紐を用いる場合の縛り方である。両手を後ろに回させて、両手の拇指を重ねて、その根本を固く縛り、余った紐で足の拇指を重ねてこれも縛る。そうするとすわったままで動けなくなる。

　後ろ手を吊り上げようとする時は髷に結びつけるか襟に穴をあけて紐を通して引きあげて縛る。

　この縛り方はあくまで緊急臨時のもので、このまま長く置くと拇指の血行が止まり腐ってしまう。

早縄　攻撃して来る相手を避けて背の方に回り、利き腕をとってねじ上げて押倒し、片手を片膝で押えつけて、片手からねじ上げて手首に縄をかけ、もう一方の手もねじ上げて背で重ねて、縄をからげ、その縄を片方の二の腕をめぐらせてから首へ回し、もう片っ方の二の腕にかけて

縄抜けできない縄のかけ方

手首に戻して手首のところで結んだ。咽喉に縄がかかっているので暴れることができない。これは早縄として最も簡単確実の方法である。

縄抜けのできない縄のかけ方

どんな風に縛っても簡単に縄から抜け出してしまう縄抜けの名人にそなえて考案されたものである。

㋑十文字縄 首縄と肘縄と手首を十文字に直結する。

㋺上縄 前面が上の字に似ているところから名付けられたもので、背面は上肘と首と手首を菱形に編んだように縛った。ちょっと手のこんだ方法である。

㋩割菱縄 前後とも肘、首に縄がかかって菱形になり手は前で縛る。

㋥違菱縄 首縄と肱縄で前後ともに菱形になる。後ろは中心に縄をからげて一段作ってから、手首を縛り、あまりは帯にからげておく。

以上いずれも雑人・庶民を放置しておくのに用いた方法で、放置するに当っては、いささかの用を足せるように手首だけ縄はとくが、肘から上は利かないようになっていた。

㋭下廻縄 かけ方は複雑であり、なかなか縄抜けができない。前で手首を縛る。数珠つなぎにして連行する時に用いた。

㋬返し縄 違菱縄を複雑にしたもの。後手にして縛った。多く出家に用いられた。

㋣鷹羽返しの縄 やはり僧侶にかけた。前手首縄であるが肱と関節のすこし下にも掛けるから腕を動かすことは不可能である。

㋠注連縄 神社関係の者に用いた縄のかけ方で、違菱縄に似ているが、関節の少し下方で縛ってあるので大変苦しい。

㋷笈摺縄 山伏などにかけるのであるが山伏縄とは別である。菱縄と十文字縄を兼ね、肘の関節のすぐ下方も縛る。大変厳重な手間のかかる縄のかけ方である。しかしこの縛り方なら縄抜けができないばかりでなく、もがけばもがくほど、どこかしらが苦しくなって動くことはできない。

㋦羽付縄 囚人が掛合いなどに対決するときに用いた。前手首縄で楽のように見えるが、後手の返し縄と同じで動くことができない。前手首を縛ってから腰に巻いて腰縄とし、あまりを帯に通して縄尻は後ろになる。

㋸**乳掛縄**　貴賤の別なく婦人にかけた。女縄とは別で前手首にして縛り、帯にからげた。ちょうど首縄と肱縄が乳の上に来るが婦人は乳の上を縄で緊縛すると苦痛のため絶息してしまうので、こういう方法が用いられた。

㋾**足固縄**　船中用とか剛の者に用いた。しゃがんだ形にして膝も共に縄をかける。立っても歩くこともできなくなる。船中で立てると海に飛びこまれるおそれがあったからである。

㋻**切縄**　斬罪のときに用いた。首縄のうしろに総角のようにして結び玉をつくり、違菱縄に似ているが、これも厳重であった。

㋕**二重菱縄**　これは武士にかけた。前手首を縛り、首縄から両肱、手首へかけて菱縄が二重になったように見えるのでこういった。すこぶる厳重である。

㋵**介縄**　罪人の追放、請渡しのときなどに用いた。菱縄に似ているが、鎖を使い、後手首で帯にからげた二重の襷の形で厳重な縛り方である。

㋟**留り縄**　縄抜けの名人に用いる。決して脱けることができず、永くそのままにおくと指が腐ってしまうのである。

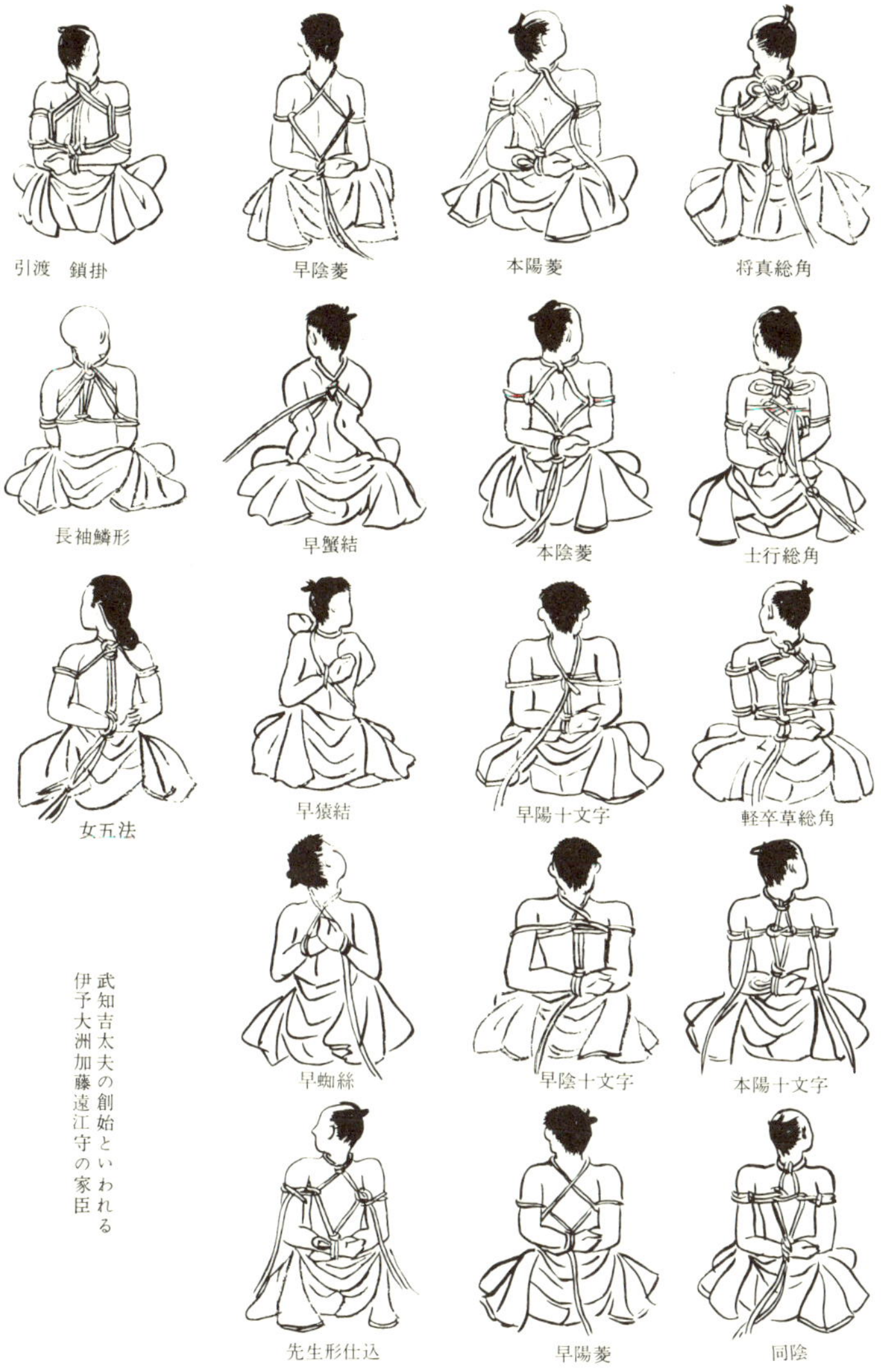

武知吉太夫の創始といわれる
伊予大洲加藤遠江守の家臣

方円流捕縄法18種

このほか武士の心得として文政七年五月吉日案本の「武士之心得事七十五の条」の中に、「人を縛ったときには縄のあまりを足の指にくくり付けておくとか、畳を起して畳の裏についている取手へくくり付けて置くと良い」などと記されている。

また縛り方には大洲流、方円流などという独特のものもある。

2 町奉行所にまつわる話

町奉行所見学のできる日

毎年六月七日は中橋の天王社の祭礼であるが、この日に限り庶民は町奉行所の中に入って見学することが許されていた。

「江戸町奉行事蹟問答」に、

古来よりの仕来りにて、中橋天王祭の節は当日神輿を舁ぎ来る。表門を開きて入れ、玄関式台前におろす。奉行の名代として公用人礼服にて奉幣して御酒を備う当番所前に来る。与力・同心出て同じくす。

此日、諸人男女を問はず表門より入り来り、諸番所を縦覧するなり。奉行の家族親戚、与力・同心の親戚家族に至るまで、悉く出て白洲を始め役々詰所まで縦覧するなり。当日夫人女子供まで衣服を着飾り、白襟紋付、娘は袖、部屋住の男子も嫡子なれば継上下、次三男は羽織袴にて来りて神輿を拝し跡は勝手に縦覧して、其の夫は此所が調所なるか、某の伜は此処にて事務を執ると始めて来るものに語るもあれば、子弟には早く此処にて公事吟味を勤る位置に登ることを心掛けよと教訓するもあり、罪を犯せば此砂利の上にてあの縄にて縛られ、牢にやらるるなと威し誡しむるありて四半時（午前十一時）までは大混雑なり、奉行よりも与力よりも赤飯を紙包にて出し饗応するなり、内見終れば、皆々行儀正しく退散して跡は常の如く事務を取扱うなり。

とある。

町奉行を批評できる日

将軍が紅葉山で御能を見物するときは、諸大名、諸役人も陪席を許されるほかに、一般民衆も御能見物が許される。そしてその日に限って町奉行の良し悪しを自由に口にすることができた。

これは将軍が町奉行の成績を知りたいためであったといわれる。当日の町奉行は民衆に何をいわれるかわからないので大変緊張していたという。

町奉行所に和蘭商館員の挨拶回り

和蘭商館員は江府に参府し、将軍に御気嫌伺いをすると、各役々にも参上するが、町奉行所にも挨拶回りがあった。

その折の状況は「江戸町奉行事蹟問答」によると、

これは余若年、嘉永三戌年三日頃なり、南町奉行は遠山左衛門尉（景元）にてありし、蘭人は甲比丹一人、通弁一人、書記一人、外ニ長崎奉行支配の役々なり、当日は与力惣出にて与力継上下同心は羽織袴にて、各衣服帯剣見苦しからざる様に申合、黒羽織に袴は思い思いなり。番所の餝付は別に替りなく、常の通りにて能く整頓し、応接の間は内詮議処より胴の間・上の使者の間を打通し正面床の間ある方を奉行の席としたり。

側の廊下通りは一躰に簾をおろし透見の席と定め、用意整い来るを待つ。

蘭人は門前まで駕籠にて来たり開門して入る。同心は敷石左右に列を組み立ちて、通行の際一礼す。玄関式台へ公用人継上下にて出迎、彼より土産ものを出す。取次人これを受取り、公用人先導して玄関に入る。与力は広間に列座して一礼す。彼も通弁に問うて受く。使者の間にて休息せしめ、夫より与力は応接の間左右に列座して奉行の出席を待て公用人出て、外国人控席の唐紙を明ける。長崎奉行支配通詞引いて応接の間中央に連来り奉行に面会せしむ、其時奉行は遠路無事に出府を祝し、今日見物の挨拶を陳ぶ彼の答えに、御奉行様御気嫌よく恐悦に存じます。此度私共出府御目見被仰付、御用向無滞相済、近々帰国いたします故、御礼として参上いたしましたる処幸に拝謁を許され忝なしと申陳べ、奉行土産もの挨拶あり、帰路無滞御無事を祈ると云。彼れ恭けなしと答一、二の談話に及ぶを見て、公用人八寸の膳へ菓子を載せて持ち来り饗応す。椅子を出ださず、彼も着座に困り、許しを得て横に足を出し、難儀なる躰にてありしなり。
内見処には婦女子など簾の内ニ在て皆皆無音謹慎して人あるを示めさざる申し合せなりしに、如何にせしか外国人帰らんとする先に至り、非常なる物音を発したり。列座皆皆驚ろきしに、外国人も通弁に問う。通詞事馴れたるものにて何か洋語にて答弁せしに蘭人も笑って事済みたり。帰りの節は公用人は先導して玄関に送出たり。右物音は其頃の南町奉行所は年古き建物故、床が損じ居る所へ多人数の透見人立至りしために、床に落ちたり、幸に怪我もなくて事済みたり。

とある。

南町奉行所の七不思議

江戸の人間はよく七不思議というものを作って、怪異物語の条件をそろえた。麻布の七不思議、本所の七不思議、八丁堀の七不思議などは有名で、無理に七ツの怪異物語を作ったのであるが江戸町奉行所にもこれがある。
「江戸町奉行事蹟問答」に、
人の曲直を糺し、奇怪異説を制禁する役所にては此弊はありしはおかしきことにて番所にては誰も気に止るものなく、只新参ものをおどす咄しに老婆のたたりありて夜中は様々の怪異あるなど申し伝へ、これとも余も十二の頃より宿直をせしが一度も疑敷ことに出逢しことなく、只々奉行の奥向家中の婦女子下人などに申し伝へ大いにこれ信じ末までこの申し伝へと形跡は残りたり。
其一　血の井戸
邸内丑寅（北東隅）の隅に稲荷あり。其前に朝夕海水の満干に依て井水の増減ある、赤きさびを生じたる井戸あり、常用に遣い方ならず、非常用心のために存し置きたり。此井戸には度々過ちありしと伝えて家中のもの用水にせず。
其二　入らずの長屋
奉行家来長屋の内にて一カ所住居人を禁じ空き長屋にいたし置く、これに住居すれば病人絶えることなしと云い伝えたり。
其三　婆婆石
奉行奥方の住居座敷外囲の辺に三、四尺もあるべき平石あり。此辺先年街道にてありし時、此石に腰をかけて毎日茶菓子を商いし老婆ありしに、御用地となりし時（宝永頃）活路を失ない、其辺に来り藤の枝に首を縊り死せしと云。其うらみ今にのこり、此石を麁略に取扱ふものにはたたりをなし拝礼するものはこれを守らんと云伝へたり。
其四　咲かずの藤
前の石の上へ棚を造りこれを掩いし藤あり老婆首を縊りし已来花さかずと云。
其五　ヒヨンの木
庭前植込の内に一樹あり杉に類せしものと云い伝う。これ先年類焼の節焼けたり。
其六　暮六時限り長屋見廻りの者拍子木を打つことを禁
この禁を犯すものは見廻中必ずつまづき倒るるか、又は拍子木を奪い取らるるの過ちありと云。
其七　暮六時後、長屋内にて頬冠りを禁ず
此禁を犯すものは必ず過ちあり。厩の仲間小もの馬の寝藁を棚よりおろさんとして頬冠りせしときは必ず過ちありという。
右七不思議は不取留ことながら、奉行役替新役へ引継ぎの際、前の公用人より笑ながら跡役公用人へ伝へたるまでにて、奉行は取払はんとせしも、婦女子など恐れて言い伝へを存じ置きしが其儘ありしなり、表役人に関係なきことゆえいつも新役へ其儘引渡したり。

御定書百カ条

江戸時代の処罰法はすべて「御定書百カ条」に規定されている。これは八代将軍吉宗の命令で作られたもので、寛保二年（一七四二）に完成した。「公事方御定書」の下巻である。

それまでの刑法は、おおむね戦国時代からの遺法を受けついでいた。刑法が制定されたといっても別に公布されたわけではない。この罪には、この罰と杓子定規にあてはめたものではなく、情状によっては大いに罰の軽重があり、男女、武士と町人百姓などによって解釈の仕方に違いがあった。

俗に十両盗めば死刑といわれるが、巾着切りは十両以上盗んでも三度までは入墨か敲き放しであった。強盗などとは違って、巾着切り（すり）は相手が油断しているからすられるのであって、すられる方が悪いという武士的考え方であるから罪が軽くなっている。

今日の法律とは解釈の仕方が違うが、今日でも挑発的な風俗をした婦人が襲われた場合に、襲った男性はもちろん犯罪者として法の適用を受けるが、挑発的な恰好をした婦人も戒告される。これは婦人にも油断があったと見られ、戒告は江戸時代の最も軽い刑罰の叱り（呵責）と同じである。しかし今日では婦人の態度が挑発的だったからといって男性の罪は軽くはならない。

盗みの場合でも昼間の空巣狙いは十両以上の盗みであっても、盗まれた方にも手落ちがあるとして敲きの刑で済む。

男と女の場合を見ると、たとえば関所破りの時に男女一緒であれば、男の案内の仕方が悪かったとして男は主犯で磔刑となり、女は従犯で非人手下にされる。

姦通の場合でも男は獄門で、女は死罪である。同じ首を斬られても男の方が死後の恥をさらす。

心中も同じで女が死んで男が助かれば助かった男は死罪である。男が死んで女が助かれば女は非人手下である。

これらは女尊男卑ではなく、男が主で女が従ということで男尊女卑の考えから出たもので、女を一段低く見たからである。女に特に法をゆるくしたわけではない。したがって男が主人で、女が召使いの場合では罪の軽重は逆になる。たとえば男の主人と女の召使の心中の場合に、女が死んで男が生残れば男は非人手下、男が死んで女が生残ればたとえ男から仕掛けられた無理心中でも主殺しとして女は死罪となる。主従が先決条件なのである。

このように江戸時代は封建思想に立脚して法律が定められているので、道徳を加味した法律といっても、江戸時代の思想から組立てられた道徳であることを知った上で「御定書百ヵ条」を参照してみるとわかりやすい。

明治新政府に引渡した町奉行所

明治元年五月に江戸町奉行所は新政府に引渡され、廿三日には市政裁判所となった。その新政府役人に引渡した折の状況は「江戸町奉行事蹟問答」に詳らかである。

これは町奉行所の終りにて、一大事件故与力・同心身分の進退に付、様々なることどもあれども、それは与力同心の部にて委しく陳ることとして、此処にて番所引渡しのことを陳べん。

戊辰五月十九日徳川亀之助（明治元年四月徳川本家を継ぐが将軍ではない）公用人を江戸城大総督府へ被召出、左の通り御達しあり。

府下取締之儀、御委任被仰付置候所、今度当分江戸鎮台被差置候ニ付、寺社、町、勘定之奉行所並ニ諸記録類明日中ニ悉く引渡可申付事。

但奉行之分ハ被止候。其以下役人之者当分是迄之通出勤被仰付候。

大総督府有栖川熾仁親王殿より御達被成候事。

当時南の町奉行は佐久間鐇五郎、北は石河河内守なり。（佐久間鐇五郎は大政奉還してから任命されたから叙任されないから官位がない。江戸町奉行所始って以来ただ一人の無官である）組頭関口権助、調役上田作之丞、野口運之助、秋山久蔵、佐久間長敬、吉田駒次郎皆々徳川家より職を免じ、右引渡方は与力の内年番方にて取扱候様。

佐久間鐇五郎より演説あり、余も此時調役奉職にて免職になりしため、与力の勤場にて年番方勤役中にて同役吉田駒次郎、蜂屋熊之助あり、余筆頭故責任を負いたり。

北の方より秋山久蔵外二名来り。協議の工事務を整理せんとするに兼て覚悟の上とは乍申、数年来の勤場所を引渡し、近日より浪人するか、方向を転じ候場合故に議論百出、紛紛擾擾として定まり難く其議論の内重大なる件は十ヵ条あり。
其一　引渡当日の作法
其二　役所備付の書籍図物の類処分法
其三　書籍を引渡時は近年尊王攘夷の説を唱、或は討幕の説を唱へたる者召捕刑にせし書類探索書の類の処分法
其四　備荒儲蓄の金銀米穀、金銀貸付ある分処分のこと
其五　欠所になるべき雑物金銭と囚人の処分法
其六　無宿寄場の人足
其七　町々より御用金として徳川家へ貸入れたる金
其八　品々名目ある町々への預け金・貸付金処分法
其九　与力・同心身分退散の処分法
其十　与力・同心知行組屋敷処分のこと
これ等の議論なり。南北区々ならざる様に協議決議したるは
其一　引渡当日の作法は及ぶ限り謹慎恭慎の体を顕はし、敬礼を尽して引渡すこと。これまで奉行代り合いの時に倣うこと
其二　備付の書籍什図は、土地人民のために必要なるものに付、一部一品も残さず引渡すこと
其三　吟味口書、其外探索書類と雖へども役前にて取扱うたる事故、少しも厭嫌なく有りの儘にて引渡すこと
其四　備荒儲蓄の金銀米穀、金銀貸付ある分は土地人民に属したるもの故悉皆引渡すこと
其五、其六　無論引渡すこと
其七　町人より貸入御用金ハ朝廷の御処置を仰ぐ事
其八　右御処置を仰ぐ上は諸貸付預け金も悉皆引渡すこと
其九　与力・同心身分はもとより町奉行所のために抱入られたる者に付、番所を他へ渡したる上は御用なきは当然のことに付、徳川家の指図を受け、各〻覚悟次第離散すること
其十　知行居屋敷は返納し、居宅は徳川家の指図次第と決議に其段元町奉行を以て徳川家へ申し立、其通相決し整頓し、ために昼夜詰め切り御当日には惣出にて請取人の来るを待受けたり。

其頃は徳川家より謹慎の命を受け其以前より長髪髯も永く延び皆々謹慎の意を表し、麁服を着し、与力・同心とも羽織袴にて、同心は玄関前砂利間へ列を正し並列し、与力は玄関広間に列座すべき定めにて刻限（五月二十一日午前八時）近きにより各　座に就き相互に顔を見合せ、平常威権を振いし役所も今日限りにて見納めなるかと心中には云はず語らず。悲憤の感じあるに、各　の体は平日見馴れし罪人の如く髪は延び、如何にもあわれなる躰にて如何に不幸に今月此末路に遭遘せし哉と、二百有余のものども袖をぬらさぬものはなかりしが朝重きと徳川家の恩儀に対し同家上下恭順謹慎を代表し配下百万の人民惣代として町年寄・名主も皆呼出有し此躰を示し動揺を防がんために、一人声を発するものなく謹て相待ちし処、御使番陣羽織へ錦の袖印付け乗馬にて兵士四名を具して入り来り開門して入れしに只今請け取り人入来に付用意見届けしために来れり、案内すべしと云う。

其の意を察し待受けの躰を呲し座席を見せしめしに、異常なきを察し帰り、此度は受取り役人羽織袴、先の御使番案内にて数寄屋橋御門官軍御固め、内より歩行にて出で来たれり。見張の者其姿を見受け、表門前公事人腰掛にて茶屋と唱候番人、一声に下座触れ、制し声を発す。開門して受け取り人入る。同心は帯剣の儘にて左右に列し、砂利間に下座して敬礼す。（平常奉行に対する時此の如くす）

玄関式台へ元の町奉行佐久間鐇五郎出迎い、先導して広間に至る。与力一統敬礼す。奥の内座に案内して休息せしめ、茶菓を出し名刺を為取替、則ち受け取り人は判事新田三郎、小笠原唯八、江藤新平、土方大一郎、同加勢北島千太郎、西尾遠江之介、横川源蔵右の諸君なり。

夫れより受取渡しの手順ニ掛かるべき間、内寄合座敷と唱候広間へ参られたしと云て案内し、受取人を正面に招じ座定まるを待って佐久間鐇五郎と同心支配与力五人同道にて罷出、佐久間　五郎云、自分は元町奉行を勤めたる者なる故、職を解かれたる故に今日役所並に書籍

其外役所に属したる品々御引渡は玆に召連れたる与力五人は重立ちたるものにて、殊に此内年番与力は主任となりて御引き渡しの手続きを取斗い可申、自分儀は亀之助より申付けにて見届旁〻これまでの手続上申したるため罷出たること故、委細は与力より御引渡し申すべし御受取りありたしと云終って我々へ会釈して座を譲る。

故に我々進んで当日引渡すべき廉々の目録並演説書を揃、金銀証書は広蓋へ載せ、同心に持たせ受取人の面前へ出し、遂一の順序を陳べ、書籍物品は多数に付置場を動し候ては却って取締りも不宜、詰所置場にて目録に引き合せ御渡し申すべし、支配向役役の名前書を出す。

町人の儀は惣代として町年寄並年番名主等呼出置し者演説す。受取方役役領承して暫時退座あるべしと答に依之、席を去て相待ちしに再び呼出し今日は受取人無人に付此多数の品品如何とも取斗ふべき様なし、目録を以て受取の式を終り現品其儘一切年番方与力其他これ迄の役役与力・同心へ相預け保護せしめ、町々より訴出る件もこれまでの如く下知せられ、一日も休みなき番所のこと故、当番其外仕来りの通り可被取斗。これより立帰り大総督宮へ上申し、御指揮を受けて明日より役役相詰事務取斗可申間、万事此儘預け置候旨申達有之。

意外の事に成り至り、これとも素より朝廷の命令背くべきこともなく謹しみ御受けいたし、夫夫役所向並奉行官宅まで案内して見せしめしに、諸役所は勿論奉行立退跡も整理して聊か不隙のものもなく修繕掃除は手を尽くし置きし故に、受取人云。これまで東海道筋より江戸に来る迄、諸役所城廓多く受け取りしが斯くの如く整理行き届きたるは見しことなしと満足の躰にて被受取たり。

即刻町々へ其段相触れ、諸訴訟其外これまでの通り取斗候間、人心動揺無之様取締方相違し、同日役役昼夜詰切にて翌日を待ちしに、土方大一郎殿南番所へ入り来りて今日自身儀南番所の主任判事を拝命せられし吹聴あり。

同月廿三日以来は町奉行所の唱相止め市政裁判所と唱候被仰出、此日にて町奉行の唱終りたり。

とある。こうして町奉行は引退したが、事務執行の与力・同心の大部分はそのまま明治新政府の官員として採用されて役職をつとめた。

明治新政府に引渡された横浜の神奈川奉行所の其時の様子は、篠田鑛造著の「幕末百話」にも記されている。

裁判所（町奉行所）引渡しの顚末を何かの御参考に述べて見ましょう。現今の裁判所が其頃の裁判所でして奉行の役宅が戸部にあって、ソコの脇にも調べ所がありました。戸部といってもチラホラの家で役宅があるばかりでした。最も横浜が弁天通太田位が賑やかで余は片田舎でした。明治元年でございます。裁判所は引渡しになるというので吾々は職を失ってしまうから何うなるだろうと大きに閉口しました。

で横浜へ乗込んでまゐられたのが伊達さんと鍋島さんで、裁判所を受けつがれたのは寺島藤蔵、平土右金吾とかいう大きな男で奥州の方でした。なんでも槍の達人とかいう話でした。これよりさき奉行は一切の書類を皆馬場で焼き棄てられましたが、三日三晩かかったとの事でした。コレは詰らぬ書類を引渡すも面倒とせられた故でしょう。御馬場で水野さんと子息と二人してドシドシ焼き三日三晩とはどうです。横浜に裁判所が出来て以来の書類なんだそうで、ソレから吾々の職に放れるという為ですか随分分配金《わっぷきん》がありました。

其金の出所は今で申すと罰金とか没収金とかいうもんなんでしょう。上《かみ》は勿論千両八百両と貰った仁《かた》もあり、下々は百両・五十両と下《さが》り「マヅマヅ有難い、コレで商法ができる」と安堵しましてすが、上の人々は代りましたが吾々の方は「見知人《みしりにん》」と言う名目の下《もと》に当分打込みで務められることになりました。即ち官軍の面々と一所に事務を取っていました。いっそ吾々は調法がられ、大層な御馳走になり、やァ何処へ連れていけ、案内しろと言はれましたが、何がしあわせになるか知れません。

又この裁判所には引継ぎ引継ぎの不浄金が大変あったものと見えます。何故なれば吾々にすくなからず分配されたしまだまだ何万とあって、其頃太政官の指令により、一週間置き位に千両箱十箱位を荷足りに積み、横浜を出発して東京へ廻しました。其の宰領をよくしましたが此金と一所に沈めば本望だと思いました。余程の金で毎度宰領しました。

裁判所の役員となって官軍と打込み以来は一同和服洋服にかゝわらず、肩へ生絹の布をつけていました。絹には「神奈川県裁判所印」というのが赤く捺《おさ》つてゐましたが、ソレで天子様の御巡行などに威張って護衛に出ましてす。

私はコノ裁判所へ出る前少しの間、運上所に出ていましたが、その頃の御役所はのんきのものでございました。今の税関ですが、のんきの点を申せば時々鰻飯や御蕎麦が御役所に出るんですが、どういうわけかというに、運上が千円取れたからだというので、後には「今日は何か出ないか千円あがらないか」と心待ちになってのんきかげん。ソレで堂々たる御役所なんだから大変です。

とある。

前記の江戸町奉行所の引渡しと神奈川奉行所の引渡しとは、役人の気持ちの違いもあったであろうが、このように差があったのである。

町奉行所の経費

「旧事諮問録」に旧幕府町奉行所与力谷村正養氏の「町与力の話」の中の付録に、両御役所御定高金、並に臨時御入用欠所金遣払ヒ、牢屋、両溜、御入用共に三カ年平均勘定書が記されており、

去々丑年
一　金一万五千六百九十六両三分、永二百四十九文
去寅年
一　金一万九千百四十二両二分、永二百二十六文九歩
当卯年
一　金二万五千百六十八両一分、永五十七文八歩
三カ年合
一　金六万八両、永三十三文七分
一カ年平均
一　金二万二両二分、永百六十九文一歩

としてある。

天保十二年（一八四二）には七千八百余両であったが、幕末には二万両あまりの経費となっている。

この丑年の内訳は南北両番所、牢屋、両溜、月並の入用、その他であって、

両番所の経費は、
一　金三十六両三分、永七十文八分
一　銀二十七貫二百四十一匁四分七厘

で以外に少なく、

牢屋敷の経費は、
一　金千三十二両三分、永三十八文一歩
一　銀百七十三貫六百五十五匁五分五厘三毛

で、明和七年の牢屋敷経費の（金五百二十八両、永三十文四分、銀百十九貫九百七十五匁五分三厘三毛、計金銀換算二千五百二十七両二分、永銭百二十二文六分）からくらべると約三倍になっている。

両溜の経費は、
一　金千九百二十両一分、永二百三十五文七分
一　銀四十二貫五百四十三匁五分七厘九毛

で、明和七年の両溜経費の（金三百二十四両一分、永銭一百十四文四分、銀四十貫五百八十二匁八厘二毛、金銀換算計六百七十六両一分、永銭百八十文余）からくらべるとこれも五倍以上に上っている。

南町奉行所の御定高は一年に、
一　金千三百七十九両、臨時入用経費が
一　金千七百九十七両、永銭百二十八文二分

北町奉行所の御定高は一年に、
一　金千三百六十二両、臨時入用経費が
一　金千五百両二分、永百十九文八分

などで、各南北両町奉行所共に約三千両位ずつである。

それに南町奉行所の欠所金から支出した雑費は、

一　金七百九十六両一分

北町奉行所の欠所金から支出した雑費は、

一　金八百五十二両三分

本所掛りの御定金が、

一　金五十八両、臨時入用の支出金が

一　金四十二両一分

一　銀十四匁七分

町年寄が事務上の必要経費として支出した分は、

一　金六百両、臨時入用として支出した経費

一　金二百六十一両一分

一　銀四匁八厘二毛五弗

で、計一万千六百三十九両一分永九十二文六歩、銀は二百四十三貫四百五十九匁三分八厘四毛五弗。これを金換算にすると四千五十七両永百五十六文四分であるから総計は、

一　金一万五千六百九十六両三分、永二百四十九文

となる。

牢屋敷の経費

幕末の牢屋敷経費は右の如く、金千三十二両三分から千六百三十三両、銀は百七十三貫から二百四十九貫かかっているが、明和七年の経費の約三倍である。竹越与三郎著の『日本経済史』による明和七年囚獄費は、

一　金四百二十九両一分、永銭三十九文

一ケ年囚人数二千四百五十四人

　内揚り座敷に在るものは毎日一人に付永銭三十文、名主役人及重罪者の監人は永銭十六文、普通の囚人は永銭十五文

一　金三十五両三分、永銭八十九匁五分、煎茶費、喫茶者九万四千三百五十四人、毎十人に永銭十九文とす

一　銀三十七貫二百八十二匁二分五厘、煎薬費、薬数十四万九千百二十九帖、毎帖を銀二分五厘となす

一　金三十両、朝鮮人参費、囚人五十二人に給与せし価金、人参重量一両に金一両となす

一　銀三貫六百十七匁、薪費囚人二万二千六百十人の浴場に使用するものにして毎一人に銀一分六厘となす

一　銀三十七貫五百十匁五分、役夫賃銀

　役夫二万一千八百二十九人毎一人の賃銀を一匁五分となす

一　銀二貫六十八匁一厘三毛、行刑者費

一　銀三十九貫四百九十七匁一分七厘、雑品買収費

一　金三十二両三分、永銭一百五十一文九分

　役夫費、非人役夫三千四百四十一人にて毎一人銭四十八文とす

以上金通計　五百二十八両　永銭三十文四分

銀通計　百十九貫九百七十五匁五分三厘三毛

（金に換算、ただし銀は六十目一両替、銭は二十五貫二百十八又に一両替とすると一千九百九十四両二分永九十二文二分）

故に金銀累計

金二千五百二十七両二分、永銭百二十二文六歩　周年繋獄者日数十四万二千三百十七人　是を毎一人に配当すれば銀一匁六厘五毛五絲となっている。総体に明和七年より約三倍の経費と、三倍の収容囚人とすると幕末においては、七千両がかかり囚人も一年に七千人近くを取扱ったと推算できる。

明和七年に扱った囚人の分管状態は、

一　評定所管理の囚人　二千七百九十一人

　雑費金四十九両二分　永銭六十八文一分五厘

一　寺社奉行管理の囚人　一千六百九十二人

　雑費金三十両　永銭四十九文九分五厘

一　町奉行管理の囚人　七万一千三百九十三人

　雑費金一千三百三十八両三分　永銭二百二十九文六分五厘

一　勘定奉行管理囚人　二万六千七百三十八人
　雑費金四百七十四両三分　永銭一百十六文八分五厘
一　加役方管理囚人　三万五千七百三人
　雑費金六百三十四両　永銭八十五文二分余
となっている。
　伸べ十三万八千三百二十一人となる（日数計算であり、二千四百五十四人が一年）牢屋敷の定支出としては、
一　金四十五両　　下男の給金
下男三十にして毎一人に金一両二分とす。
一　金六両三分、永銭十八文一分、下男給与豆鼓費、下男二人にして毎一人毎日に永銭四文とす
一　金二十五両三分、永銭二百四十九文二分、両哨所警卒給金、閏月を除き毎一ケ月金二両、永銭一百六十六文六分とす
一　金三十二両二分、医師三人借宅費閏月を併せ銭一月二両二分とす

両溜経費

囚人の病人を収容する、浅草と品川の溜の経費は幕末で、
一　金三千六十七両、永銭百十四文七歩
一　銀六十七貫八百六十四匁一分七厘四毛
で、明和七年頃の約三倍である。

　明和七年には、
一　永銭八百六十三貫四百八十八文五分（銭五貫二百二文二分を金一両に換算すると百六十五両三分と永銭二百三十一文三分）
で、囚人の雑費に当てられている。

　両溜に管理した囚人は八百四十七人おり、囚人の約三分の一近くが両溜に収容されていたことになるから、在牢がいかに病気になり易いかが窺われる。これの日算総額が五万五千二百六十三人半で、毎日一人に銭十五文である。
一　金百五十八両一分、永銭一百三十三文一分
　これは両溜吏員と囚人、監視役夫の口米費で延べ人員二万八千九百三十九人、口米百四十四石六斗九升五合、毎日一人に米五合の割当である。

（ただし、金一両を以て平均米九斗一升三合五勺余を買収し得るものとす）
一　銀十七貫五百八十九匁八分二厘は、筆・墨紙、燈油其他雑品及修繕費
一　銀二十二貫四百七十五匁八分、煎薬費病者に給与せる薬数十一万二千三百七十九帖にして、毎一帖に銀二分とす
一　銀二百三十　七分二厘、苞米運搬費、浅草米廩より囚人の口米四百十二俵を浅草溜へ運搬するの費額とす。
一　銀二百八十五匁七分六厘、苞米運搬費、浅草米廩より囚人の口米三百四俵を品川溜に運搬するの費額にして　平均三斗五升を入れたる米俵毎俵の運搬費を銀九分四厘となす
合計金三百二十四両一分、永銭一百十四文四分
銀四十貫五百八十二匁八厘二毛
金貨換算六百十六両一分（ただし銀六十目一両替）永銭百八十文余
金銀合計一千両二分、永銭二百三十二文四分、毎一人銀一匁八厘六毛余
両溜への囚人分管状態は、
一　寺社奉行監理囚人　八百九十六人
　雑費金十六両　永銭二百二十五文
一　町奉行監理囚人　四万四千四百人
　雑費金八百四両　永銭二十一文一分余
一　勘定奉行監理囚人　九千九百六十七人
　雑費金一百八十両一分　永銭二百三十六文二分
であった。
　万延元年十月に加役監理囚人時服定価は綿袍一領の価銀十五匁三分、葛衫六匁七分三厘であったのを、金一分と金二朱に改定し、文久元年には通常囚人の雑費を一日一人に銭十五文、役囚人は十六文、上り座敷の囚人は

三十文であったのを、十七文、十八文、三十五文と改定している。

文久元年町奉行所与力・同心

●南町奉行所

町奉行・黒川備中守盛泰

用人　森　鉄茂　長江淳右ヱ門
　平田錠之進
目安方　戒能徳之進　土屋三弥

壱番組与力
　中村八郎左ヱ門　由比義三郎
　由比万太郎　稲沢弥一兵衛
　中村又蔵　吉田駒次郎
　原定太郎
年寄　加藤保次郎　中野勝茂
　飯田一蔵　渡辺喜兵次
物書　棚橋才次郎
添物書　五島録蔵
　新井抵次郎

壱番組同心
　石沢太兵衛　渡辺峰蔵
　中山甚右衛門　富里権八郎
　宍戸郷蔵　中村鉄二
　渡辺啓十郎　渡辺小一郎
　古谷銹助　大竹彦五郎
　鈴木文吉　中田陸助
　桑原彦吉　棚橋喜太郎
　高木平六郎　飯田釣四郎
　中村雄之助　後藤章次郎

二番組与力
　小原清次郎　小原酉助
　中村次郎八　中村歓之助
　安藤源之進　安藤貞五郎
　安藤駒太郎　中田潤之助
　仁杉八右衛門
年寄　平野平三郎　小野田大助
　植木栄左ヱ門　相場作太夫
　石原次郎左ヱ門
物書　中田海助　小林恒三郎
添物書　諸岡常四郎

二番組同心
　志村茂七郎　日向野兵市
　飯田永三郎　相場虎之助
　粟野重次郎　大沢為三郎
　野村弥三郎　浅井竹蔵
　豊永吉太郎　三縄茂右衛門
　持田幸吉　大竹金吾
　岡田彦九郎　永谷兵橋
　永島金十郎　石原仙次郎
　小野田国三郎　豊永光次郎
　小野田清吉

三番組与力
　荻野政七　安藤源五左ヱ門
　安藤駒太郎　佐野八郎太郎
　蜂屋熊之助
年寄　後藤理左ヱ門　大里忠左ヱ門
　人見周助　中田林五郎
　高橋藤七郎　今泉覚左ヱ門
物書　人見為助
添物書　大竹為五郎　安原鉄三郎

三番組同心
　村井伝太夫　小倉八左ヱ門
　平野勝五郎　児玉大三郎
　中村佐七　大沢金一郎
　渡辺秀太郎　川上文五郎

磯貝政五郎　原田金蔵
永谷小太夫　大沢藤蔵
秋山小次郎　石橋政太郎
小川徳之助　高橋籐之助
安原善之助　小倉金平太
大沢留蔵
見習　大竹文次郎

四番組与力
中田郷左ヱ門　中田仲五郎
徳岡政左ヱ門　徳岡栄太郎
蜂屋助三郎　村井幾次郎
年寄　加藤太左ヱ門　石沢又兵衛
五島五郎兵衛　秋山常太郎
奥村友左衛門
物書　森本庄九郎　永谷秀次郎
平松兵次郎　大久保彦十郎

四番組同心
佐々木作兵衛　上野源之丞
外岡十太夫　笹岡小平太
中島兵三郎　池田金三郎
金子平右ヱ門　志村只介
川口弥一郎　日向野増五郎
植木鉄太郎　森泉芳次郎
小林藤平　諸岡初五郎
永谷廉次郎　大久保彦太郎
岩井百之助　日向野良平
佐々木栄吉

五番組与力
山崎助左衛門　小林藤太郎
小林平十郎　小原小十郎
佐久間弥太吉　吉田忠次郎
年寄　大沢藤九郎　大関庄三郎

永谷兵蔵　中島市十郎
森本与三郎　大竹銀蔵
物書　高柳造酒左ヱ門
添物書　秋山鉄五郎　竹田平八

五番組同心
若松助次郎　後藤徳次郎
保田勇三郎　中島彦蔵
大橋増次郎　大関孝作
浅井五助　川村金之進
渡辺錠助　岩井勝之助
上野熊太郎　村井伝次郎
加藤銀次郎　吉田紋蔵
筧　彦七　相原伝八郎
大沢翁吉　浅井豊松
大竹和三郎
見習　川村直吉郎

●北町奉行所

奉行・石谷因幡守穆清
用人　久保田増也　品川新左ヱ門
林内蔵進
目安人　成島喜間太　筧　豪蔵

一番組与力
加藤又左ヱ門　加藤橘三郎
三好助右衛門　谷村官太郎
谷村八之助　磯貝鋭次郎
年寄　伊沢定右ヱ門　大芦喜祖右ヱ門
吉野十兵ヱ　田中金左衛門
物書　辻紋右ヱ門
添物書　清水締之助　片山伊左ヱ門
金田惣太夫

一番組同心
大芦滕次郎　小笹重次郎
吉沢保兵ヱ　高橋恒五郎
上田鉄太郎　三井金十郎
滝田五十五郎　岩付五郎三郎
吉沢五郎蔵　新島万治郎
河原清太郎　佐久間吉之助
出口鎌太郎　成尾寛二郎
松田徳三郎　秋山豊蔵
片山鋼太郎　田中金次郎
新島多三郎　田中繁蔵

二番組与力
都築末之助　藤田六郎左ヱ門
服部孫九郎　金子兵七郎
金子恒三郎　加藤新左ヱ門
年寄　鈴木伝左ヱ門　村田喜惣次
神田武八　間米弥右ヱ門
物書　持田太郎助
添物書　葛岡郡蔵　吉本平三郎
山本啓助

二番組同心
神田恒太郎　三井亀之助
内藤清左ヱ門　伊沢儀八郎
庄田伝次郎　山本重三郎
中村四郎左ヱ門　二藤惣左ヱ門
吉田源蔵　菱田半次郎
田中清十郎　高橋恒三
大芦源太郎　大八木七兵衛
尾上与之助　葛岡彦太郎
持田勝三郎　吉沢惣五郎
柴田勘太夫

三番組与力
高橋吉右ヱ門　高橋銀十郎
中島三郎右ヱ門　中島錦一郎
加藤九郎兵衛　中村為次郎
三村吉次郎
年寄　高部治左ヱ門　菰田半之助
三井伴左ヱ門　岡田源兵衛
神田孫一郎
物書　鈴木定次郎
添物書　河原一郎左ヱ門　山本兵太夫
岩付惣十郎

三番組同心
加藤幾太郎　平松喜太夫
島田林三郎　篠崎孝助
竹内助七郎　笹本銀次郎
吉野彦三郎　岡本三平
神田吉十郎　桜井鍋次郎
関口政五郎　鈴木縉太郎
内藤銀蔵　大熊静助
高松鉄三郎　村田留三
吉田保太夫　三井金七郎
坂倉兼太郎

四番組与力
秋山久蔵　中村源右ヱ門
中村彦四郎　後藤斧次郎
島佐太郎
年寄　大八木四郎三郎　中村熊五郎
新島金蔵　高部平内
桜井八十右衛門　庄田伝右ヱ門
吉沢仙四郎
物書　飯尾藤十郎
添物書　天野喜兵衛　塚本小太夫

四番組同心
持田金兵衛　田辺藤三郎

五番組与力

	村田喜三郎	中村平三
	岡本三一郎	桜井錦次郎
	大山三十郎	大村浩吉
	大八木富五郎	田中源内
	岡田源三郎	中村元助
	高木伊助	川村伝兵衛
	田辺清三郎	久代長五郎
	持田鎌五郎	
	松浦安右ヱ門	尾崎三蔵
	松原晋三郎	下村弥助
	谷村源左ヱ門	
年寄	大芦五郎左ヱ門	山田三太夫
	三井伴次郎	桜井平四郎
物書	綿脱豊次郎	
添物書	坂倉八十郎	神田権太夫

五番組同心

田中源十郎	
佐野幾右ヱ門	穂坂豊三郎
加納又三郎	葛岡孫太郎
加納次右ヱ門	片山銃次郎
高木万右ヱ門	松浦太郎左ヱ門
進藤太次郎	中野平九郎
山田三郎	松原新吾
服部嘉太夫	鈴木定八
大八木銀次郎	高部滝吉
広瀬鶴太郎	板倉角蔵
石沢八三郎	

の以上であった。

これを分課の面から分けた職員録によると、

●南町奉行所関係では

年番方与力 御肴青物御鷹餌鳥調	萩野政七	中村次郎八
	中田郷左衛門	
同下役	中田林五郎	今泉覚左ヱ門
	笹岡小平太	永谷秀次郎
	新井縫次郎	川口弥一郎
本所方	由比義三郎	
同下役	宍戸郷蔵	大竹銀蔵
	秋山常太郎	
養生所見廻り	小原小十郎	
同下役	土橋増次郎	平野勝五郎
牢屋見廻り	徳岡政左ヱ門	
同下役	志村茂七郎	上野源之丞
	村井伝太夫	
御詮議役	山崎助左ヱ門	中田郷左ヱ門
	仁杉八右ヱ門	由比万太郎
	中村又蔵	
同下役	日向野増五郎	大竹常五郎
	安原鉄三郎	中田海助
	中島兵三郎	古谷銹助
	持田幸吉	渡辺錠助
	高橋藤之助	
御詮議役	中村次郎八	佐久間弥太吉
	安藤源五左ヱ門	稲沢弥一郎
	吉田駒次郎	
同下役	石沢又兵ヱ	秋山小次郎
	川村倉之進	渡辺小一郎
	竹田平人	中村佐七

		大沢藤蔵	岩井勝之助
		加藤銀次郎	
赦帳選要方		仁杉八右ヱ門	安藤駒太郎
		中村八郎左ヱ門	
	同下役	森鎌太郎	大竹和三郎
		大沢金一郎	磯貝政五郎
		吉田敬蔵	川上文五郎
		志村唯助	
例繰方		安藤貞五郎	安藤駒太郎
	同下役	中村勝蔵	村井伝次郎
		中村鉄三	大竹金吾
		外岡十太夫	棚橋才次郎
町会所掛り		小原清次郎	安藤源之進
	同下役	大久保彦十郎	後藤理左ヱ門
		高柳酒造右ヱ門	
猿屋町会所見廻り		蜂屋熊之助	
	同下役	中野勝蔵	石沢又兵衛
古銅吹所見廻り		仁杉八右ヱ門	
	同下役	奥村友右衛門	
定橋掛り		荻野又七	
	同下役	諸岡常四郎	保田勇三郎
高積見廻り		村井幾次郎	
	同下役	五島録蔵	飯田一蔵
風烈廻り昼夜廻り		安藤貞五郎	中田仲五郎
	同下役	鈴木丈吉	豊永光次郎
		中村雄之助	野村弥三郎
		兼松釣四郎	後藤幸次郎
		棚橋喜太郎	大久保彦太郎
町火消人足改		稲沢弥一兵衛	中村八郎左ヱ門

		中田潤之助	吉田敬蔵
	同下役	高橋藤之助	
		村井伝次郎	中田海助
		日向野兵市	川上又五郎
市中取締諸色調掛り		山崎助左ヱ門	稲沢弥一兵衛
		中村次郎八	中田郷右ヱ門
		安藤源五左ヱ門	
	同下役	石沢兵兵衛	大久保彦十郎
		高柳造酒左ヱ門	今泉覚左ヱ門
		笹本小平太	日向野増三郎
		中田海助	相場虎之助
		池田金三郎	小林藤平
		加藤銀次郎	森本庄九郎
		奥村友左衛門	荻野政七
諸問屋組合再興掛り		山崎助左ヱ門	
		中村次郎八	中田郷左ヱ門
	同下役	大久保彦十郎	
神奈川表取締掛り		中村次郎八	中田郷左ヱ門
	同下役	竹田平八	高柳造酒左ヱ門
		森本庄九郎	大久保彦十郎
		笹岡小平太	相場虎之助
箱館産物会所取締掛り		山崎左衛門	
	同下役	外岡十太夫	相場虎之助
外国掛り		荻野政七	由比万太郎
		佐久間弥太吉	中村八郎左ヱ門
		蜂屋熊之助	安藤駒太郎
		村井幾次郎	
	同下役	森本与三郎	大竹常五郎
		竹田平八	安原鉄三郎

新井抵次郎　平松吉次郎
富里権八郎　志村唯助
兼松勘次郎　岡本彦九郎
秋山小次郎　上野熊太郎
浅井竹蔵　浅井豊松
後藤徳次郎　秋山鉄五郎
棚橋才次郎　小林恒三郎
人見為助　中島兵三郎
中村鉄三　古谷録助
兒玉八三郎　渡辺陪助
大沢藤蔵　永谷兵橘
森鎌太郎　日向野増五郎
粟野重次郎　広岡初五郎
植木鉄太郎　渡辺小一郎
原田金蔵　豊永吉太郎
永島金十郎　筧　彦七
桑原彦七　安原善之助
小倉金平太　永谷廉次郎
中山甚右ヱ門　石原仙次郎
大沢留蔵　浅井五助
三縄茂左ヱ門
御用懸市中取締り諸色調諸問屋組合再興掛り
渡辺喜平次　加藤太左ヱ門
定廻市中取締り諸色調　大沢藤九郎　高橋藤七郎
五島五郎兵ヱ　大関庄三郎
大里忠左ヱ門
定廻格臨時廻市中取締り諸色調
小野田太助　加藤保次郎
臨時廻市中取締諸色調　相場作太夫　奥村友左ヱ門

大関孝作
下馬廻り　棚橋才次郎　高柳造酒左ヱ門
池田金三郎　大竹常五郎
大関孝作　永谷秀次郎
川口弥一郎　保田勇三郎
同前廻り　植木栄左ヱ門　小倉八左ヱ門
浅井五助　大沢金一郎
川口弥一郎　中山甚右ヱ門
石原次郎右ヱ門　大竹彦五郎
外岡十太夫　村井伝次郎
用部屋手付　小野田清吉　森本庄九郎
永谷兵橘　富里権八郎
中野勝蔵　銀田銀吉
池田金三郎　大竹彦五郎
岡本彦九郎　小野田国三郎
秋山鉄五郎　森鎌太郎
栗野重次郎
御出産御帳懸　森本庄九郎　人見為助
両組姓名懸　中田陸助　日向野増五郎
年番書物方　三縄茂左ヱ門　安原善之助
大沢翁吉　中田陸助
浅井竹蔵
人足寄場掛り　石沢太兵衛　飯田永三郎
火事場供方引纏役　後藤徳次郎　浅井五助
定触役　渡辺秀太郎　上野熊太郎
日向野兵市
鉄砲稽古世話役　植木栄左ヱ門　森本与三郎
大竹常五郎　秋山鉄五郎
笹岡小平太

番方世話役　兒玉大三郎　後藤徳次郎
日向野兵市

●北町奉行所与力・同心の分課

米方掛り　秋山久蔵　高橋吉右ェ門
松浦安右ェ門

同下役　綿脱豊次郎　中村熊五郎
吉沢仙四郎　菰田半之助
天野喜兵衛　関口政五郎
尾上与之助

同書物方　島田林三郎　柴田勘太夫
出口鎌太郎　加藤幾太郎

本所見廻り　加藤又左ェ門　谷村官太郎

同下役　三井伴左ェ門　鈴木伝左ェ門
鈴木定次郎

養生所見廻り　中山源右ェ門

同下役　高部平内　河原一郎左ェ門

牢屋見廻り　後藤斧次郎

同下役　田中金左ェ門　金田惣太夫

高積見廻り　葛岡郡蔵
島花太郎

同下役　村田喜惣次
桜井平四郎

御詮議役市中取締諸色調掛り・西　高橋吉右ェ門　三好助右ェ門
中島二郎右ェ門　加藤新左ェ門
下村弥助

同下役　坂倉九十郎　山本兵太夫
神田吉十郎　桜井鍋次郎
持田鎌三郎　高部滝太
中村元助

御詮議役市中取締諸色調掛り・東　秋山久蔵　松浦安右ェ門
三村吉次郎　服部孫九郎
尾崎三蔵

同下役　吉本平三郎　大芦源太郎
岡田源三郎　内藤銀蔵
鈴木定八　山田三助
片山認太郎　桜井銀次郎

町火消人足改　谷村源左ェ門　下村弥助
磯貝鋭次郎

同下役　尾上与之助　関口政五郎
佐野幾右ェ門　加藤幾太郎
河原清太郎　坂倉兼太郎

赦帳選要方人別調　島佐太郎　加藤九郎兵ェ
谷村源左ェ門

同下役　近藤大次郎　塚本小太夫
吉田源蔵　豊田保太夫
葛岡彦太郎　平松喜太郎
小笹重次郎　竹内助七郎

風烈廻り昼夜廻り　高橋銀十郎　磯貝鋭次郎

同下役　飯尾藤十郎　大谷木宮五郎
加藤幾太郎　大谷木銀次郎

猿屋町会所見廻り　松原晋三郎

同下役　大谷木七兵衛　吉野十兵衛

橋定掛り　加藤九郎兵衛

同下役　間米弥右ェ門　片山伊左ェ門

町会所掛り酒掛り　藤田六郎右ェ門　金子兵七郎

同下役　山田三太夫　辻紋右ェ門
庄田伝右ェ門
古銅吹所見廻り　島佐太郎
同下役　三井金十郎
例繰方　磯貝鋭次郎　高橋銀十郎
同下役　穂坂豊三郎　大谷木銀次郎
秋山豊蔵　伊沢儀八郎
佐久間吉之助　二藤惣右ェ門
諸問屋組合再興掛り　秋山久蔵　高橋吉右ェ門
中島三良右ェ門
同下役　大芦源太郎　坂倉九十郎
山本兵太夫　岡田源三郎
外国掛り　加藤新左ェ門　三好助太衛門
尾崎三蔵　三村吉次郎
谷村源左ェ門　島佐太郎
高橋銀十郎
同下役　柴田勘太夫　島田林三郎
清水諦之助　岩付惣十郎
小笹重次郎　吉田源蔵
吉沢五郎蔵　坂倉角蔵
竹内助七郎　塚本小太夫
庄田伝次郎　岡本三一郎
豊田保太夫　大熊静助
伊沢茂八郎　田辺清三郎
秋山豊蔵　松田徳三郎
服部嘉太夫　鈴木信太郎
佐久間吉之助　出口鎌太郎
滝田五十五郎　上田鉄太郎
相原新吾　葛岡彦太郎

火山三十郎　二藤惣左ェ門
片山綱太郎　大芦勝太郎
田中源内　平松喜太郎
高木万右ェ門　吉沢保兵衛
中野平九郎　高木伊助
葛岡孫太郎　田辺菅三郎
新島多三郎　持田金兵衛
菱田半次郎　神田恒八郎
箱館産物会所取締掛り　谷村官太郎
同下役　上野十兵衛　桜井八十右ェ門
三廻り上席定廻り　高部次郎左ェ門
御用掛市中取締諸色調問屋組合再興掛り　神田孫一郎
同下役　大八木四郎三郎
定廻り市中取締諸色調掛り　新島金蔵　岡田源兵ェ
三井伴次郎
定廻り格臨時廻り市中取締諸色調
山本啓助
臨時廻り市中取締諸色調　高橋恒五郎　田中清十郎
神田権太夫　岡本三平
田中源十郎
用部屋手付　岡本三一郎　河原清太郎
佐野幾右ェ門　服部嘉太夫
大芦勝次郎　坂倉角蔵
大八木銀次郎　大八木七兵衛
高木万右ェ門　庄田伝次郎
三井金十郎　鈴木信太郎
人足寄場掛り　大八木富五郎　田中源内
下馬廻り　塚本小太夫　滝田五十五郎

	天野喜兵衛	関口政五郎
	尾上与之助	大熊静助
門前廻り定加人	柴田勘太夫	大熊静助
	松田徳三郎	相原新吾
	田辺清三郎	村田喜三郎
	上田鉄太郎	広瀬　太郎
	小笹重次郎	吉沢五郎蔵
御番方世話役	大熊静助	滝田五十五郎
	吉沢五郎蔵	
年寄加人	穂坂豊三郎	飯尾藤十郎
	片山伊左ェ門	
物書勤方	坂倉九十郎	近藤大次郎
	吉本平三郎	山本兵太夫
	大芦源太郎	
添物書加人	岡田源三郎	神田吉十郎
	佐野幾右ェ門	大八木七兵衛
	塚本小太夫	吉田源蔵
	大芦勝次郎	三井金十郎
定触役	平松喜太郎	大山三十郎
	武田武八	
定中役	広瀬鷸太郎	加藤幾太郎
	坂倉兼太郎	村田喜三郎
	高橋恒三	持田勝三郎
	大村諸吉	中村平三
	三井亀之助	田中繁蔵
火事場引纒役	滝田五十五郎	大熊静助
両組姓名掛り	島田林三郎	
御出座御帳掛り	吉本平三郎	坂倉九十郎
鉄砲稽古世話役	竹内助七郎	島田林三郎
	神田吉十郎	高木万右ェ門
	内藤銀蔵	大芦源太郎
	吉沢仙四郎	坂倉九十郎

の以上であるが、これらの分課は、一人で少なくとも二つ、多くは四つ位を掛持ちしており、このほかに一番組から五番組に分れているのであるから、与力・同心の役職は頗る複雑である。一番組から五番組は戦時編成で、嘗て徳川家康が江戸に入国した折の御先手鉄砲組の編成の名残りであり役職の分課は時代と共に多数の課局に分れたのでかけ持ちの役ができてしまったのである。

たとえば南町奉行所の年番方与力は、荻野政七、中村次郎八、中田郷左ェ門の三人であるが、荻野政七は、定橋掛り、諸問屋組合再興掛り、外国掛りの四分課を受持っている。

中村次郎八は御詮議役、市中取締諸色調掛り、諸問屋組合再興掛り、神奈川表取締掛り、の五分課を受持っている。

中田郷右ェ門は御詮議役、市中取締諸色調掛り、神奈川表取締掛り、の四分課を受持っている。

これの下役である同心の中田林五郎、今泉覚左ェ門、笹岡小平太、永谷秀次郎、新井縫次郎、川口弥一郎の六人を見ると、

中田林五郎は一役。

今泉覚左ェ門は市中取締諸色調掛下役を兼務している。

笹岡小平太は神奈川表取締掛下役、鉄砲稽古世話役の三役兼務である。

永谷秀次郎は外国掛下役、下馬廻りの三役兼務である。

新井縫次郎は一役。

川口弥一郎は下馬廻り、門前廻りの三役兼務であるという風である。

北町奉行所の同心坂倉九十郎は、御詮議役、市中取締諸色調掛りの下役であるが、そのほかに諸問屋組合再興掛下役、物書勤方、御出座御帳掛り、鉄砲稽古世話役の五役兼務である。

塚本小太夫は赦帳選要方人別帳掛り下役であるが、外国掛下役、下馬廻り、添物書加人の四役兼務である。

大熊静助は外国掛下役のほかに下馬廻り、門前廻定加人、御番方世話役、火事場引纏役の五役兼務である。

幕末の町兵掛り

幕末の町々の警備　以上の分課のほかに江戸町奉行所内に町兵掛りが作られたことは、前項町奉行所の与力・同心の分課の項（59・83ページ）で概説したが、その詳細を述べると、

慶応三年には江戸市中物情騒然として、幕府の武官を巡羅隊としたり、諸藩に命じて警備に当らせたが、十二月には南北両町奉行所から三廻りの同心に対して、持場を定めて夜中も詰切りで警備することを命じている。

南北改正掛

㊞信濃守　中村次郎八

㊞相模守　佐久間健三郎

三廻え

（信濃守は北町奉行井上信濃守清直、相模守は駒井相模守信興で南町奉行、中村次郎八は南町奉行所年番方与力である）

今般市中警衛之儀　遊撃隊、別手組銃隊、撤兵隊、箱館御抱歩兵並に酒井左衛門尉其外諸家之被仰付候に付持場分ケ候屯所之人数差出勤番いたし候に付、各〻も別紙場所割之通持場取極、夜中詰切持場内勤番ニて捕者其他非常之儀有之候ハバ速ニ出張取扱候様可致、持場内捕者並異変其外聞込候儀ハ組合之もの限り取扱可申聞候。平常捕者其外之儀ハ都て是迄之通可相心得候。

但各屯所是迄之詰切ハ相止、己来夜廻ニ不及候。

別紙

一　日本橋川筋を境、南之方芝口新シ橋川筋迄
定廻り臨時廻之内　双方四人

一　日本橋川筋より北之方筋違御門一円
定廻り臨時廻之内　双方六人

一　浅草御門筋違御門外下谷湯島本郷一円小石川駒込
定廻り臨時廻之内　双方六人

一　芝口橋川筋より南方芝高輪白金麻布辺
定廻り臨時廻り之内　双方六人

一　麹町四谷市谷牛込町々一円
定廻り臨時廻り之内　双方六人

一　本郷深川一円
定廻り臨時廻り之内　双方六人

右之通持場ニ極、日々双方壱人宛、弐人相詰可申、最外申付候御用同有之候ニ付隠密廻並定廻臨時廻初筆弐人宛は割合相除可申事。

とあり、市中の世話掛名主に対しては、右の町奉行所三廻り同心と、勤番の歩兵隊のために屯所を作らせ、町役人も順に詰めるようにさせて、屯所の規格まで定めた。

組々世話掛

名主共

此程市中之夜分戸締り打壊抜刀又は短筒等携盗賊押込立騒候はば、切殺可二打殺一旨申威金銭奪取手荒之儀及二所業一町人共恐怖致し令二難儀一候趣相聞候ニ付、為二御取締一左之町々持場を定メ屯所取建、両組之もの相詰、歩兵隊勤番被二仰付一持場内見廻、怪敷もの見掛候歟、万一盗賊押込等有レ之候はば、速に右場所之出張召捕候筈ニ付、兼て組合町々申合置、非常之儀有レ之候節、速ニ屯所之相届候様兼て手筈可二申合置一、町役人共儀も為二用弁一申合、屯所之順番相詰候様可レ致候。

一　歩兵隊御賄等之御入用ニ相立候間屯所取建候入用並町方之分ハ組合町町之内身元宜者より当分之内立替置候様可レ致候。右立替金差出方屯所取建場所並建坪其外之儀ハ夫々組之者より可レ及二差図一候。

屯所壱カ所之歩兵四拾人役人五人程相詰候事。

一　歩兵溜りハ壱畳之壱人詰之割ニて坪数取極可レ申事。

一　役人詰所ハ弐畳敷か参畳位壱間六畳位之壱間之戸棚付出来之事。

一　見張所ハ間口二間位土間にて腰を掛け候様補理可申事。五人ヅツ見張之積。

一 町方役人詰所ハ六畳位一ト間、名主其外町役人共詰所八畳位一間補理可ㇾ申事。
一 捕ものいたし候節縄付之もの差置候。場所一間補理可ㇾ申事。
一 小使並廻方小者差置候場所補理可ㇾ申事。
一 役人雪隠一カ所歩兵雪隠弐カ所ツツ補理可ㇾ申事。
一 屯所惣体瓦葺見付ハ可成立派ニ致し本品ハ何様麁末にても役人詰所ハ天井張儘物ニ無ㇾ之丈夫ニ出来之事。
一 詰所之儀六畳ニては夏期ニ至り差支可ㇾ申ニ付、此方並ニ指図役之方とも八畳敷ニ致し候ては如何可ㇾ有㆓御座㆒哉。
一 私共詰所次之小者手先之もの並晒事町役人共相詰候場所拾弐畳敷位も無ㇾ之候てハ差支可ㇾ申哉。
　但外ニ土間付申度候。
一 囚人置場前格子ニ致し、板敷ニて三畳敷位にて可ㇾ然哉。
　但右之添雪隠壱ヶ所取付申度候。

御双方

三廻

十一月三日（慶応三年）

こうして江戸市中の町々に歩兵隊を駐屯させ、市中三廻りが、そこを足掛りとしたが、十二月二十六日にはさらに諸大名に命じて千住、岩淵、品川、内藤新宿、板橋に関門を設けさせて警備せしめた。

また十二月二十八日には御目付に達して各地の関所を厳重に取締るように布達された。

御目付え

関所改方之儀に付ては、先達て相達候。趣も有之候得共、別紙之通相触候付ては当分之内改方一と際厳重相心得、聊にても怪敷躰に見受候者は速に召捕置可ㇾ申旨関所関所之其方共より早々可ㇾ被ㇾ達候事。

関所関所通方之儀に付、当七月中相触候趣も有ㇾ之候得共、今般別紙之通相達候に付ては、関所においても相改、出口関門関門にて相渡候切手之致㆓加印㆒、右切手、又は主人重役等之断書、所持不致もの共は不㆓相通㆒、最当時旅行中にて今般相触候趣不㆓相弁㆒分は得与糺之上、怪敷儀無之候へば、右切手所持不致候ても相通し候筈に候。

右之趣、御料、私領、寺社領共、不ㇾ洩様可ㇾ被㆓相触㆒候。

右之通、万石以上以下之面々之可ㇾ被ㇾ達候。

一 関所関所通方、是迄印鑑引合通行之分以来其儀に不ㇾ及旨、当七月中相達候得共、今般相触候趣も有ㇾ之候に付、当分右之心得を以、出口関門において相渡し候。切手之致㆓加印㆒、最寄領主地頭家来其外より断書差出し候分は通切手可㆓相渡㆒、右切手又は断書所持不ㇾ致者共は相通し申間敷、最当時旅行中にて今般触回之趣不㆓相弁㆒分は得与相糺、心障無ㇾ之候はば右切手等所持不致候ても相通候様可ㇾ致候。

右之趣、関所御領之面々え可被達候。

一 市内取締のため、当分之内、御府内出口所々え、関門御取建相成諸士之分は、其主人又は重役より何方之家来幾人差遣候旨断書、百姓町人は所役人之添書持参無ㇾ之においては出入共一切通行差止最断書添書等は、関門にて相改、疑敷子細も無ㇾ之候得ば、於同所切手相渡候間、関門打越候て、右切手所持不ㇾ致旅人は御府内は勿論、道中筋並在々にても決て旅宿為ㇾ致間敷、且右改を不ㇾ受押て通行可ㇾ致与仕成又は旅行切手所持不ㇾ致旅人は、無㆓用捨㆒召捕若手向および候はば、切捨候筈に候。最当時出府途中にて関門通行方不㆓相弁㆒者共は、関門において篤与相糺、疑敷筋無ㇾ之候得者、相通候筈に候。

右之趣、御料、私領、寺社領とも、不ㇾ洩様可ㇾ被㆓相触㆒候。

右之通、万石以上以下之面面え可ㇾ被ㇾ達候事。

とあり、江戸府内に入る関門を厳しく取締るように目付に達して、市中の警戒を厳重にしたが、浮浪の浪士・無頼漢が横行し、市民は安んじる隙がなかった。

町兵採用　こうした状態であるので町々でも自警団を作ったり、五人組が連繫して警戒に当ったが江戸の混乱は続き、御用盗と称する浮浪の浪士団の押込強盗には全く手を焼いてしまったので、幕府も思い切って町民をして町兵に採用して武装させ、江戸府内の警備につかせると共に、幕府が攻撃される状態に至った時には歩兵の一員としても用いることとし、慶応三年十月にこれが実施され、町奉行所の与力・同心がこれの統率の任に当らしめるようにした。

町兵取扱役員

一 町兵指揮役頭取役兼勤　市中改正掛与力　双方十人
町奉行手付　二人

一 同下役兼勤　市中改正掛下役同心　双方十四人
同増掛下役同心　双方四人

右之通取扱懸兼勤之事。

と発令された。

町兵一大隊の付属の役人としては、

一 町兵指揮役頭取　与力双方で二人

一 町兵指揮役　同心双方で二十人
但一小隊二人宛受持

右之通両御組より御人選掛り可レ被二仰付一候事

苗字帯刀御免

一 町兵頭　番組人宿肝煎五人

右は町兵一式諸受負可レ致ものにて当時御伺中ニ有レ之候事。

と定められ、大隊は与力・同心が指揮をとり、町人からは元締の頭取りを選んだ。

町兵一大隊付属下等役員兵士共

苗字帯刀

一 町兵嚮導役取締
右頭取寄子足軽之内より選挙五人

朱書
是は小隊司令士可勤者手明之者は半隊司令士をも勤候事。
但一小隊壱人宛　手明五人

苗字帯刀

一 町兵嚮導役取締助
右頭取寄子足軽之内より選挙　十五人

朱書
是は半隊司令士可勤者、手明之ものは左嚮導をも勤候事。
但壱小隊壱人宛　手明五人

苗字帯刀

一 町兵嚮導役
右頭取寄子足軽の内より選挙　四十五人

朱書
是は左右嚮導役押伍等可レ勤事
但壱小隊え五人宛にて五人不足ニ付前書役々より順々助相勤、若不足之節は町兵之内小頭等加為レ勤候事。

一 部屋頭
右町兵頭取寄子之内より選挙　十人

朱書
是は業前不致部屋頭可二相勤一ものにて一ト部屋一人宛

一 小頭
右町兵頭取寄子之内より選挙　四十人

朱書
是は町兵之内業前宜もの相選一ト小隊え四人宛申付候事。

一 町兵
右町兵頭取寄子之内より選挙　四百人
但内小頭四十人

右之通番組人数肝煎え申付人選抱入可レ申事。

とあり、この町兵を集める手段については、人入れ稼業の元締の寄子の中から採用する方針であったから、いわゆる傭人足達を主体としたのである。

町兵隊員の規則としては、

一 市中より取立候歩兵ハ町兵と唱、四十人を以一と小隊ニ編成いたし、十小隊を合せ一大隊と定メ候事。

一 付属之役々之内町兵指揮役頭取改役兼勤ハ与力可勤事。

一 同指揮役頭取ハ与力可勤非常之時は屯所え両人宛詰切可レ申事。

一 同指揮役頭取改役下役兼勤ハ同心相勤二人宛屯所え詰切可レ申事。

一 同指揮役ハ同心弐拾人宛相勤十人宛ハ屯所え相詰、非常有事之時は二十人詰切可申事。

一 町兵頭取は町人之内ニて人物差働有之もの五人選挙申付、苗字帯刀差免し御扶持方被下、嚮導役取締以下町兵並小もの二至迄人選差出、右身分之進退委任、諸賄一式受負可二申付一事。

一 町兵頭取ハ日々一人宛屯所え為二取締一詰切、非常有時之時ハ両人宛相詰可レ申事。

一 同当番之外町兵頭取之名代役一人宛取締且為用弁相詰可レ申事。

一 嚮導役取締之もの町兵頭取より選挙いたし申立候ハバ人物相選可二召抱一事。

一 嚮導役選挙之儀同断。

但以後ハ小頭其外隊中之内よりも選挙可レ致事。

一 一小隊四十人一ト部屋といたし右之外一ト組え頭屋頭一人宛可二申付一、是は業前ニ不拘人物相選ミ部屋内取締方端俗事世話可レ致事。

一 一小隊四十人之内四人宛小頭可二申付一事。

一 町兵ハ十人宛一ト組といたし、小頭四人を加へ、一小隊四十人を四組ニ相定メ互ニ補正いたし都て吉凶を倶々可レ致事。

一 拾人組合之内ニて一人不レ宜所業有之候ハバ残九人より可レ訴、乍レ存隠置候ハバ残九人も其科重かるべき事。

一 嚮導役給金其外ハ毎月町兵頭取え相渡夫より当人え可二相渡一候事。

一 部屋頭以下之給金ハ町兵頭取え毎月渡二十両之内一ケ月一両ヅツ当人え相渡残ハ積置、年季明ケ之節元手金ニいたし当人望次第店持渡世相始可レ申事。

一 町兵年季ハ五カ年之定メ、無滞相勤候ものは、右積金へ賞金を加へ元手にいたし店を為持可遣当人通勤を望候はば改て相当之給金を定メ抱置、隔日之当番を為勤非常有事之時ハ詰切可二相勤一事。

一 一ケ月之内両鹿宛自用達他行為致可申、最一度ハ下宿差免し、私用ニて他出ハ自分服可レ申事。

一 他行刻限、明ケ六時より暮六時を限、下宿之日は、翌日明ケ六時ニ限り可レ申事。

一 各部屋朝五時、暮六半時両度ヅツ詰合之役人見廻可申、其節ハ一之部屋より一列ニ並居、小頭取締役名前札を持出し、相替儀無レ之歟、又は病者其外何々之訳有レ之段、相変儀有レ之之節ハ相届、兵士ハ番数を順々相唱平伏可レ致、詰合之役人刻限を不レ定不時ニ各々部屋見廻候儀も有レ之、其節ハ部屋頭可レ及二挨拶一若不在ニ候ハバ小頭可レ代レ之、部屋内之ものは着座之儘平伏可レ致事。

但稽古其外出張等有レ之節ハ刻限不レ定之事。

一 指揮役頭取改役以下与力見廻り之節ハ不時ニ部屋部屋相廻り候ニ付、同様之事。

一 役人之外、町兵頭取見廻之節ハ同様人別改、部屋頭以下勤向之様子等心付可レ申事。

一 隊中病者ハ医師ニ掛ケ、病人部屋ニ移し養生為レ致可レ申一ケ月後ハ下宿為レ致、三ケ月を過候ハバ人代り差出可レ申事。

一 門番足軽ハ一ケ所昼夜四人代り合、規定之趣相守可レ勤事。

一 出火有之節、隊中之もの差図無レ之内門出不二相成一事。

一 小使四人可抱置事。

但一人ハ上等役々詰所之小遣、一人ハ嚮導役以下役々詰所之小遣、二人ハ町兵頭取以下之小遣可レ勤事。

一 屯所内之焚出し小屋賄所等取建、町兵頭取え可レ渡事。

但働之人足其外ハ町兵頭取受負之内え見込可レ申事。

一 同洗湯髪結所等取建可レ置事。

但此入費ハ頭取受負之内見込可レ申事。

一 番組人宿之内ニて人選町兵頭取手ニ付相勤候様可二申渡一事。

一 医師ハ当人繁々見廻、日々名代之もの一人宛可二出置一事。

一　嚮道役取締並嚮導役ハ外宅差免ス当番之人数ハ無ㇾ怠勤番可ㇾ致事。

一　出火其他非常之儀有之候ハバ一同屯所え罷出可ㇾ申事。

などの規則でその準備にかかったが、人員召集、屯所建築などの選考に日数を経て、完備しない内に明治維新を迎えて消滅した。

明治維新時の町奉行所の活動

慶応四年鳥羽・伏見の戦に幕府軍が敗れ、将軍慶喜が東下謹慎してより幕府内はもちろん、江戸市民の人心の動揺がはなはだしかったので三月二日には次の様な町触れが出されて市民の妄動をいましめている。

町触

此程相触候通、従㆓京都表㆒御軍勢御差向相成実以奉㆓恐入㆒候儀ニ付、只管恭順謹慎、御汰沙相待候事ニ付、官軍え対し決て粗忽之挙動有ㇾ之間敷候。

右は天朝え対し恐入候儀は申迄も無ㇾ之、且府下百万生霊を塗炭に陥入候様相成候儀ニ付、実以不ㇾ忍次第ニ付、仮令忠義之心ニ出候とも、此旨ニ悖り候ものへ我意ニ背候者ニ付、予が身に刃を加るも同様之儀ニ付、此旨篤と相弁心得違無ㇾ之様可ㇾ致もの也。

右之通被㆓仰出㆒候ニ付、市中之もの共決て動揺不ㇾ致、諸事相慎、火之元等別て厳重ニ心付候様可ㇾ致旨、地借店借之者召仕ニ至ル迄、能々申聞候様早々可㆓相触㆒候。

辰（明治元年）三月

の町触れが出ている。徳川家へ忠義立のために官軍に刃向うと慶喜の身に危害が及ぶから、軽挙妄動をしないでくれという将軍の情けない気持ちを訴えたものであるが、幕府はさらに町奉行をして江戸市民に謹慎させるよう、町奉行宛にも書類を通達している。

町奉行え

京師並大総督府え御謝罪之儀、厚被㆓仰立㆒候趣も有ㇾ之候ニ付てハ、此度官軍江戸表え御入込相成候とも、兼々被㆓仰出㆒候通、堅く相慎決て動揺不ㇾ致、官軍え対し毛頭不敬之儀無ㇾ之、且鳴物之儀も渡世之外ハ一切停止可ㇾ致候、此旨市中ハ勿論在々至迄急度可㆓相心得㆒候。

右之通可ㇾ被㆓相触㆒候。

三月

このほかに両町奉行所の与力・同心を市中に派遣して説諭させている。

一　勅使並御同勢御下向相成候ニ付てハ市中取鎮心得違無之様町触並名主共之申渡置候得共、猶市中取締之ため両町奉行組与力同心一同御用之間見計、不時に町々見廻町人ども動揺不ㇾ致様、精々申諭候事。

と達しがあり、与力・同心は、勤務状態の隙を見ては市中説諭に回らしめた。幕末の混乱期における町奉行所は頗る多忙を極め、町兵計画にかかるかと思えば、それを取りやめて、今度は江戸市内の動揺を押えるために説諭に奔走し、その間混乱に乗じた不逞の輩の取締りに当らなければならなかったのである。

官軍がいよいよ江戸に近づくと市民は避難を始める者もあり、また、幕府軍の諸隊の名をかたって市民から米金を徴発するものが出たので三月十八日には町奉行から町々の名主に通達が出されている。

戊辰三月十八日

組々

世話掛名主共

当節種々之隊号を以町方え罷越、米金用談申掛候者も有ㇾ之由相聞候。右は全諸隊号を申偽候儀ニも可ㇾ有ㇾ之に付、右躰之者罷越候はば断りおよび候は勿論、右之者共姓名相糺、月番の番所え訴出候様可ㇾ致。

右之趣組々不ㇾ洩様可㆓申通㆒候。

三月十八日

このようにしているうちに官軍は江戸に入ったが、四月二十一日になると総督府は、旧幕府の町奉行石川河内守と佐久間鐇五郎に市中の取締りを改めて命じた。

朱書

戊辰四月廿一日

旧幕町奉行

石川河内守
佐久間鐇五郎

右之者当今市中取締之儀申付之間、厳重ニ忠励可レ有レ之旨大総督宮御沙汰候条、此段相達候事。

右之通東海道鎮撫総督府より被相達候間、可レ被レ得二其意一候。

と、市政のことは一応委任されたので、町奉行も市民に対して閏四月三日の触で、

朱書
閏四月三日町触

江戸市中取締筋之儀町奉行え御任せ被レ遊候旨、大総督宮様より被二仰出一候間、一際勉励可致旨田安中納言殿より被二仰渡一候ニ付、取扱振之儀相伺置候処も有レ之候得共、右は追て御沙汰有レ之候迄、前々之通相心得可レ申旨猶被二仰出一候ニ付ては、公事訴訟筋之儀は勿論、都て民情ニおいて不安儀有レ之候ハバ無二懸念一月番町奉行役所え可二訴出一。

右は御時節柄を憚差控居候哉ニも相聞候間、改而相触候事。

こうして再び町奉行が市政にたずさわったが、上野に彰義隊が立て籠り官軍もこれの討伐の計画が立案されると五月三日には、両町奉行所の市中巡羅の役を停止せしめ、代って官軍が巡羅するようになったので町触れを発した。

市中巡羅ノ儀、以来官軍方ニテ被レ成候ニ付、徳川家ノ者巡羅差止候様被二仰出一ニ付、以来町奉行支配組其外トモ巡羅不レ致候。最官軍方ニテ市中取締向厳重相立チ可レ申候間銘々安堵致し家業ヲ営ミ可レ申候。

右之通り御書付出候間町中不レ洩様入念早々可二相触候一。

五月三日

五月十五日には彰義隊が討伐されると、十九日には江戸に鎮台府がおかれ、旧幕府の寺社奉行・町奉行・勘定奉行は廃止され、寺社裁判所、市政裁判所、民政裁判所と名称をかえるようにし、二十日に三奉行所の引渡しが要求された。

徳川亀之助へ

府下取締御委任被二仰付置一候処、今度当分江戸鎮台被二差置一候ニ付テハ寺社、町、勘定三奉行所諸記録共明二十中ニ悉ク引渡候様可レ致事。

但奉行ハ被レ止、其以下役人之者当分出勤被二仰付一候事。

とあり（明治新政府に引渡した町奉行所の項260ページ参照）、この達しによって三奉行所とその記録は一切鎮台府に引渡された。

新政府に留勤した与力・同心

明治元年五月二十二日には鎮台府の職制も発表されている。

鎮台　有栖川大総督宮
輔　橋本少将
町掛　大原前侍従
判事　勘定掛　西辻太夫
新田三郎
小笠原唯人
江藤新平
土方大一郎
加勢　北島千太郎
西尾遠江介
横川源蔵

また六月二十八日には鎮台府の管轄地域も定められた。

駿河、甲斐、伊豆、相模、武蔵、安房、上総、下総、常陸、上野、下野、陸奥、出羽

右十三州鎮台支配ニ被二仰出一候事。

と公布された。

また市政裁判所は南町奉行所（数寄屋橋御門内）を南市政裁判所、北町奉行所（呉服橋御門内）を北市政裁判所として町奉行所時代と同じく、月番で執務した。そして町奉行所時代の与力・同心をそのまま引きついで雇い、分課も以前のままであった。

改正掛り　調役一人、与力五人、同心十人

御役所組中取締、米酒都て上納金、町法改正、御役所普請、武家方取立金取扱の役を行なった。

本所方　与力一人、同心三人

両国橋、永代橋、新大橋、大川橋其外橋々の普請、堅川並割下水浚、都て本所深川道或建物取扱の役を行なった。

牢屋見廻り　与力一人、同心三人

牢屋敷両溜見廻取締、御仕置者、牢死のものの死骸見届けの役を行なった。

吟味方　与力十一人、同心十四人

公事吟味もの、御仕置筋に拘儀ニ付諸向問合せの役を行なった。

町火消人足改　与力三人、同心六人

出火之節町火消人足共出入数並消防指揮、平日の取締りの役を行なった。

御赦掛選要方　与力三人、同心八人

過去之御赦並記録編集市中人別取調べの役を行なった。

猿屋町会所見廻り　与力一人、同心二人

札差取締会所において札差共え貸付金取扱の役を行なった。

定橋掛り　与力一人、同心二人

江戸向橋々御普請の役を行なった。

江戸銅座見廻り　与力一人、同心一人

古銅吹分入札払之節の見廻りの役。

箱館会所掛り　与力一人、同心二人

函館産物取締りの役を行なった。

硝石会所見廻り　与力一人、同心二人

市中の硝石の取締りの役を行なった。

町会所見廻り　与力二人、同心三人

市中より七分積金取集、火災凶年之節窮民御救の手続の役を行なった。

隠密廻り　同心三人

都て隠密探索筋の調べ、捕物を行なった。

定廻り　同心五人

臨時廻り　同心十三人

吟味方手付　同心十二人

吟味書類取調べ

人足寄場掛り　同心二人

六月四日には、南市政裁判所の申渡しとして自身番・木戸番が廃止されたが、治安状態が悪く、市政裁判所から、強盗の類に対しては町中が協力してこれに当り、手に余るときにはこれを打殺しても良いという布令が出され、また、七月には本銀町二丁目の家主伝兵衛より、町兵設置の願いが出されている。

また七月には禄高五千石であった旧旗本の大久保与七郎から市政裁判所付の兵隊組織の願いが出されこれが許可され、約五十人が市政裁判官に雇われた。

市政裁判所兵隊規則

一　盗賊姦民等捕縛之儀専務ニ候最当府三廻（定廻り、臨時廻り、隠密廻り）と打込御用可㆓相勤㆒候事。

但当府より達次等迅速出張手配可㆑致人数之多寡は其時宜ニ依べし、最就縛之者下調之儀も廻方同心立合て相調差出可㆑申候。私ニ追捕糺問等致間敷事。

一　昼夜五人宛南北え相詰居、臨時不都合無㆑之様可㆑致候事。

一　失火有㆑之候は不㆑拘㆓遠近㆒詰合之外別五人ヅツ双方え馳付、判事出張之節は付添可㆑警㆓非常㆒事。

但小火ニ候得ば月番之方而已ニテ不㆑苦候事。

一　見聞難黙止有之候ハバ判事え可㆓申出㆒候。最私ニ取扱裁断等致間敷事。

一　御用先平常共総て市民之臨苛酷粗暴之挙動決て有㆑之間敷事。

右五ケ条之外共諸事厚く御新政之御趣意を相心得唯々民害を除ヲ以主トシ御失体無㆑之様勉励尽力可㆑致候事。

七月

と規則が作られた。市政裁判所兵隊隊旗は横二尺、たて一尺五寸の白布の上方に太い赤線が一本入ったものである。

服装はダンブクロに黒の筒袖で左の袖口に二寸五分幅の白布を縫ったもので、帽子は陣笠である。役付、伍長以上は縁りが金筋で、自分紋を金にした黒塗りで、兵士は黒漆塗縁に金筋とした。提灯は丸提灯で大久保家の紋の上り藤を赤で両側に描いたもので役付は上部のみ赤色とした。

九月になると京都府職制にならって東京府職制が定められ、知府事、判府事、権判府事が設けられ、東京府市政局、東京府司農方の二職がおかれた。

東京府市政局には、職訟方、断獄方、庶務方、寺社方、出納方、記録方、捕亡方、匠作方、人馬方、と分れており、十月の調べによると捕亡方は下目付四人、捕亡方二十三人、計二十七人が明らかになっている。

捕亡方下目付

加藤保次郎　田中文左ヱ門
高橋恒五郎　森鎌太郎

捕亡方

山本兵太夫　大関孝作
大米作左ヱ門　坂倉九十郎
大沢藤蔵　岩井勝之助
三井金十郎　古谷鎌助
岡本三一郎　吉田敬蔵
鈴木定八　神田吉十郎
桜井鍋次郎　秋山小次郎
小野田清吉　渡辺国二郎
庄田伝次郎　相原伝八郎
大井和三郎　三縄茂左ヱ門
笹本振次郎　大里翁吉
山本市郎

で、いずれも旧幕時代の腕ききの同心であった。

捕亡方の経費としては十一月に臨時に一年金二千六十八両が計上され、一人当り拾両一分三朱余の月給制となり、これに褒美金が足された。

これらの捕亡方が市中の治安に当ったが、これでたりるはずはなく、各藩から市中取締隊を出させてこれに当らせ、また旧幕府の旗本からも募兵したが、二年正月に諸藩兵は軍務官の管掌するところとなり、これは後年の軍隊へと発展していったので、十一月には東京府は別に府兵を要求し、各藩から少数ずつの兵員を集めて府兵を編成した。これが警察の起りであるが、府内を一大区から六大区に分けこれを所管した。明治三年三月の調査では府兵は二千百五人となっている。

そして五月には捕亡方を廃止しており、府兵局を設けたのが警察の起りである。

3　火付盗賊改

火付盗賊改は、盗賊改、火付改の両役に分かれ、もとは町奉行の管掌する所であったが、寛文五年（一六六五）十月に先手頭水野小左衛門守正が盗賊改役を兼ねたのが、町奉行所から独立した始まりで、役所の自分の屋敷においた。ゆえにこの改役が変るたびに役所も移ったわけである。

火付盗賊改のことは、いわゆる加役という名称でいわれている。加役とは、一つの職掌のほかに、もう一つの職を兼務した場合に兼務した方の役をいうので、江戸幕府の役職の中には、いくつかこの例があるが、御先手組頭が火付盗賊改役を兼務したことが有名になっていたので、火付盗賊改役のことのみ加役というように思われたのである。

本来は町奉行の手で取締るべきことであるが、江戸市中の犯罪をなかなか取締れないので、比較的閑職であり武官の職である御先手組が、市中の犯罪者検挙の役に当てられたのである。つまり二つの職を兼ねることになったのであるが、この火付盗賊改役を勤めると、御先手組としての勤務は行なわない。火付盗賊改役に専心するのであるから、一つの役職に移ったわけであるが、役職としての籍は御先手組を解かれていないのである。

この火付盗賊改役は初めの頃は一組であったが、時代が降るにつれて江戸市中の人口も増加し、町のしくみも複雑になってきたので、その取締りも不充分であるので、第二の火付盗賊改役が誕生した。

これは火事の発生し易い十月から翌年の三月までで、先手頭がまた加役として勤めた。これも加役と称したが、正確には当分加役といい、従来の火付盗賊改役を本役といっていた。

本役、当分加役の二つの役所でも手に余る時には第三の臨時の火付盗賊改を増設し、この役を勤める御先手頭を増役と呼んだ。

享保年間（一七一六）に高田忠左衛門がこの役を兼ねたのが増役の始まりである。天明の飢饉に端を発した天明七年（一七八七）の一揆の折は五月二十三日から六月十八日までのあいだに、先手頭から十人の増役が出たこともあるし、嘉永六年（一八五三）の黒船が浦賀沖へ来航したおりには江戸市中が物情騒然としていたので六月九日から十月六日まで二人の増役を命じ同七年一月二十八日から五日までは十人の増役が設けられている。

当分加役は天和二年（一六八一）に先手頭中山勘解由が勤めたのが始まりである。中山勘解由は取調べに峻厳をきわめ、海老責という拷問法を案出したといわれる。翌天和二年には、火付改、盗賊改は合併して火付改と呼ばれるようになり、その本役を中山勘解由が勤めている。

元禄十二年（一六九九）十二月に火付改、盗賊改の職は一時停止になり、同十五年に復活して先手頭佐野与八郎政信が火付改役、同じく徳山五兵衛重俊が盗賊改役となった。宝永六年(一七〇九)には先手頭中防長左衛門秀広が火付改役・盗賊改役の両役を兼ねた。これ以後火付盗賊改役の役名となっているが、江戸時代後期の武鑑にはすべて盗賊火付改役となっている。しかし、略していう時に盗火改とはいわずに火盗改というから、火付盗賊改の方が一般的であったと思われる。

享保三年（一七一八）には山川安左衛門が火付盗賊改役となり、同じ年の十二月には博徒の取締りをする博奕改役も兼任したので火付盗賊博奕改が正式の称呼であるが、旧称にしたがって火付盗賊改と呼んだ。

しかし享保十年（一七二五）には、博奕改の分は町奉行の管轄に入ったので正式の称呼は火付盗賊改である。

御先手頭

火付盗賊改役を兼務する御先手頭は若年寄の支配で、御先手弓頭と御先手鉄砲頭とにわかれ、時代によって違うがそれぞれ十組から二十組あり、戦時は弓組鉄砲組の先備えとしての歩兵隊であった。それの隊長が先手頭である。だいたい三千五百石から二百石位の旗本がこの御役を勤め、布衣、躑躅の間伺候の格で御役高は千五百石であった。

五節句式日は長裃　　年頭は布衣

火付盗賊改の服装

御先手頭が火付盗賊改役を任命されると、籍は御先手組に残しておくが、城内へは出仕しないでよかった。この御役を拝命すると、組下の与力・同心を使って、絶えず市中を巡羅して怪しいものをどしどし検挙したから、市民からは恐れられた。

火付盗賊改役付与力・同心

火付盗賊改役は本役は創設当時から二名であったが享保十年（一七二五）十二月進喜太郎が勤めたときから一人になったが文久二年（一八六二）十二月に本役土方八十郎本役のほかに、御先手頭でなく御目付から火付盗賊改の本役を増加して、再び二人にした。お目付から火付盗賊改役になったのはこれが初めてである。

当分加役は中山勘解由以来一人であったが、万延元年（一八六〇）から二年までは二人、同三年に一人に戻った。また文久二年（一八六二）から翌年の七月までが二人、七月以降は幕府が瓦解するまで一人であった。本役の任期は一年、当分加役の任期は半年であるが、たいていは引続き勤め、また当分加役が本役となった。

御先手組の与力は一組に五騎、同心三十人であったが、この御役を勤める時だけは与力を十騎、同心はほかの組から借りて五十人とした。与力十騎、同心五十人という数字は町奉行所の与力・同心の半分以下であり御鉄砲百人組の半分である。

しかし町奉行所というものは市政を掌っているので、与力・同心のすべてが犯人追捕に当っていたのではなく、南北両町奉行所を合せてもせいぜい五十人が刑事関係であるから、火付盗賊改の与力十騎、同心五十人は、決して少ない人数で働いていたわけではない。

当分加役の方は、自分の組下の与力・同心のままであるから与力五騎に同心三十人のままで勤めたのである。

増役も同様であった。

火付盗賊改役与力・同心の服装　火付盗賊改役の与力・同心の服装は町奉行所の与力・同心と同じであるが、髪は八丁堀風ではなかった。ゆえに町奉行所の与力・同心と見分けるのには髪を見ればわかった。

町奉行所の与力は捕物出役には指揮者となっていて、よほどの時でないと直接手を出さなかったが、火付盗賊改の与力は、自ら進んで追捕に当った。

火付盗賊改役宅　火付盗賊改役には町奉行所のように一定した役所がない。本役の任期が一年、当分加役は半年、増役は一時的となっていたから拝命した御先手頭の拝領屋敷が役宅ということになる。

ただ元治元年（一八六四）二月、四谷御門内の水野出羽守の上地三千五百九坪中の千七百坪を火付盗賊改の役所とし大久保雄之助が住んだことがある。

火付盗賊改役拝命と共に役宅に吟味席や白洲が設けなければならなかったが建物の内容は一切不明である。

『牢獄秘録』には牢内の役付が新入りの囚人にいいきかせる「御役所への道筋」というのがあって、文化・文政へかけて本役を勤めた渡辺孫左衛門の駿河台の役宅へ行く道筋を説明している。

御役所をさってもふつき、大牢出るがいなや、前は塩町白銀町、色観音を横に見て、いせにはあらねどお玉が池を通り抜け、帯は締ねど小柳町、うぬが根生筋かい御門、こゝに一つの名所有り。さっても広き八辻が原を通り抜け、亀井片岡いせ駿河台の、まつ角屋敷御役所は丸に三ツ星とってもとっても御慈悲の深い、鬼も恐るる渡辺孫左衛門様と申上……。

火付盗賊改の巡回

火付盗賊改の任務　火付盗賊改めは町奉行の場合と違い火付盗賊改役自身でも、市中の忍び回りもやるし、犯人を捕えることもした。名のように放火、盗賊、博奕の取締りかつ犯人の検挙から取調べをやったのであるが町奉行所のように市政・治安維持のためよりも、犯罪者をへらすことが目的であった。

そして神官、僧侶、旗本、御家人まで怪しいと見ればどしどし捕まえてしまった。召捕ることを得意としていたので御馬先召捕といって、頭が巡回して来る前にあらかじめ怪しい奴を捕縛しておいて自身番へ留置し、巡回して来た頭がその場で怪しい者を見付けて逮捕したように見せかけることを行なった。

そして町奉行所の手の者のように手順や規則を踏むことなく、捕えたものは役宅へ引致して厳しく取調べる。町人一般であると枷を打って役宅内の溜りへ入れるか、または牢屋敷へ送りこみ、神官・僧侶は寺社奉行に、諸藩の武士はその藩に、旗本・御家人はその支配に、府外の百姓町人は勘定奉行に引渡してしまう。引渡すまでに相当手荒い取調べが行なわれ、時には幕府できめた規定以外の拷問まで行なったからたいていの者は白状してしまうし、時には無実の者でも余り苛酷な拷問のため自白したり責め殺されたりした。

犯罪者を減らすために特別の捜査隊であるから、町奉行所と違って、犯罪容疑者に対して少しの手心もなかったので、加役屋敷へ送られたら白状しない限り生きて出られないといわれておそれられていたし、そうしたことをもって威嚇主義をとっていたのである。

ところで火付盗賊改役および配下の与力・同心はどのような勤め方をしていたかというと、定まった規定もなかったし、またあったとしても秘密にされていたので、詳細にはわかっていない。

寛政七、八年（一七九五〜一七九六）に火付盗賊改本役を勤めた森山源五郎の「御仕置伺帳」というのが引継書類として一冊残っているのと、石子亀之助の書いた「女の貴方心得書」（正式でない拷問の項212ページ参照）がわずかに伝えられているだけである。恐らく明治維新の幕府設施の引渡しに際して焼却してしまったものであろう。

火付盗賊改の使った岡ッ引　町奉行所の同心が岡ッ引・手先を使用することを禁じられながら、内密に使って役に立てていたように、火付盗賊改役も、岡ッ引・目明しの類を使っていた。

ただし火付盗賊改の方では岡ッ引とはいわず「差口奉公」と称していた。

明和八年（一七七一）には、

　囚人共差口致すべき旨申し候へば組の者を差添へ捕方に差出し、差口致し候へば軽罪の者は構いなく差ゆるし、重罪の者は御仕置を相伺い来り候よし。すべて目明しと申す儀はこれなき筈に候え共、目明し、岡ッ引とは意味違い候と存じ右の通り取計い来り候よし、同類を白状いたし候節、召捕り候儀これあるべく候へ共都て囚人共、奉公差口いたし候へば差免し段段、ひっきよう名目は違い候え共、目明同前の趣きに紛らはしく候間、向後は同類をいたし候節、召捕り候儀は、これまた無用たるべく候。

と、差口禁止の布令が出ている。これは囚人が自分の罪を軽くしたいために、自分が憎んでいる者を罪ある者のように告口し、火付盗賊改はこれを捕えて苛酷な取調べをして嫌応なく自白させてしまうから弊害があり、また差口奉公人が、岡ッ引と同じく町で威張って嫌われることが多かったからである。

火付盗賊改の待遇　火付盗賊改は、享保四年（一七一九）に役高千五百石に役料四十人扶持を与えられ、文久三年（一八六三）には役扶持百人扶持となった。

この御役につくと、先手頭の上席となり、若年寄の支配ではなく老中の支配下に入った。

目立った検挙数で成績を上げれば、ほかの良い御役に転じることができるので御先手頭としては出世場であったが、この御役を勤めるのにはいろいろと諸費用がかかり、町奉行所のように欠所金で賄うこともできないので、富裕な御先手頭が本役を勤めた。

矢部駿河守定謙は火付盗賊改となって手世の手蔓をつかんだといわれる。

図版目録

※上＝上段，下＝下段

【し】

【す】

【せ】

【そ】

【た】

さくいん

※上＝上段，下＝下段

●参考資料文献

藤田新太郎画『徳川幕府刑事図譜』　神戸直吉刊　（明治26年）
篠田鉱造『幕末百話』　内外出版協会　（明治38年）
沢田撫松『変態刑罰史』　文芸資料研究会　（大正15年）
『刑罪珍書集』1・2（『近代犯罪科学全集』13・14所収）　武俠社　（昭和5年）
幸田成友『江戸と大阪』　冨山房　（昭和9年）
三田村鳶魚『江戸ばなし』　青蛙房　（昭和18年）
三上参次『江戸時代史』冨山房　（昭和18年）
鷹見安二郎『市中取締沿革』　東京都史紀要11　（昭和26年）
『図説日本文化史大系江戸時代』上・下　小学館　（昭和32年）
稲垣史生『武家事典』　青蛙房　（昭和33年）
野村兼太郎『江戸』　至文堂　（昭和33年）
辻達也『大岡越前守』　中央公論社　（昭和34年）
滝川政次郎『日本行刑史』　青蛙房　（昭和34年）
石井良助『江戸時代漫筆』1〜4　井上書房　（昭和34〜39年）
田村栄太郎『江戸の風俗』武家編　雄山閣出版　（昭和35年）
平松義郎『近世刑事訴訟法の研究』　創文社　（昭和35年）
進士慶幹『江戸時代の武家の生活』　至文堂　（昭和36年）
岸井良衛『江戸に就ての話』　青蛙房　（昭和37年）
稲垣史生『江戸生活事典』　青蛙房　（昭和38年）
進士慶幹『武士の生活』　雄山閣出版　（昭和38年）
東京帝国大学史談会『旧事諮問録』復刻　青蛙房　（昭和39年）
石井良助『江戸の刑罰』　中央公論社　（昭和39年）
稲垣史生『町奉行』　人物往来社　（昭和39年）
柴田宵曲『幕末の武家』　青蛙房　（昭和40年）
高柳金芳『御家人の生活』　雄山閣出版　（昭和41年）
横倉辰次『与力・同心・目明の生活』雄山閣出版　（昭和41年）
川崎房五郎『江戸八百八町』　桃源社　（昭和42年）
佐久間長敬『江戸町奉行事蹟問答』　新人物往来社　（昭和42年）
河野桐谷『江戸は過ぎる』　新人物往来社　（昭和44年）
松平太郎『江戸時代制度の研究』復刻　柏書房　（昭和46年）
三田村鳶魚『江戸雑録』　桃源社　（昭和48年）

笹間良彦（ささま・よしひこ）

1916年，東京市下谷区に生まれる。文学博士，日本甲冑武具歴史研究会会長。2005年逝去。
（主な著書）『日本の甲冑』『日本甲冑図鑑』上中下三巻『甲冑と名将』『日本甲冑名品集』『趣味の甲冑』『江戸幕府役職集成』『戦国武士事典』『武士道残酷物語』『日本の軍装』上下二巻『古武器の職人』『日本の名兜』上中下三巻『図解日本甲冑事典』『甲冑鑑定必携』『歓喜天信仰と俗信』『弁才天信仰と俗信』（以上，雄山閣出版），『龍』（刀剣春秋社），『真言密教立川流』『ダキニ天信仰と俗信』『蛇物語』（第一書房），『日本甲冑大鑑』（五月書房），『図説・武道辞典』『図説・江戸町奉行所事典』『日本甲冑大図鑑』『図録・日本の甲冑武具事典』『資料・日本歴史図録』『復元 江戸生活図鑑』『図説日本戦陣作法事典』ほか（以上，柏書房）

図説《ずせつ》・江戸町奉行《えどまちぶぎょう》所事典《しょじてん》

1991年1月25日　新装版第1刷発行
2014年2月15日　普及版第3刷発行

著　者　笹　間　良　彦

発行者　富　澤　凡　子

発行所　柏書房株式会社
東京都文京区本郷2-15-13（〒113-0033）
電話03（3830）1891（代表）

装　丁　山田英春

製　版　プロスト

印　刷　大盛印刷

製　本　小高製本工業

ISBN4-7601-2494-2